GAODENG ZHIYE JIAOYU FANGDICHAN
JINGYING YU GUJIA ZHUANYE XILIE

高等职业教育房地产经营与估价专业

U0670533

房地产
市场营销

FANGDICHAN
SHICHANG YINGXIAO

主　编　周中元
副主编　岳晓光　戴甲芳
参　编　周志刚　卓坚红
主　审　王家国　钟光敏

重庆大学出版社

内 容 提 要

本书全面、系统地介绍了高等职业教育房地产经营与估价专业必需的房地产市场营销基本理论知识与实务,并穿插了大量的典型案例,尽力反映房地产市场营销理论、观念与实践的最新发展动态。主要内容有:房地产市场营销导论、房地产市场营销环境、房地产营销策划、房地产市场调查与分析、房地产市场细分与产品定位、消费者购买行为分析、房地产市场营销策略、房地产市场营销计划、组织与管理、房地产网络营销、房地产售楼实务等。

本书主要作为高等职业教育学院、成人高校、继续教育学院房地产经营与估价、物业管理等专业教材,也可供房地产从业人员培训、学习之用。

图书在版编目(CIP)数据

房地产市场营销/周中元主编. —重庆:重庆大学出版社,2007.8(2019.1重印)

(高等职业教育房地产经营与估价专业系列教材)

ISBN 978-7-5624-4260-8

Ⅰ. 房… Ⅱ. 周… Ⅲ. 房地产—市场营销学—高等学校:技术学校—教材 Ⅳ. F293. 35

中国版本图书馆 CIP 数据核字(2007)第 148653 号

高等职业教育房地产经营与估价专业系列教材

房地产市场营销

主 编 周中元
副主编 岳晓光 戴甲芳
责任编辑:李长惠 谢 弋 王 颖 版式设计:林青山
责任校对:文 鹏 责任印制:赵 晟

*

重庆大学出版社出版发行
出版人:饶帮华
社址:重庆市沙坪坝区大学城西路 21 号
邮编:401331
电话:(023)88617190 88617185(中小学)
传真:(023)88617186 88617166
网址:http://www.cqup.com.cn
邮箱:fxk@ cqup.com.cn(营销中心)
全国新华书店经销
POD:重庆新生代彩印技术有限公司

*

开本:787mm×1092mm 1/16 印张:22.5 字数:454千
2007 年 8 月第 1 版 2019 年 1 月第 9 次印刷
ISBN 978-7-5624-4260-8 定价:45.00元

目 录
MU　LU

第1章
房地产市场营销导论

【本章导读】

　　我国房地产市场营销无论从理论上还是实践上看,都仍处于一个逐步发展和完善的阶段。研究房地产市场营销,首先要了解什么是市场营销,它是怎么产生和发展的? 房地产市场营销又有何特征,其主要研究对象和内容是什么? 房地产市场营销有何一般理论和特殊规律? 我国房地产市场营销的发展现状和趋势如何? 这些问题都将在本章一一阐述。

　　随着我国房地产业的日益发展和成熟,我国的房地产企业将作为市场经济的主体直接参与到激烈的市场竞争中,房地产市场营销的重要性也越来越受到人们的重视。如何树立正确的现代营销理念,掌握市场营销的一般规律和发展趋势,在科学营销理论的指导下取得良好的经营业绩,是当今每个房地产企业所必须正视的课题。

1.1　房地产市场营销概述

1.1.1　市场营销学的起源和发展历程

　　市场作为社会分工和商品交换的必然产物,是指买卖双方进行交换的场所,是在一定时间、地点条件下商品交换关系的总和。市场营销学是一门建立在经济科学、行为科学和现代管理理论基础上的相对年轻的学科。在其发展过程中,还汲取了社会学、心理学、人类学和行为科学的研究成果,已成为企业和社会各种组织不可缺少的一门独立的微观学科。经过近一个世纪的发展,已成为管理学科的一个重要分支。

市场营销学是对企业营销实践经验的提炼和总结,企业营销实践的发展又推动了市场营销学的发展。作为一门独立的应用性学科,它的产生和发展过程大致可分为 7 个时期:萌芽时期、功能研究时期、形成和巩固时期、营销管理导向时期、整合发展时期、分化和拓展时期、网络营销时期。

1) 萌芽时期(1900—1920 年)

这一时期是美国经济迅速发展的时期。科技的进步,工业生产的飞速发展,使市场上一些商品出现了供过于求的现象。随着西部开发和铁路的延伸,市场规模急剧扩大,使市场竞争日趋激烈,中间商的作用也日益明显,这些都促使企业开始重视广告、分销等活动。市场和企业界的这些变化引起了学术界的注意,19 世纪末,就有一些学者开始了对推销、广告等行业的研究。20 世纪初,一些学者开始比较系统地提出了促销和分销方面的有关理论。这期间许多相关的论文、著作不断地被发表、出版,在一些大学里也开设了相关课程。

1902—1905 年,美国威斯康辛大学教授爱德华·D·琼斯(Edward D. Jones)等 4 位学者分别在美国的几所大学里开设和教授市场营销类的课程,包括"美国分销管理产生"、"商贸技巧"、"产品销售学"等。拉尔夫·斯塔尔·巴特勒(Ralph Starr Butler)于 1910 年在威斯康辛大学开创"市场营销方法"课程,并出版了名为《销售与购买》的教材,被许多大、中院校使用多年。

1910—1920 年,美国一些大学的经济学学者们受德国经济学历史学派的影响,经常带领学生深入各种产业协会和企业进行调查研究。这些研究涉及企业分销问题和一般商务活动中的营销惯例,他们重新提炼、整合了早期的探索性营销概念,创建了企业本位的经营学说。1912 年,哈佛大学教授哈格蒂(J. E. Hagerty)在走访了一些知名大企业的基础上,出版了第一本以《市场营销学》命名的教材。这本书的问世,标志着市场营销学作为一门独立的学科诞生了。

2) 功能研究时期(1921—1945 年)

从 20 世纪 20 年代到第二次世界大战结束前,市场营销学已经广泛应用于流通领域,进入功能研究时期。1929—1933 年爆发了世界性的经济危机,各主要资本主义国家的市场转为供过于求的买方市场,生产严重过剩,商品销售困难,企业纷纷倒闭。这时,企业面临的首要问题不是如何扩大生产,而是如何将产品销售出去。在这样的历史背景下,市场营销的理论研究和实践应用都有较大发展。这一时期,市场营销学侧重于营销功能的研究,但研究的内容却随着经济的发展而逐步深入。

3) 形成和巩固时期(1946—1955 年)

这一时期的代表人物有:范利(Vaile)、格雷特(Grether)、考克斯(Cox)、梅纳德(Maynard)和贝克曼(Beckman)。1952 年,范利、格雷特和考克斯合作出版了《美国经济中的市场营销》一书,全面地阐述了市场营销如何分配资源和指导资源的使用,尤其是指导稀缺资源的使用;市场营销如何为市场提供适销对路的产品,如何影响个人分配,而个人收入又如何制约营销等。同年,梅纳德和贝克曼在《市场营销学原理》一书中,提出了市场营销的定义,认为它是"影响商品交换或商品所有权转移,以及为商品实体分配服务的一切必要的企业活动"。梅纳德归纳了研究市场营销学的 5 种方法,即商品研究法、机构研究法、历史研究法、成本研究法及功能研究法。由此可见,这一时期已形成市场营销的原理及研究方法,传统市场营销学已形成。

4) 营销管理导向时期(1956—1965 年)

这一时期的代表人物有:罗·奥尔德逊(Wraoe Alderson)、约翰·霍华德(John. A. Howard)及尤金尼·麦卡锡(E. J. Mclarthy)。奥尔德逊在 1957 年出版的《市场营销活动和经济行动》一书中,提出了"功能主义"。霍华德在《市场营销管理:分析和决策》一书中,率先提出从营销管理角度论述市场营销理论和应用,从企业环境与营销策略两者的关系来研究营销管理问题,强调企业必须适应外部环境。

5) 整合发展时期(1966—1980 年)

这一时期,市场营销学逐渐走出了传统营销学的框架,同管理学、行为学、心理学和人类学等学科相结合,理论发展更加成熟和完善。

6) 分化和拓展时期(1981—1990 年)

在此期间,市场营销领域又出现了大量丰富的新概念,使得市场营销这门学科出现了变形和分化的趋势,其应用范围也在不断地拓展。

7) 网络营销发展时期(1990 年至今)

进入 20 世纪 90 年代以来,关于市场营销网络、市场营销决策支持系统、市场营销专家系统等新的理论与实践问题开始引起学术界和企业界的关注。进入 21 世纪,互联网的发展和应用使网络营销和电子商务迅速获得发展。

网络营销是企业营销实践与现代信息通讯技术、计算机网络技术相结合的产物,是企业以电子信息技术为基础,以计算机网络为媒介和手段而进行的各种营销活动的总称。网络营销贯穿于企业网上经营的全过程,它包括发布产品信息、网上市场调研,一直到以开展网上交易为主的电子商务阶段,以及交易完成后的售后服务、顾客信息反馈等活动。网络营销首先发端于美国,现已被世界各国所广泛接受和采纳。我国多数大型的房地产企业都建立了本公司的网站,作为信息发布和与消费者沟通的有效平台。

当然,应该看到,由于世界各国具有不同的社会发展史,市场经济体系存在差异,企业的市场营销水平参差不齐,迄今为止人们对市场营销的认识和研究也有先后和深浅的不同。综观市场营销学发展的 7 个时期,可以将其大致划分为 3 个发展阶段:形成阶段、应用阶段和成熟阶段。

1.1.2　市场营销观念的演变

营销观念,也称营销导向、营销理念、营销管理哲学等,是企业制订营销战略、实施营销策略、组织开展营销活动所遵循的一系列指导思想的总称,是企业的指导思想和价值导向。特定的社会经济水平和特定的供求态势孕育特定的营销理念,人们的思想认识和营销理念是随社会经济的发展而不断进步的。现代营销管理的首要环节就是要通过教育、培训、引导、说服等一系列活动使企业全员树立起科学正确的现代营销观念。

1) 生产观念阶段

"生产观念"(Production Concept)是一种以生产为导向的营销观念,大概流行于19 世纪末到 20 世纪 20 年代以前。企业以生产为中心,致力于提高生产效率和分销效率,扩大生产,降低成本,以低价格来扩展市场。市场营销的重心在于大量生产,解决供不应求的问题,所以力求产品标准化、提高效率、降低制造和销售成本以及吸引消费者是当时企业获利的主要手段。生产观念的表现是"企业生产什么,就卖什么"。

生产观念的特点是:①生产环节是整个企业经营活动的重点;②降低成本和扩大产量是企业经营的主要手段;③只重视产品的生产,而忽视产品的质量和顾客的要求。

生产观念的适用条件是:①产品供不应求,卖方竞争较弱,买方竞争激烈;②企业生产的产品成本高,只有提高生产效率,降低成本才能扩大产品销售。

但是,"生产观念"具有明显的历史局限性。当出现同业竞争,竞争对手给市场带来新产品时,供求关系发生变化,原有的产品黯然失色。此时,大量地生产过时产品,只能造成积压和企业的灾难。生产观念显得越来越不合时宜,于是就出现了"产品观念"。

2) 产品观念阶段

以产品为导向的营销观念产生于 20 世纪 30 年代以前。当市场供求达到平衡或接近平衡时,有的企业及时地抛弃早先信奉的"生产观念",转而采取"产品观念"(Product Concept),即产品管理哲学。产品观念的认为:由于受购买力的限制,顾客青睐优质、高效和新颖的产品,企业有必要下大力不断改进和创造产品。这种营销观念的出发点仍然是企业的生产能力与技术优势;其观念前提是"只要产品质量好,就不愁卖不出去";遵循这种营销观念,企业的主要任务是"提高产品质量,以质取胜"。

产品观念的特点是:①产品本身是整个企业经营活动的出发点;②丰富产品种类,提高产品质量是企业经营的主要手段;③忽视产品的销售和顾客的需求。

与前述生产观念的相同之处是产品观念同样以生产为中心。只是前者重视生产的过程,即如何尽量降低成本、提高产量;后者重视生产的结果,即如何尽量丰富产品的种类、提高产品的质量。

由于产品观念认为,消费者最喜欢高质量、多功能和具有某种特色的产品,企业应致力于生产高价值产品,并不断加以改进。但过分强调产品观念的企业最容易患上"市场营销近视"(Marketing Myopia),即不适当地把注意力放在产品上,而不是放在市场需要上。在市场营销管理中缺乏远见,只看到自己的产品质量好,看不到市场需求在变化,致使企业经营陷入"有价无市"的尴尬境地。

3) 推销观念阶段

面对产品观念指导下的产品"有价无市",很多企业逐步认识到,在激烈的市场竞争中,企业必须采用有效的推销和促销活动来刺激消费者购买产品。形成于 20 世纪 30 年代至 40 年代的"推销观念"(Selling Concept)又称销售观念或销售管理哲学,是为许多企业所遵循的另一种营销观念。这种营销观念的出发点仍然是企业的生产能力与技术优势;其观念前提是"只要有足够的销售力度,就没有卖不出去的东西";其指导思想是"我能生产什么,就销售什么,我销售什么,顾客就购买什么,货物出门概不负责"。遵循这种营销观念,企业的主要任务是"加大销售力度,想方设法将产品销售出去"。

推销观念的特点是:①以销售现有产品为整个企业经营活动的出发点;②促销宣传,广开销路是企业经营的主要手段;③只重视产品销售,而忽视了顾客的需求。

事实证明,"推销观念"出发点是企业销售额,而非顾客满意度,其效果必定越来越差,为顾客和先进企业所唾弃。

4）营销观念阶段

20 世纪 50 年代,被菲利普·科特勒称为市场营销学发展的黄金时期。这一时期,美国经济空前繁荣,市场供应丰富。企业纷纷汲取推销观念的教训,以销定产,以市场为导向,从而赢得了持续性增长。

市场营销由从前的以产品为出发点、以销售为手段、以增加销售获取利润为目标的传统经营哲学,到以顾客为出发点、以市场营销组合为手段、以满足消费者需求来获取利润的市场营销观念的转变,被公认为是现代市场营销学的“第一次革命”。这一观念要求企业把市场在生产中的位置颠倒过来,过去市场是生产过程的终点,而现在市场则成为生产过程的起点,过去是“以产定销”,而现在是“以销定产”。重视消费者需求并以之为起点的市场营销活动,使消费者实际上参与了企业生产、投资、开发与研究等计划的制订。

5）社会营销观念阶段

20 世纪 70 年代是二战后经历了五六十年代黄金发展时期后,西方国家经济发展重新面临动荡不定的阶段,能源危机、环境污染、经济滞涨等严峻的宏观营销环境使得微观市场营销面临新的挑战。人们发现社会的工业化同时导致环境和资源的破坏,不少企业乱砍乱伐山林,过度开发矿产资源,倾倒工业废水于江河之中,在生产和销售中造成各种污染或生态失衡,这些行为如不加以治理,将威胁人类的生存。应该承认,“营销观念”只关照了顾客和企业的眼前利益,忽略了人类社会的长远利益。生态环境失衡,自然环境的恶化致使“社会营销观念”（Social Marketing Concept）应运而生。这一观念要求企业在两种利益之间寻求平衡,甚至使眼前利益让位于人类社会的长远利益。

在 20 世纪 70 年代的经济冲击和消费领域的社会问题压力下,人们又相继在市场营销学领域中提出了“战略营销”（Strategic Marketing）、“宏观营销”（Macro Marketing）、“理智消费”（Intelligent Consumption）等新概念。

6）关系营销观念阶段

20 世纪 80 年代西方经济虽然发展缓慢,但却是市场营销学发展史上的又一个成果丰硕的年代,这一时期诞生的重要的新市场营销观念包括:“营销战”（Marketing War）、“全球营销”（Global Marketing）、“关系营销”（Relationship Marketing）和“大市场营销”（Mega-marketing）。

尽管关系营销的实践早已存在,但“关系营销观念”（Relationship Marketing Concept）是从 20 世纪 80 年代起才逐渐受到重视的。关系营销观念首先在工业品和服务行业表现突出。工业品供应商和使用者之间是上游产品和下游产品制造商的关系，他们的长期协作是降低最终产品成本的重要环节。"关系营销观念"在 90 年代的发达国家已很流行,中国企业也已开始接受这种俗称"双赢"（Win-Win）的"关系营销观念"。这种最新的营销观念与信息技术进步和国际经济一体化互为因果。这种观念促进了企业间计算机联网和电子商务;互联网又有力地支持了企业间、企业对消费者关系网络的发展,改变了企业的经营方式,孕育着千千万万条以互联网络为媒体的供应链。

如今,大市场营销观念也被越来越多的企业所接受和运用。如某房地产公司导入了大市场营销的理念,策划了一个整体化的营销方案,获得了不错的业绩。该公司从营销开盘伊始,即推出邀请新闻界、业主和社会各界共同监督房屋质量、服务的一系列方案,并始终贯穿在楼盘的销售推广中。在销售中期,又推出"美好生活新起点"的有奖问答活动,进一步扩大有效客户的认知度;还推出了"快乐是永远的家"的新概念,以房屋附加值的观念带动销售的进展,使整个销售由感性销售上升到了理性销售的新境界。该公司成功销售后,后续良好的物业管理承诺也逐一兑现,得到了业主的认可。

1.1.3　市场营销的内涵

正如前文所述,市场是买卖双方进行交换的场所,是在一定时间、地点条件下商品交换关系的总和。而市场营销关系也是由买卖双方共同组成的。一般认为,卖方的集合构成行业,买方的集合构成市场,而买卖双方关于商品、服务、货币等的流通和交换关系则共同构成市场营销系统（见图 1.1）。

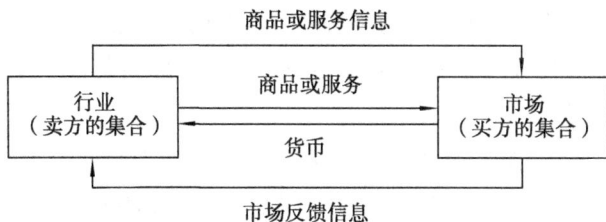

图 1.1　简单的市场营销系统图

这是对市场营销的最简单描述,但随着市场的发展和扩大,人们的市场行为也日趋复杂,对市场营销的认识也在不断发展。从最早把市场营销简单地理解为销售到逐步加入"适销对路的产品、合理的定价、顺畅的分销以及有效的促销"等营销内涵,发展到今天,人们对市场营销的理解已不只局限于个别企业在市场上的活动范畴,而是扩展到整个社会层面了,这从现代交换经济的流程结构图（见图 1.2）中可看出。

从下图可以看出,现代交换经济比早期的交换经济流程更为复杂,参与的主体也

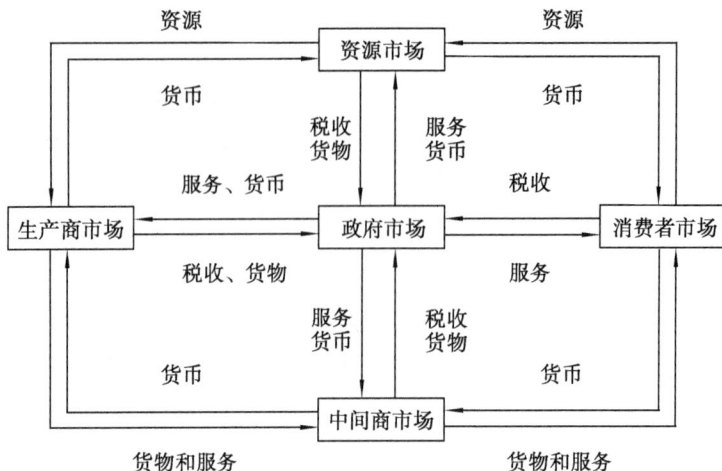

图 1.2　现代交换经济的流程结构图

更为丰富。生产商主要是从资源市场(包括原料市场、人才市场、资本市场等)购买生产资源,转换为商品和服务之后销售给中间商,再由他们零售给消费者,消费者则出售其劳动力以取得金钱来购买商品及服务。政府是另一种市场,它起到几种作用:从资源、生产商和中间商等市场购买商品,付款以后,再向这些市场(包括消费者市场)征税,并以此转为公共所需的服务。因此,每个国家的经济和世界经济都是由交换过程所联结而形成的复杂的相互影响的各种市场所组成[1]。

因此,市场营销是个人或群体通过创造及同其他个人或群体交换产品和价值而满足需求和欲望的一个社会的和管理的过程,其中包括分析、规划、执行和控制,涉及理念、商品、服务等领域,并以满足行业、市场双方的需求为目标的市场交换为基础。因而,市场营销以市场为起点,以顾客需求为中心,整体市场营销为手段,从用户的满足中获利,并将用户的满意程度作为可持续市场营销的基础,这也是其明显不同于推销的方面,如图 1.3 所示,推销是从企业自身的角度考虑问题,以产品为重心,企图以供给刺激需求,获取利润。

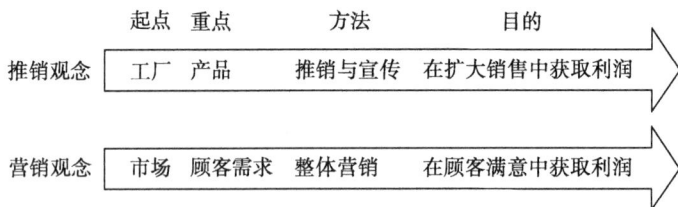

图 1.3　推销观念与市场营销观念的比较

随着市场营销学的逐步发展,人们对"市场营销"内涵的理解也逐步深入和拓展。

[1]　[美]菲利浦·科特勒.市场营销管理.北京:科学技术文献出版社,1993,第 136 页

1960 年,美国市场营销协会将市场营销定义为"市场营销是引导产品及劳务从生产者流向消费者或用户的企业活动"。随着市场经济的发展和理论研究的深入,美国市场营销协会又于 1985 年,将市场营销的概念表述为:"市场营销是关于构思货物和服务的设计、定价、促销和分销的规划与实施过程",进一步拓展了市场营销的内涵。

当然,关于市场营销的概念,还有很多其他的描述。如菲利普·科特勒的观点是,"市场营销是个人与集体通过创造,提供出售,并同别人交换产品和价值,目的是创造能实现个人和组织目标的交换,获得其所需所欲之物的一种社会和管理过程。"此外,还有:"市场营销是创造和满足顾客需求的一门艺术"、"市场营销是一个组织对市场进行生产性和盈利性的活动过程"、"市场营销就是在适当的时间、适当的地方,以适当的价格、适当的信息沟通和促销手段,向适当的消费者提供适当的产品和服务"等。可以看出,这些描述都包含了以下共同的核心内容:需求、产品、价值、交换或交易、关系和网络、市场、营销者和预期顾客。

从市场营销的实践来说,市场营销是企业在激烈的市场竞争中求生存、求发展的一门科学,一种技术和一门艺术,它具有科学性、艺术性、技术性的特点。一方面,市场营销是有规律可以遵循的,是可以熟练掌握与操作的;而另一方面,它又具有很强的艺术性,并非将营销知识背诵得滚瓜烂熟就一定可以取得良好的营销业绩。由此可见,市场营销是以市场为起点,以顾客需要为中心,以整体市场营销为手段,来赢得顾客的满意,从而实现企业经营目标的一种社会和管理过程,是一项科学性与艺术性相结合的创造活动。

1.1.4　房地产市场概述

1) 房地产市场的含义

房地产市场是指特定的商品——房地产在市场参与者之间进行交换或因交换所产生的各种关系的总和。房地产市场有狭义和广义 2 种含义:从狭义上讲,房地产市场是指房地产买卖、租赁、抵押、典当等交易活动的场所;从广义上讲,房地产市场是指一切房地产交易关系的总和。前者是从空间意义上讲的,后者是从经济本质上讲的。房地产市场是房地产商品交换过程的统一,是连接房地产开发、建设与房地产使用、消费的桥梁,是实现房地产商品使用价值和价值的经济过程。

2) 房地产市场的构成要素

房地产市场的构成要素是房地产市场有效运行不可缺少的基本因素,根据市场的主体分析,房地产市场包括以下 4 个基本要素:

首先,必须存在一定数量的房地产商品形成供给。所谓"巧妇难为无米之炊",房地产市场必须要拥有一定数量的、不同种类和标准的可供买卖、租赁、抵押、典当等交易活动的房地产。具有一定使用价值的一定量的房地产商品是构成房地产市场的基本要素,是房地产市场交换活动的物质基础,包括用于交易的土地、居住用房、商业用房、工业用房等房地产形态。没有这一要素,交换就不能成立,市场也就不复存在。

其次,必须有一定的购买力。在房地产市场上,房地产价值得以实现的必要前提是必须具有一定支付能力的需求,即有效需求。这种有效需求为商品交换提供了可能性,是市场运行的动力,没有这一要素,交换同样不能成立。所以,房地产市场的容量或市场的活跃程度与一个城市或地域的经济发展水平也是密切相关的。深圳、上海、北京、广州等经济发达城市的房地产市场活跃程度明显高于其他城市,与其经济发展水平不无关系。

再次,必须有参与交换活动的主体,即参与房地产买卖、租赁、抵押、典当等交易活动的当事人。房地产市场是通过当事人双方交换房地产所有权或其他相关权益实现的。房地产市场必须有参与交换活动的经营者、消费者和专职的房地产管理者等,这些当事人构成房地产市场的主体。

最后,必须有一定的房地产市场组织管理机构和专业人员。房地产市场的组织机构是指为房地产市场的交易提供市场信息和咨询服务,实施市场管理和市场监督,以确保房地产市场交易的有序性和交易行为的公正、合理性的合法机构。如起着维持房地产市场有序运行、协调房地产经济法律关系作用的房屋土地、城市规划、物价、工商行政、税务等政府管理部门;为房地产市场的交易提供大量贷款资金的房地产金融机构;为房地产交易提供中介服务的房地产交易所、房地产交易中心、房地产交易中介代理、房地产经纪人、房地产估价师、律师等机构和个人。

3) 房地产市场的分类

房地产市场类型的划分,有助于深入分析、研究和比较各种市场的异同点,针对不同类型的房地产,制订相应的市场营销策略。

房地产市场可以从不同角度做多种多样的划分,最常见的是按房地产用途和等级进行划分,如居住物业市场(含普通住宅市场、别墅市场、公寓市场等),商业物业市场(写字楼市场、商场或店铺市场、酒店市场等),工业物业市场(标准工业厂房市场、高新技术产业用房市场等),特殊物业市场(如机场、码头、加油站等),土地市场(住宅、工业、商业等各种类型用地市场)等。根据市场研究的需要,有时还可以进一步按物业的档次或等级细分,如住宅市场可细分为普通住宅市场、高级公寓市场、别墅市场;写字楼市场可细分为高档写字楼市场、普通写字楼。

另一种常见的划分方式是按区域范围对房地产市场进行划分,这是由房地产区域性市场特征决定的。区域范围可大可小,最常见的是按城市划分。对于比较大的城市,其城市内部各区之间的房地产市场往往又存在一定的差异,因此常常还要按照城市内的某一个具体区域划分。如深圳房地产市场一般划分为关内四区即罗湖区、福田区、南山区、盐田区,和关外两区即宝安区和龙岗区,分别进行市场分析和趋势研究。当然,市场所包括的区域范围越大,其研究的深度就越浅,研究成果对房地产营销者的实际意义也就越小。

此外,还可以根据房地产的供需状况、供货方式、交易形式、交易空间、交易目的、物质形态、发育程度、市场层次和法律原则等对房地产市场进行分类,其分类的具体情况见表1.1。

表 1.1　房地产市场分类表

序号	划分依据	市场类型
1	使用用途	住宅市场、写字楼市场、工业厂房市场、仓储市场、商场店铺市场、特殊用途房地产市场
2	区域范围	全国房地产市场、区域房地产市场、华东房地产市场、华中房地产市场、大城市房地产市场、中小城市房地产市场等
3	供需状况	卖方市场、买方市场、中介市场
4	供货方式	现货(房)市场、期货(房)市场
5	交易形式	买卖市场、租赁市场、抵押市场、典当市场
6	交易空间	有形市场(固定交易市场)、无形市场
7	交易目的	自用型房地产市场、投资型房地产市场、自用兼投资型房地产市场
8	物质形态	房产市场、地产市场、劳务市场、资金市场、信息市场
9	发育程度	初级市场、中级市场、高级市场
10	市场层次	一级市场(垄断市场)、二级市场(增量市场)、三级市场(存量市场)
11	法律原则	合法市场、隐形市场(黑市)

4) 房地产市场的层次结构

我国房地产市场按层次结构可以分为3个等级市场,即房地产一级市场、二级市场和三级市场。一级市场是由国家垄断的出让市场,二、三级市场是放开的转让市场。土地使用者之间土地余缺的调剂、使用结构的优化等都必须通过二、三级市场进行。一级市场是房地产市场的基础,一级市场的交易量在很大程度上决定二级市场的交易量。二级市场的活跃必将促进三级市场的兴旺。所以,一级市场是二、三级市场赖以产生、发展的基础,二、三级市场则是一级市场土地使用权市场化得以实现的必然延伸和结果。一、二、三级市场构成一个完整、有机的房地产市场体系。房地产市场的层次结构和模式见图1.4和表1.2。

```
一级市场（土地市场）      二级市场（增量市场）三级市场（存量市场）


   政府 ────────→ 开发商 ──────→ 购房者 ──────→ 购房者


招标、拍卖、挂牌      出售、出租      出售、出租
```

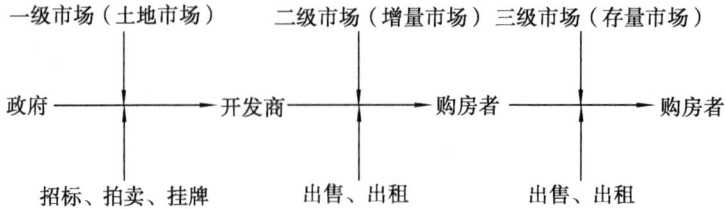

图 1.4 房地产市场层次结构

表 1.2 房地产市场层次结构模式表

市场层次	一级市场	二级市场	三级市场
市场主体	国家或地方政府	各房地产公司	消费者或投资者
市场特点	垄断竞争型	竞争型	竞争型
经营内容	总体规划设计、规定用途、征地拆迁、招投标	综合开发	房地产转让
经营方式	有限期拍卖、招标和协议出让	出售或出租已开发的土地或连同其上建筑物	转让（售或租）土地或连同其上建筑物
价格类型	垄断价格（资源价格、使用权价格）	市场价格	市场价格

5) 房地产市场的运行结构

有序运行的房地产市场是市场主体、客体、价格、资金、运行机制等因素相互作用、相互联系、有机构成的一个系统。它具有一般系统的特点，即结构、功能、演变等特征。房地产市场的运行结构如图 1.5 所示。

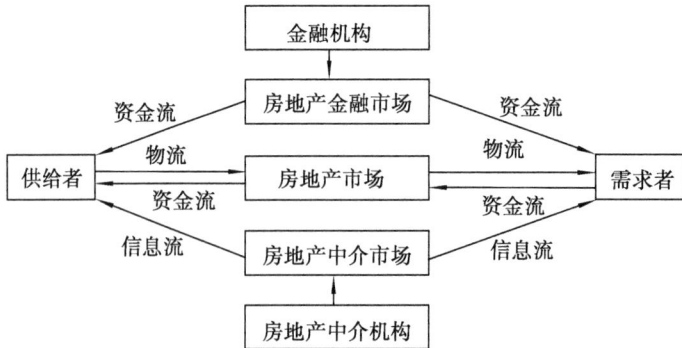

```
              ┌────────┐
              │ 金融机构 │
              └────────┘
                  │
            ┌──────────────┐
  资金流    │ 房地产金融市场 │    资金流
       ┌──→└──────────────┘←──┐
┌──────┐  物流  ┌────────┐  物流  ┌──────┐
│供给者│─────→│房地产市场│─────→│需求者│
└──────┘  资金流 └────────┘  资金流 └──────┘
       └──→┌──────────────┐←──┘
  信息流    │ 房地产中介市场 │    信息流
            └──────────────┘
                  ↑
              ┌────────────┐
              │ 房地产中介机构 │
              └────────────┘
```

图 1.5 房地产市场运行结构

从图 1.5 可以看出,房地产市场的供需双方、金融市场和中介市场,通过"三流"即物流、资金流和信息流的相互作用,形成相互联系、相互制约的运行结构。

1.1.5　房地产市场营销的含义与特征

1) 房地产市场营销的含义

房地产市场营销是指房地产企业以了解、满足和创造顾客现实的或潜在的房地产需求为中心,以市场为导向,以实现企业经营目标为目的,正确组织产品的生产和供应,适应不断变化的市场需求,合理组织产品的供应和销售,实现房地产企业的经济效益和社会效益而进行经营管理的整体过程。其内容包括房地产市场调研、市场细分、预测决策、目标市场选择、产品开发、楼盘命名、产品定价、分销渠道选择、市场营销组合、促销和物业管理等一系列活动。

房地产市场营销蕴涵着以下几层含义:

(1)房地产市场营销是以顾客需求为导向的

顾客的需要和欲望是房地产市场营销活动的出发点和归宿。企业开展市场营销活动的目的,就是通过开展市场调研,了解和满足顾客的需要,从而实现企业的经营目标。房地产企业要从顾客的立场分析其需要,只有认真调查研究顾客的喜好,才能很好地满足顾客的需要。例如,顾客希望挑选一套楼层好,朝向好,设计合理,功能齐全,交通方便,价格便宜的住房,房地产产品不可能全部集中这些好处。因此,房地产企业营销部门要研究各类消费者的主要诉求点或喜好是什么,然后通过市场营销活动,有针对性地满足消费者的需求,把房地产产品成功地推向市场。

(2)作为市场营销目的的需求,既包括现实需求也包括潜在需求

现实需求是已经存在的市场需求,它表现为消费者既有欲望又具有一定购买力,并通过实际购买行为来满足需求,形成现实市场;潜在需求是指消费者对市场上现实不存在的产品或服务的强烈需求。随着科学技术的发展和人们消费水平的提高,潜在需求的层次和内容将不断变化,善于发现和了解市场的潜在需求是房地产营销的重要任务,也是企业的机会所在。一个有战略眼光的经营者不仅应该积极满足消费者现实的需求,实现商品交换,更应该着眼于潜在需求,针对需求的紧迫性结合企业的条件,果断决策,锐意开发新产品,并积极引导消费者购买、使用新产品,将顾客的潜在需求转化为现实需求。

(3)房地产市场营销是一种创造性的活动

顾客需求具有可诱导性。房地产企业不仅要了解和满足顾客的需要,还要创造顾客需要。房地产市场营销的中心是实现商品的交换,满足顾客需求。因此企业的一切营销活动、营销策略必须紧紧围绕如何满足顾客需要展开,通过创造性地满足顾

客的现实需求和潜在需求,从而顺利实现企业产品的价值、再生产的良性循环。

(4)房地产市场营销是一个系统的管理过程,即整体营销

房地产市场营销不同于单纯的房地产销售,它不仅包括流通过程,还包括产前活动和售后活动,房地产企业就是通过整体营销活动满足顾客需要的。整体营销要求企业既进行外部市场营销,又进行内部市场营销。在外部营销上应尽量把产品策略、定价策略、销售渠道策略、促销策略等4大要素在时间与空间上协调一致,实现最佳的营销组合,以达到综合最优的效果。同时企业内部其他部门均应在增进企业整体利益的前提下积极配合营销部门争取顾客,很好地服务于顾客,强化全局营销意识,提高全员营销素质,以实现整体营销。

(5)房地产市场营销要兼顾社会利益

房地产企业是社会经济的基本细胞,企业的经营活动不可避免地对社会产生影响,这就要求房地产企业要以保护社会利益的形式开展营销活动。企业在进行营销决策时,必须兼顾消费者需要、企业利润和社会利益,这样才能赢得社会公众的好感,树立良好的企业形象。

房地产市场营销这个概念是从房地产企业的实践中概括出来,因此其含义不是固定不变的,它将随着房地产企业的市场营销活动而更加丰富和完善。在学习房地产营销的内涵时,应着重从以下几个方面加以理解:

(1)以最大限度的满足顾客需求为出发点和落脚点

市场营销理论经过长期的发展,人们已深刻认识到"顾客需求"才是整个营销工作的重中之重。房地产企业营销的过程,同样是从确定市场的需求开始的。市场需求的变化一般表现为:

①需求的复杂性。俗话说"萝卜白菜,各有所爱",不同的消费者,由于其成长背景、文化程度、工作性质、收入水平、性别、年龄、民族、信仰、性格、爱好、兴趣等的不同,其对房地产商品和服务的需求也就不同。这也正是为什么市场营销人员要对庞大的消费群体做进一步市场细分工作的原因。

②需求的变动性。马斯洛的五层次需求理论(见图1.6)认为人的需求是不断变化的,当一种低层次的需求得到满足了,会产生另一种新的更高层次的需求。如一种房地产商品热销一段时间后,可能随着消费者消费层次和要求的提高而逐步淡出市场。消费者购买住房,在面积、户型、功能、交通方面也会随购买力而变化,随价格的高低而调整。人们在二次置业中,从小户型转为大户型,从小社区转向大社区的置业路径也正是人们住房需求不断变化的反映。

③需求的可诱导性。消费需求是可以引导和调节的。通过营销部门的营销人员引导,消费者的需求能变化和转移;消费者的潜在需求也可以通过营销人员的诱导而得以释放,变为现实的有效需求。

正是面对市场需求的变动性和复杂性,才要求企业的营销部门对市场不断进行

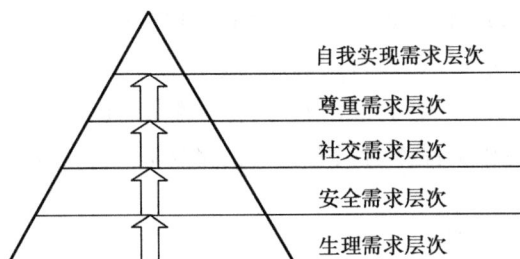

图 1.6　马斯洛五层次需求理论

调查研究,做出准确判断。

(2)以合乎时宜的产品和服务为载体

人类的各种需要和欲望都是通过对产品和服务的消费和享受来满足的,人们通常用产品和服务这两个词来区分实体物品和无形物品。实体物品的重要性不仅在于拥有它们,更在于使用它们来满足人们的欲望,实际上是向人们传送服务的工具。如房地产本身是不能产生任何价值的,只有在人们利用它来生产、生活、经营的过程中其价值才得以体现。

当然,如果生产者关心产品本身超过关心产品所能提供的服务和给人带来的满足感,就会陷入困境。过分地欣赏和偏好自己的产品,往往忽略顾客购买产品是为了满足某种需要这样一个事实。人们不仅仅是为了产品的实体而买产品,还包括通过购买某种产品实体能够获得自己所需要的服务。市场营销者的任务,是向市场展示产品实体中所包含的服务或能给人带来的满足感,而不能仅限于描述产品本身。否则,企业将导致"市场营销近视",只看见自己的产品质量好,看不见市场需要的变化,最终使企业经营陷入困境。如近些年,一些房地产企业不顾市场上大多数消费者对普通商品住房的需求,动辄开发豪宅、别墅、超大户型、豪华装修、管家服务。最后,造成豪宅空置、中小户型炙手可热的产品结构性矛盾。

(3)以大营销观念和全程管理思想为指导

众所周知,房地产业具有产业链长、关联度高、产品生产周期长、使用周期长等特性,这就要求房地产企业经营者具备全程管理的思想。从开始的项目可行性研究到最后房地产的销售、物业管理整个过程要有全局思想和系统安排,不能走一步看一步。房地产企业只有在确定市场需求之后,才可以开发、建造、提供符合需求的产品,使其产生销售快,资金周转快,效益高的回报。房地产市场营销不仅包括生产、流通过程,而且还包括产前活动与售后的服务过程。

2) 房地产市场营销的特征

房地产营销的实质是以消费者对各类房地产商品的需求为出发点,企业通过有效地提供住宅、办公楼、商业楼宇、厂房等建筑物及相关服务来满足消费者生产或生活、物质和精神等的需求,以获取一定利润的一种商务活动。因此,市场营销的一些原理及其策略也能在房地产领域得到很好的运用。

在实践中,房地产市场营销又区别于其他一般市场营销而成为市场营销的一个独立分支,这是由房地产商品本身具有独特的经济特征及运行规律所决定的。具体表现在:

（1）营销对象的独特性

①固定性。这是房地产产品区别于其他均质性的普通工业产品的最根本特征。也正是由于这一特征,使得在房地产市场上,几乎没有两种完全相同的产品。因此,在市场营销中,不同楼盘之间在营销方法和策略上都会有一定的差别。

房地产商品的固定性,也决定了在营销中,不可能像其他消费品那样可以通过运输直接与消费者见面,或者可以带到不同地方的市场上进行交易,在市场营销中仓储和运输渠道对房地产就没有意义,而中介渠道则显得特别重要。在其他方面,诸如价格定位和促销等,也都具有房地产行业自己的特征。尤其是促销方面,很少像其他商品采用上门营销,而是通过一定的营销活动,组织有购房意向者亲临楼盘现场进行营销。

②长期性。即房地产产品的生产周期和使用周期都远远高于一般商品,一方面房地产市场营销的周期比一般产品更长,从前期可行性研究阶段,到物业管理阶段都应该有营销人员的参与。另一方面,由于其使用周期长达几十年之久,在 2007 年 10 月 1 日《物权法》正式生效后,住宅产品的使用年期可以自动续期,更强化了房地产产品使用周期长的特性。这就要求房地产市场营销者必须具备营销战略眼光,从长远和全局考虑问题,拒绝短视行为,避免"营销近视症"。

③风险性。房地产产品价值量大,少则几十万,多则上千万,甚至更多。无论是开发者还是消费者,一般都难以完全依靠自有资金进行房地产投资或消费,而要借助金融机构。对于投资者来说,房地产投资额巨大,资本回收期长,在这样长的时间内,企业内外环境都会发生变化,产生很多意想不到的事情,从而加大了房地产市场营销的风险。因此,房地产市场营销过程中,既要高度关注资金的安全性,也要时刻注意营销风险的防范。

（2）营销市场的区域性

区域性特征根本上也是由于房地产的固定性决定的,只是在营销市场划分上就表现为了区域性。不同区域的房地产市场发展水平和完善程度都有较大差别。如沿海经济发达城市的房地产市场营销水平和竞争激烈程度都远远高于内地城市。这也要求房地产营销人员必须因地制宜,在不同的区域市场制订不同的营销策略。

（3）营销过程的复杂性

房地产市场营销是一个复杂的过程,包含了从市场调研、地段选择、房地产产品的设计和施工、楼盘的命名、产品的定价、销售渠道的选择、促销以及物业管理等一系列复杂的过程。这一过程涉及很多领域,牵扯到众多部门,涉及复杂的法律关系,需要很多专业人员的通力合作才能做好。房地产企业需要市场调研部门、建筑设计部门、建筑施工部门、建筑监理部门、中间商和物业管理机构等部门的合作。房地产业还涉及到众多专业知识,如城市规划、建筑施工、经济学、管理学、市场学、心理学、社会学、美学、气象、地质等。这些因素决定了房地产市场营销过程比一般商品的营销更加复杂。

(4)营销形式的特殊性

对于普通产品而言,营销过程中并不涉及到产权"过户"的法律登记认可问题,而对于房地产商品来说,产权概念特别重要。房地产商品由于使用周期较长,同一产品在其寿命期内,可以发生产权的多次转移,在房地产市场营销中就必然存在增量与存量房地产同时在市场上流通的情况。在法律上,房地产的使用权和所有权还可以分离,所有者可以将使用权以出租的形式让第三者使用。因此,房地产市场营销在流通形式中,除了买卖之外,租赁也是常见的形式。再加上在房地产经济活动中,房地产商品的使用权和所有权还可以用于抵押、典当、信托等。房地产营销形式的特殊性要求房地产在权属登记、转移时,都必须关注产权的法律保障问题。

(5)营销管理的政策性

由于房地产业对国民经济有十分重要的作用,在我国,土地不论是属于国家还是集体,政府一般都拥有最后的支配权,所以,在房地产经济运行之中,政府的干预较多。另外,在房地产消费之中,住宅等物业又关系到一个国家的社会安定和经济发展,所以政府也可能对房地产的市场交易进行调控。因此,房地产市场营销过程中,必须考虑到政府的政策导向。

(6)营销信息的不对称性

房地产市场营销是在不完全竞争的市场环境下进行的,往往缺乏及时、准确的交易信息。房地产交易过程的长期性、交易后数据处理的相对滞后性及交易的不公开性,使其交易信息很难完全掌握。当然,随着互联网技术的普及和应用,将增加开发商之间的信息透明度,也将大大提高普通购房者的市场信息知情权。

1.1.6　房地产市场营销的研究对象和内容

1)房地产市场营销的研究对象

房地产市场营销的研究对象是以满足消费者需求为中心的房地产企业的市场营销活动及其内在规律性,即在特定的市场营销环境中,房地产企业在调研的基础上为满足消费者和用户现实的或潜在的需求所实施的以产品策略、定价策略、销售渠道策略、促销策略为主要内容的整体营销活动过程及其内在客观规律性。

房地产市场营销研究对象的核心概念是交换,即以消费者需求为中心,以企业营销活动为手段,保证交换的顺利进行。而交换作为社会再生产的一环,不能离开其他环节孤立地研究,无论生产和消费都与交换有着直接联系:离开生产,交换就失去了存在的基础;离开消费,交换也失去了源动力。因此,房地产市场营销的研究范围是以房地产市场为出发点贯穿于再生产过程的各个环节,包括房地产市场、消费者、市场营销策略的制订与实现策略的方法,以及对整个营销活动过程所进行的管理。

2)房地产市场营销的研究内容

随着市场营销观念的发展,房地产市场营销的研究范围已突破了商品流通领域,贯穿于商品的生产、流通、消费全过程。既包括生产领域的开发前准备工作如市场调查分析、建筑产品设计,也包括消费领域的售后工作如物业管理、用户信息反馈等;既要加强房地产企业内部营销管理,做好市场营销的计划、组织和控制,更要了解掌握消费者的需求、竞争者的动向和国家的有关政策,以不断适应外部市场环境的变化,因而其研究领域已扩展至再生产的全过程。具体的研究内容包括以下几个方面:

(1)房地产市场营销环境

市场营销是在一定环境中进行的,要受到环境的影响和制约,包括社会与文化环境、经济环境、政治法律环境、科学技术环境以及生态与可持续发展环境等方面。这些环境中,既蕴涵着对市场营销者有利的机会,也潜伏着不利的威胁,市场营销者可以运用"SWOT"分析方法对企业内部资源的优势(Strength)和劣势(Weakness),以及企业外部环境的机会(Opportunity)和威胁(Threat)进行理性分析,准确地识别其中的机会与威胁,抓住机会避开威胁。

(2)房地产市场营销主体

包括开发商、供应商、中间商、竞争者、顾客、行业组织等各种市场主体。不同的市场主体都要受到环境的影响,对环境也有一定的反作用,其行为可视为环境的函数。大营销观念认为,必须足够重视市场中的每一个相关主体,即利益相关者。哪怕是在房地产市场中扮演多重身份的"政府主管部门",也必须引起营销者足够的重视。亦或是作为利益相关者的普通市民等,在现代社会市民意识、环保意识、公众意识等文明观念日益强化的今天,也是营销者不可小窥的一股力量。

(3)房地产市场营销方法

房地产市场营销是依据市场营销的基本理论和方法,按照房地产市场的特点,以房地产产品为交易对象的市场营销。即通过调查、识别和开发房地产市场目前尚未满足的需求与欲望,估量与确定适当的房地产产品、服务、计划和策略,以便为目标市场服务,满足消费者需要,同时提高房地产企业的市场占有率和经济效益。从营销流程来看,具体包括公司战略规划、营销过程、营销活动及管理等,其核心是确定房地产市场营销观念和制订房地产市场营销战略,见表1.3。

表 1.3　房地产市场营销方法的研究内容

项目	主要内容	详细内容
战略规划	确定公司使命	公司环境分析,确定企业目标
	设计与分析产品组合	分析现有业务组合,设计新业务组合
	选择公司增长战略	制订增长战略,协调各职能部门的战略等
营销过程	目标顾客	市场细分、目标市场选择、市场定位
	设计营销组合	设计产品、价格、分销、促销策略及其组合
营销活动	市场营销分析 市场营销策划 营销计划实施 营销计划控制	企业营销环境分析、机会—威胁分析、风险分析 目标和问题研究、制订营销战略、确定行动方案、制订营销预算方案、制订营销控制方案、编制市场营销计划 制订实施计划、营销组织 计划执行结果的检查、比较,制订改进措施,进行营销控制

1.1.7　房地产市场营销的意义

【案例 1.1】　研究市场、研究需求——A 花园的营销策略[1]

1)概况

某房地产发展开发公司开发的内销住宅商品房"A 花园",处于某镇地区最大的商业闹市区,与"A 新村"对应。

多层住宅小区"A 花园"总建筑面积 25 000 m²,其中商业用房 1 348 m²,住宅 23 000 m²,托儿所等公建配套 651 m²,不含地下自行车库、儿童游戏场地面积。住宅小区实用率在 80% 以上,共 250 户。

房产公司在开发过程中注重"大营销观念"。在早期开发时就导入营销的观念,组织和实施产品的生产和供应。在设计上就领先一步,占得先机。房型设计采用明厅明卧、明厨、明卫,采光充足。主卧间朝南,多种不同户型适应不同人口结构的家庭居住,一梯两户,包括:1 房 1 厅、2 房 1 厅、2 房 2 厅、3 房 1 厅、3 房 2 厅等各种户型,建筑面积从 40 ~ 117 m² 不等。普通型户每套住宅房都有宽敞的客厅,舒适的卧室,宽敞合理的浴室厨房,分户防盗门,装修布置适应新潮,厨房设有烟道式排油烟口、预留煤气热水器供气管位,电话线户户安装到位,并备有共用电视天线设施。

2)营销环境

"A 花园"规划红线以内占地 1.2 万 m²,其所在地为一古老的城镇,人口密集、市场繁荣,但原有建筑缺少规划、道路狭窄、房屋破旧简陋、缺少必要的生活设施,严重

---

〔1〕　注:摘自李东.房地产市场营销.上海:复旦大学出版社,1999.5

影响了居民的居住生活。该镇进行全方位的旧城改造与某小区共同构成居民聚集区,此地交通四通八达,使"A花园"具有更大的增值潜力。小区外部环境十分优越,交通可谓四通八达,商业设施齐备。国内外闻名的大学近在咫尺,形成良好的文化氛围。此外,这里还有大批文娱、体育设施,周边的宾馆和综合性商厦,可满足居民的各种文化物质生活之需。设施齐全的医院能为居民提供良好的医疗保障。

3)营销策划

"A花园"在开盘以前就注重市场营销工作,尤其强调"以市场为中心"和"顾客导向",曾对全市商品房的地段、价格、设备标准、户型设计、周边环境和交通路况以及销售状况作了市场调研,对同一区域内的商品居住宅楼做了详细的调查分析,通过调查与分析,找出其他楼盘的有利点和不利点,根据自己的楼盘特点,进行有利点的强化和不利点的克服,以达到效果的修正与完善。当然,在房价定位上也有许多技巧,对消费者的购买决策进行充分、认真的分析。如何用恰如其分的价格加上有效的广告技巧来推销"A花园",降低行销风险呢?"A花园"的房价就应随销售形势的变化而不断调整,即在客户定位上,主要是包括:虹口、杨浦、宝山区、沿江工业区为主的高级职员;新加坡、日本、韩国、东南亚等国投资公司的要民用房;外省市大中型企业法人阶层的政策用房;本市及外省市安置住房要求单位;地区的私营企业及国内投资金融领域、积累一定资财之人士。

同时,采用整体市场营销的方法。在广告媒体上,主要选用大众媒体,"A花园"属中档商品房,个人购买欲望较大。因此,主选《新民晚报》、《文汇报》等大众媒体较为适宜,根据工程进度、销售业务量等多种因素,平均每月发布一次广告。

在销售方法上,采用多种灵活购买方式,进行分期、一次性付清、公积金或商品房六成十年的银行按揭以及旧房出售补差价、调新房等形式。同时,通过电台、电视台、报刊等新闻媒体的宣传,再配备必要的广告,进行公司形象的再一次宣传,扩大干道知名度,提升"A花园"品牌价值,使客户真正体会到:买其房产放心、称心,既可亲又可近,其销售过程分为3期,即酝酿期(7~8月)、销售期(9~12月)、促销期(次年1~3月)。

由于"A花园"成功的营销策略,使得开发项目取得了骄人的业绩。正式对外开盘发售以来,共计推出250套住宅,计23 000 m^2。在近半年时间里,累计销售162套,计有15 000 m^2,占总推出上市销售房源的65%以上。

房地产市场营销是一门实践性很强的应用科学。通过以上案例分析,不难看出,研究和应用房地产市场营销对于提高房地产企业的营销素质,增强企业的活力和竞争力,有效满足购房者生产以及生活需求,提高市场占有率,健康、稳步地发展我国房地产业具有重要的现实意义,表现在以下几个方面:

1) 有利于提高房地产企业的市场竞争力

我国从计划经济过渡到市场经济时间不长,市场机制还不完善,许多企业的经营观念还停留在生产或产品观念阶段,不能经受市场的考验。近年来一些房地产企业一味追求高利润,热衷于高档次、豪华型的房地产产品。由于没有很好地分析市场需求结构和需求容量,没有分析企业自身的资源条件,盲目开发,结果导致资金周转困难,产品销售不畅,企业亏损甚至破产。相反在房地产热中能够审时度势,客观地分析市场,抓住机遇,开发价廉实用的普通商品房的企业却显示出勃勃生机。

因此企业只有通过学习、研究并运用市场营销原理,了解消费者需求,分析市场环境,制订和实施有效的营销组合策略,提高企业营销素质,改善经营管理,才能增强应变与竞争能力。市场营销的研究,不论是对于房地产企业开拓市场,获取更多的利润或及时实现产品的销售价值,还是对于房地产企业树立良好的社会形象,都具有举足轻重的作用,使房地产企业在房地产热中能够审时度势,客观地分析市场,抓住机遇、占领市场。从而能提高房地产企业的营销素质,增强房地产企业的竞争力,更好地促进房地产企业的发展。

2) 有利于促进房地产市场的健康发展

学习和研究房地产市场营销有利于解决房地产产品市场现实问题。房地产市场存在的问题对房地产市场的进一步发育造成障碍导致产品销售不畅,大量的资金沉淀,严重影响房地产市场的健康发展。究其原因,不外乎供需结构不协调,营销手段单一,对国家房地产业长期发展战略与近期的房地产政策缺乏研究。

房地产作为一种特殊的商品,其市场营销也有别于一般产品。只有深入地学习、研究并应用房地产营销理论,通过了解消费者需求,开发适销对路的商品,才能加速房地产产品由商品形态向货币形态转化,缩短房地产商品流通周期、加速资金周转,降低房地产生产的盲目性,逐步减少直至消除市场上商品房的积压,促进房地产市场的健康发展。

3) 有利于满足消费者的购房需求

房地产是和社会生产、人民生活密切相关的产品。房地产市场营销观念强调以市场为导向,以消费者需求和利益为中心,按市场需求组织产品的生产和供应,将促进资源的优化配置和产品结构的合理调整。市场营销从消费者的需求出发,并把如何满足消费者的需求作为其归宿。由于消费者需求的多样性、层次性,复杂性的特点,房地产企业不可能完全、及时把握市场需求的脉搏。所以,必须在国家宏观指导下,运用房地产市场营销的理论,通过正确的市场调查和市场预测,及时了解消费者的需求,把握市场需求进行房地产开发,以进一步满足各种消费者对房地产商品的不同需求。

4)有利于房地产业作为新经济增长点的培育

房地产业在我国国民经济建设中占有重要地位。房地产业的健康稳步发展对我国国民经济建设,人们生活水平的提高都有着极其重要的意义。

我国的房地产业刚刚起步,产业结构需要调整,市场需要治理和培育,多种经济行为需要进一步规范。学习、研究房地产市场营销,能够通过市场机制的调节,价值规律的作用,合理地配置土地、资金、劳动力等资源,提高企业的经营管理水平和经济效益,促进房地产业健康、稳步地发展,为国民经济的发展打下坚实基础,为产业结构的调整做出巨大贡献。

1.2　我国房地产市场营销的发展现状及趋势

1.2.1　我国房地产市场营销的发展现状

市场营销作为一门独立的学科,在经济发达的国家是从 20 世纪 50 年代开始趋于成熟。在我国则是在 80 年代中期以后才在不少行业中得到广泛的推广和应用。它的许多基本原理和策略,如市场细分化原理、营销组合理论、市场预测和调研方法,乃至产品策略、定价策略、分销和促销策略已为不少企业经营者所熟悉,并在实践中得到了不同程度的应用。

房地产市场作为生产要素市场,是社会主义市场体系中重要组成部分。由于我国房地产业起步较晚,以及房地产商品的特殊性,从整体上看,市场营销的理论与我国房地产业的发展至今未能有效地结合起来。

近年来,随着我国房地产业和房地产市场的持续发展,房地产市场营销日益为人们所重视。房地产营销与整个房地产业一样,无论在理论上还是在实践中都是一个正在发展、成熟,并需要我们努力探索研究的新领域。

1.2.2　我国房地产市场营销的发展趋势

我国房地产市场营销的理论研究和实践探索都还处于起步阶段,尚未成熟,且房地产营销理论滞后于实践。从我国房地产业发展的实践看,真正重视房地产营销还是 20 世纪 90 年代中期以来的事。随着我国房地产业的进一步发展,我国房地产市场营销发展趋势将呈现以下特点。

1) 房地产市场营销理论研究趋向专业化和系统化

近年来,随着房地产市场的迅速发展,房地产企业面临着众多的问题,特别是大量商品房空置与消费者需求不能满足的现象并存的问题促使人们深思,此时营销观念才慢慢被人们认识和接受,一些公司和人员逐渐开始把营销运用于房地产销售之中。但是,有关房地产市场营销方面的理论研究却几乎为空白,跟不上实践发展的需要。大量引用一般市场营销的理论,并不能完全适用房地产领域的实际需要。房地产本身及其经济运行规律的独特性,迫切需要有专业化的房地产市场营销理论的研究,以更好地为房地产营销活动提供指导。

2) 房地产市场营销实践趋向主动的全过程营销

目前的房地产市场营销研究,一方面是落后了实践,另一方面则是到了开发的后期,由于楼盘滞销,才进行被动研究策划的情况较多。一些楼盘在可行性研究、市场定位等初始开发阶段没有营销人员的参与,在楼盘建成之后,销售遇到困难之时,才匆忙组织营销研究人员会诊,提出补救措施,这给市场营销的开展带来了不少为难。一些楼盘由于在设计上不能满足目前目标市场上的需要,或是在地段、价格、配套、环境等方面有不同程度的缺陷,即使有最高明的市场营销策划人员,对此也无能为力。实践的教训,已充分显示出这种事后被动式研究的缺陷,主动地进行全过程的市场营销受到更多营销者的推崇。

3) 房地产市场营销分析趋向微观层面的研究

目前的市场营销研究,往往集中在大的、宏观方面的分析,如全国房地产市场走势、某某市房地产市场分析、房地产营销的几大策略等等。从总体上看,缺乏细致的、科学的研究,如在市场分析中,对其一小区、某一类型、甚至某一楼价上的具体分析很少见,而这又恰是开发商或消费者最关心的。在消费者需求方面,对不同年龄层次、不同职业、不同地区、不同收入层次的消费者心理与特定的消费需求研究极少。所以,随着营销的进一步发展,仅仅满足于一般市场分析是不够的,在大量宏观分析的基础上微观方面的研究必须重视。

4) 房地产市场营销分类趋向细分化

目前,由于房地产商品及经济运行规律的独特性,房地产市场营销正在从一般市场营销理论中分离出来,并逐渐形成自己的理论体系,对房地产业的发展起着促进作用。而在房地产业之中,住宅、商业用房、办公楼、工业用房、旅游用房等,其消费需求特点及规律又有较大的差异。如住宅需求与商业用房需求的差异,形成住宅房地产和商用房地产的不同发展周期,并在需求类型、影响因素、发展趋势、消费心理等方面都有区别,由此住宅市场营销、商住房市场营销、商业用房市场营销,都会有其独特的研究对象和内容,而形成体系。以此类推,还会形成工业房地产市场营销、旅游房地产市场营销、别墅市场营销等房地产市场营销细分化的研究。

5) 房地产市场营销研究手段的现代化

市场营销作为一门应用性学科,需要根据产业发展及科技发展而不断调整变化,充分运用现代科技手段进行研究。如计算机的全面运用,不仅可以提高工作效率,还可以提供更准确和更多的信息。运用它可以完成许多市场营销个人所不能完成的东西,如及时提供信息、进行复杂的市场分析计算、多方案对比分析等工作,还可以通过互联网与世界各地销售网络取得联系、减少中介费用,进行市场营销的分析与管理等等。此外,科学进步带来的系统论、方法论,以及管理科学的发展,都将对房地产市场营销带来影响。因此,房地产营销研究从一开始就要注重现代科学手段的运用。

6) 房地产市场营销范围的国际化

目前我国房地产市场营销的研究主要集中在国内。而在国内,出于受政策等的限制,房地产市场营销研究又多集中在本地区,如受我国住宅购买户籍的限制,住宅的销售只能面对具有当地户籍的居民,因此,市场营销研究的地区性极强。在外销房的开发、销售中,由于受各种原因的影响,国内对国外许多情况不了解,只好由其他国家和地区的营销人员进行营销策划和代理,由于这些国外代理公司对国内情况了解有限,给营销策划带来很多障碍。今后,随着我国外向型经济和房地产业的进一步发展,地区间、国际间房地产业及其市场的联系也会增多。一方面国外企业在国内购买物业或投资,另一方面是国内企业或个人向国外购置物业或投资,这些都会促使房地产市场营销向跨国化方向发展。

复习思考题

一、名词解释

市场营销学　房地产市场营销　市场营销观念　关系营销

二、简答题(根据市场调研,回答以下问题)

1. 房地产市场营销有哪些特征?

2. 房地产市场营销研究有哪些内容?

3. 简述我国或你所在地区房地产市场营销的发展现状及趋势。

三、思考与讨论

在目前宏观调控形势下,房地产市场营销对开发商的经营活动有何指导意义?

第 2 章
房地产市场营销环境

【本章导读】

　　房地产企业的市场营销活动总是在特定的外部环境下进行的,受外部环境的影响与制约。分析房地产市场营销环境,就是对影响房地产企业开发经营的各种外部因素进行分析和评价,从而使企业适应外部市场环境,并作出相应的对策。本章将从房地产市场营销宏观和微观环境 2 个方面对此加以探讨。

　　任何企业总是在特定的环境中生存与发展,房地产企业的市场营销活动也是在与其有潜在关系的所有外部力量和相关因素所组成的环境中完成的,包括影响房地产企业生存和发展的各种宏观环境和微观环境。

2.1 房地产市场营销环境概述

　　什么是环境? 通俗地讲,所谓环境,即每个人在日常生活中所面对的一切,是一个相对中心而言的周围情况和条件。人类的环境分为自然环境和社会环境。自然环境包括大气环境、水环境、生物环境、地质和土壤环境以及其他自然环境;社会环境包括居住环境、生产环境、交通环境、文化环境、经济环境和其他社会环境。

　　达尔文研究了生物界进化发展的原理,提出了事物发展和环境变化的关系是"适者生存,不适者淘汰"的著名论断。"适者生存"既是自然界演化的法则,也是企业营销活动的法则。如果企业不能很好地适应外界环境的变化,则很可能被市场所淘汰。企业的市场营销也是在一定的环境之中进行的,企业的营销行为既要受自身条件的制约,也要受外部环境的制约。而环境是不断变化的,一个企业如不重视市场营销环境的研究和分析,就有可能像自然界的恐龙一样,由于不能适应环境的变化而被淘汰。

2.1.1　房地产市场营销环境的概念

房地产市场营销环境是相对房地产市场营销活动这一中心而言的影响企业生存和发展的各种情况和条件。在实践中,它主要是指房地产企业生存和发展所必须面对的,独立于房地产企业之外的制约、影响房地产企业营销活动的众多参与者与影响力的集合,是房地产企业的生存空间。它的构成因素多种多样,且对房地产市场营销活动的制约程度也有所不同。详见图 2.1。

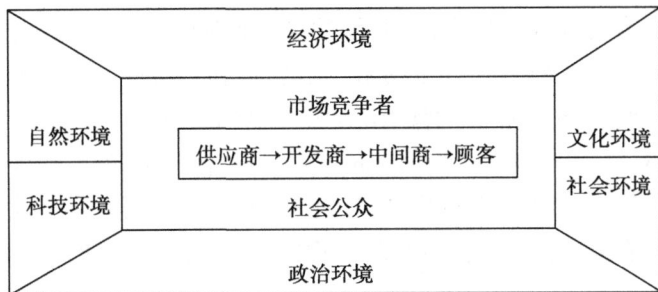

图 2.1　房地产市场营销环境中的主要参与者及其影响力

2.1.2　房地产市场营销环境的特点

1) 客观性

任何房地产企业的市场营销活动都是在一定的环境中完成的。即使是垄断一个区域市场的大型开发商,也不可能无视环境因素的存在。因为政府、行业组织、社会公众等环境力量对开发商的营销活动都会有一定的影响和制约,所以开发商必须兼顾营销环境中所有相关主体的利益,不能忽视环境的客观存在。

2) 多样性

从空间概念来看,房地产企业营销环境因素是个多层次的集合。第一层次是最里层的,是房地产企业所在的地区环境,例如当地的市场条件和地理位置等;第二层次是房地产企业所在城市或省的政策法令、规划要求等因素;第三层次是整个国家的政策法规、社会经济等因素,包括国情特点、全国性的市场条件等;第四层次是国际环境因素。这几个层次的外界环境因素与房地产企业发生联系的紧密程度是不相同的。其中政治、法律因素较为广泛、普遍,经济因素的影响较为直接,其他因素则往往是通过经济因素去影响和制约房地产企业营销活动的。

3)关联性

房地产市场营销环境由众多参与者和影响力构成,而各种构成要素是相互影响和制约的,具有关联性特征。因此,房地产市场营销环境是一个多因素共同作用的动态大系统。对房地产市场营销环境进行分析,就是对影响房地产市场营销的各种外部因素及其作用加以分析和评价,从而使房地产企业能够制订正确的营销策略、营销计划、决策措施等,以保证房地产市场营销目标的实现。

环境中有的因素直接对房地产企业起着制约和影响作用,如政治、法律、人口、科技、社会文化等;有的因素是通过市场环境的媒介而对房地产企业起着间接制约和影响的作用,如经济因素中的消费者实际收入、消费趋向、消费支出模式等决定市场的规模和容量,进而对房地产企业的营销活动产生制约和影响。又如良好的经济环境、完善的政治制度,需要有健全的法律保证,而政治的、法律的、经济的因素等都要受到社会文化背景的影响,社会文化的发展,反过来又受政治、法律、经济等各种因素的制约。所以房地产企业营销环境各种因素的影响是综合发生的,具有很强的关联性。

4)差异性

虽然所有的企业都会受到环境的影响和制约,但不同企业对外部环境的敏感性存在着显著的差异。不同的企业所面临的外界环境是不同的,尤其是对于区域性特征明显的房地产企业来说,这一特征更为突出。不同地方政府出台的房地产法规制度,营造的房地产产业环境都有很大差异。如处于沿海城市的房地产企业和处于内陆地区的房地产企业,生产不同房地产商品的房地产企业以及房地产企业规模大小、所有制性质的差异等,都会产生外界环境因素的差别性。这些差别同样会以不同程度和方式影响和制约着房地产企业的营销行为。

5)动态性

房地产企业所面临的市场营销环境总是处于不断变化之中,其各个具体因素也是随着市场经济的发展而不断变化,而且诸因素之间的自身变化程度也不相同。从一定时期看,有的环境因素变化较小或基本没有变化,如地理环境等;有的环境因素较为缓慢而逐渐地变化,如社会文化环境;有的环境因素在一定的条件下发生急剧变化,如政策法规、市场环境等。各种环境因素自身变化的程度不同,外部环境各种因素在不同时间内的组合方式不同,都会影响和制约房地产市场营销活动的内容和形式,尤其在影响的途径、时间、强度等方面都有差别。因此要求市场营销人员对环境保持动态和持续的关注。

6) 可影响性

房地产企业可以通过对内部环境要素的调整与控制,来对外部环境施加一定的影响,最终促使某些环境要素向预期的方向转化。强调企业对所处环境的反应和适应,并不意味着企业对于环境是无能为力或束手无策的,只能消极地、被动地改变自己以适应环境,而是应从积极主动的角度出发,能动地去适应营销环境。或者说运用自己的经营资源去影响和改变营销环境,为企业创造一个更有利的营销空间,然后再使营销活动与营销环境取得有效的适应。

2.1.3　房地产市场营销环境的分类

1) 从实体形态上可分为硬环境和软环境

硬环境是影响房地产市场营销的实体环境,一般指自然条件环境和基础设施环境;软环境是指与营销活动相关的政治、法律、经济、文化等因素。

2) 从影响范围的大小可分为宏观环境和微观环境

宏观环境(Macro Environment)又称总体环境、一般环境或间接环境,是指间接影响房地产企业市场营销活动的各种环境因素。宏观环境对企业的营销活动虽有间接影响,但它却是给企业造成市场机会和环境威胁的主要因素,它对房地产企业营销活动的影响是广泛而深远的。

微观环境(Micro Environment)又称个体环境、市场环境、直接环境或作业环境,是与企业的营销活动直接发生关系的组织与行为者的社会性力量和因素。微观环境对房地产企业的营销活动具有直接影响,微观环境中的各种行为者都是在宏观环境中运作并受其影响的。

2.2　房地产市场营销宏观环境

房地产企业及其所处的微观环境首先是处于大的宏观环境之中,包括自然环境、人口环境、社会文化环境、经济环境、政治法律环境及技术环境等。企业不可避免地将受宏观环境的影响和制约。所以,要充分利用房地产市场营销的有利因素,消除或减少不利因素,房地产企业在制订营销目标和任务时,就要善于分析市场营销的宏观环境,下文将分别进行阐述。

2.2.1　自然环境

自然环境是指人们所处的自然物质环境,气候、地貌、资源、生态等因素。

在房地产市场营销中,自然环境主要是指楼盘所处区域的自然地形地貌、气候条件、生态环境以及潜在的各种自然资源。它是房地产市场营销的"硬环境",是影响房地产企业营销活动的一个重要因素。

房屋的地质、水文、绿化、采光、通风等是影响房地产营销的重要自然因素,应当加以科学的分析和研究,为我所用。房地产商品所处的地理位置在很大程度上决定了外围的自然景观,自然景观的优劣对房地产所处的营销活动有着直接的影响。自然景观优美、舒适将会为房地产企业带来较高的收益,而自然景观差的将会使房地产商品的价格大打折扣,给房地产企业的营销活动带来困难。我国沿海地区地势平坦,气候宜人,交通便利,经济发达,市场繁荣,房地产业较为兴旺;而闭塞的山区、边远地区的城市,房地产业还很落后,甚至有些地方还未起步。

自然环境还包括各种资源,房地产企业要善于综合利用当地的自然资源,如山区可以多用石头,林区可以多用木材充当建筑材料,就地取材,降低造价。更为重要的是土地是一种宝贵的自然资源,不能再生,珍惜节约每一寸土地是我国的国策。房地产企业更要合理地充分地利用土地,实行集约化开发经营,提高土地资源的利用效率。

2.2.2　人口环境

在"以人为本"、"以顾客为中心"的营销理念指导下,人作为社会生产、生活、消费的主体应该是营销人员关注的重点。因为,人口的规模及发展趋势决定了市场的规模和发展趋势。

影响房地产企业营销的人口环境是由多方面因素构成的,通常包括人口的规模及构成、增长速度、人口密度、出生率、结婚率、死亡率、受教育程度、地理分布以及人口流动等因素。必须注意的是,不同职业、不同阶层、不同教育背景的人群,需求是不一样的。因此,每一个企业必须依据人口的实际状况,把握人口环境的发展变化,根据自己的特点和优势正确选择目标市场,进行企业定位,才能成功地开展市场营销活动。

2.2.3　经济环境

经济环境是指影响企业营销活动的外部经济因素,主要包括经济发展阶段、国民经济的增长状况、地区与行业的发展状况、社会购买力水平、消费模式等因素。比如,在所处经济发展较高阶段的国家或地区,人们对消费品的需求不仅重视产品的基本功能,对产品的款式、性能、特色及包装也非常注意,从而决定了营销过程中的非价格竞争因素起着非常大的作用;而在所处经济发展阶段较低的国家,人们对消费品的需求,注意的往往只是其基本功能及其实用性,从而使得价格竞争在企业营销过程中有非常突出的作用,价格战也比较有效。

对于房地产市场营销来说,经济环境因素是决定居民住房消费行为的关键因素,它所包含的内容十分广泛而复杂。间接经济因素包括:国民经济发展水平、地区或行业发展水平等;直接经济因素包括居民的收入水平、房地产价格、消费结构、储蓄与信贷水平等。

2.2.4　社会文化环境

社会文化是指社会成员共有的、共同的对客观物质世界的看法、态度及观念等,它反映社会成员精神财富的总和。不同的文化教育、职业、社会阶层、宗教信仰、传统习惯、价值观和审美观等,形成不同的社会文化。不同文化背景的消费者对事物的认识方式和行为准则等方面具有明显的差别,从而反映出不同的消费需求。正是这些看不到、摸不着的文化因素,构成了企业营销的文化环境。它不像其他环境因素那样易见与易于理解,却又无时不在深刻影响着消费者的需求欲望和购买行为,从而影响到企业的市场营销活动。

例如,"三代型"家庭住宅即为最好例证,即:一套住宅分设两个相对独立的小单元,老人与小辈各住其中一个单元;它们分别有自己外出的门道,两个单元间装有一扇可以随意关启的房门。这种住宅设计,既能满足老人与小辈相互照顾的需要,又可防止两者矛盾的产生与激化,较好地体现了居家关系上的东方价值观念。再如,由于民风习俗、礼仪交往等方面的差异,往往影响到房屋促销的内容与方式。因此,无论在国内还是在国际上开展市场营销活动,房地产企业都必须全面了解、认真分析所处的社会文化环境,以利准确把握消费者的需要、欲望和购买行为,正确决策目标市场,制订切实可行的营销计划。

房地产企业为了适应社会文化因素的变化,房地产市场营销人员应对社会文化环境及其变化具有强烈的兴趣和洞察力,这样才有可能发现新的营销机遇。在进入目标市场时,必须分析和了解这些因素对消费需求的影响程度,在产品设计和经营过程中应投其所好,避其所忌,掌握其发展变化规律。

2.2.5　政治法律环境

在能够对房地产市场营销活动构成影响的各种因素之中,政治法律因素是一个极其重要的组成部分。它不仅会影响到正在开展的房地产市场营销业务活动,而且还会对未来房地产市场营销活动产生不可估量的影响。就一个国家来说,政治法律环境包括社会制度、政治局势、政府的方针政策、法律法规、社会治安等。就我国企业的政治法律环境而言,最主要、最直接的是政治形势、政府的方针政策和政府的管理体制。

为了保证我国经济建设和房地产市场的健康发展,政府制订了一系列的方针政策。如搞活国有大中型企业的政策,调整经济结构、产业结构、产品结构的政策,理顺价格体制政策,加强财政、税收和信贷的政策,健全市场体系、完善市场机制,加强房地产宏观调控的政策,等等。这些政策引导着企业沿着正确方向健康而协调发展,房地产企业必须遵循和贯彻执行这些政策。

同时,各项立法对房地产市场营销业务的正常开展所产生的影响力也在日趋加大,影响房地产企业的立法在过去几年内不断增加。作为房地产企业的营销策划人员,不仅要熟悉市场环境等商业知识,还应具有关于保护竞争、消费者和社会更大利益等主要法律的知识,这样才不至于使营销计划与政府法令发生冲突,甚至可以利用这些法令为公司带来效益。

2.2.6　科学技术环境

科学技术是第一生产力。在影响企业营销活动诸多因素中,科学技术是最直接、力度最大、变化最快的因素。随着社会的发展,科技在一个国家发展中的影响与作用也表现得越来越明显,科学技术往往成为决定人类命运和社会进步的关键所在。与其他环境因素不同的是,技术是一种创造性和破坏性并存的因素,或者说,技术对推进社会进步和加剧社会危害两个方面同时起着不可估量的作用。所以说,科学技术深刻影响着人类的社会历史进程和社会经济生活的各个方面,也影响着房地产市场营销活动。

总之,房地产企业应密切关注所在领域及相关领域的技术环境的发展变化,分析其对房地产市场营销所产生的具体影响,以利及时调整自己的营销方案,并以技术进步为契机不断开发出新的产品,如智能大厦、绿色节能住宅等,从而使企业在激烈的市场竞争之中立于不败之地。

2.3　房地产市场营销微观环境

在上述宏观环境下,每个房地产企业的主要目标都是服务和满足所选定的目标市场的特定需要而获利。为达到这一目的,就必须与相应的供应商和营销中介合作并以相应的产品来接近或争取目标顾客。这样,就形成了"供应商—房地产企业—营销中介—顾客"一条市场营销系统的核心链,此外还必须考虑竞争者和社会公众的影响。

在这一核心链中,企业要同各种组织和个人打交道,首先需要从供应商那里获得各种原材料或其他物料,然后经过企业内部各职能部门和建筑商的协作生产产品,最后,几乎所有房地产商品要通过各层中间商才能最终到达对产品性能和质量都有一定要求的消费者手中。另外,由于能向某一目标市场提供产品或服务的企业不止一个,所以,企业必须在很多竞争者的包围和制约下开展营销活动。同时,社会公众对某些产品和营销活动的态度也深刻地制约着企业的行为。以上制约力量与企业形成了协作、竞争、服务、监督的关系,并深刻地影响房地产企业服务目标市场的能力,从而构成了房地产市场营销的微观环境。

2.3.1　供应商

对房地产企业而言、供应商是指能够提供土地、建材和服务等资源的企业或个人,包括提供土地、建筑设计方案、原材料、设备、能源、劳务和资金等的供应方。资源的供应是企业生产的前提条件,任何供给的中断和脱节都会给企业的工程造成影响,严重的会使企业蒙受重大的经济损失。因此,企业的所有供应商直接影响与制约着企业营销活动。

2.3.2　房地产开发商

房地产市场营销微观环境的最重要的力量就是房地产企业内部的环境力量,也就是房地产企业内部各个部门、各个管理层次的分工协作、运作方式、运行状况及企业员工能否精神振奋、配合默契、同心协力等,进而形成企业凝聚力,创造企业独特的文化环境,从而推动房地产企业的营销管理决策和营销方案的实施。企业是一个相对完整的系统,市场营销部门是这一系统中的重要的因素。它面对着企业的许多其他职能部门,如高层管理者、财务部、人事部、工程部、材料部等部门。

　　每家房地产企业的销售业务大都是由营销或销售部主要负责的。这一部分主要体现为房地产商品制订营销计划并推进实施这一计划,以完成房地产企业所赋予的销售任务。但房地产企业是由众多组织构成的,除了销售部门或营销部门外,还有其他组织加高层决策管理部门、财务部、开发部等各个具体管理部门,所有这些组织形成企业内部的微观环境。

　　所有这些部门对营销部门的计划和行动都有影响,各部门为完成各自的工作目标,或多或少地会有一些矛盾。这就要求最高管理部门出面进行调解,并以房地产企业整体目标为重。而营销部门在制订和执行营销计划的过程中,更应该与房地产企业的其他内部组织协调,使地产企业所有员工拧成一股绳。这样,才有利于房地产企业在目前竞争激烈的房地产市场中实现自己的营销目标。

2.3.3　房地产营销中介

　　营销中介是协助房地产企业销售其产品给最终消费者的企业或单位。房地产企业之所以要利用营销中介来加入其营销活动,就在于中间商比房地产企业能够更有效地完成营销业务。在现实经济生活中,一方面,作为房地产开发商,主要业务在于开发、经营大量的房地产;另一方面,顾客只关心能否在最便利的地点和时间,获得所需类型、质量好、服务优、配套设施齐全的房地产。为此,必须克服单一的房地产企业所提供的房地产产品和顾客需求之间的差距。营销中介正是适应这一需求而产生的。营销中介具体包括以下几种类型:

1)中间商

　　它是指帮助企业寻找顾客,或与他们商定销售的企业。如中原地产、世联地产就是较著名的中间商之一。这些中间商可分为两大类,代理中间商和买卖中间商。代理中间商找寻顾客或协助商订合同但不拥有商品权。买卖中间商有批发商、零售商和其他中间商,他们先买下商品后再转售。目前许多房地产开发商都借助于中间商来开展业务。

2)营销服务机构

　　营销服务机构主要有营销研究公司、广告代理商、传播媒介公司和营销顾问公司等,他们帮助房地产开发公司推出和促销其产品到恰当的市场,公司对每一种服务要决定自己操作还是购买。

3）财务中介机构

财务中介机构主要包括银行、保险公司和其他协助融资或保障购买和销售风险的公司。

4）房地产经纪机构

房地产经纪是指为委托人提供房地产信息和居间代理业务的经营活动。经纪机构的业务范围包括：搜集、提供信息、代销、代购房地产、代办其他业务，其中以代销、代购为主。

5）房地产估价机构

房地产价格评估是指根据一定的估价方法，对房地产客观合理价值或价格进行评定和测算的经营活动。它是房地产交易必须具备的一个前提条件。

2.3.4 房地产消费者

房地产企业营销活动的最终目的就是赢得消费者，获取利润。房地产企业的顾客群体既包括最终消费者，也包括中间产品市场的顾客。最终消费者市场的顾客是指购买和租借房屋以消费的个人、家庭或公司，他们购买房屋的目的不在于利润，而在于使用。而中间产品市场的顾客是为了赚取利润或达到其他商业目的而作为商品购头或租借房地产产品。

2.3.5 竞争者

房地产企业为了有效地占领某一特定市场，往往会遇到作同样努力的其他竞争公司。一般而言，为某一消费者群体服务的房地产企业不止一个，每一房地产企业的营销系统是在一群竞争对手的包围和制约下从事各自的营销活动的。这时，公司所面临的问题就是如何识别出这些竞争者，并取得优势，从而战胜对手。

2.3.6 社会公众

公众指任何能对房地产企业的营销目标产生实际、潜在利益或者影响的群体。它包括：政府公众、媒体公众、融资公众、公民团体公众、一般公众、地方公众、内部公众。由于房地产企业的经营活动必然会影响到公众的利益，因而政府机构、融资机构、媒介机构、群众团体、地方居民及国际上的各种公众,必然会关注、监督、影响制约企业的经营活动。这种制约力量的存在,决定了企业必须处理好与公众的关系,善于预见并采取有效措施满足各方面公众的合理要求,开展公益活动,树立良好的企业形象和信誉。

作为一家房地产开发企业,虽然公司应将其主要精力用于有效地管理他们与顾客、中介商和供应商的关系,但其成功与否也会受社会其他公众对公司活动的看法的影响。作为一家明智的房地产公司,应该花时间去了解公众的需要和意见,并以建设性的方式来处理与各类公众相互间的关系。这样做不仅可以对营销部门产生建设性的影响,甚至也能在未来为公司带来可观的效益。

复习思考题

一、名词解释

市场营销环境　房地产市场营销宏观环境　房地产市场营销微观环境

二、简答题

1. 如何认识房地产市场营销环境的内涵及其特点?

2. 房地产市场营销的宏观环境和微观环境分别由哪些主要因素构成?

3. 影响房地产营销的经济因素主要有哪些?

4. 房地产营销中介包括哪些类型?

5. 研究房地产市场营销环境对房地产市场营销活动有哪些积极作用?

三、思考与讨论

1. 现代家庭结构对房地产市场营销可能造成哪些影响?

2. 自 2004 年以来,我国相继出台了许多房地产宏观调控政策和措施,这些政策法律环境为房地产市场营销提供了哪些机遇和挑战?

【阅读材料】　丽灵楼引起的思索[1]

上海豫园商城股份有限公司在香港推出了他们带去的豫园商城内丽灵楼中 50 个专卖店铺,引起轰动,50 个店铺销售一空,建筑面积平均价 8 500 美元/m²,底层铺面最高价 12 500 美元/m²。消息传出,人们惊讶不已,在惊叹之余,引发了众多思索……

思索之一:要善于利用历史造就和遗留的独特的人文环境。

---

[1]　王洪卫,黄贤金.房地产市场营销.上海财经大学出版社.1998 年.第 42 页

丽灵楼所在的位置是一个由庙宇、园林、名胜古迹、现代商业有机揉合而成的区域。楼外表是中国古典传统风格，内部装潢则完全是现代化的商业格调。历史造就和遗留这样独特的人文环境所派生的经济附加值是其他地域无法比拟的，也是无法用数字来计算的。人们似乎形成了这样一种观念："不到豫园不算到过大上海"，而丽灵楼的主人们精明得很，他们深知要使城市土地的每一平方米都能为社会提供最大的经济效益，首先要善于利用城市本身历史所造就和遗留的独特人文环境，在"独特"二字上做文章，以显示出级差地租明显的地块，发挥和实现国有资产的有效增值。

思索之二：要倚"老"卖"老"，巧妙运用"老"字号。

豫园是一个有着近百年历史的老商业中心，国内外有名。丽灵楼之所以能卖出好价钱，同他们的倚"老"卖"老"，运用豫园商业前辈们经过几十年苦心经营所创下的千锤百炼的字号有很大关系。其实，用现代商业的眼光看，"老"字号店铺确是一笔巨大的无形资产。北京的东安市场、上海的永安公司，处处都说明了这一点。

思索之三：要跟上现代国际商业流行步伐，尽快同国际商业潮流接轨。

高层次、多功能、全方位、重方便是现代国际商业流行的发展趋势，那种单纯上街购物的习惯将会很快被休闲和旅游购物所替代。丽灵楼的推出正是顺应这一国际流行发展趋势，把商业、娱乐、宾馆、酒店、金融、邮电、办公融为一体，这一商城最终形成高层次、多功能、全方位、重方便的上海最大的国际旅游购物中心。无疑，这一诱人的发展前景，对海外投资者产生了强劲的心理刺激。

思索之四：要及时捕捉不断变化的市场消费心理，找准海外房地产消费缺口。

近几年，在香港上市的国内外销房大多是高级住宅和别墅，虽然年供应量是 9 万个单位，但实际销售只有 3 万个单位，而且大多不是以居住而是以炒作为主的。这是海外房产市场一个重要消费信息。试想，推向香港市场的丽灵楼不是商铺而是高级住宅式别墅，那在香港肯定不会这样红火。因此房地产开发商要及时掌握不断变化的市场消费心理，在激烈的海外市场竞争中找准自己的位置，填补海外房地产消费的缺口，发挥自己的潜能，开辟新的销售领域。

思索之五：要采取一些恰到好处的促销手段。

丽灵楼在销售上采取了一些全新的促销手段，把情况公布于众，增大透明度。一是进行"铺天盖地"式的宣传，让海外了解上海、了解城隍庙、了解豫园；二是市政府有关部门大力支持，高速度、高效率地完成了从土地批租到现房外销的有关手续，再由香港宝生银行提供五年五成的按揭；三是丽灵楼的发展商是在国内外享有一定知名度的上市公司；四是丽灵楼推出的是建筑面积 9 000 m^2、地下一屋、地面四层内部装潢一新的现代化商业专卖店铺形式的现房；五是丽灵楼将引进国外先进的商业管理经验，完善豫园商品结构。所有这一切促销手段，强化了销售信誉，发展了国内房地产业，也带来了比较好的经济效益。

【讨论】　结合本材料，谈谈营销环境对房地产项目的具体影响。

第3章
房地产营销策划

【本章导读】

营销策划是房地产市场营销的重要组成部分。一个房地产项目经过有创意的策划往往能达到起死回生、出奇制胜的效果。通过本章的学习,要求熟悉房地产营销策划的含义、特征、模式与程序,初步了解房地产项目的营销策划思想与策划过程,并对国内房地产营销策划创新有一个系统的认识。

综观人类文明史,策划思想与实践的发展,往往集中于政治、军事领域及一些宏伟工程的建设。在现今社会的各种场合与媒体中,策划一词已被广泛运用,并向政治、经济、文化、体育和外交等领域扩展。房地产市场营销策划是策划的一个分支,是指导企业进行房地产项目开发经营不可忽视的重要环节。从实践上看,房地产企业丰富的营销实践奠定了营销策划的理论基础;从理论上看,房地产营销策划要成为一门相对独立的学科,需更多地吸收哲学、行为科学、策划学、心理学、社会学、广告学、统计学、计算机科学等学科的研究成果,以丰富和完善房地产营销策划的理论体系。

3.1 房地产营销策划概述

3.1.1 房地产营销策划的含义与特征

【案例3.1】 商业裙楼策划为电子市场宝安电子城成功旺销[1]

---

〔1〕 注:摘自贾士军编著.房地产项目全程策划.广东:广东经济出版社,2002.4

宝安电子城是位于深圳市宝安区的一处商业裙楼。由于当时整个商业市场不景气,致使商铺在推出不久即陷入了绝境。深圳安佳置业顾问有限公司在承担该项目的销售代理后,不仅使本项目起死回生,实现100%的销售率,还创造了均价由10 000元/m²提升至20 000元/m²的市场奇迹。本物业在销售时创造了物业即购买即升值的神话,在销售推广中不但扩大了物业的经营品牌宣传,更增强了经营者与投资者的信心。

一、接手烂尾盘

宝安电子城位于宝安新区翻身大道的南侧,与广深一级公路、新洲大道和滨海大道紧密相连,地理位置较为优越。宝安电子城共有3层,原属石鸿花园的商业裙楼部分。石鸿花园的住宅部分销售较好,很快就销售一空,但其商业裙楼部分却出现了零销售状态,成为当时人们所熟称的"烂尾楼"。深圳安佳置业顾问有限公司就是在这种危难之时接手石鸿花园商业裙楼的销售工作的。

在本项目发售之时,宝安的商铺销售情况很不乐观。一般商业裙楼销售时,只有一楼的销售状况较好,二、三层商铺的销售市场难以消化,成为销售"死角"。本项目所处的位置交通十分不便,公交线路不太完善,周边配套又不尽如人意,社区的商业氛围也很差,在区位上毫无优势可言。而且本区域又处于万佳百货的辐射范围内,极大地分流了该区域内一般商品的购买力。本商铺作为一般商场来定位,其销售前景肯定不容乐观。

二、研究专业市场的可能性

由于本项目做成大型商场压力太大,而将其作为一般性的商业裙楼,二、三层的商铺将无法被商场消化。深圳安佳置业顾问有限公司由此而考虑到做专业市场的可能性,根据对服装、家电、日化、电子等10多个类别的专项市场调查,他们惊喜地发现电子产品市场在宝安地区极具发展潜力。

电子工业是深圳的一大支柱性产业,其产值约占全市工业总产值的50%以上,本地区产品配套能力达85%以上。深圳是全国电子工业的主要生产、出口基地之一,而宝安的电子厂家达到1.5万余家,其产品涵盖了电子元器件、通信设备、计算机主机外设、软件及视听设备等多项产品。根据对宝安区电子厂商的分类调查了解到,本区域的电子厂商都十分迫切地希望宝安有一个专业的、具有一定规模的电子市场,以便于电子厂家能就近采购生产所需的各种电子元件,并且对于电子城的经营品种应侧重于品种齐全的电子原材料。

另一方面,通过调查得知由于宝安没有一个专业的电子市场,致使宝安、东莞等一些周边地区的电子厂商们不得不穿关过卡,花费较长时间到赛格、华强电子一条街去购买生产所需的电子零配件,十分不便。而这些电子厂商也十分希望在宝安能有一个展示、宣传、销售自己产品的专业市场,直接对外销售产品,这不仅可省去不少代理的中间环节,而且也利于产品直接进入市场参与竞争,及时将市场信息反馈给开发研究部门。通过以上详细、深入的调查,安佳置业公司坚定了开发商将此项目定位为电子专业市场的信心。

三、制订销售策略

安佳置业公司将项目的档次定位为大众化的专业市场,其目的有2个:一是为电子产品的生产者、经营者提供一个产品推介、形象展示和集中交易的场所;二是为大众消费者提供一个选择丰富、物美价廉的电子购物天地。为了更好地销售推广,该公司作出以下尝试:

A. 引进先进经营模式

赛格经营模式的成功造就了深圳华强北电子一条街的兴起。针对本项目的特点,引入其先进经营管理模式,将整层商铺分割成以小型柜台为主,商铺为辅的小型的铺面形式,极大地丰富产品的经营种类。另外,对于电子城各层的经营功能进行了细分,如将一层分隔定位为元件天地,主要经营各类电子元器件、小商品、展厅及商务服务等,而二、三层则分别定位为通讯地带和电脑城。在每一层还增加了一些附属功能,如增设电话、有线电视、互联网接口、广告位及科普栏等设施。细部功能设施的充分考虑,为经营客户提供了更为周到、便利的服务,提供了一个更为专业化的操作、经营平台。

B. 宣传活动的营销组合

宝安电子城是宝安的首个专业电子市场,其未来的良好经营,对宝安地区的经济发展将起到促进作用。寻求宝安区政府及工商管理部门的支持,对于项目的发售及后续经营都是必不可少的。组织宝安区领导对电子城的考察、题词活动,开盘时的庆典宣传活动的连续展开,都极大地提升了电子城的形象。

C. 媒体组合

在广告推广方面,安佳置业采用了整体推广、多种媒体组合的策略。从富有特色的导示系统到宣传单张的拟定,都体现本电子城的经营特点。在针对目标市场的同时,集中精力,将多种媒体有机组合进行宣传。如采用报刊(《深圳特区报》、《宝安报》、专业电子刊物)、电台(宝安有限电视台、深圳电视台、现场直播)、派单、流动宣传车、夹报等宣传方式交错进行。这一方面加强了对电子城形象展示的宣传效果,另一方面也向市场昭示了本项目的热销状况,造成了客户跟风购买的"羊群效应"。

D. 价格

本项目的均价在2万元/m²,这在当时被认为是天价,但通过安佳置业公司对项目的重新规划及包装,使其价格达到了这一水平。首先,将商铺的面积进行控制。对商铺面积进行重新分割,一般控制在15 m²以内,总价相对降低,对于投资者而言风险也有所减少;其次,付款方式有所优惠。积极为客户争取到6成20年的银行按揭供款,为投资者减轻了资金压力。通过各种方式努力为客户营造宽松的购买条件,深层次地挖掘客源,也是本项目销售成功的制胜法宝。

由于该项目的发展经营前景良好,准确的市场定位和良好的销售执行使该项目获得了巨大成功。商场一期 530 多套,在短短的 10 天内即销售了 520 多套,开创了宝安裙楼商铺销售零库存的先河,在价格方面,更创下了均价 2 万元/m² 的奇迹。通过宝安电子城的成功策划,也使安佳置业在深圳同行中名声大振。

除了上述案例提到的房地产策划外,现在许多经济性和商业性活动,都需要策划,例如广告策划、大型演唱会策划、商品促销策划、申奥策划、国际博览会策划等。可以说,策划已运用于我们日常生活中的方方面面。那么,什么是房地产营销策划?为什么要进行房地产营销策划?

1) 房地产营销策划的含义

美国哈佛大学企业管理丛书编纂委员会对策划含义作了如下概括:策划是一种程序,在本质上是一种运用脑力的理性行为。一般而言,策划都是关于未来的事物,也就是说,策划是针对未来要发生的事情作当前的决策。

房地产营销策划是在对房地产项目内外部环境予以准确分析,并在有效运用经营资源的基础上,通过创造性劳动来挖掘市场的兴奋点、机会点和支撑点,对一定时间内企业的整体营销活动的行为方针、目标、战略以及实施方案进行设计和谋划,来获得消费者认同以实现项目潜在价值和附加价值的过程。

房地产营销策划的实质是以消费者对产品的需求为起点和核心,终止于房地产产品售后服务的全过程营销策划,而不仅仅是销售策划或"尾盘"策划;是为实现消费者、代理商、设计师、按揭银行、物业管理方等的"多赢",而不是开发商自己的"单赢"。总之,房地产营销策划是一种人文的策划,必须实现经济效益和社会效益的统一,才能算得上成功的策划。要正确理解房地产营销策划的内涵和外延,需把握以下几点:

(1) 房地产营销策划是一种贯穿市场意识的行为方式

营销策划是连接产前市场与产后市场之间的一种行为方式。由于房产开发的长期性以及市场反馈的间接性和滞后性,使得产前产后市场是不尽相同的。而营销策划就是一座桥梁,它必须忠于它所衔接两端的本质特征——市场意识。营销策划的根本不是一本洋洋洒洒或字字珠玑的策划方案文本,而是结合所在楼盘,贯穿市场意识,寻找总结出的一种如何把握楼盘市场推广的行为方式。

楼盘未造,策划先行,所谓"运筹帷幄之中,决胜千里之外"。通常可以看到,许多营销策划方案从楼盘案名到广告推广语,从销售计划到案场布置,表面上花花绿绿,看似热闹,实则是空洞无物,绣花枕头,中看不中用。营销策划不是闭门造车,它要体现物业特征、市场特征和消费习惯及发展要求,体现市场的要求。谁能高屋建瓴,深入市场,把握市场,制订切实可行的营销方案,谁就立在成功营销的潮头。

营销策划的市场意识有 2 个方面内涵。其一是指结合市场,对楼盘的购买群体、消费层次、房型、价格定位进行决策,以销定产,再建楼盘。虽然现在开发商、营销商对市场较为重视,但还是有其盲目性,开发楼盘存在"跟风"现象。市场意识的第二个内涵是指,营销策划是一种长期行为,它不仅应注意成交消费区域的市场情况,而且还应从长远着眼,重视培育客户区域市场,借此产生楼盘客户市场的恒温效应。第一方面内涵是第二方面内涵的前提和基础,第二方面内涵是第一方面内涵的巩固和创新。许多人对第一方面的内涵尚能理解,往往未能意识到第二方面的内涵。然而从今后发展而言,市场要求深谋远虑的开发商、营销商亟重视并积极利用第二种意识。认真分析楼盘与市场的对接问题,就是要贯穿市场意识,适应市场化发展需要和潜在空间,实施多元营销策划策略,做好楼盘的市场推广。

(2)营销策划是一种主动创造效益的行为方法

现在市场上对营销有一种误解,总认为营销策划只是从属于销售,帮助推销楼盘的文案,因而使营销走上歧途。其实,意在笔先,思在行前。营销策划是一种主动创造经济效益、社会效益的行为方法。这前后两种认识上的差异,导致在具体策划实战中直接影响到方法的运用。

营销策划是一种导向行为,是一条基于市场需求之上的"纲",贯穿于房地产项目定位、开发、销售、物业管理。换言之,营销是一种主动行为,它采用市场调研、分析、营销策略、销售技巧和控制措施来保证引导、开拓、扩大有效市场。一般认为,房地产营销策划的发展之路要经历推销导向阶段、促销导向阶段、营销导向阶段。从目前发展而言,正在向第三阶段转变。许多开发商、营销商对营销策划的理解多停留于第二阶段,也就造成市场上的营销策划方案大多只是在价格、付款方式、优惠条件等促销手段上做文章。还营销本来面目,就是要做好产品定位、包装等系列策划,全面认识营销创造经济、社会效益的先导作用,而不是将重心放在销售策划上。营销界还需对此进一步开掘、扩大营销策划的功能空间。

(3)营销策划是一种运用整合效应的行为过程

营销策划应是房地产开发过程中的一种内化行为。这种内化就体现为营销是一种整合效应的运用。

所谓整合效应,是指通过营销方式、手段的系统化结合,根据市场进行动态修正,体现楼盘价值增值的全程营销效果。它的特征是主动性、动态性、全程性。房产开发的周期长,不动产的大宗性等决定了消费者有效需求在建设过程中仍会有不少于更新和变动。因此,作为有效策划也不可能是一蹴而就,而是必须贯穿于开发的全过程,采取动态跟踪,动态获取市场信息,及时调整营销策略,主动适应新的有效需求和潜在需求。

营销策划的整合性具体特征表现为2方面:其一,营销策划方案组合。策划贯穿于房地产开发的整个过程,它应容纳定位、设计、工程、销售、物业管理等,而不是现在一般意义上的供销售的方案;其二,营销策划行为推广。今后对策划公司的要求将愈来愈高。整合营销需要各方面的联合,如开发商、营销商、房地产专业门户网站等联手协作就是整合营销模式的萌芽和启动。可以说,整合营销行为的运用是营销策划发展的方向。它对目前众多营销商提出了更高的要求。市场呼唤联合,营销呼唤整合,行业呼唤优秀人才的融合。

(4)营销策划是一种实现人本思想的行为理念

现代的房地产营销策划注重人文、文化的居住理念,把策划等同于对居住理念与建筑艺术的追求升华为以人为本、人与自然相融的和谐过程。人本思想的追求是人类自身居住条件达到一定阶段后的需要,这就需要营销策划不断跟上时代的节奏,充分挖掘人性内在的需要。从当前的营销策划时间上来看也体现了这一点。主要表现在:

①环境氛围的营造。人们内心渴望既有高质量居住空间,又追求回归自然、返璞归真、崇尚生态的生活氛围。环境型、生态型住宅成为新的营销主题。像深圳以中国传统人居环境为营销主题的"万科第五园"等,这种小区环境与人文文化氛围的有机结合所带来的满足逐步取代人们以往衡量住宅的 3 个传统标准——地段、房型、价格。

②住宅观念的变化。住宅观念表现为房型、朝向、立面等。各地房地产市场从小房型到大户型到跃层,特别是错层的兴起,都是适应了人们新的居住需求。这些都是营销策划中实践对人本思想的有益探索。

③物业管理的完善。现今的小区,不断强化着社区的概念,这就为优秀物业管理提供了空间。万科地产就一直是以提供优质的物业管理在房地产企业中赢得自己的一席之地。现在许多消费者,在选择物业时,都认为自己购买的不单单是产品,而且是服务。因此营销策划就要立足人本思想,充分发挥社区功能,从健康、舒适角度提供良好的物业管理服务。

营销策划要求不仅以消费者为起点(信息反馈、市场需求调研、购买行为研究等),而且还要以消费者为终点(为消费者提供售后跟踪配套服务),这就是人本思想的一个体现。从市场看,房地产业已进入一种"质"的发展规律,这个"质"不是一种单纯的建筑质量、设计质量等,而是一种创意组合后的质量。这个"质"最主要的是它的总体概念,是透过小区、建筑单体表象化背后的人文内涵,这也是房地产个性化发展的体现。有人说,客户需要的是能安居享受的家,而不是简单的房子,就是这个意思。因此,在小区规划、户型设计、建筑立面、环境与文化建设等方面,树立以人为本的理念,并以此进行市场细分和定位,企业才能稳操胜券,赢得市场,立于不败之地。

当然,以上只是营销策划实践中人本思想的一个方面。随着房地产建设的发展,随着人们对自身生活质量的愈加重视,人们居住观念不断提升,购房者将在居住质量上从单一居住需求拓展为多功能需求,从生理需求逐渐延伸为对文化艺术的心理追求。人本思想正日益成为营销策划方案中的灵魂和核心。

（5）营销策划是一种塑造品牌形象的行为手段

策划并力求塑造房地产企业品牌，树立楼盘品牌形象是营销策划的至高境界。随着房地产市场的发展和完善，新一轮的竞争是品牌的竞争。市民选购房源时，必须考虑资金投入的安全性，自然就会选择信誉好、品牌佳的企业。

楼盘品牌的创立，不是营销策划方案的简单虚拟，而是在营销每一环节中追求品牌意识的综合体现。品牌的实现，不是一朝一夕之事。从目前房地产市场发展规律看，像万科、中海等开发商树立了自身过硬的品牌，他们所拥有品牌旗下的楼盘一再旺销，就是品牌发展的必然，是与相关公司对品牌孜孜以求的努力分不开的。当然，广大开发商、营销商还需高瞻远瞩，在营销策划中把对楼盘品牌形象的塑造，把利用楼盘品牌的影响、示范效应当作一种主动、自觉、精心的行为。

（6）营销策划是一个系统工程

房地产营销策划需运用投资融资、市场调研、规划设计、建筑施工、销售、广告、消费心理、建筑风水、物业管理等多方面的知识，需要活跃的思维和灵感，需要调动企业方方面面的资源。没有广博的理论知识、丰富的实践经验和良好的组织能力，是很难做好房地产营销策划的，因此房地产营销策划是一个系统工程。

2）房地产营销策划的类型

（1）按房地产开发阶段分类

房地产营销策划按房地产开发阶段分类可分为 4 个阶段：

①开发前营销策划阶段：重点是房地产项目营销机会威胁分析、投资方向选择、投资地块选择、投资风险分析、竞争者分析和开发项目定位等。

②开发阶段的营销策划：重点是供需分析、市场调查等，了解并引导消费者的消费观念。

③销售阶段的营销策划：重点是调查研究购房者的具体需求和购房动机、品牌策划、价格组合策略、楼盘资源组合策略（如开发配套促销）、促销策划等。

④物业管理阶段的营销策划：重点是物业管理的宣传、利用业主（第二营销渠道）助销等。

（2）按房地产营销管理内容分类

按房地产营销管理内容来分，可将房地产营销策划分为：房地产市场调查策划、房地产市场定位策划、房地产产品策划、房地产价格策划、房地产营销渠道策划、房地产广告策划、房地产销售策划等。

3）房地产营销策划的特征

房地产营销策划是科学规范的策划运用于房地产领域的活动。它根据房地产开发项目的具体目标,以客观的市场调研和市场定位为基础,以独特的概念主题设计为核心,综合运用各种策划手段(如投资策划、建筑策划、营销策划等),还可以运用房地产领域外的其他手段,如体育、旅游、IT 行业等),按一定的程序对未来的房地产开发项目进行创造性的规划,并以具有可操作性的房地产项目策划文本作为结果的活动。

房地产营销策划具有以下特征:

(1)地域性

房地产营销策划的地域性特征主要体现在以下几个方面:

第一,要考虑房地产开发项目的区域经济情况,如各区域的地理位置、自然环境、经济条件、市场状况等。

第二,要考虑房地产开发项目周围的市场情况,重点把握市场的供求情况、市场的发育情况以及市场的消费倾向等。

第三,要考虑房地产项目的区位情况,如房地产项目所在地的自然区位、经济区位。

(2)系统性

房地产营销策划是一个庞大的系统工程,其系统性首先表现在各阶段、各环节时间上的前后呼应上。房地产项目开发从开始到完成经过市场调研、投资研究、规划设计、建筑施工、营销推广、物业服务等几个阶段,每个阶段构成策划的子系统,各子系统又由更小的子系统组成。房地产营销策划的每一个环节总是环环相扣的,一个活动的结束,意味着下一个活动的开始;其次是表现在空间上的立体组合上。单一的房地产产品销售模式,或称平面销售模式,与策划时代的营销要求是不适应的。房地产企业的营销策划活动,总是多种营销要素的立体组合,通过这种组合才能形成综合推进力,去推动楼盘的销售。

(3)复杂性

房地产营销策划是一项非常复杂的智力操作工程。主要表现在:

首先,房地产营销策划要求引入大量的间接经验。一个优秀的房地产营销策划方案,要引入房地产经济学、管理学、市场学、商品学、心理学、社会学、广告学等多学科知识,并且还要能非常灵活地将其运用到策划之中去。所以,对策划人的要求至少有 2 项,一是必须具有广博的知识,以此构成策划的支持系统;二是这些广博的知识要能够灵活运用到策划之中。但是有了广博的知识,并不能保证它们就必然能发挥作用,而只有将这些知识消化,灵活地运用到策划活动中,才能策划出一流的市场营销方案。

其次,房地产营销策划要求引入大量的直接经验。间接知识的最大缺陷就是它的滞后性,而房地产营销策划是针对当前和未来的。因此,滞后的间接知识可能不适应当前和未来的形势,这就要求策划人必须具备大量的直接房地产营销经验,一个连房地产市场都不了解的策划人根本不可能策划出高水准的营销方案。

再次,房地产营销策划需要对庞杂的信息进行处理。在策划之初,便要对搜集到的关于政治、法律、文化及各类房地产市场相关信息进行综合处理,并从中筛选出有效信息加以处理。在这整个过程中,涉及许多复杂问题,如怎样收集各种信息、收集什么信息、筛选什么信息、用什么方式处理信息、如何检验信息处理结果等等,这些都是十分复杂的劳动。最后,市场营销策划还是一项复杂的高智慧的脑力操作。策划人一方面要将各种营销信息摄入短时记忆系统的信息,经思维的分析、综合、比较分类、抽象概括,最后才以方案的形式凝结下来。由此可见,房地产营销策划的确不是一件容易的事情。

(4)市场性

房地产营销策划是在市场调研的基础上结合消费者的实际需求形成的,因而真实地反映了市场的状况。房地产营销策划的市场性主要体现在以下3个方面:一是房地产营销策划自始至终要以市场为主导,顾客需要什么商品房,就建造什么商品房,永远以市场需求为依据;二是房地产营销策划要随市场的变化而变化,房地产的市场变了,策划的思路、定位都要变;三是房地产营销策划要造就市场、创造市场。

(5)整合性

营销策划讲求"创意",强调策划对象的优化组合,包括房地产品功能组合、营销方式组合、项目资源组合、信息组合等。性价比是竞争胜出的关键,客户最终选择产品的诸如价格、环境、文化、规模、档次、品位、房型、面积等元素中,没有哪一个因素不是至关重要的,没有哪一个因素可以被忽视,因此房地产营销策划对每个策划点都要环环相扣、统筹安排,实行立体营销。

房地产营销策划的整合性反映在对项目设计上的优化、工程上的进展、广告媒体发布的立体性配合、物业管理、价格上的变更等方面。坚持整合推广理念,能使房地产营销策划各环节点线呼应、相互协调,避免单一营销活动的平淡和费时费钱又费力而贻误市场良机。

4)房地产营销策划在项目运作中的地位与作用

房地产营销策划是房地产开发企业整个营销工作的纲,在房地产项目运作中具有非常重要的地位与作用。

(1)房地产营销策划在项目运作中的地位

①在项目运作中处于"战略性"地位。房地产营销策划既重视房地产市场宏观分析,从战略的宏观的角度出发,指导房地产市场的发展方向;又重视微观市场研究,即以顾客为中心,创造顾客需要的房地产产品。其目的是致力于楼盘品牌和企业品牌的打造,实现企业、消费者和社会的多赢。房地产营销的根本就是房地产附加价值的认知过程及形成过程,这个过程的提炼与实施,就是房地产营销策划的实施过程。

②充当房地产企业的"智囊团"、"思想库"角色。房地产营销策划涉及方方面面

的知识和经验,需要活跃的思维、丰富的理论和实践基础。由于众多策划人和开发商的努力实践和勤奋耕耘,他们在吸收前人的各学科理论特别是营销理论的基础上,创造出许多成功的项目典范和营销经典,也创建出不少精彩独到的房地产理念、创意和策略,总结出富有创见性的营销策划理论。这些都给房地产企业以智力、思想、策略方面的帮助与支持,为房地产企业出谋划策,创造更多的经济价值与社会价值。

③贯穿于房地产项目开发建设的全过程,为项目开发成功保驾护航。房地产项目开发建设要完成一个项目周期,需要经过市场调研、项目选址、投资分析、规划设计、建筑施工、营销推广、物业管理等一系列过程。这些过程中的某一环节出现问题,都会影响到项目的开发进程,甚至使项目变成“半拉子”工程。营销策划参与到房地产项目的每个环节,通过概念设计及各种策划手段,为项目开发成功保驾护航。

(2)房地产营销策划在项目运作中的作用

①有利于房地产企业科学决策,避免项目运作出现偏差。房地产营销策划是在对房地产项目市场调研后形成的,是策划人不断从市场中总结出来的智慧结晶。因此,它可以作为房地产企业的参谋,使企业及企业家决策更为科学准确,避免项目在运作中出现偏差。

②有利于房地产企业整合项目资源,提高楼盘竞争力。随着市场的规范和成熟,人们的消费观念和品牌意识日渐增强,整合营销的运用正是房地产营销策划发展的方向,它向众多开发商和营销商提出了更高的要求。整合的要义在于强调动态的观念,主动迎接市场挑战,利用当前市场,发现潜在市场,创造新的市场。因此,要开发好一个房地产项目,必须调动企业的各种资源,如人力资源、物力资源、社会资源等,分析他们的功能,围绕中心,整合并形成有效资源的协调发展,在企业形象设计、项目特色、商品诉求中给予正确的定位,使之形成优势,提高楼盘的竞争力,进而推动整个行业的发展。

③有利于提升开发商品牌,规避经营风险。任何商品的生产、销售和服务,都蕴含着品牌发展和形成的过程,楼盘也是如此。随着房地产市场的发展和完善,新一轮的竞争是品牌的竞争。“高风险才能有高收益”,房地产业作为众多获利较高的行业之一,其风险指数自是不言而喻,而品牌楼盘带来的高附加值已逐渐为开发商所认识。从发展形势看,物业是基础,市场是关键,品牌是动力,房地产进入品牌消费时代是一种必然。房地产营销策划就是要实实在在地在物业中构筑品牌基础,堆积无形资产,营造良好的品牌效应,使项目成为开发商打造品牌的平台,最终达到规避经营风险,达到利润丰硕与品牌提升的双重目标,增强企业的管理创新能力。

④有利于降低营销费用,提高经济效益。房地产企业营销活动在对房地产市场充分调研的基础上经过精心策划,可以用较少的费用支出取得较好的效果。因为营销策划对房地产项目未来的营销活动进行了周密的费用预算,并对费用的支出进行了最优化组合安排,这样就有效避免了盲目行动所造成的巨大浪费。另外,经过房地

产营销策划,可以保证、引导、开拓、扩大项目的有效目标市场,增强房地产项目的竞争力,提高楼盘的销售率,进而提高房地产企业的经济效益和社会效益。

3.1.2 房地产营销策划的模式与原则

1) 房地产营销策划的模式

综观我国房地产营销策划的发展历程,出现了很多策划类型或模式,如房地产广告策划、公关策划、促销策划等。但将其归类、整理,大致可分为 4 种典型模式,这 4 种策划模式基本上反映了我国房地产营销策划的发展状况。

(1)概念策划模式

在房地产开发的早期,先后出现了一些热销楼盘,这些热销楼盘不管是在南方城市,还是在北方城市,它们都分别有一个显著特点。比如有的强调物业管理,有的宣传环保特征,有的突出保安系统技术的先进性,有的推荐智能化设计,有的则更注重环境设计,有的讲究设备材料精良,等等。

以上特别推荐的优点,对销售起到重要的引导作用,使购买者能够在众多楼盘选择过程中,比较容易地选择到自己满意的楼盘,使人们建立起概念认识,从而达到促销的目的。这便是概念策划模式。

概念楼盘明显地带有卖方市场的痕迹。靠突出某个特征而实现销售,就像某餐厅靠某种有特色的招牌菜招揽生意一样。招牌菜对餐厅经营的好坏不能起到决定性的作用,楼盘的突显特点亦如此。卖方市场情况下,供应量相对不足,开发商靠某项优点而实现销售意图,只是解决了买家的识别选择,而未能使其达到理性选择之境地。

(2)卖点群策划模式

随着房地产供应量的增加,需求相对减弱,买家开始能从容地挑选。面对买家开始"货比三家"的市场,使得开发商必须快速适应购买者的挑剔,采取"人有我有"的经营策略。

策划公司适时之需,开始有意识地博采众长于一身,帮助开发商在短期之内对购买者做出充足的承诺,使楼盘力求尽善尽美,尽其所能地向市场罗列无尽的卖点。每一个卖点,都凝聚着开发商的智慧,每一个卖点的后面都是科技和成本的凝结,每一个卖点的成型都似一根根钢筋对大厦起着牢固的支撑。

卖点数量的增加和质量的提高,使楼盘品质不断地得到提高。在市场接受这些卖点时,策划公司也就获得不断的商业机会。但不少楼盘的"富贵病"亦随之产生,许多城市的房价快速上涨。多卖点策划模式对提高项目的素质起到了非常积极的作用,但同时也使许多楼盘价格处于高处不胜寒之境。

（3）等值策划模式

正在卖点群策划迅速发展之时，人们开始发现，一些楼盘成本攀升但未获得同比的售价，而一些曾被人忽视的项目却得到极大的商业回报。这种结果差异的后面，其实存在着投资商和策划机构对土地、项目价值发现能力的差异和价值兑现的能力差异。

等值策划要求策划人能对房地产项目的价值因素具有充分的认知能力，并能在众多因素之中进行权衡取舍。还需具有驾驭和实现经营意图的综合能力，充分发掘出土地的价值，进行等值策划，从而兑现其最大价值。

（4）全程策划模式

面对房地产市场营销时代的来临，以等值策划为基础，策划公司开始倡导全程策划的经营理念，以发展商的立场，全面提供从地块考察到楼盘营销、物业管理的全过程策划服务。

①项目判断。一个地产项目的成败，很大程度上取决于发展商对地块的判断：从地块考察开始，充分挖掘项目地块的地产因子并判断土地的价值，作为项目建筑功能和市场定位的核心依据；从市场调研中寻找依据，这是一个地产项目能否成功的关键的前提条件；从项目定位出发，进行项目投入产出模拟分析，透视项目的风险性并提出相关的规避方式，使发展商在项目的开发之初，就可以预知未来的成果。

②主题设计。项目的经营意图是项目主题设计的主线索：主题设计主要是在规划、景观和建筑 3 个层面上进行诱导设计，从而将项目地块潜在的最大价值诱发出来，同时运用成熟而崭新的设计理念营造系列卖点。而良好的物业管理的介入将使项目的售后服务更有保障，使主题设计更为完整。

③广告创意，媒体代理。广告是一种沟通，一种主张，它承载着房地产产品的销售力：项目卖点的提炼、项目形象的表现、项目理念的传达，各种广告媒体充当着项目与潜在客户群进行沟通的不可替代的重要角色。高效的广告沟通，能使项目释放出更大的销售力，使项目以更快的速度实现更大的价值。而广告创意的成功与否，就决定了项目同潜在客户能否进行有效的沟通。

④物业管理。物业管理工作虽然属于楼盘销售之后的事，但是，策划人员必须提前介入。这是因为，良好的售后服务是楼盘销售的省力保证。策划人员需本着以人为本的思想，为购房者制订完善的物业管理措施和提供"量身定造"的物业服务。

2）房地产营销策划的原则

房地产营销策划的本质是创新、灵活多变，尽管其不受任何思维模式的约束，但也必须依据一定的法则或章法，因此，房地产营销策划必须遵循以下几个原则：

（1）创新性原则

房地产营销策划要追求新意、独创，避免雷同。创新是房地产企业成功的关键，更是房地产营销策划成功的关键,要将创新理论运用到房地产营销策划中去,策划人就必须保持思维模式的弹性更新,让自己成为"新思维的开创者"。

房地产营销策划创新,首先表现在策划理念新:策划理念是营销策划的指导思想,关系到整个营销策划思路的发展脉络;其次为概念新、主题新:只有主题概念有了新意,项目才能凸显出个性,才能使产品具有与众不同的内容和形式,如山景、海景房;再者是策划方法和手段新:策划的方法与手段虽有共性,但运用在不同的场合、不同的地方,其所产生的效果也不一样。如广州远洋明珠大厦,在建好的楼宇中,推出10套主题样板间,以不同人的个性及生活方式进行延伸、发挥、组合,昭示了居住的空间是那样舒适、优美、富有艺术,增大了人们的购买欲。

（2）人本原则

房地产是大宗产品,是人们赖以生存的基本生产和生活资料。人们购买住宅,不仅仅是购买居住的场所,更重要的是购买园林绿化、居住氛围等环境,购买的是一种生活方式。因此,服务于人是房地产营销策划的根本目的。

房地产营销策划以人文为灵魂,可以张扬建筑人本主义,构筑人居精神属性,缔造家园对人生的价值。如项目的主题概念就是人文的具体体现,所有这些使房地产营销策划拥有了深刻的内涵。

人文原则要求策划人要深刻领会我国人文精神的精髓,注重人文关怀、人文情感和人文历史,建立项目自己的个性,促进产品和企业品牌的形成。

同时,人本原则还崇尚"天人合一"的观念,即房地产营销策划要把企业发展、社会发展和生态发展统一起来,形成绿色营销策划的最高境界,以维护可持续发展为己任。

（3）超前性原则

房地产营销策划是对房地产市场未来环境的判断和对未来行动的安排,是一种超前性的行为。因此,房地产营销策划的理念、创意、手段应着重前瞻性、预见性。房地产项目的周期少则二三年,多则三五年,甚至更长,如果没有超前的眼光和预见能力,只投入不产出,那么企业的损失是巨大的。房地产营销策划的超前眼光和预见能力在各个阶段都要体现出来:在市场调研阶段,要预见到几年后房地产项目开发的市场情况;在投资分析阶段,要预知未来开发、售价、资金流量的走向;在规划设计阶段,要在小区规划、户型设计、建筑立面等方面预测未来的发展趋势;在营销推广阶段,要弄清当时的市场状况,并在销售价格、推广时间、楼盘包装、广告发布等方面要有超前的眼光。

（4）可行性原则

房地产营销策划不是哲学理论,更非装饰花瓶,而是一种实实在在的策略规划,它必须是可操作的。贯彻房地产营销策划的可行性原则,可从以下几方面着手:

①策划方案具有可行性。在多种策划方案中选择最优秀、最可行的方案是项目成功的基础。有了可行性的方案以后,还要对方案实施的可行性进行分析,使策划方

案符合市场变化的具体要求。

②策划方案经济性要可行。方案的经济性是指以最小的经济投入达到最好的策划目标,这也是方案是否可行性的基本要求;其次,投资方案的可行性分析也是一个不可忽视的重要因素。投资方案通过量的论证和分析,可以确定策划方案是否可行,为项目的顺利运作保驾护航。

③策划方案有效性是否可行。方案的有效性是指房地产营销策划方案实施过程中能合理有效地利用人力、物力、财力和时间,所冒的营销风险最小,方案的实施效果能达到甚至超过方案的具体要求,实现策划的预定目标。

总之,策划方案要可行、易于操作、容易实施,不能超出开发商的负担能力和承受能力。方案全过程的策划点都要有相应的媒体、行销工具、具体执行人、资源、表现方式,且在一定的时间段里能不折不扣地表现出来。否则,如果策划脱离实际,再好的方案都是空谈。

(5)客观性原则

顾客是上帝。策划人不能以自己的价值认同、鉴赏品位去取代目标客户的审美情趣和利益关注点,而要使自己的主观意志自觉能动地符合策划对象的客观实际。特定的产品有特定的购买群体,他们的年龄、性格、家庭构成、文化程度、工作经历、婚姻经验、价值认可、个人爱好,以及作为买家的特定心理,都有着他们自然自在的共性,而这些共性与策划人或卖家的相应体验与表现形式或诉求点有许多区别。唯有在搞好市场调查的基础上,从客户出发,策划的理念既符合实际,又有所超前,才能成功。

(6)应变性原则

任何营销策划活动,都非一成不变,必须留有一定余地,具有一定的弹性,能因时、因地、因机制宜。房地产营销策划要适应市场的需求变化,吻合市场的需要。

房地产营销策划的应变性原则是完善策划方案的重要保证,它的具体要求是:一是要增强动态意识和随机应变观念。市场与信息的变化是永恒的,策划人对市场变化要有敏感性,增强动态意识和随机应变观念,掌握随机应变的主动性;二是在营销策划之初,就要充分设想到未来房地产形势的变化,让方案具备相应的灵活性,能适应变化的房地产市场环境;三是体现在方案的执行过程中,房地产营销策划方案应在保持一定稳定性的同时,根据房地产市场环境的变化,不断对策划方案进行调整和变动,以保证策划方案对房地产市场的最佳适应。

3.1.3　房地产营销策划的组织与程序

1)房地产营销策划的组织构成

房地产营销策划是一个系统工程,其营销策划行为是一个集思广益、广纳贤才进行协作创意与设计的过程,因而营销策划组织必须在充分发挥主创人智慧的基础上形成团结合作的组织系统,这种机构组织一般由专门的营销策划代理机构与企业项目的营销策划人员组成(大型房地产企业都有自己的策划部)。图3.1表示了企业运营、项目运营和策划运营之间的关系。

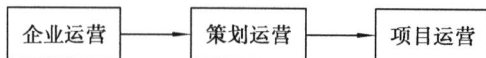

企业运营 → 策划运营 → 项目运营

图3.1 房地产营销策划运营示意图

当然,这种组织机构只是临时性的,在从事项目营销策划与营销管理的过程中加以组织并行使职责,一旦项目营销任务完成,这个组织机构也就完成了其使命。

营销策划组织一般称作项目营销策划委员会或营销策划小组。该组织设主任或组长1名,副主任(或副组长)2或3名,成员若干名,主要包括以下几类人员:

(1)策划总监

策划总监的职责和任务是负责领导、保证、监督营销策划委员会的全盘工作,协调和安排营销策划组织与企业或项目各部门、各方人士的关系,掌握工作进度和效率。

(2)主策划人

主策划人应是营销策划组织的业务中心,相当于文艺工作的编导。负责指挥各类策划人员的业务(包括调研),牵头组织业务人员的创意活动,并最后负责拟定营销策划文案。主策划人应有良好的业务素质和各方面的业务能力,要有市场观念、竞争观念、创新观念和时效观念,并要对企业营销行为比较熟悉,富有项目营销策划的成功经验和高度责任感。

(3)文案撰稿人

销售策划文案的撰稿人不应只是主策划人的个人行为,在主策划人的领导下,要有若干撰稿人参与工作。这些撰稿人可能撰写文案的某一部分内容,但他必须对营销策划的全程系统都非常熟悉,撰稿前的调研工作应该是全面和系统的,这样才能做到胸中有全局、脑中有创意、笔下有特色。对这类人员来说,文字表达的娴熟是最起码的要求,认识问题的深刻和富于创新思维则是衡量一个文案执笔者水平的主要标准。

(4)美术设计人员

营销策划中常涉及楼盘小区的视觉形象、商标、广告、包装等方面,营销策划的过程也是对楼盘进行美化包装的过程,美术设计人员可依据美学原理对上述方面进行创新设计,以增强营销策划方案的吸引力和感染力。

(5)电脑操作人员

电脑操作不仅要起到收集资料、储存资料和随时输出资料的作用,而且还要进行适应多媒体需要的、能进行动态链接和形成互动效应的高难度操作,以备营销策划之需。

总之,营销策划组织是由多方人员组成的、富有创造性、开放性的机构。

2) 房地产营销策划的基本程序

房地产营销策划具有一定的基本程序,主要包括:

(1) 界定问题

营销策划是面向营销过程应用的学问,是营销过程的策划设计。因此,首先应该运用营销学的理论,对项目进行分析研究,确定工作方向,有的放矢。在明确目标过程中,应注意 2 个问题:

①主题意识。营销策划工作多数情况下是在接受委托情况下开展的,策划人必须弄清楚委托者的本意、要求,即主题,把有限的时间、资源和精力投放到主题当中,切忌南辕北辙。

②辩证求解。房地产营销策划是在开发商与消费者之间求解,有人比喻为是"导师 + 医生",即从开发理念、项目定位、规划设计、项目建设到营销推广、市场销售、物业管理等,开发商需要提供顾问、策划服务。策划人应充分整合房地产企业有限的资源和社会资源,通过改变企业的资源环境来实现目标,这是营销策划的使命所在。

(2) 收集信息

信息资源开发的水平,决定着策划的水平,而信息开发水平的高低又是由其工作过程中所采用的方法所决定的。运用科学的市场调查方法,收集信息资料,信息的收集必须满足可靠性和有效性两点要求。对收集的信息资料,运用科学化的推理方法,充分发挥策划人的智力创新功能,进行加工处理,透过现象,去粗取精、去伪存真,探索房地产市场的发展规律,预测其发展变化趋势。

(3) 产生创意

有组织的创意是营销策划的核心,策划与组织的重要区别之一就在组织意识。组织意识就是要从思想上认识到,创意不仅仅是依靠个人的"灵感",而是正如美国学者德鲁克所说的:"一种可以组织,并需要组织的系统性的工作"。因此,策划人须有丰富的信息情报量,思维清晰的系统概念,敏锐的关联性和想象力,很强的市场反应能力和悟性。

(4) 撰写房地产营销策划书

经过创意一般可形成多种概要性方案的框架,对创意后形成的概要性方案进行充实、编辑,并用文字和图表简要地表达出来,就形成了房地产营销策划书。

策划方案编写完毕后,通常要向委托人讲解、汇报,并动员有关部门和人员积极参与,从这个角度上说,策划人即是导演。

(5) 执行房地产营销策划

一般而言,一项完整的房地产营销策划方案通常应该包括:市场调查、目标客户群的分析、价格定位、销售目标体系、进入市场的时机和姿态、确定销售方式、公关计划、推广成本预算、干扰因素分析、执行监控等内容。策划方案通过后,策划者不一定是执行者,若在执行过程中"走样",考虑再周全、设计再完美的方案也会影响成效。另外,由于竞争激烈,市场风云变幻,策划方案设计时与执行时的客观环境、约束条件等都可能发生变化,因此,方案的实施,应是从构思到行动结束,不断检查、调整、螺旋推进的过程。

3.2 房地产营销策划实务

3.2.1 房地产营销策划方案的内容

【案例3.2】 ××花园媒体整合推广策划提案[1]

一、某市楼市分析

个性化、形象化竞争日益激烈,将成为某市地产发展的潮流。物业项目要取得优异的销售业绩,就必须把握时机,竭尽全力利用自身的个性资本和雄厚实力,把自身打造成极富个性和口碑,拥有良好公众形象的楼盘。

二、项目物业概述(略)

三、项目物业的优势与不足

(1)优势

A.位置优越,交通便捷。

位置优越:处于北城区的成熟社区之中心;酒店、食府、剧院、商场、超市等社区设施一应俱全,徒步3分钟即可到达。

交通便捷:公共交通比较便捷,有三趟公交线路途经该盘。

B.区内康体、娱乐、休闲设施一应俱全。

室外设施:活动广场、小区幼儿园、医院、购物广场、篮球场。

室内设施:桑拿浴室、健身室、乒乓球室、桌球室、卡拉OK酒廊。

C.小户型。

2房2厅、3房2厅,面积68.79～106.92 m² 的小户型,以及提供菜单式装修,对于事业有成、家庭结构简单、时尚、享受生活的目标购房群极具吸引力。

(2)不足

A.环境建设缺乏吸引性景观。

---

[1] 注:摘自余源鹏编著.房地产包装推广策划.北京:中国建筑工业出版社,2005.7

环境建设缺乏吸引性景观,不利于引发目标购房群兴趣;不利于提升该花园在公众中的知名度、美誉度和记忆度;不利于满足区内居民的荣誉感(现代住宅不仅要满足居住的需要,还要满足居住者特殊的心理需求)。

B. 物业管理缺乏特色服务。

物业管理方面未能根据目标购房群的职业特点和实际需求(事业有成、时尚、享受生活)开展特色服务,使该花园在服务方面缺乏应有的个性和吸引力。

四、目标购房群

A. 年龄在35～36岁之间,经济富裕、有投资意识或有习惯在北城生活的中、老年人。

家庭成员:1～3口、中老年夫妻或带一子女、单身中老年。

B. 年龄在28～45岁之间,事业蒸蒸日上、月收入在3 000元以上、在北城工作的管理者或小私营业主。

家庭构成:1～3口、中青年夫妻或带一小孩、单身中青年。

五、项目物业营销阻碍及对策

(1)阻碍

该花园内朝向差、无景、背阴的单元难于销售。

区内商铺经营状况不景气,销售业绩不佳。

(2)对策

把区内朝向差、背阴、无景的单位作为特别单位重新命名炒作。作为特价单位适时限量发售。通过广告炒作、整体形象和价格之间的落差以及增值赠送来促进销售。

商铺经营不景气,销售业绩不佳,究其原因有2:一是区内人气不旺;二是该花园离大型购物中心太近。故对策有2:

引爆住宅销售,带旺区内人气,促进商铺的经营和销售。

根据区内居民的职业特点、年龄结构、心理特征、追求喜好和实际需求开展特色经营。例如:高品位的酒廊、咖啡厅等。

六、形象定位

根据物业项目的自身特点和目标购房群特殊的身份、社会地位和所处的人生阶段。把物业项目定位为:凸显人生至高境界,完美人生超凡享受的非常住宅。

七、主题广告语

辉煌人生,超凡享受——××花园提供的(给你的)不只是称心满意的住宅。

辉煌人生:××花园的目标购房群大部分是事业有成的中青年老板和管理阶层,或是有固定资产投资的中老年人。因此,他们的人生是与众不同的,是辉煌的。

超凡享受:享受入住方便,享受交通便捷,享受特别服务,享受都市繁华,享受至尊荣誉。

八、两点整体建议

A. 建××广场和寓意喷泉：

针对××花园缺乏吸引性景观一点，建议在二期工程中建××广场和寓意喷泉。为北城区增一别致夜景，给项目周边居民一处夜来休闲、散步散心的好去处。

试想：当夜幕降临的时候，一路走来，远远地看到××广场上灯火一闪一闪地跳动着"辉煌人生，超凡享受"的字幕；近处听着"哗哗哗"的水声。走进广场，或坐于石墩，感受都市的繁华，呼吸夜的气息，怡心怡情，岂不妙哉。

如此一来，一方面能够增加××花园的吸引性，另一方面还能提高××花园在公众中的知名度、美誉感。

B. 物业管理方面提供特色家政服务：

××花园的目标购房群大部分是事业有成中青年，他们通常没有太多时间料理家务、清扫居所、照看孩子。故该花园在物业管理方面可以根据居民的实际需要提供送早、午、晚餐，定期清扫住宅，有偿清洗衣物，钟点家教等特色家政服务。一方面切实解决住户的实际问题，另一方面有利于增强××花园对目标购房群的吸引力。

九、广告宣传

××花园的广告宣传要达到以下3个目的：

竭力突出××花园的优势与卖点。

尽快树立起××花园"辉煌人生，超凡享受"的物业形象。

直接促进××花园的销售。

基于以上3个目的和××市房地产市场一直以来的广告情况，策划人员建议把该花园的广告宣传分为2个阶段，即广告切入期和广告发展期。

在广告切入期主要通过报纸软文章和报纸硬广告形式竭力突出××花园的优势与卖点。

在广告发展期，一方面利用密集的报纸、电视、电台等媒体广告、车身、路牌、建筑物、灯柱等户外广告以及开展各种公共活动打造××花园"辉煌人生，超凡享受"的形象；另外一方面利用各种促销活动和现场POP直接促进楼盘的销售。

十、广告切入期(1~2个月)

A. 报纸软文章：

主题1：辉煌人生，超凡享受——记"我"为什么选择××花园

主题2：事业生活轻松把握——记××花园特别的家政服务

B. 系列报纸硬广告：

主题1：辉煌人生，超凡享受——这里离购物休闲广场只有5分钟

主题2：辉煌人生，超凡享受——家里面的娱乐休闲

主题3：辉煌人生，超凡享受——××广场就是我们家的后花园

C. 网络宣传：同样突出相应的主题，对项目进行丰富多彩的小型讨论和发表文

章,为硬广告的投放提供素材,同时可以尝试对广告的诉求卖点的市场考察,为广告投放降低风险,同时保证广告宣传效果。

十一、广告发展期

A.报纸广告:从各个侧面打造××花园"辉煌人生,超凡享受"的品牌形象。

B.电视广告:配合促销活动和对开发公司的专访等形式,对项目从工程设计、工程质量、开发商实力、开发理念和项目的优势方面进行正面宣传,建立项目及开发商的良好口碑。

C.电台广告:通过电台配合搜房网的购房者俱乐部活动,并配合项目的形象,给目标受众以声音和感官的信息传达。

D.单张广告:通过商业信函投递、售楼部发送、报刊杂志发送、活动资料派送等形式使单张广告送达每一个意向客户手中,从而扩大项目自身的影响范围。

E.户外广告:在项目周边沿线各人行天桥及繁华路段做灯柱、路牌、建筑物广告;在北城中心做巨幅建筑物或路牌广告;在北城生意火爆的大酒店对面树巨幅广告牌。

F.车身广告:

项目——繁华路段,项目——购物中心,项目——火车站。

G.DM直投杂志:利用某市房地产信息杂志的定向投递优势,通过强大的派发网络进行宣传,将杂志本身的信息量大、保存时间长、到达率高的优势表现得淋漓尽致。

十二、公共活动

举办各种公共活动,树立××花园美好形象,迅速提升该花园的知名度、美誉度和记忆度。

(1)××广场落成剪彩仪式

邀请北城区各界知名人士及该花园新老业主荣誉出席(有文艺表演及娱乐节目等)。

(2)寓义喷泉征名及提名活动

以各种方式(信函、热线、现场、邮件等)大张旗鼓地向社会各界征集××广场寓义喷泉的名称,之后,在一个令人瞩目的日子里,开展现场题名活动。在题名现场向热心参与并支持征名活动的群众致以感谢并奖励(根据所提供的名称与所题名称的接近程度进行奖励)。

(3)××花园"文化活动月"活动

一方面丰富项目周边居民的文化活动,有益于地方文化事业,易得到社会各界的支持,造成极大的社会效应,博得民众的好感,有利于迅速树立××花园美好的公众形象;另一方面吸引新闻媒体的注意,为新闻报道提供很好的素材,有利于大范围内提高该花园的知名度,造成持续记忆。

A.向北城区各界人士赠送或优惠提供当月影院大片入场券。

B.于各节假日及公休日在××广场举办各种歌舞表演、文化活动等。

C.在北城区范围内开展××花园"文化活动月"万人签名活动。

十三、网络

通过某市搜房网进行全面宣传,配合网络炒作和某市购房者俱乐部的会员看房活动,消化一部分产品。

A.某市购房者俱乐部"假日看房班车"活动(目前有效会员近千名,并且数字还在以每周5～10人的速度增加,消费能力不可低估);

B.项目网站或是网页的制作(建立廉价互动的沟通平台);

C.网站论坛同时进行讨论,使开发商和未来业主进行全面沟通,以便了解客户的基本情况,更好地拉动销售。

十四、费用预算(略)

案例3.2给我们提供了目前市场上较为普遍的房地产营销策划方案的一般内容。一般房地产开发的流程是:先找块地,然后设计,最后再去找市场,努力推销出去。市场上大多是这样的房地产营销策划,其实质只是推销而已,这时的营销策划只能就谈判技巧和销售策略展开了。由于房地产产品的特殊性,其产品特性和目标客户几乎从确定地块的时刻起就已经基本限定,因此发现需求应早于寻找地块,产品定位应先于规划设计。

正确的开发流程应是:市场调研分析—发现市场机会和需求—寻找条件适宜的地块—项目调研与产品定位—规划、户型、环境、物管、形象等设计—顾客沟通与设计校正—施工、宣传、销售、售后服务。

与房地产开发流程相对应,全程策划模式既要求做好房地产项目销售期的策划,还要求做好项目前期的研究与分析。

1)项目前期的研究与分析

项目开发之前要进行深入细致的研究和分析,选择地块,选择开发方式至关重要。具体来说,项目前期策划包括以下几点内容:

(1)选择的地块条件要与开发项目特点相吻合

每个开发商都有自己的开发领域,项目开发也有项目自身的特点,要想开发成功,选择的地块条件必须与开发的项目特点相吻合。住宅开发有对住宅用地的要求,办公楼开发有对办公用地的要求。如果地块周边的基本配套和条件满足不了项目开发的特定要求,而开发商又盲目地选择地块或一时疏忽,很可能一失足成千古恨,最终造成难以挽回的损失。如上海湖北路某高级写字楼,发展商当年在选择地块时,没有深入考虑,通往这幢大厦的主要交通干道全部实行交通管制,要到那里去办公或办事,最方便是步行一两千米,这显然是不合适的。也就是说,这个地块缺少开发写字楼街区的背景、条件,缺少这种街区功能,没有与项目相适应的街区功能与环境。选择不恰当的地块开发项目,注定是不会成功的。

（2）选择地块开发要与地块的规模和开发方式相结合

开发尤其是开发住宅项目，小项目风险更大。每开发一个项目，要把它销售出去，需要进行推广。任何一个项目要让市场普遍接受，要能够形成销售热潮，所需的推广成本都有一个最低限度，它等于一个起点规模，销售额达 20 亿的项目也好，销售额 1 亿的项目也好，推广成本并不是和项目规模完全成正比的，因此小项目的推广，从资金角度看，推广成本按比例讲就比较高。例如在广州，市内的单体住宅，推广成本一般都超过 4.5％，而小区住宅达到 3％ 已经很高了。从项目进程来说，要完成一个项目，从不为公众所周知到将其销售出去，需要一定的时间和工作，完成后再搞另一个项目，又要从头做起。如果是成片开发，那么后期开发完全可以就着先期开发形成的市场一路做开，大大缩短项目营销的进程。影响房地产开发利润的一个重要因素，是资金占用量和资金占用周期的关系，在同样的销售结果、同样的成本控制这一前提下，影响利润的最主要因素就是项目的营销进程。小片地、分散地开发其营销过程很长，因而利润也是微薄的。所以，不同规模的地块，对其开发方式的策划也不同。

（3）要进行严谨的可行性研究

对项目进行整体的综合评价，了解能不能做，怎么做，能更透彻清楚地了解市场和项目本身的特点、定位，了解各种可能产生影响的因素，规避投资风险，同时增强对项目的把握能力。这是一项专业性很强的工作，如开发商缺乏这方面的人才，可以借助行业内长期从事房地产营销的代理商，专业咨询机构的力量进行。上文所提到的上海湖北路某高级写字楼的失败是由于楼盘的选址缺少开发写字楼的背景条件。南方某市汽车博览中心写字楼的沉寂，也是因其建在一块被高架桥包围的三角地带上。而这些都是我们可以借助于项目可行性研究避免的情形。项目的可行性研究，就是要从市场、技术和经济等多方面对项目的前景进行分析预测。

2）市场研究和市场定位

市场研究就是要了解项目所处的市场环境和条件。了解有利的和不利的因素，区域内其他项目的情况，竞争对手的情况以及人们选择楼盘的倾向性等。通过考察、对比、分析，确定项目的市场定位。

市场定位包含多方面的内容。比如项目的目标客户群的定位，房子要卖给什么人，就要对这些人进行全面分析，找出他们的需求；项目自身的定位，通过对市场的研究，结合项目的背景、先天条件、目标客户及区域内项目间的比较，确定项目的整体形象、文化内涵、项目档次、进而对项目的功能进行定位，包括室内空间和室外空间，对功能进行系统策划，满足客户需要。

市场定位是相对的而不是绝对的，定位的目的，是使项目的规划设计、项目的销售具有一定的倾向性，吸引目标客户。

3) 规划设计要求及建筑方案的设计

有的楼盘从设计的角度说无可挑剔,但就是卖不动,为什么会出现这种情况呢?关键是房地产发展商和专业建筑设计师之间缺乏有效的沟通。建筑设计的要求应当是具体而详细的,在建筑上每一部分应考虑哪些因素,应该表现什么,项目要赋予的特色是什么,功能是什么,这些特色和功能如何体现,只有这个项目的开发者心中有数。设计师只是负责设计出符合发展商要求的建筑,但如果发展商没有提出明确的要求,他就无所适从,只能设计一个大众化的、毫无特色的方案,很难符合市场需求。只有发展商对规划设计的要求诉求明白,设计师才能设计出出色的建筑方案。建筑规划及设计要求,往往为项目所有的优势打下了伏笔,做好了准备。

4) 制订项目的投资策略及总体的销售策略

项目建到什么程度可以开始销售、滚动方式是什么,需要立即回收的资金是多大比例,对采取何种付款方式,对各种可能出现的悲观因素予以充分考虑,对不同的项目采取不同的合理的投资策略。在此基础上结合自身投资实力,确定总体的销售策略,如销售组织的建立健全,销售队伍的建立培养,推广方式的选择组合,销售渠道的选择等。另外合理地选择专业代理商,亦有助于加快售房进度,加速资金回笼。

5) 营销中的进度控制方案

对于项目的营销进度,要有一个明确、系统的计划。对入市的时机和姿态,广告的推出与广告策略的变更,人员的培训与调配,资金回笼的速度与安排等一系列的事项,要心中有数。房地产营销是一个复杂的过程,必须对营销过程有一个清醒、准确的预测,努力把握营销进度的节奏,使各项工作得以有条不紊地展开。

6) 进行全面的销售策划

具体的销售计划,到底怎么去做,创造哪些卖点,各卖点运用什么手段、方式或媒体与买家广泛沟通,吸引人们注意、认可,并且在展销会或大规模推广时,达成实际销售,这一切都是销售策划的内容。具体讲有以下几点:

(1)销售策划中要再展开一次市场调查

这时的市场调查与前面的不同,这时要调查买家对竞争对手有哪些印象,目前市场有哪些反应。一般而言,在今天的市场中,研究对手是最简捷有效的研究市场方式,在这种情况下可以立刻拿出一些具体的、眼前具备的措施,这时的市场调查是进行具有针对性、策略性、技术性的目标阶段的市场分析。

（2）价格定位

这是房地产营销中最关键的工作,定位过高或过低,直接影响发展商的利益及销售成果。一个项目的价格定位可以分阶段进行:第一期的市场反应很好,第二期就可以适当提高售价,这样依市场反应逐期提价,直到达到一个较稳定的销售状态。这样既可使发展商取得最大收益,又不致影响销售进程。但是切忌起价过高,一旦开始销售时起价过高,造成销售不畅,再想把价格降下来很难。因为楼盘最怕跌价,如果开盘价与后来的价格形成跌势,就会使买家产生不良印象,认为楼盘有缺陷,所以价格定位应是动态的价格定位和价格策略,尤其对大型小区,有时宁可牺牲一些利益,把价格限制在某个范围内,以保证全盘利益。

高价的楼盘,虽然在短期销售中可能还有较高利润,但若不为购房者所接受,将会造成楼盘的长期滞销。若价格定低了,虽然能在相当短的时期内畅销,但也有可能因价格太便宜,使开发商无利可图。制订一个合理的价格是保证开发商资金尽快回笼并取得相应销售周期内最高利润的一个重要条件。

（3）控制销售节奏[1]

对于规模较大的项目,要有细致、严格的销售节奏控制,以利于对不同的价格、楼层和户型的掌握,避免发生不利情况。同时,适当地控制节奏有利于维持人们的购买热情,掌握销售的主动,更好地吸引客户,保持销售形势的稳定和一致。

（4）把握入市的时机和姿态

即利用一个很好的时机或适当的方式,使项目推出时受到广泛的关注,给人留下强烈的印象。如广州一楼盘广告称,为庆祝"七一"和香港回归,改在 7 月 1 日进行内部认购[2],凡当天认购者,均能得到特殊优惠。这就是一种把握入市时机(香港回归)与姿态(内部认购而非公开销售)的入市技巧。

（5）良好的宣传推广体系

首先,项目的宣传、推广要有系统周密的策划,利用巧妙的媒体组合、公关组合紧密配合,连续不断、有计划、有节奏、一气呵成地推出并渲染项目的形象、气势,以达到最好的效果。广州碧桂园项目推出时,以"给你一个五星级的家"为理念,把项目形成的卖点,通过巧妙的新闻攻势,媒体组合,广告活动,用最短的时间一气推出,产生了明显的效果,在营销方面形成了一个典型的案例。其次,合理的销售方式也是加快项目推广的有效手段,不同的价格组合、付款方式组合、贷款组合,可以更好地吸引买家,增加销售的机会。同时,在项目推广过程中,要注意对推广成本进行合理的预算与分配,以期达到最优的成效。

---

〔1〕 注:在房地产宏观调控时期,一般要求将楼盘全部单位同时上市销售,不允许惜盘捂盘,以防止开发商哄抬房价。

〔2〕 注:为稳定房价,内部认购已为各地政府禁止。

（6）进行干扰因素分析

开发商、代理商要对可能产生的销售干扰因素,包括自身内部因素和外部社会因素及其影响做出准确估计,并且提出明确的应对方法,从而排除不利影响,避免发生意外损失。房地产的全方位营销,是一项专业性、科学性很强的综合活动,需要多方面的专业人才共同运作。各类专业的研究机构、咨询机构、代理机构的介入,可以大大增强项目的针对性、可行性,降低运行风险,节约项目成本,提高项目的经济效益。开发商应当充分发挥和利用这些机构的作用,保证项目的顺利实施。

7) 经费预算

房地产营销策划要取得预定的效果,必须投入一定的资金。而投入多少资金,什么时候投入,投到哪些方面等问题,均牵扯到经费预算。因此,在拟定营销策划方案时,必须认真匡算用于策划的具体费用。

营销策划经费预算依据具体房地产项目进行灵活规划,一般可以占项目总销售额的 1.5% ~ 10%。项目的营销,从策划、组织到推广实施,成本由以下几方面组成:

（1）现场包装费

现场包装费指项目的售楼现场包装所需的费用,包括:售楼处内外装修费、售楼处内的设备与设施、项目销售环境包装等费用。现场包装体现项目的形象与理念,务必注重创意设计与档次包装,因此现场包装费是一笔不小的开支。

（2）设计、制作与印刷品费

设计、制作与印刷品费指房地产项目在销售前应做好的一些准备工作所需的费用,包括:

设计制作售楼书(或称宣传册);设计制作录像介绍资料带或光盘。

设计制作展示板,通常有户型平面图、小区规划、地理位置、环境及生活配套、立面效果、项目简介、装修标准等;设计制作整体模型和分户平面模型,通常有小区模型、建筑物模型、单体平面布置模型;设计建筑样板房。

设计制作手提资料袋、宣传品、小礼品等,旨在树立开发商公众形象和扩大项目的社会影响力。

（3）媒介投放费

媒介投放费即广告发布费,指项目在进行市场推广时用于产品形象所需的费用,包括:发布新闻媒体广告费(包括报刊、杂志、广播、电视等,表 3.1 是上海某楼盘媒介推广计划预算);发布路牌广告费;制作地盘广告和地盘围墙广告费;发布公交广告费;展销会参展费;通过邮寄方式发布广告的邮寄费;通过公众信息网络发布广告的入网费、租金等。

表 3.1　上海某楼盘媒介推广计划预算

媒体或活动	时　间	规格或地点	内　　容	单价/万元	合计/万元
引入期 2001 年 6 月初—2001 年 8 月 8 日					
解放日报	6/7(四)		住宅消费新闻报道	3.5	19.7
新民晚报	6/22(五)	彩色通栏	新生活,住家新概念	5	
新闻晨报	7/2(二)	彩色通栏	真生活,看好 50 年	2.5	
新民晚报	7/12(三)	彩色通栏	品位,五彩家园	3	
申江服务导报	7/20(五)	彩色通栏	有品位不一要奢华	2.2	
新民晚报	7/30(一)	黑白半版	满意生活从住开始	7	
新闻晨报	7/7(二)	彩色通栏	满意生活从住开始		
公开及强销期 2001 年 8 月 8 日—2001 年 10 月底					
开盘典礼	8/8(三)	现场售楼中心			35.4
新闻晨报		彩色半版	8 月 8 日闵行相约 CLD	5	
新民晚报				10	
解放日报软新闻				3.6	
申江服务导报	8/13(二)	彩色通栏	莘都丽景,地铁生活 100 分	4.4	
新民晚报	9/12(三)	彩色通栏	大树、青草、鲜花、公园拥抱的家	5	
新民晚报	9/21(五)	黑白通栏	弯弯河畔,青青杨柳,悠悠的家	4.4	
新民晚报	9/21(三)	彩色通栏	弯弯河畔,青青杨柳,悠悠的家	3	
解放日报	10/11(四)	软新闻	三百万的决心,谁得意?	3.6	29.7
新民晚报	10/19(五)	黑白通栏	舒适生活,合理主张	4.4	
申江服务导报	10/30(二)	彩色通栏	现代用时间来量距离	3.6	
新闻晨报	11/9(五)	黑白通栏	600 米傍水居,怡清生活新境界	2.5	
新民晚报	11/21(三)	黑白通栏	精彩生活,多重空间	4.4	
新民晚报	11/30(五)	黑白双半通栏	花好月圆,现在健康住宅	2.4	
申江服务导报	12/6(二)	彩色通栏	全方位服务体贴到位	4.4	
新民晚报	12/19(一)	黑白通栏	我们在成长(地段)	4.4	

(4)公共活动费

公共活动费指项目用于宣传产品形象,树立企业及楼盘美誉度与知名度所需的活动费用,如房地产项目的产品推介会、项目的内部认购会、开盘仪式、工程进度上的结点活动(项目动工、封顶、外立面落成)、样板房间开放活动、各种节目的促销活动、小区入住活动、客户嘉年华会、项目阶段性社区活动等费用开支。包括行政开支(人工报酬、管理费用、设施材料费用)和项目开支(如社会捐赠赞助费、调研费、公益活动费、场地租用费、接待费、促销活动费等)。表3.2是广州某项目公共活动促销费用表。

表3.2 广州某项目公共活动促销费用表

序号	物品及人员	规格及材料	单 价	数 量	总价/元
1	空 飘	含条幅,空飘条幅12 m长	230 元/(个·3天)	6个	1 380
2	背景板	8×2,采用牛津布丝印	1 200 元	1	1 200
3	彩 旗	0.6 m×1.2 m,旗杆高2 m	7 元/面	50 面	350
4	空中舞星	高4 m	300 元/3 天	2个	600
5	绶 带	灯芯绒为主料	20 元/条	6 条	120
6	音响设备、麦克风	专业级音响	800 元/套	1 套	800
7	礼仪小姐	专业礼仪	120 元/(人·场)	6 人	720
8	礼 炮	礼花炮	80 元/只	18 只	1 440
9	钢琴租赁及演奏	双脚架钢琴,专业人员演出	1 200 元/场	1	1 200
10	红灯笼	直径:80 cm,含印字	100 元/个	5 个	500
11	音乐会	时间60 cm 左右	6 500 元/场	1	6 500
12	主持人	专业主持人	400 元/场	1	400
13	人员管理费				500
合 计					15 700

(5)其他费用

其他费用包括销售管理费、中介服务费、机动费用等。

销售管理费,包括:销售人员工资及福利费;地盘专车的费用;租用场地(房屋)租金;工作人员差旅费;业务应酬费用;机动费用等。

中介服务费:委托中介机构进行市场调查、价格评估、营销谋划、销售代理等所需支付的费用。

机动费:用于各项费用超支部分以及不可预见的因素所造成的额外支出。

一般地,常见的营销策划预算项目见表3.3。表3.4为深圳某楼盘包装推广预算表。

表 3.3 营销策划预算项目

项　目	内　容
策划顾问费	
销售代理费	
现场包装费	销售部设计包装与设备、销售部环境包装
广告调查费用	前期市场调研、广告效果调查、咨询费用、媒介调查费用
设计与制作费用	样板房、照相、制版、印刷、摄影、录像、文案创作、美术设计、广告礼品等直接制作费用
公共关系活动(SP 活动)	新闻发布会、典礼、事件行销
媒体费用	购买报纸和杂志版面、电视和电台播出频道和时段、租用户外等其他媒体的费用
直效营销	
其他相关费用	机动费用

表 3.4 深圳某楼盘包装推广预算表

项　目	说　明	费用结算	引导期	开盘期	强销期	持续期	备注
公共传播							
报刊广告	深圳晚报、南方都市报等按刊例发布	35.7 万元					
新闻发布	主要以深圳特区报记者发稿	10.5 万元					
房展会、SP 活动	场地租赁、布置等	9 万元					
户外媒体							
围墙	工地现场围墙	25 元/m^2×300 m^2 = 0.75 万元					
户外看板	项目邻近地铁站	1 000 元/m^2×50 m^2 = 5 万元					
	工地现场	400 元/m^2×100 m^2 = 4 万元					
引导旗	相关街道	250 元/对×100 m^2 = 2.5 万元					
横幅	相关路口	600 元/幅×20 幅 = 1.2 万元					
印刷媒体							
楼书	双 8 开 250 克铜版折页	8 元/份×3 000 份 = 2.4 万元					

续表

项　目	说　明	费用结算	进度计划				备注
			引导期	开盘期	强销期	持续期	
DM	8 开 200 克铜版	3 元/份×5 000 份 = 1.5 万元					
赠品	精美印刷品	5 元/份×1 000 份 = 0.5 万元					
胸卡、名片	四色印刷	40 元/盒×40 盒 = 0.16 万元					
信封、信纸、资料袋		1 000 元					
现场接待 POP							
售楼处布置	桌、椅、地毯等	1 万元					
模型	小区整体和房型剖面	2 万元					
灯箱	门头和室内	500 元/m^2×30 m^2 = 1.5 万元					
展板		300 元/块×6 块 = 0.18 万元					
其他机动费用		10 万元					
广告费用合计:87.99 万元							

8）效果预测

在拟写房地产营销策划方案时,必须对策划方案实施以后的可能效果进行初步预测,并将其提供给企业及有关方面的决策者定夺。对策划效果的预测主要包括 2 部分:

(1)预测经济效果

经济效果对房地产项目而言,主要就是楼盘的销售业绩。经济效果预测的好坏,是决定营销策划是否需要开展的前提。在预测时,需客观地进行,防止存在夸大和低估的现象,以使决策准确,实施得力。

(2)预测形象效果

即对方案实施后房地产企业可能因此提高知名度、美誉度等情况进行预测。虽然形象效果未必能立即产生经济效益,但它能为企业开辟有效的潜在市场,是企业未来经济效益的当前保证。

3.2.2　房地产营销策划的创新

【案例 3.3】　不断创新是活力之源[1]

环顾深圳楼市,没有哪个楼盘像四季花城这样,拥有如此之广的知名度和如此之高的美誉度,每一期推出均引起市场的热烈反应。你若在四季花城逛一圈,就会发现,每一期的产品都不同,从一期的低密度围合组团、别墅、二期的带电梯小高层到三期、六期的 Townhouse 情景花园洋房再到七期的 Townhousebobos 空间,不断创新的产品不断带给置业者惊喜,更时时吸引着人们的眼球。在产品创新的同时,万科其实是在为置业者创造更多的利益点。比如,一期的顶层给客户带来了一个阁楼空间,三期的 Townhouse 情景花园洋房给客户带来了多层的价格别墅的享受,六期的山地宽景洋房带来的是别样的山地居住感受,而七期的 Townhousebobos 空间则为客户带来一个多用途的大面积半地下室,可改造为影音室、娱乐室、储藏室、儿童游乐室、书房兼工作室。四季花城 Townhouse 情景花园洋房从第三期的各有天地、第六期的有天有地到第七期在上述基础上创造出的第三度生活空间——地下空间的演绎,万科在产品的适用功能上一期比一期更为完善。

到过四季花城的人,最深的感受恐怕是花城那浓郁的生活氛围,迷人的社区风情。经过几年的建设,万科四季花城社区已逐渐形成了自成一体、具有丰富内涵的社区文化,使之比一般住宅更富个性和生命力。从某种程度上说,在四季花城卖房子已经进入到卖文化,卖生活方式的阶段。在四季花城有一个有趣的现象,每逢节假日过后,现场都会涌来不少购房者。他们大都是因为有亲戚、朋友住在花城,一次偶然的串门,他们来到了四季花城,一踏进社区,就被居民祥和安逸的生活状态所吸引,就被多姿多彩的社区文化活动所吸引。在花城,业主的社区归属感、荣誉感特别强,花城的社区文化活动也特别多。合唱团、夕阳红俱乐部、集邮协会、足球队,丰富的社区活动在增进业主之间的了解,创造和谐的邻里关系等方面起到了积极的作用。而万科更清楚地意识到社区文化的重要意义。在地产产品硬件同质化、克隆风盛行的今天,唯有独特的社区文化无法克隆,它将成为开发商制胜的魔石。

"删繁就简三秋树,标新立异二月花!"营销策划其实就是新思想新理念的策划与推广,楼盘策划技巧重在推陈出新。创新是一个民族的希望和灵魂,是一个行业发展的希望所在,是房地产项目可持续发展的精神内核。

下面我们对 20 世纪 90 年代以来广州、深圳、北京、上海等城市住宅开发过程中开发商所做的创新进行总结。这 4 个城市在国内房地产开发中是领先的,相信他们的经验比较有启发和借鉴意义。

---

〔1〕　注:摘自《深圳万科四季花城　冠军气质》,www.vanke.com。

1)开发理念创新

住宅开发过程的创新首先应是开发理念的创新,然后才是规划设计、营销策划以及物业管理等方面的创新。开发理念创新是本、是纲,其他创新是末、是目。

广东顺德碧桂园、番禺祈福新村等楼盘可以说是国内住宅开发中理念创新的先驱。在1992年、1993年"房地产热"之前,国内房地产开发基本处于卖方时代,即开发商只要盖好房子,甚至只有一块地和一张图纸,就可以轻松地把楼卖掉。这种情况下开发商不需要考虑什么理念创新。"房地产热"之后,开发商开始研究消费者行为和心理,因此也就有了顺德碧桂园等楼盘的开发理念:房地产开发不等于钢筋加水泥,开发商应由卖房子向卖生活方式转变。

房地产开发的理念往往与楼盘的主题分不开。在房地产开发中导入某个主题有很多好处:它可以张扬楼盘个性,避免同质化;可以赋予楼盘文化品位,使无生命的楼盘有了灵魂;可以满足消费者个性需求。在此方面,广州奥林匹克花园将体育产业与房地产业结合起来,树立"运动就在家门口"的理念,它是国内房地产开发中进行理念设计的典范。

在深圳,万科集团开发的万科城市花园、万科四季花城同样也很成功,不仅将园艺融入在小区建设中,而且将经典的欧洲小镇风格移植到了中国。而后,万科城市花园系列、万科四季花城系列在全国各大城市的连锁开发,使万科在品牌价值的挖掘方面无人能出其右。同样地,金地集团开发的金海湾家园、卓越集团开发的蔚蓝海岸,将住宅开发与海洋文化结合在一起,使住宅设计理念得到了进一步丰富和提高。

北京,SOHO(Small Office and Home Office)房的开发使现代城名噪一时;阳光100国际公寓率先以招标形式引入国际一流建筑设计师,引领北京房地产市场进入"设计时代"。

上海,房地产企业在产品规划、设计、研发和建造创新方面也不乏非常优秀的公司,从世界一流的酒店、写字楼,到面对全球500强企业CEO的顶级豪宅,很多企业对建筑结构、技术、材料、户型设计、景观等层面创新不断,使新海派开发模式在上海房地产市场不断发扬光大。

2)产品策划创新

产品策划创新可以从建筑风格、户型设计、景观设计、会所与配套设施等方面加以体现。

(1)建筑风格创新

1997年前后,在广州、深圳、上海等地,欧陆风格取代大一统传统模式,盛极一时,在当时情况下可以说是建筑风格的一次创新。近几年来,建筑风格更趋多样化,例如广州保利房地产公司的保利花园采用地中海建筑风格,中国海外广州公司开发的中海名都呈现新加坡风情,深圳星彦房地产公司投资的碧云天小区,演绎了岭南风情;而浦东金桥、松江九亭、虹桥地区则发掘上海风格迥异、独树一帜的海派建筑文化,特别是上海民居、欧式新古典及折中主义的里弄建筑特点,将品质高雅、比例匀称、细部考究、色彩调和的特点融入设计,形成了一种"亲水性"的新江南民居风格。

（2）户型设计创新

20 世纪 90 年代初,"三大一多一少"取代传统的户型结构,是人所共知的改变。近年来,户型设计方面的创新更为频繁,比较典型的有:广州奥林匹克花园在广州率先采用跃式设计（1999 年）;深圳创世纪滨海花园在深圳率先建造客厅、卧室与洗手间、厨房不再在一个平面,即所谓的跃复式（即三错层）的住宅（2000 年）。此外,复式结构、阳台外飘、弧形阳台、落地窗、架空层、转角凸窗、空中花园、入户花园等户型设计方面的创新不胜枚举。

（3）景观设计创新

深圳万科四季花城,在不同的组团中种植不同的花卉,每个组团都以次花卉命名,颇有新意。深圳金地集团开发的金地翠园,对其地下架空层及其他可能的位置都进行了绿化,即使在小区的围墙上,也用绿色的塑料花加以装饰,号称 100% 的绿化率,真正突出了"翠"的意境。

以江南水乡文化为创作原动力的上海锦绣江南家园充分借鉴江南园林造园手法,特别是江南园林中各种理水、造景、地形、桥梁、植石、绿化等手法,用水系串连小区内步行系统和绿化景观系统,并在蜿蜒曲折、宽窄变化、水移景异的浅溪水周边,营造了各类亲水空间和景观小品,使小区居民不仅可观水、听水,还可戏水。

（4）会所与配套设施创新

顺德碧桂园是国内最早与名校联姻（北京景山学校）的小区。有人说一所学校可以救活一个楼盘,这个说法可能有点言过其实,但我们的确可以看到学校、尤其是名校在房地产开发中的重要作用。这是因为中国的家长都有望子成龙的强烈愿望,如今教育配套已经成为很多发展商推销自己楼盘的惯用手法。同时,在顺德碧桂园成功销售过程中,其三大会所以及一应俱全、极具奢华的娱乐设施,也给它的成功销售增加了砝码。

近年来,广州的很多楼盘非常注重会所与配套设施的创新。例如 2001 年 7 月开盘的广州锦绣香江花园,以 Townhouse 建筑为主,小区占地 4 000 余亩,专门建设了高尔夫推杆球场以及大型滑草场的配套。

智能化,一个不能不说的话题。广州丽江花园之"九如通津"项目,率先将宽带网引入小区,深圳也为喜欢"网上冲浪"的人士建设了都市 e 站。此外,远红外监测系统、可视对讲系统、掌纹门锁、远程抄表等一大批高科技产品与技术在小区建设中得到广泛应用。

3) 价格策略创新

低开高走是人所共知的价格策略,但广州锦城花园却把这一策略运用得更有新意。1997 年以前,广州中低价位楼盘销售如日中天,豪宅的市场空间随之缩小。在这种市场状况下,锦城花园作为新一代豪宅推向市场,阻力很大,没有好的营销策略就可能导致销售失败。为此,锦城花园在楼盘的装修设计,小区环境与配套,现代化的物业管理等方面做了大量的工作,提高了楼盘在市场上的心理价位。在锦城花园开卖之前,业内人士纷纷猜测锦城花园要卖到 1 万元/m² 以上,但发展商却以 7 500 元/m² 的低价位抛出,使当时全市的注意力都集中在锦城花园身上,造成了强大的市场冲击波。首期发售,锦城花园 3 日内销售便逾九成,到二期发售,楼价提升 15%,买家仍深感物有所值。十分有趣的是,据调查分析,在锦城花园二期发售的买家中,首期业主竟占 30%,其余更多的是锦城业主的亲朋好友。同时,大众媒介对锦城花园产生的"锦城现象"的大肆炒作,提高了楼盘的知名度,也树立了开发商的良好的品牌形象。

分期付款的方式,正常有 2 种:一种是由开发商提供的免息分期付款,另一种是由银行提供的有息分期付款(按揭),它是释放消费者购房能力,吸引大多数普通民众进入房地产市场的主要手段之一。目前这种方式已在全国普遍展开,但在 1995 年,是天龙广场在广州首创"月供"概念,成功启动了相对低迷的房地产市场。当时,在有关金融机构的通力协作下,天龙广场提出了部分楼款在入住后分 36 期付清的方法,"首供三万几,月供三千几",这个极具诱惑力的口号,迅速地调动起消费者的购房欲望,使得天龙大厦首期公开卖出 200 多套,在当时广州楼市形成一个奇迹。

广州珠江沿岸珠江广场、新理想华庭、中海锦苑、海珠半岛等 9 个楼盘都是市场定位与中高层收入人士的楼盘,由于它们规模不大,又面临来自与郊区大盘、市区楼盘以及山景楼盘的强大竞争,使得 9 大楼盘自发组织起来,组成"江景盘",统一价格策略以"御敌于国门之外"。

4) 广告策略创新

广告策略创新可以从报纸广告、电视广告和其他形式广告 3 方面探讨。

(1)报纸广告

由于房地产的地区性和个别性,报纸广告一般是各地发展商进行楼盘宣传的主流媒体。据不完全统计,每到星期五,在《广州日报》刊登的房地产广告多达 60 多个。众多的广告,让消费者眼花缭乱,也使得很多楼盘广告淹没在广告的海洋之中。

为了吸引消费者的"眼球",一些发展商不惜把广告篇幅做得越来越大,内容也越来越奇特。例如,1999 年 11 月 5 日,广州光大房地产有限公司的光大花园开盘,发展商在《广州日报》上用了两个整版的篇幅涂了一片绿色,整篇只有一句话:"在光大花园,绿色面积相当于这块绿地的 100 万倍。"又如,2001 年 7 月,广州锦绣香江花园推盘时,发展商竟然在《羊城晚报》上用了 16 个专版推出广告杂志(一般情况下《羊城晚报》一个专版的广告价格达 20 余万元),显示出企业超凡的实力。当然,也有一些发展商,比较精打细算,用较少的钱办更多的事。例如广州伟成房地产公司,在"山水庭苑"策划期间,在《广州日报》上开辟专栏,介绍、探讨高尚社区应有的品质和品位,只是在文章最后几厘米的小方框内打出"山水庭苑特约赞助"的字样,潜移默化地树立楼盘的形象。

(2)电视广告

尽管电视广告不是房地产广告主流媒体,但是由于它的生动形象性,也能在房地产广告中占有一席之地。在广东,电视广告方式是当地房地产发展商面向香港外销楼盘的有效方式。例如雅居乐公司把自己的楼盘拍成广告录像,广告长达 10 ~ 20 min,在本港台、翡翠台、明珠台等电视台上反复播出,一个晚上竟然播放七八次,使得一些电视观众给电视台打电话表示不满,但楼盘却因此引来了许多看楼者以及买家。

(3)其他广告形式

有的时候,一些非常规的广告宣传形式能够起到意想不到的效果。例如深圳一家房地产公司,在雁鸣湖畔面对过往行人分发传单推销自己楼盘。人们一般都有这样的意识,当人们接到这些传单时,要么看上一眼,要么一眼都不看就会随手把它扔掉。因此,对这种促销方式人们一开始就会持怀疑态度。但深圳这家公司却不认为,面对过往行人,他们一而再,再而三地分发传单,人们开始关注这个楼盘,并对这个楼盘留下深刻印象,结果这个楼卖得不错。事实上,这种广告促销方式的投资比报纸广告、电视广告少得多。

上门推销也是一种宣传方式,但是很少有人在楼盘销售中采用这种方法,因为这种做法目标性不强,并且容易被拒访,但是香港泰盈房地产销售代理公司在深圳、广州等地却采用这种方法进行楼盘推广,效果却很理想。

5)房地产销售策略创新

房地产销售策略创新主要包括售楼处布置、样板房布置、楼书制作以及促销策略等方面的创新。

(1)售楼处的布置

售楼处布置的新颖奇特可在一定程度上吸引购房者。例如,中国海外广州公司开发的中海名都的售楼处,基本上是用玻璃做的,呈穹隆状,在屋顶的双层玻璃中,流水潺潺。置身于售楼大厅,有一种在水帘洞中的感觉,真是美妙,人们不禁为该设计称道叫绝,从而对公司及其开发的楼盘也就首先留下一个好印象。

而深圳书香门第的售楼处则用 7 块展板来渲染环境,分别是琴、棋、书、画、诗、酒、茶,即中国古代文人的七艺,并且在售楼处门前摆放着秦始皇兵马俑、铜车马、李白、杜甫的塑像等,营造出一种中国传统文化的氛围。

（2）样板房设计

由广州宏富房地产有限公司开发的星河湾小区由香港贝尔高林、美国 WY 等世界著名的设计公司设计,其样板房除一般设计之外,还有个性化的装修。例如在卧室中放置浴缸,厨房开放式设计等,吸引了众多的人们在此逗留。

而广州南国奥林匹克花园采用了奥运村组团设计,取尽各地奥运村精华,以雅典的古朴、洛杉矶的现代、非洲的神秘、澳洲的清新及亚洲的隽永来包装,整个样板房的设计包装洋溢着浓郁的奥林匹克文化。

（3）楼书的制作

楼书的制作也是楼盘销售中的一项重要的工作,因为它代表了企业和楼盘的形象。为此,一般人们都会把它做成精美、华贵的样子,展现在买家的前面。例如深圳星彦投资有限公司的"东门小户人家",其楼书上的图片为人们熟识的中国人过春节时年画上的金童玉女,给人以亲切、吉祥的感觉,令人难忘。

（4）项目开盘前的内部认购[1]

内部认购已成为开发商惯用的一种销售策略,其目的主要在于试探市场对楼盘的反应。这个方法最早源于香港,20 世纪 90 年代初传入广州、深圳等沿海地区,由这些地区逐步扩展到内部城市。

（5）房地产项目的促销策略

说起房地产促销策略,更是五花八门,不可穷尽,这个方面的创新举不胜举。但不管怎样,所有的促销策略的目的都是一致的,即吸引公众的注意。

广州英华房地产公司开发的名汇商业城坐落于繁华的上下九路,全程置业销售代理公司在该盘的销售过程中,推出了"返租回报"的促销策略,即买家买了该商铺之后,发展商将每年以 12% 的租金返回给业主,以此坚定买家的信心。该措施后来被内地许多发展商仿效使用。广州奥林匹克花园,1999 年推盘前,曾邀请文艺、体育界的名人举行明星足球赛,吸引了国内外媒体与观众的广泛关注。楼盘开盘时又专门聘请奥运冠军出任奥林匹克花园园长。

而与众多楼盘高薪聘请明星作楼盘代言人不同,北京珠江绿里(珠江绿洲三期)在广告上刊登寻找形象代言人的启事则打破了这种常规,寻找的代言人限定为该楼盘的业主,使楼盘代言人更具平民色彩,从而在业主与开发商之间架起一座良好的沟通桥梁。

在深圳,卓越集团推出蔚蓝海岸小区,在售楼处前举办海狮表演,并摆放 2 台可乐机免费供观众饮用;沙河地产开发的世纪村,免费赠送当年奥运冠军一套商品房,所有看楼的消费者均可在其会所享用精美的点心;华侨城波托菲诺在天鹅堡、纯水岸的销售过程中,大量采用"意大利文化周"、"意大利电影周"、"意大利美食节"等活

---

〔1〕 注:如前,为稳定房价,遏制市场炒作,内部认购已被各地政府禁止。

动,甚至开盘活动也请意大利驻广州总领事来为购买者赠送银盘(意大利工艺品)。这种做法为楼盘销售聚集了浓厚的人气。

继北京 SOHO 现代城"房屋包换",大连万达集团"三承诺"促销措施之后,广州市城建总公司、城启粤泰集团随后在广州地区也相继推出"天长地久计划"和"无理由退房"措施,效果良好。

6) 物业管理方面的创新

小区物业管理创新,贵在贯彻"以人为本"的管理思想与措施。

顺德碧桂园在销售过程中,有一个很有名的广告语:"碧贵园,给您一个五星级的家。"这是因为开发商专门从广州中国大酒店等五星级宾馆中招聘专业人士对小区物业进行管理。

深圳金地翠园,市场定位于年轻的白领人士,而他们在工作生活中遇到的最大问题是年幼的孩子无人看管。针对这一点,小区物业管理公司推出了"保姆计划":当业主的孩子从幼儿园和小学放学回来而业主还未下班时,小区物业管理公司负责对这些孩子进行看管;同时小区物业管理公司还提供钟点工服务,并为那些需要保姆的家庭提供担保。以上措施极大地解决了业主的后顾之忧,很受业主欢迎。

房地产营销策划创新的原动力来自于市场机制,只要企业存在竞争,策划创新就会持续不断。总的来看,今后的住宅开发将会进一步贯彻"以人为本"的开发思想,国家康居工程的示范作用也会进一步加强,建设部所制订的"绿色住宅导则"的引导作用会逐步显现。绿色住宅将会成为城市居民、尤其是生活在大都市的人们的居住梦想,规划设计、销售策略以及物业管理等方面的创新将会更加丰富多彩。例如,可开发小面积住宅作为家庭的第二活动场所;开发 SOHO 住宅,增加智能化含量,适应居家办公族;开发银发公寓迎接老年时代的到来;开发城郊结合部住宅满足有车族;改变平面布局,开发一厅双厨、双卫多卧的老少共居、有分有合的住宅;有意识地进行功能递进性的土地储备性房屋开发,通过使用新材料、新工艺开发高度节能型住宅;配合绿色消费时代推出带家庭温室和花房的住宅;开发为满足高校学生、白领和蓝领打工族、自由职业者短期租赁的公寓性住宅;开发具有典型民族风格、体现中国文化底蕴的传统住宅;配合经济发展步伐,由开发住宅为主体提前转入开发商贸类房产为主;把握市场先机,走开发和物业经营并举的经营方式,等等。在创新的路上有很多机遇,关键在于开发商能否把握这些机遇。

3.2.3　房地产营销策划的效果测评

房地产营销策划方案实施以后,效果如何,需要运用特定的标准及方法予以检测和评价。这种测评既可以在方案实施过程中进行,也可以在整个方案实施结束以后进行。通过实施效果的测评和评价,适时充实营销策划方案或调整营销策略是十分必要的,它可以使企业的营销策划活动逐步完善,进入良性运转状态。

1)效果测评的主要形式

（1）进行性测评

进行性测评指在营销策划实施过程中进行的阶段性测评,其目的是了解前一段方案实施的效果,并为下一阶段更好地实施方案提供一些建议和指导。

（2）终结性测评

终结性测评也就是营销方案的实施完成后进行的总结性测评,目的是了解和掌握整套方案的实施效果,为今后营销方案的设计及企业的营销活动提供依据。

2)测评实施效果的原则

为确保测评结果的准确、恰当和全面,进行营销策划方案实施效果的测评时,应坚持下述原则:

（1）有效性原则

坚持有效性原则,是指测评工作一定要达到测评的目的,要以具体结论而非空泛的评语来证明营销策划的实施效果。这就要求在测评时必须选取真正有效的、确实有代表性的测评指标作为衡量标准,并且尽可能采用多种测试方法,多方面综合考察,广泛收集意见,以得出客观的结论。否则,就失去了有效性,难以真正将营销策划的效果充分体现和评价出来。

（2）可靠性原则

遵循可靠性原则,要求前后的测评工作有连续性,采用的测评指标、方法以及被测对象也要前后相对稳定。

（3）相关性原则

所谓相关性原则,是指测评的内容必须与所确立的策划目的相关,不可作空泛或无关的测评工作。如果营销策划主要为经济目的,具体是在已有市场上增加销售,测评内容应主要集中在销售量（或额）及利润的前后时期对比上。通过对比,观察各种营销组合策划,特别是促销策划是否真正有效以及它们的实施效果如何。如果策划的主要目的在于和同类产品竞争,扩大市场份额,则效果测评的内容应着重于市场占有率的提高上,并且与销售、利润的测评情况结合进行。

3)实施效果测评的主要指标

房地产营销策划的目的有经济目的和非经济目的,对非经济目的的实施效果的测评,如社会效果、文化效果及公共关系效果等主要采用定性测评方法,而对经济效果的测评则主要采用定量测评方法,选择一定的指标进行考察。

（1）销售收入

房地产企业销售收入是指销售产品和提供劳务而获得的货币收入。它包括产品销售收入和其他销售收入 2 部分:产品销售收入,是指房地产企业销售一手商品房、二手房、尾盘以及滞销房等所获得的货币收入;其他销售收入,是指房地产企业提供代理、咨询、租赁、评估、金融服务等非工业性劳务所取得的经营收入。

在全部销售收入中,产品销售收入是主要组成部分。企业销售收入是反映销售成果的一项重要指标,在测评营销策划方案实施效果时要经常使用。而对于具体产品的销售情况,可以在可比原则下,采用销售量或销售额进行方案实施前后的数量对比。

（2）企业利润

企业利润是企业在生产经营过程中各种收入扣除各种耗费后的盈余。这个指标最能确切反映实际经济效益,是测评营销策划方案综合实施效果的重要指标。由于企业利润总额中营业利润是主要组成部分,而营业利润中产品销售利润又是主要组成部分,因此,产品销售利润是构成企业利润总额的基本部分。而对营销策划方案实施效果的测评,尤其是促销效果的测评,主要也是针对产品销售利润的。

（3）市场占有率

某一品牌产品某一时期在某地区的市场占有率是指该品牌在该时期内的实际销售（量或额）占整个行业的实际销售（量或额）的百分比。

市场占有率既是评价企业日常业绩的重要指标,也是进行营销策划方案实施效果测评的重要指标。由于该指标是一相对量,它可以避免单纯以销售收入、利润等绝对量反映实施效果时由于宏观经济环境影响所造成的错觉。比如,在经济高速发展时期,市场购买力总是不断上升,所有参加竞争的企业都可以沾光,即使竞争力弱的企业,销售收入、利润也会有一定程度上升。所以在经济景气时代,房地产企业的市场竞争只是企业所取得利润高低的次序之争。然而,当社会需求量饱和,经济不景气,市场疲软时,市场竞争势必在固定的、有限的销售收入、利润中所占百分比上进行比例之争。事实上,在经济停滞时期,即使房地产企业销售下降,但只要市场占有率上升,也说明企业经营业绩不错。因为有了高的市场占有率,一旦市场复苏,销售量就可以急剧上升。由此可见,市场占有率是测评营销策划方案实施效果,评估企业业绩的一个重要指标。

（4）品牌形象和企业形象

品牌形象和企业形象是反映房地产企业在市场上的地位的重要指标,也是测评大规模营销策划方案实施效果的常用指标。市场的发展,消费心理的逐步成熟,使得人们在购买商品时,更注重其"软价值",也即商品实际功能以外的价值,如良好感、优越感、幸福感等,因此,房地产营销策划中,提升品牌形象,树立良好企业形象成为重要策划内容,而形象的提升与否,提升的程度当然也成为方案实施测评的常用指标。具体测评时,可根据企业情况对知名度、美誉度、印象度及复购率等进行测评。

复习思考题

一、名词解释

策划　房地产营销策划

二、简答题

1. 如何正确理解房地产营销策划的含义?
2. 房地产营销策划有哪些特征?
3. 营销策划在房地产开发中具有怎样的地位与作用?
4. 房地产营销策划经历了哪些模式? 进行房地产营销策划时应遵循什么原则?
5. 房地产营销策划的组织构成是怎样的?
6. 房地产营销策划方案具有哪些内容?
7. 房地产营销策划一般会产生哪些费用?
8. 如何测评房地产营销策划方案的效果?
9. 查阅资料,进一步了解国内房地产市场有哪些营销策划创新?

三、思考与讨论

根据本章案例3.1,试对下列问题进行讨论与分析:

1. 宝安电子城是如何制订销售策略的? 其依据是什么?
2. 宝安电子城运用了哪些营销推广策略?

【阅读材料】　广州南国奥林匹克花园广告策划实战案例[1]

广州南国奥林匹克花园(以下简称南奥)是全国著名的成功楼盘,本文是南奥的广告公司——旭日广告所撰写的纪实文章,读者从中可以感受到十足的火药味、实战的心跳和成功的自豪:

刚接到南国奥林匹克花园提案,还没坐定,就听开发商说:全国楼市看广州,广州楼市看华南板块;华南板块不仅是开发商的竞争,也是广告公司的竞争。华南板块在广州新建制的番禺区,方圆不过几十千米的范围内有大小八个楼盘,大的不说,"小"的也在千亩以上。都说地产大鳄,但像这里这样"大鳄"成群结队,全国还有第二个地方吗?

---

〔1〕　注:摘自余源鹏编著.房地产包装推广策划.北京:中国建筑工业出版社,2005.7

与此同时,有关华南板块的小道消息也接二连三传来:某某楼盘与某某地产知名的广告公司分手,要强的广告公司同行泪洒当场;某某著名外资广告公司只做了楼书、单张,就与某某楼盘匆匆解约;某某楼盘任用多家广告公司,统一操作问题不少……大会战的前夕,也许太热血沸腾了,手心里也似乎捏着一把汗。

1. 不通但是有点意思的广告语

在南国奥园之前,奥林匹克花园已经在广州成功演绎了一场品牌传奇。通过将房地产业与运动产业的有机嫁接,奥园率先擎起一面“复合地产”的大旗,一句“运动就在家门口”的品牌口号也不胫而走。南国奥园将“复合地产”推进一步,不仅与体育产业复合,更与教育产业复合;不变的是对运动、健康的奥林匹克生活方式的不懈追求,创新求变的是引进社区大众高尔夫及社区名校教育体系。

面对南奥的变与不变,广告公司面临的广告传播课题首先是,如何理解南奥房地产业与体育产业、教育产业三者之间的关系?有人说,奥林匹克精神和教育分不开,南奥的体育产业锻炼的是体魄,教育培育的是心灵;马上有人附和、赞同,对呀,奥林匹克运动倡导大众普及,南奥高尔夫变贵族运动为大众运动,正与奥林匹克宗旨一脉相承。还有人说,体育也好,教育也罢,关键是如何围绕房地产整合。一句话又把思维的野马重新拉回:高尔夫是最好的园林,南奥重要的不仅是建设了一个高尔夫球场,追求一个“形似”,更重要的是将绿色(G)、氧气(O)、生活(L)、友谊(F)等高尔夫(GOLF)精髓渗透于社区的每一根毛细血管,实现一个“神似”。而且,高尔夫园林还体现一种参与性、趣味性和国际性,这不是友谊、公平、四海一家的奥林匹克精神?高尔夫在一次次挥杆中培养谦让、优雅的绅士气质,这不又是与教育产业的共同之处?

问题越来越多,问题又越来越少,就像一道道光线正集束聚焦为品牌“能量”。首先是广告语的能量。说“你我的高尔夫社区”怎么样?“你我”既有策略性又有亲和性,“大众”的意涵也不言自明。不如说“生活就像高尔夫”吧。什么?生活就像高尔夫?有点不通,不知所云的不通,又有点意思,不知所云的意思。都说一百个平常的句子也比不上一句能让人记住的句子,就这一句不通但有点意思的广告语吧!

2. 带着“镜子”做广告

往常,每接手一个案子,少不得走市场,做调查什么的,忙个不亦乐乎。这一次却完全是另一种操作模式,因为把楼盘规划、区位、环境等综合起来,目标对象已经水落石出——广州的中高级白领。这群人我们熟悉吗?还不就是我们自己吗?有人故作轻松,说这次作南奥,终于可以不管天王老子,广告做给自己看了。还有人打趣说,除了笔和鼠标这些“常规武器”之外,每个人配一面镜子,是不是掏出来照照自己——照照目标对象不就可以了吗?有人马上提醒说,认识自己容易吗?认识自己其实最难,不然古希腊人为什要把“认识你自己”这一句话刻在石头上直到今天?

一个单独的“自己”认识起来也许真的很难,但十几、二十个“自己”堆在一起,你一言我一语,这个启发那个补充,一个集众人智慧的“自己”不用镜子也已经昭然若揭:"我"在写字楼上班,收入不错,但却以长期加班加点的超负荷工作为代价;"我"拥有独立的思想和生活情趣,工作劳累之后懂得放松,以读书、听音乐、泡酒吧、体育健身为主要休闲方式;体育健身也就是散散步,打打网球、保龄球,高尔夫除了偶尔尝试之外还是一项可望而不可及的"奢望"……

3. 广告调性的"细节"

接下来就是在楼盘与目标对象之间如何"对接",也就是以何种广告调性呈现广告、达到最佳的沟通效果。说起广告调性,许多人觉得虚无缥缈、难以捉摸。其实,广告调性不仅关系到品牌成长,也是广告公司综合实力的体现,它要求以体现品牌个性的视觉元素、说话方式和语调、审美情趣进行始终一致的沟通,而且,无论是报纸、影视、公关活动,还是展会、宣传品,都坚持长期一致的风格。

广告公司对南奥广告传播的调性进行了以下设定:

体现高级白领优雅的品位。在各自的领域里,高级白领不单因为职务和收入,更因为学识和阅历,而成长中坚力量和意见领袖;在周围大部分人"吾从众"的气氛里,他们往往标举着一种属于他们自己的优雅品位。因此,广告中,一个视觉元素就是他们的个性徽章,一句标题也就是他们挂在口角流行语,甚至是联络的暗号。

感性与理性的有机结合。常见的地产广告往往流于像街头巷尾的直接叫卖,夸张的色彩似乎要用尽所有的颜色,满满的画面也好像要撑出报纸的边框。这不是南奥所要的广告,它应该是感性的框架与理性的砖石共同砌就的想象空间,而且,还可以让倦了累了的心居住。

就连排版的格式、字号、主要的标准色这样的细节,广告公司也不仅仅当"细节"来看。每一份平面广告底部弯弯勾勒的两抹绿色曲线,一抹浓些、一抹淡些,整张广告的创意也都好像在这里留下了一份值得细细品味的积淀。

4. 见招拆招而又一气呵成的广告节奏

对广州楼市稍有了解的人,有两个时段不可不慎重考虑,一是"五一",二是"国庆"。本来,按照预期计划南奥将在2001年7月开盘发售,与这两个时段毫不相干,但眼看着"五一"在即,华南板块8大楼盘中偏偏有一个选定在"五一"开盘,更具威胁的是,这个楼盘(星河湾)在定位上与南奥多有相似之处。还没有开盘,如何在广告传播上率先打响短兵相接的第一枪?这一枪打响的是阻击战,见招拆招,即使难但还不是最难,最难的是从第一枪开始直到开盘,如何始终保持一气呵成的传播节奏?

4月27日,距"五一"还有4天,南奥的第一份广告刊出。一个白领男士、几束鲜花构成一间深情等待的高尔夫咖啡馆,"一生的幸福,值得你60天的等待"。第二次的广告,同一行标题、同一位男士、同一束鲜花、同一个等待——在地铁站——组成又一次幸福相约。如果不是也同样"等待"主题的广告路牌在竞争楼盘(星河湾)附近而散发出些许硝烟味,这一个温馨浪漫的"等待"系列广告,谁会想到它竟担当着艰巨的"阻击"重任呢?

"等待"系列绵里藏针,相比之下,另一份"新生活的领跑者"广告,却是开宗明义、掷地有声的独立宣言。市政府政策支持,各开发商合力造势,华南板块已是一方热土;是时候了,这一方热土的"领跑者"舍我其谁? 是时候了,给你的"等待"一个毋庸置疑的理由!

第一场"阻击战"见招拆招,也见好就收,第二场概念渗透战却是春风化雨,润物无声。"高尔夫"系列连续 5 篇,以"生活就像高尔夫"全版领头,既与"等待"系列、"领跑者"广告呼应,又为本系列定下基调。"绿色,你的生命、你的视野","氧气,你的思想、你的内心","阳光,你的情怀、你的领地","友谊,你的温暖、你的关注",这是描绘,更在描绘中展望;这是展望,更在展望中憧憬。生活就像高尔夫,不通? 似乎也通了;有点意思? 似乎还很有意思呢。

影视片也开始投放。跳出一般房地产广告什么都想表现又什么都没有表现的窠臼,明确只起提示概念、树立形象的作用,因此创意别出蹊径,表现白领人物在南奥这样的高尔夫生活社区里,随时随地轻松挥杆的乐趣——"衣撑"篇中的女主人公凭一根衣撑、"雨伞"篇中男主人公凭一把雨伞、"婴儿"篇竟什么也不要,手痒的爸爸放下手中的婴儿车,只要一个挥杆的姿势空手也过瘾!

这一场概念渗透战除"高尔夫"系列之外,还有学村。当时,许多楼盘大打教育牌,广告连篇累牍,南奥却通过聘请著名教育专家孙云晓举办学村报告会以及相关的软性报道,将精心打造的从幼儿园到大学预科的全方位学村教育链巧妙渗透,旁敲侧击更胜一筹。

的确,60 天的等待并不漫长,转眼距南奥开盘日越来越近。经过阻击战、概念渗透战的前期准备,开辟主战场的时机终于成熟,这是一次产品广告的集体冲锋。一篇"中央居住区的心脏"、一篇"雅典奥运村落户广州",似乎是接过了一两个月前"领跑者"独立宣言的接力棒,一篇"600 亩原始生态林",更扩充了"高尔夫"系列稿的领地。"跃式设计,户型之王"(户型篇)、"户户都是样板房"(装修篇)、"我和朝霞有过约会"(斜天窗篇)……实景图片结合一段感性渲染的美文,撩拨每一个人内心纤细敏感的神经,实景图片结合各种细微卖点展示及户型付款举例,让激起的欲望永不落空。

5. 临门一脚,喷发传播能量

60 天的等待进入倒计时,3 天、2 天、1 天——2001 年 7 月 13 日,北京申奥,全球目光关注莫斯科。一封萨马兰奇写给奥林匹克花园的亲笔贺信和一份全国五大奥园会所的联动宣言,在这一天郑重发表。

7 月 14 日。北京申奥仅仅十几个小时后的第二天。清晨,一封由中国申奥大使、南国奥林匹克花园园长邓亚萍发自莫斯科的贺信,在第一时间刊出。

7 月 19 日、20 日。"幸福生活值得你一生珍藏"——连续两天,一篇连版珍邮、一篇精美镜框;两个月前的"等待"系列在这里听到了回声,两个月来的报纸广告在一幅幅珍邮、一块块镜框里又一次重逢。

7 月 21 日。60 天等待的就是这一天。一只男士的手伸过了 60 天,终于和一只女性的纤纤秀手握在了一起,"幸福生活终于来临"。还是这一天,彩旗、气球、喷画等把南奥装点得焕然一新,邓亚萍、王义夫等人的出席更把开盘仪式推至高潮。一份份单张宣传单、一册册楼书、一本本 28 版"南奥新生活手记"在成千上万双手中传阅。

开盘两天,盛况空前。两天的热销广告过后,随即进入"保温期"。"总有一种力量让我们激动"、"总有一处风景让我们倾心"、"总有一款户型让我们动心";理性、冷静的文字阐述的热销现象背后更深层次的原因,坚定的是成百上千业主的信心……

6. 新生活杂志

特别值得一提的是,南奥广告传播的创新形势——新生活杂志。在《广州日报》相同版面的右下角 1/4 版,连续 28 天,创办一份印在报纸中的杂志,主题是:奥园的空气里飘的是什么?

在有了报纸、影视、电台等全方位广告传播形式之后,为什么还要创办这份杂志?杂志的创刊号这样说:一切追求身心健康与和谐的人,不管身在何处,都是"奥林匹克人",一切不仅追求空间美观、而且追求空气美好的人,都是奥林匹克花园的朋友。

奥园的空气里飘的是什么?运动、时尚、家园、自然、童真、健康、成长、幸福、自由……围绕这些小主题,每期撰写一篇文情并茂的美文。发动全公司的文案参与,即分头撰写,主题悠悠交错,确保每一个主题都有两到三篇的选择余地。这一份创房地产广告记录的杂志,不知道是不是同时也创造了一项文案记录?

7. 不仅叫好,而且叫座

7 月 30 日,南奥首期单位全部售罄,封盘。但南奥的广告传播似乎并没有结束,更确切地说,南奥广告传播的影响并没有结束。据说,一些开发商拿着南奥的广告要求他们的广告代理公司"做南奥那样的广告"。于是,不久,某楼盘一份"等待"主题的广告在报上出现。

不久,某楼盘一份珍藏版"邮票"广告被"创作"出来。

不久,又一份"新生活杂志"创刊,而且这回是同一个华南板块内的另一个楼盘。

不久,连南奥特有的绿色调性也有人开始模仿……

在南奥开盘当日和封盘前两天,广告公司在南奥现场组织了两场消费者调查,结果令人鼓舞:

据调查,南奥的购买者中机关与事业单位干部、外资与合资管理人员、文教/技术人员、民营企业管理人员占 70% 以上,与当初高级白领的设定高度吻合。

据调查,"生活就像高尔夫"的广告语经过传播,获得了高达 72.8% 的认知度。

据调查,南奥"等待"系列、"高尔夫"系列广告,即使时间已过去了两三个月,依然有分别 52.8% 和 65.2% 的消费者保持着深刻的印象。

和消费者的赞誉一起传来的,还有来自广告专家的权威评价:

南奥影视荣获广东省影视广告评比银奖；

"生活就像高尔夫"报纸稿荣获全国广告评比铜奖。

消费者的赞誉,让创作过程中一个又一个寂寞的日子在回想中变得温暖;专家的评价,让专业追求更添几份自信和执着;而众多的模仿之作,带给自己窃笑,也带来小小的得意。不过,一切的一切都似乎没有这样两个数字更让人振奋:南奥开盘 1 周,售房 800 套!

【讨论】　结合本材料,探讨房地产广告创意在房地产营销策划中的作用。

第 4 章
房地产市场调查与分析

【本章导读】

　　房地产市场调查与分析是房地产营销策划的一项基础工作,也是一项非常重要的工作。只有充分调查、研究、分析市场,才可能真正把握市场命脉,安排组织好有效的营销活动。通过本章的学习,要求了解房地产市场调查的作用,掌握房地产市场调查的内容,熟悉市场调查的方法与程序,能够根据调查结果对房地产市场与房地产项目进行市场分析,掌握市场分析的方法与程序,能独立撰写房地产市场调查与分析报告。

　　随着房地产市场由卖方市场向买方市场的转变,房地产市场竞争由价格竞争向非价格竞争发展,使得对房地产市场营销信息的需要比过去任何时候都更为强烈。在十分复杂、激烈竞争的经营环境中,市场调查是企业营销活动中必不可少的重要组成部分,只有通过认真细致、有效的市场调查,进行科学的市场分析,才能制订出切实可行的营销战略,使企业立于不败之地。

4.1 房地产市场调查

【案例 4.1】 杜邦公司的"市场瞭望哨"[1]

　　杜邦公司创办于 1802 年,是世界上著名的大企业之一。经过近 200 年的发展,"杜邦公司"今天所经营的产品包括:化纤、医药、石油、汽车制造、煤矿开采、工业化学制品、油漆、炸药、印刷设备、电子行业等,其产销产品达 1 800 种之多;每年的研究开

---

〔1〕 注:摘自郭昀编著.市场分析.北京:经济日报出版社,2002.1

发费用开支达 10 亿美元以上，每研究出 1 000 种以上的新奇化合物——等于每天有 2 件到 3 件新产品问世，而且每一个月至少从新开发的众多产品中选出一种产品使之商业化。

杜邦公司兴盛 200 年的一个重要因素，就是围绕市场开发产品，并且在世界上最早设立了市场环境"瞭望哨"——经济研究室。成立于 1935 年的杜邦公司经济研究室，由受过专门培训的经济学家组成，以研究全国性的和世界性的经济发展现状、结构、特点及发展趋势为重点，注重调查、分析、预测与本公司产品有关的经济、政治、科技、文化等市场动向。

除了向总公司领导及有关业务部门作专题报告及口头报告、解答问题外，经济研究室还每月出 2 份刊物，一份是发行给公司的主要供应厂商和客户，报道有关信息和资料、黄金价格、汇率的变动；一份是内部发行，根据内部经营全貌，分析存在的问题，提出解决措施，研究短期(1 年)和长期(5 年以上)的全部或局部的战略规划、市场需求量，以及和竞争对手之间的比较性资料。每季出版一期《经济展望》，供总公司领导机构、各部门经理在进行经营决策时参考。

4.1.1　房地产市场调查的概念和特点

市场调查就是了解市场情况，认识市场现状、历史和未来，对企业来说，还包括调查了解同行业其他企业的经营情况。房地产企业只有通过市场调查才能了解客户的需求和房地产市场的变化，才能进行有效的决策。

房地产市场调查是房地产企业为实现企业特定的经营目标，运用科学的理论和方法以及现代化的调查手段，通过各种途径收集、整理、分析有关房地产市场的资料信息，正确判断和把握市场的现状以及发展趋势，并为企业科学决策提供正确依据的一种活动。

正确理解房地产市场调查的内涵，必须注意以下几方面的特点：

(1)房地产市场调查是个人或组织的一种有目的的活动

它是个人或组织，主要是各类房地产企业为解决市场营销问题，为营销决策提供信息而开展的活动。也就是说，房地产市场调查本身不是目的，而是服务于房地产营销活动，是房地产营销活动的一个有机组成部分，一个重要的环节。

(2)房地产市场调查是一个系统的过程

房地产市场调查不是单个的资料记录、整理或分析活动，而是一个周密策划、精心组织、科学实施的，由一系列工作环节、步骤、活动和成果组成的过程。房地产市场调查是一项复杂工作，需要有科学的理论和方法指导，同时也需要进行科学的组织和管理。

(3)房地产市场调查包含着对信息的判断、收集、记录、整理、分析、研究和传播等

活动

这些活动对房地产市场调查而言都是必不可少的,它们互相联系、互相依存,共同组成房地产市场调查的完整过程。

(4)房地产市场调查从本质上讲,是一项市场信息工作

它是运用一定的技术、方法、手段,遵循一定的程序来收集加工市场信息,为决策提供依据。它应包含信息工作中信息需求的确定、信息处理、信息管理和信息提供的全部职能。它与一般信息工作的不同之处仅仅在于其对象是市场信息,且直接为市场营销服务。

4.1.2 房地产市场调查的内容

房地产市场调查,就是以房地产为特定的商品对象,对相关的市场信息进行系统的收集、整理、记录和分析,进而对房地产市场进行研究与预测。由于土地和房屋位置的固定性,房地产市场调查也烙有很深的地域特征。房地产市场调查的内容主要包括以下几方面:

1)房地产市场供给调查

房地产市场的供给是指在某一时期内为房地产市场提供房地产产品的总量。房地产市场供给调查主要是调查以下几个方面的情况:

①调查整个地区房地产市场现有产品的供给总量、供给结构、供给变化趋势、市场占有率;房地产市场的销售状况与销售潜力;房地产市场产品的市场生命周期;房地产产品供给的充足程度;房地产企业的种类和数量,是否存在着市场空隙;有关同类房地产企业的生产经营成本、价格、利润的比较;整个房地产产品价格水平的现状和趋势,最适合于客户接受的价格策略;产品定价及价格变动幅度等。

②调查现有房地产租售客户和业主对房地产的环境、功能、格局、售后服务的意见及对某种房地产产品的接受程度。

③调查新技术、新产品、新工艺、新材料的出现及其在房地产产品上的应用情况;建筑设计及施工企业的有关情况。

2)房地产市场需求调查

房地产市场需求既可以是特定房地产市场需求的总和,也可以是专指对某一房地产企业房地产产品的需求数量。市场需求由购买者、购买欲望、购买能力组成。购买者是需求的主体,是需求行为的实施者;购买欲望是需求的动力,是产生需求行为的源泉;购买能力是需求的实现条件,是需求行为的物质保障。三者共同构成了需求

的实体。房地产企业为了使其产品适销对路,必须事先了解消费者的构成、购买动机和购买行为特征,真正做到按照消费者的实际需求来进行企业的生产经营活动。因此,房地产市场需求调查主要包括如下几个方面:

（1）房地产消费者调查

房地产消费者市场容量调查,主要是调研房地产消费者的数量及其构成。主要包括:

①消费者对某类房地产的总需求量及其饱和点、房地产市场需求发展趋势。

②房地产现实与潜在的消费者的数量与结构,消费者结构如地区、年龄、民族特征、性别、文化背景、职业、宗教信仰等。

③消费者的经济来源和经济收入水平。

④消费者的实际支付能力。

⑤消费者对房地产产品的质量、价格、服务等方面的要求和意见等。

（2）房地产消费动机调查

房地产消费动机就是为满足一定的需要,而引起人们购买房地产产品的愿望和意念。房地产消费动机是激励房地产消费者产生房地产消费行为的内在原因。它主要包括消费者的购买意向,影响消费者购买动机的因素,消费者购买动机的类型等。

（3）房地产消费行为调查

房地产消费行为是房地产消费者在实际房地产消费过程中的具体表现。房地产消费行为调查就是对房地产消费者购买模式和习惯的调查,主要是调查:

①消费者购买房地产商品的数量及种类。

②消费者对房屋设计、价格、质量及位置的要求。

③消费者对本企业房地产商品的信赖程度和印象。

④房地产商品购买行为的主要决策者和影响者的情况等。

3）房地产市场竞争情况调查

房地产市场竞争情况调查对于房地产企业制订市场营销策略有着重要的作用。房地产市场竞争情况的调查主要包括调查竞争企业和竞争产品 2 方面内容。

（1）对竞争企业的调查

①竞争企业的数量、规模、实力状况。

②竞争企业的生产能力、技术装备水平和社会信誉。

③竞争企业所采用的市场营销策略和竞争企业新产品的开发情况。

④对房地产企业未来市场竞争情况的分析预测等。

（2）对竞争产品的调查

①竞争产品的设计、结构、质量状况。

②竞争产品的市场定价和消费者对竞争产品定价的反应。

③竞争产品的市场占有率。

④消费者对竞争产品态度和接受情况等。

4) 房地产价格调查

房地产价格的高低对房地产企业的市场销售和盈利有着直接的关系,积极开展房地产价格的调查,对企业进行正确的市场价格定位具有重要的作用。价格调查的内容包括:

①影响房地产价格变化的因素,特别是国家价格政策对房地产产品定价的影响。

②房地产市场供求情况的变化趋势。

③房地产商品价格需求弹性和供给弹性的大小。

④开发商各种不同的价格策略和定价方法对房地产租售量的影响。

⑤国际、国内相关房地产市场的价格。

⑥开发个案所在城市及街区房地产市场价格。

5) 房地产促销与营销渠道调查

房地产促销调查的内容包括:房地产广告的时空分布及广告效果测定,房地产广告媒体使用情况的调查,房地产广告预算与代理公司调查;人员促销的配备状况;各种公关活动对租售绩效的影响;各种营业推广活动的租售绩效。

房地产营销渠道调查内容包括:房地产营销渠道的选择、控制与调整情况;营销方式的采用情况、发展趋势及其原因;租售代理商的数量、素质及其租售代理的情况;租售客户对租售代理商的评价等。

4.1.3 房地产市场调查的方法

市场调查有许多方法,企业市场调查人员可根据具体情况选择不同的方法。调查方法选择的合理与否,会直接影响到调查的结果,进而影响营销策划水平的高低。

1) 按确定调查对象的范围划分

房地产市场调查按调查对象总体范围不同可划分为:全面普查、重点调查、随机抽样、非随机抽样等。

（1）全面普查

普查是指对调查对象总体所包含的全部单位进行调查。对市场进行全面普查,可获得全面的数据,正确反映客观实际,效果明显。但由于全面普查工作量很大,要耗费大量人力、物力、财力,调查周期又较长,一般只在较小范围内采用。当然,有些资料可以借用国家权威机关的普查结果,例如,可以借用全国人口普查所得到的有关数据资料等。

(2)重点调查

重点调查是以总体中有代表性的单位或消费者作为调查对象,进而推断出一般结论。采用这种调查方法,由于被调查的对象数目不多,企业可以用较少的人力、物力、财力,在很短时期内完成。如调查高档住宅需求情况,可选择一些收入丰厚的成功人士或富豪作为调查对象,从而推断出整个市场对高档住宅的需求量。当然由于所选对象并非全部,调查结果难免有一定误差,市场调查人员应引起高度重视,特别是当外部环境发生较大变化时,所选择重点对象可能不具有代表性了。

(3)随机抽样

随机抽样在市场调查中占有重要地位,在实际工作中应用也很广泛。随机抽样就是按照随机原则进行抽样,即调查总体中每一个个体被抽到的可能性都是一样的,是一种客观的抽样方法。随机抽样方法主要有:简单随机抽样、等距抽样、分层抽样和分群抽样。

(4)非随机抽样

非随机抽样是指根据研究人员或专家的主观判断在选定的抽样范围内进行抽样的方法。常用的非随机抽样方法有以下几种:

①方便抽样。方便抽样是根据研究人员的方便任意抽取样本的方法。即市场调查人员根据最方便的时间、地点任意选择样本。这在商圈调查中是常用的方法。方便抽样操作起来简单,在所选定的抽样范围以内如果各个个体之间差异很小,这种抽样方法就能显示出它明显的优越性。

②判断抽样。即通过市场调查人员,根据自己以往的经验来判断由哪些个体作为样本的一种方法。当样本数目不多,样本之间的差异又较为明显时,采用此法能起到一定效果。

③配额抽样。即市场调查人员通过确定一些控制特征,将样本空间进行分类,然后由调查人员从各组中任意抽取一定数量的样本。例如,某房地产公司需要调查消费者购买房屋的潜力,特别要了解中、低收入的消费者。

2)按调查收集资料的方法划分

房地产市场调查的方法按收集资料、信息所采用的具体方法可划分为:访问法、观察法、实验法等。

(1)访问法

访问法是通过调查人员向消费者提问的沟通方式来收集信息。根据调查人员与被调查者接触方式的不同,又可分为以下 4 类访问法:

①人员访问。人员访问又称面谈调查,是通过调查者与被调查者面对面交谈以

获取市场信息的一种调查方法。询问时可按事先拟定的提纲顺序进行,也可采取自由交谈方式。

这种调查方式的优点在于一方面具有很大的灵活性,面对面调查可以直接了解被调查人的态度,对调查提纲进行及时的修改和补充;另一方面调查资料的质量较好,调查者在现场可以观察并控制被调查者的回答质量,使得调查资料的准确性和真实性大大提高。调查对象的适用范围十分广泛,既可用于文化水平较高的调查对象,也可用于文化水平较低的调查对象。

人员访问调查方式的主要缺点是,调查费用高、对调查者的要求较高。需要支付诸如调查者的培训费、交通费、工资以及问卷及调查提纲的制作成本等费用,而调查结果的质量很大程度上取决于调查者本人的访问技巧和应变能力。另外调查周期也较长。

②电话访问。电话访问是通过电话中介与选定的被调查者交谈以获取信息的一种方法,由调查人员根据事先确定的抽样要求,用电话向被调查人询问,是一种间接的调查方法。

此法优点是成本低,资料收集快,不受地区限制,可按拟定的统一询问表询问,便于统一处理,现在电话通信在我国已经非常普及,该法的运用已经越来越广泛。

电话调查法的缺点在于,谈话时间有限,只能询问较简单项目因而调查深度不够;不易取得被调查者的合作;无法显示照片、图表等背景材料,不能使用视觉帮助。

③邮寄访问。邮寄访问是市场调查中一种比较特殊的资料收集方法,它是一种将事先设计好的调查问卷邮寄给被调查者,由被调查者根据要求填写后寄回的一种调查方法。

邮寄调查优点在于,调查成本低,调查空间范围广,被调查人可以自由地、充分地回答问题,使答案较为真实可靠,可以避免调查人员主观偏见。但这种调查方式最大的缺点是调查表回收率低,容易影响样本的代表性,回收时间长会影响调查时效性。

④网上调查。利用互联网开展市场调查是当今流行的商业调查形式。它需要企业或受托网站先行创造一定的技术条件和应用条件才能有效开展。网上调查的主要方式有:网络自动问卷、E-mail、在线小组讨论、在线调查点击、BBS 讨论版自动统计等。

（2）观察法

观察法是指调查人员通过调查者的行为来收集信息资料或者通过调查者的行为痕迹来收集信息资料的方法。如在房地产交易会上调查消费者流量。

观察法往往在被调查者没有意识到自己正在接受调查的自然状态下进行,因此结果比较客观,同时可以获得那些被调查者不愿意以及言语无法提供的信息。但由于调查人员只能观察消费者的外在行为,不能提问或让消费者回答问题,对被调查者的感情、态度、行为和动机等信息仍无法获得。

（3）实验法

实验法是指将调查范围缩小到一个比较小的规模上,进行试验后取得一定结果,然后再推断出总体可能的结果。

如对某商品房广告设计,可以先做一个小规模实验,在实验里的播放不同类型的广告,调查消费者态度的变化和意见,然后对实验结果进行分析总结,以决定选择哪种广告。还有试销会、交易会等也是属于这种调查方法。

这种方法的优点是:科学,显示灵敏,结果比较准确;其缺点是:某些项目实验时间长,成本较高。

4.1.4　房地产市场调查的步骤与实施方案

房地产市场调查不论采用哪一种形式,调查哪一方面的内容,都是一次有组织、有计划的行动,都应经过一定的程序和步骤,才能达到预期目标。其步骤一般有市场调查准备、市场调查实施、市场分析和撰写调查报告 4 个阶段。见图 4.1。

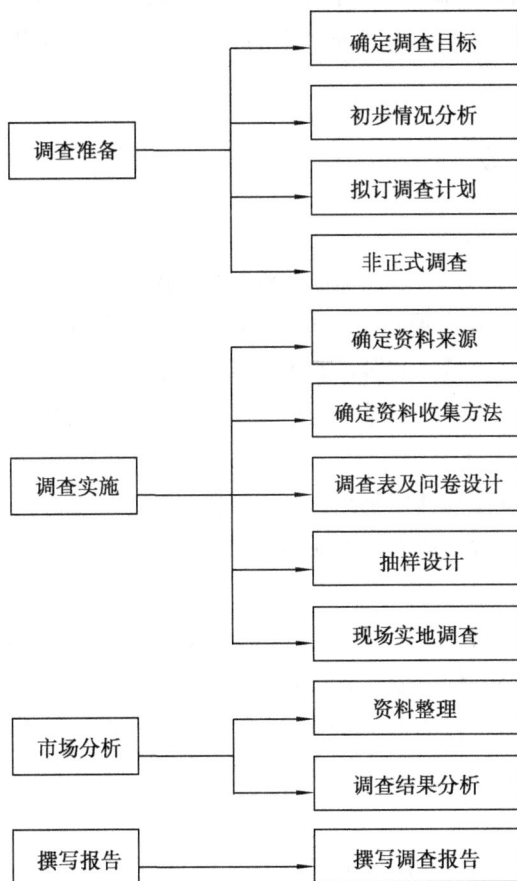

图 4.1　市场调查程序

1) 调查准备阶段

（1）确定调查目标

市场调查的首要工作就是要清楚地界定调查的问题,确定调查的目的。如果对问题的说明含混不清或对所要调查的问题作了错误的界定,那么调查所得到的结果将无助于企业领导作出正确的决策。确定调查目的,需要思考 3 个问题:即调查背景、调查目标与衡量价值。

（2）初步情况分析

目标确定后,调查人员根据企业内部和外部各种信息资料,作出初步分析,并拟定出一些假设,进行假设推断及提出可能解决的办法,从而找出产生问题的原因或线索,缩小正式调查的范围。

（3）拟定调查计划

市场调查需要制订一个收集所需信息的最有效的调查计划。调查计划是一种行动纲领,其内容主要包括:调查对象的确定,即向哪些人进行调查;调查方法和信息收集范围的确定;调查日期和调查作业进度的安排;调查经费的预算;调查人员的挑选及培训安排等。

2) 调查实施阶段

（1）确定市场资料来源

市场资料来源来分为 2 大类,即原始资料(或第一手资料)和次级资料(或二手资料)。原始资料是调查人员通过对现场实地调查所收集的资料,它是通过向人们提问、观察、交谈等方式,直接了解被调查者行为、动机、心理变化过程,进而获得与市场营销有关的情况资料;次级资料是指由他人搜集并经过整理的资料。次级资料包括,政府各类统计资料中有关房地产的数据和分析材料,与房地产业相关的银行、消费者协会、咨询机构以及新闻媒体所提供的资料,来自上级主管部门和行业管理机构、行为协调机构的资料,一些专业和非专业研究机构提供的相关资料,来自本企业各部门的数据资料。

房地产市场调查资料获取途径主要有:交易双方当事人、促成房地产交易行为的中间商、房地产公司公开推出的各种销售或出租广告、熟悉房地产市场的人士、同业间资料的交流、准交易资料的收集,另外还有向房地产租售经办人员讨教,参加房地产交易展示会、展览会、换房大会,了解各类信息、行情,索取有关资料。

（2）确定收集资料方法

对原始资料进行收集的方法,通常有观察法、调查法、实验法。调查人员可根据要求和调查费用的多少,来选择不同的调查方法。此外,次级资料也要明确采用何种收集方法。

（3）调查表及问卷设计

这是整个调查工作的核心,其设计的好坏将直接影响调查结果。调查表和问卷的设计既要具有科学性又要具有艺术性,以利市场调查工作的条理化、规范化。一般地房地产市场调查至少应设计4种调查表格:当地房地产资源统计表、房地产出租市场统计表、房地产出售统计表、房地产个案调查分析表等。

（4）抽样设计

在实地调查前,调查人员应该设计决定抽查的对象、方法和样本的大小。一旦明确下来,参加实地调查人员必须严格按照抽样调查设计的要求工作,以保证调查质量。

（5）现场实地调查

即按调查计划通过各种方式到调查现场获取原始资料和收集由他人整理过的次级资料。现场调查工作的好坏,直接影响到调查结果的正确性。为此,必须重视现场调查人员的选拔和培训工作,确保调查人员能按规定进度和方法取得所需资料。在调查过程中,注意掌握和控制好调查的进度,以保证调查的质量。

3）市场分析阶段

这一阶段的工作是对房地产市场调查获得各项资料及时整理、编辑加工,总结出相应的调查结论,主要包括以下几方面的工作:

（1）资料编辑整理

资料编辑整理主要是指将所收集到的各种资料进行归纳和分类,使之成为能够反映市场经济活动本质特征和适合企业需求的资料。

信息资料加工前,首先要对获得的资料进行评定,提出误差因素,保证信息资料的真实性和可靠性;其次,要进行分类编码,将那些符合标准的信息资料编入适当的类别,并输入电脑转换成能做统计处理的数据;最后,将已经分类的资料进行统计计算,有系统地制成各种计算表、统计表、统计图。

（2）调查资料的综合分析

运用统计表、统计图（如直方图、饼状图等）、统计特征数字（如均值、方差等）等对资料中的数据和事实进行比较分析,得出一些可以说明有关问题的统计数据,直至得出必要的结论。

获得分析结果之后,还要求调查人员与决策研究人员共同对分析的结果进行综合分析,特别是在问卷调查中使用开放式问题较多时,而且不能用计算机进行统计分析时,必须对统计结果进行补充分析,以做出更可靠的研究结果。

4）撰写和提交调查报告

市场调查人员根据整理归纳后的调查资料，进行分析论证得出调查结论，然后撰写市场调查报告，并在调查报告中提出若干建议方案，供领导在决策时参考。撰写和提交调查报告是房地产市场调查工作的最后一环，调查报告反映了调查工作的最终成果。

以上房地产市场调查的程序对房地产市场调查工作只具有一般性指导意义。在实际工作中，可视具体情况，科学合理地灵活安排调查工作的内容。

4.1.5　房地产市场调查报告的撰写

资料的整理和分析是提出调查报告的基础，提出调查报告则是市场调查的必然过程和结果。一般来讲，调查报告的结构、内容以及风格等，因调研的性质、项目的特点、撰写人和参与者的性格、背景、专长和责任的不同而呈现差异。调研报告的基本结构一般应包括前文、正文和附录三大部分。

1）楼盘市场调查报告的撰写

（1）填写楼盘调查的信息资料

对单个楼盘进行调查，实质上是对竞争项目的调研。它是房地产市场调查的基础，也是任何资深人员及时了解房地产市场最为具体、直接的途径。

单个楼盘的市场调查资料的填写，通常填写以下5大项：

①楼盘产品。主要包括楼盘的地理位置、具体楼盘和楼盘基本参数。

楼盘的地理位置，包括宏观的地域分析，即分析楼盘所在区域的历史沿革与区域特征，和微观地块分析，即楼盘地块分析。

具体楼盘是楼盘的主体部分，该部分重点在于了解楼盘的指标和参数，只有认真分析楼盘，才能正确把握该楼盘在市场中的竞争优势。

楼盘的基本参数有：基地面积、总建筑面积、容积率、覆盖率、楼盘的类别、建筑面积(包括居住面积、使用面积)、得房率、格局配比、建材装潢和公用设施等。

②价格组合。楼盘的价格组合主要包括：楼盘和单元房的单价、总价和付款方式。

③广告策略。广告策略主要包括：广告基调的推敲，主要诉求点的把握，媒体的选择，广告密度的安排和具体实施效果等。

④销售执行。销售执行是市场调查最关键的地方，指业务安排与销售结果的调研，如什么样的房型最好卖，什么样的总价最为市场所接受，吸引客户最主要的地方

是什么,购房客户有什么特征等。

⑤竞争企业。对竞争企业的调研内容主要有:开发商、设计规划单位、建筑公司、营销咨询与广告公司、销售代理公司、项目主要负责人等方面。

(2)楼盘调研总结

在调研总结中,一般以产品(地点)、价格、广告和销售 4 个大的方面为分析思路,不断深入细化,以系统的观点、专业的角度和充分的理由,寻找出楼盘个案在市场操作时的成功和失败的地方,并加以归类表述。通常,楼盘调研总结中应包括:成功点、失败点和建议等几个方面的内容。

①成功点,指楼盘为市场所接纳,客户据此引发购买欲望的具体原因。

②失败点,指楼盘为市场所抛弃,客户购买欲望减弱甚至丧失的具体原因。

③建议:面对楼盘的成功点和失败点,企业应该采取何种具体措施,发扬现在的优势,弥补已有的缺陷,合理优化营销组合,提高销售率。

注意在具体撰写时,首先要真实、具体,有感而发,无论是成功点或失败点的搜寻,还是建议的总结,都要以调查的事实数据和自己的切身感受为依据,并且用具体形象的语言来表达出来,而不是泛泛而谈,用一些共同理由来搪塞;其次,要尽可能地用系统的观点、从专业的角度来表述。对楼盘感性化的表达一定要以楼盘调研的思路为基础,以产品、价格、广告和销售等 4 大分类为骨架,并在此基础上,进一步认真分析和总结归类,将一些切身的感受,以严谨的方式表达出来。

2) 区域市场调查报告的撰写

房地产区域市场调查报告的视野更开阔、敏锐性更强,对调研人员的要求也更高。

一般来讲,一个完整的区域调研报告大致包括这样几个部分:

(1)区域概况

区域概况是房地产区域特征的总结,主要是对该区域的历史发展、人文环境、生活环境和市政交通等各方面的基本情况一个概括性的描述。因为房地产商品的地域性特征强,区域概况自然也成了任何一份市场分析报告的基本点和出发点。好的区域概况描述应该是观点鲜明、内容简明。区域概况在描述前,最好能用简练的语句归纳总结出该区域区别于其他区域的显著特点。

(2)目标区域的楼盘情况

房地产楼盘分类变化多端。可以按地理环境不同分类;按产品种类不同分类;按房屋总价不同分类。通过分类,以便有重点的逐一进行客观描述。在分类的基础上,企业通常会选择某一典型楼盘,利用大量的篇幅进行详细的举证分析。所举证的楼盘可能是企业非常相似的一个楼盘,可能是现时销售非常火爆的一个楼盘,可能是对企业构成严重威胁的一个楼盘等,这样才能更加切地地把握这个市场。

（3）报告结论或建议

对调研结果共同点和不同点的分析，以及对形成这种状况的根本原因的深究，是报告结论的关键部分。这种共同点和不同点的分析，一方面是产品结构方面的，另一方面是需求结构方面的。一份好的报告，除了应该对未来的发展趋势中的供求关系进行宏观预测外，更应该在一些细微结构方面有所见解。

3）撰写和提交调查报告应注意的事项

撰写调查报告应注意：①客观、真实、准确地反映调查成果；②报告的内容简明扼要，重点突出；③文字简练，用语中肯；④结论和建议表达清晰，可归纳成要点；⑤报告后应附必要的表格和附件，以便阅读和使用；⑥报告完整，印刷清楚美观。

【案例4.2】　商圈资料搜集方法举例[1]

（1）商圈内行业类别调查方案

调查目的：了解商圈内行业分布及适合发展的行业。

调查范围：依各项目性质而定。

调查对象：调查范围内一楼及二楼以上经营商店的负责人或店员。

调查方法：人员实地访查后填写问卷。

调查项目：①各行业店数比例；②各行业平均面积规模；③各店平均营业业绩；④各店平均来店人数；⑤各店平均利润率；⑥各店开店年数等。

（2）商圈内居民生活形态调查方案。

调查目的：了解商圈内住户购买能力及消费形态。

调查范围：一级商圈（约500 m半径），二级商圈（约1 000 m半径）。

调查对象：上述商圈内15～60岁的居民。

样本数：按调查预算决定，假设有效份数500份，一级商圈350份，二级商圈150份，男女各半。

样本选择方法：根据各年龄层人口的比率抽样。

调查项目：居民特性方面：①人口特性；②职业特性；③住宅状况；④经济状况；⑤家庭状况；⑥汽车持有率。

消费形态特性方面：①消费种类；②消费频率；③平均购物金额；④利用的交通工具；⑤消费地点。

【案例4.3】　某公司消费者购房意向调查问卷

1.基本资料

性别：□男　□女

年龄：□24岁以下　□25岁～34岁　□35～54岁　□55岁以上

---

[1]　注：摘自叶剑平编著.房地产市场营销.北京：中国人民大学出版社,2000.4

学历:□高中及以下　　□大中专　　□本科　　□硕士及以上
职业:□军公教　　　　□农　　　□工　　　□商
　　　□自由　　　　□其他＿＿＿＿＿＿＿＿＿(请填写)

2. 请问您最近 3 年内,有没有买房子的打算?

□打算买房子　　□没有这个打算　　□未定

3. 下列各点中,您认为哪一点是买房的最大好处?(请只选一个答案)

□增值快　　□风险小　　□手续较简便　　□转售容易

□有一栋自己的房子,可以安居　　□可以有一个属于自己的,做生意(或其他营业)的场所　　□既可保值又可出租赚钱　　□其他＿＿＿＿＿＿＿＿＿(请填写)

4. 您认为住家买房子,最重要的是什么?(请只选一个答案)

□实用　　□方便　　□舒适　　□美观　　□气派

5. 您如果想买房子,首先考虑到哪个因素?(请只选一个答案)

□地理位置	□交通便利	□小区内环境
□户型设计	□价格	□朝向
□周边自然环境	□小区规模	□配套设施
□物业管理	□购物	□生活方便
□治安	□方便子女上学	□产权是否清楚
□开发商信誉		

6. 您希望住宅具备哪些功能?(可多选)

□客厅落地窗	□私家花园	□有父母房
□有客房	□有书房	□住宅凸窗
□其他＿＿＿＿＿＿(请写明)		

7. 您最喜欢的小区内坏境设计?(请只选一个答案)

□以绿化和树木为主	□以大面积活动广场为主	□以水景为主
□以雕塑景观为主	□以体育设施为主	□以新奇设施的景观为主
□以游乐设施为主	□其他＿＿＿＿＿＿(请写明)	

8. 您最喜欢的建筑风格?(请只选一个答案)

□海滨建筑风格	□欧陆风格	□中国北方建筑风格
□江南民居风格	□美式风格	□日式风格
□其他＿＿＿＿＿＿(请写明)		

9. 您觉得目前的房价如何?

□非常贵　　□相当贵　　□有点贵　　□普通
□还算便宜　　□相当便宜　　□非常便宜

10. 您若要买房子,以目前的房价而言,您最可能买什么价格的房子?

□4 500 元/m²	□5 000 元/m²	□5 500 元/m²

□6 000 元/m²   □6 500 元/m²   □7 000 元以上/m²

11. 请问您计划购买高层、多层楼房或别墅?

□多层   □高层   □小高层

□别墅   □公寓   □还没考虑

12. 请问您计划购买住宅结构?

□平面   □复式   □跃式

□错层   □还没考虑

13. 请问您计划买哪种户型的房子?

□复式房   □二房一厅   □四房二厅

□一房一厅   □三房二厅   □还没考虑

□二房二厅   □其他＿＿＿＿＿＿＿＿（请说明）

14. 请问您计划买多大面积的房子?

□60 m² 以下   □100 ~ 119 m²   □60 ~ 79 m²

□120 ~ 144 m²   □80 ~ 99 m²   □145 ~ 199 m²

□200 m² 以上   □没考虑好

15. 请问您认为目前房价应该是多少钱一平方比较合理?

□4 000 元/m² 以下   □4 000 ~ 4 999 元/m²   □5 000 ~ 5 999 元/m²

□6 000 ~ 6 999 元/m²   □7 000 元/m² 以上

16. 请问您将会选择哪些付款方式买房? (可选 1 ~ 2 个答案)

□一次性付清

□免息分期付款

□分期按揭:首期一成,20 年分期付款

□分期按揭:首期三成以内,20 年分期付款

□分期按揭:首期 2 ~ 5 成,15 年分期付款

□分期按揭:首期 5 成以上,10 年以内分期付款

□分期按揭:还没考虑具体方式

□还没有考虑这问题

□其他＿＿＿＿＿＿＿＿（请填写）

17. 请问您认为按揭供楼支付合适额度为:

□1 500 元/月以下   □1 500 ~ 1 999 元/月   □2 000 ~ 2 499 元/月

□2 500 ~ 2 999 元/月   □3 000 ~ 3 499 元/月   □3 500 ~ 3 999 元/月

□4 000 元/月以上

18. 请问您认为最好的购房时机?

□现房   □内外装修完工时   □主体工程封顶时

□内部认购时

19. 请问您能够接受的物业管理费最高是多少？

□1 元/(m² · 月) 以下　　□1 ~ 2 元/(m² · 月)　　□2 ~ 3 元/(m² · 月)

□3 元/(m² · 月) 以上

20. 您习惯接触的媒体有哪些？（可多选）

□ * * 日报　　　　　　□ * * 晚报　　　　　　　□ * * 都市报

□ * * 导报　　　　　　□电视台　　　　　　　　□广播电台

□其他＿＿＿＿＿＿＿＿＿＿（请写明）

21. 您最喜欢的楼盘有哪些？（请写明，可多个）

□＿＿＿＿＿＿＿＿＿＿＿、＿＿＿＿＿＿＿＿＿＿＿、

□＿＿＿＿＿＿＿＿＿＿＿、＿＿＿＿＿＿＿＿＿＿＿

4.2　房地产市场分析

随着社会生产力水平的提高和技术更新速度的加快，房地产市场不断成熟与发展，市场需求呈现多元性、复杂性和易变性的特点。房地产企业必须认真研究市场需求及其可能出现的各种形态，并在对内外环境条件分析的基础上，充分利用市场机会和一切条件，有效地利用企业的内部资源，采取适当的生产组织方式和市场营销策略，主动、充分地满足市场需求，才能最终赢得消费者、企业和社会整体利益的最大化。

4.2.1　房地产市场分析概述

1) 房地产市场分析的含义

房地产市场分析是企业在房地产市场环境预期基础上，营销主体依次进行机会威胁分析、竞争者分析、购买者行为分析、房地产投资方向与场地的选择和房地产投资风险与营销风险分析，为企业寻找市场机会、发现竞争威胁提供客观、准确的市场信息，为企业营销策划提供重要依据。

2) 房地产市场分析思路

由于房地产市场分析所涉及的内容非常复杂，从每个角度出发都可能研究发展出一些有用的市场信息，因此在实际的市场分析过程中，没有一个统一的思路和分析

流程。一般分析思路如图4.2所示：

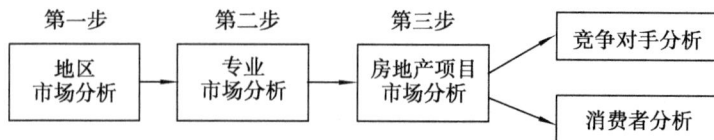

图4.2 房地产市场分析的基本思路

第一步：地区市场分析。确定项目物业所在的地区和专业市场,把它们放在整个地区经济中,考察它们的地位和状况,找到影响这个市场变化的主要因素。并通过直接地或间接地资料分析,对地区经济发展进行预测,从而发现它对专业物业及子市场的影响,例如通过人口、就业、收入等资料,推算对专业物业的需求增量。

第二步：专业市场分析。在专业市场的层次上,首先要进行市场细分,再将各子市场物业的供给量和需求量进行对比预测,从而发现各子市场的需求潜力及分布状况。

第三步：房地产项目市场分析。在房地产项目市场的层次上,根据以前对市场潜力的估计,进行竞争对手的分析,估计目标物业的市场占有率;同时进行消费者的研究,以确定本项目的竞争特点。

通过以上分析步骤,就可以完成一个全面的市场分析。完善的市场分析不仅要在时间上跨越过去、现在、未来,在空间上覆盖整个地区市场和项目所在地点,而且分析的每一个环节都应是相互联系的。

3) 市场分析的基本程序

如果说界定需求是市场分析的目的,那么,市场分析的基本方法就是要遵守一定的程序,也就是要通过从环境分析发现市场机会,从机会分析中确定目标对象,从对象分析中界定行为特征,从行为分析中测量市场规模。

（1）分析环境以发现市场机会

市场环境是指与卖者（企业）有潜在关系的所有外部力量与机构的体系,是企业运行的约束条件。如前所述,这些因素被分为宏观环境因素与微观环境因素,它们的变化将影响需求的产生、发展和实现。

市场环境变化对任何一个企业都可能产生3个方面的影响：一是有利的影响,这对企业就是机会;二是不利的影响,这对企业就是威胁;三是中性的,对企业没有影响。市场分析的重要工作就是要分清环境变化对企业有利的和不利的影响,并在此基础上争取避开威胁,把握住机会,化不利为有利。

（2）分析机会以界定目标对象

机会是市场需求的可能性空间,其可行性如何,则需要进一步分析,以确定目标对象。目标对象就是具有购买欲望和购买能力的消费者,也就是说,还需要分析机会,以进一步确定消费对象是谁。

（3）分析对象以把握行为特征

确定目标对象,只是界定了市场是谁,还需要确定这些对象怎么想又怎么做。因此,还需进一步分析目标对象的购买动机、购买程序、购买形态和购买类型,以判定把握目标对象的购买行为特征。

（4）分析行为以测量需求规模

市场分析不仅仅是各种定性分析,还需要在行为判定的基础上定量分析,也就是将各种定性分析精确地转换成以产品、区域、顾客等来表示的特定需求的定量估计,这就是市场需求预测和估量。

只有严格地遵守上述操作程序,才能科学地分析市场,正确确定市场需求的规模;才能把握机遇,避免风险,创造更大的效益。

接下来我们主要就机会、威胁、竞争与购买行为等方面进行分析。其中,房地产购买行为分析我们将在第 6 章详细介绍。

4.2.2　房地产项目营销的机会威胁分析

市场机会是指产业市场和消费市场尚未满足,具有一定规模和开发价值的消费需求。市场分析的基本目的是发现并把握市场机会。同时,在激烈复杂的市场竞争中,机会和威胁往往并存,不断变化的市场环境不断产生新的机会和新的威胁。这些机会与威胁制约着企业的营销活动,开发商必须重视收集市场信息,分析营销环境给企业所带来的营销机会与环境威胁,以便采取相应的营销策略。

1）机会分析

机会分析是指企业通过外部环境的分析,找出有利于企业营销活动的因素,并具体分析其影响强度和成功可能性的过程。

我们可以通过环境机会矩阵图（见图 4.3）分析外部环境为企业提供的每一个机会,将其恰当归类并采取适当的策略来利用机会。

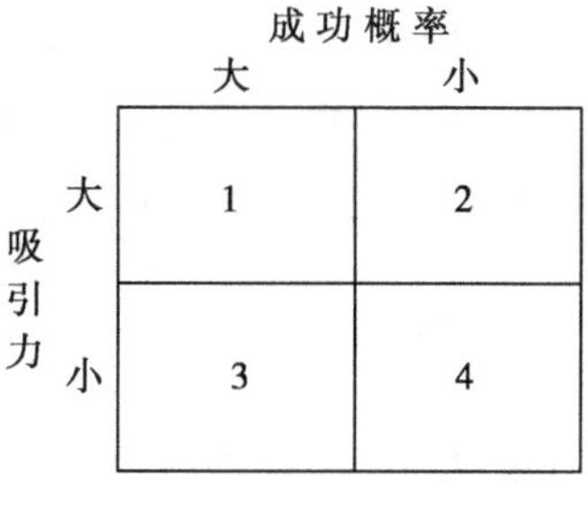

①第 1 类机会,是企业最向往的。吸引力大,表明市场营销活动的影响很大,同时企业成功的可能性也很大,企业应抓住这样的良机来加速发展。

②第 2 类机会,是企业应谨慎考虑的。虽然这类机会的吸引力大,但企业成功的可能性很小,企业不宜盲目跟风行动。

图 4.3　环境机会矩阵图

③第3类机会,是企业要着力分析的。虽然这类机会的吸引力不大,但企业成功的可能性大,企业应该做好效益分析,如果发现利用这一机会获得的收益大于付出的成本,也可以考虑利用这一机会,促进企业营销活动的展开。

④第4类机会,是企业不应加以考虑的,这类机会对营销活动的影响不大,企业利用这类机会的成功概率又小,因此不应采纳。

机会所处的位置是变化的,第2类机会可能因企业自身的改变而进入第1类机会,第1类机会也可能因环境因素的相互作用而掉到第3类。企业应做好环境监测,更好地利用机会,推动企业的发展。

2)威胁分析

威胁分析是指企业通过对外部环境的分析,找出对企业营销活动不利的因素再具体分析其影响强度和发生的可能性的过程(见图4.4)。

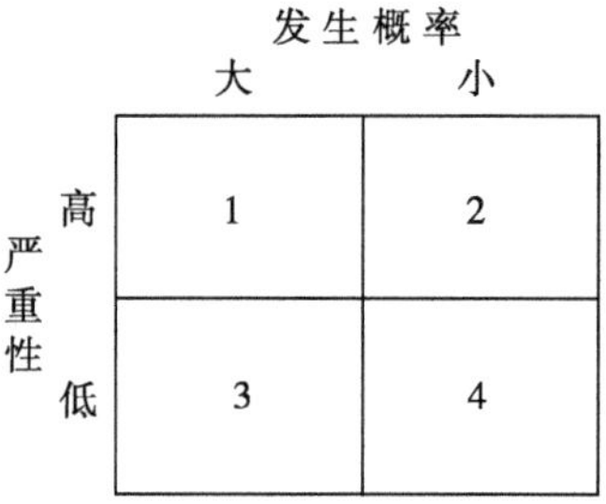

图4.4 环境威胁矩阵图

①第1类威胁,是企业要高度重视并着力化解的。这类威胁对企业营销活动的影响很大,同时发生的可能性很大,企业要一方面密切地监控,另一方面要形成一套良好的常备反应机制,在威胁来临时迅速化解,将损失减到最小。

②第2类威胁,对企业营销活动的影响很大但发生的可能性小。企业对这类威胁要有一套灵敏的预警机制,不能因为其发生的可能性小而忽视它,同时还要有良好的应对措施。

③第3类威胁,是企业在生产经营过程中经常遇到的,它对企业营销活动的影响很小,但其发生的可能性很大。对这类威胁企业要及时解决,不能因其影响不大而搁置,不然很可能发生变化,造成巨大影响。

④第4类威胁,对企业营销活动的影响不大,发生的可能性也不大。对这类威胁企业要做到注意其动向,一经发现就及时解决,避免其转为其他形式的威胁。

与机会一样,威胁也是会发生变化的。第3类威胁可能因为企业不予理睬而变成第1类,第2类威胁也可能因为企业应对措施得当而转化为第4类。

3)综合分析

我们将机会分析与威胁分析结合起来,运用到企业的某个项目上,就可以了解该项目所处的外部环境,而为企业的决策提供依据(见图4.5)。

①第1类业务,是理想的业务,拥有的机会多,受到的威胁少,是企业应着力发展的业务。

②第 2 类业务,所拥有的机会虽多,受到的威胁也很多,是风险类业务。企业应慎重考虑,做好风险收益分析。

③第 3 类业务,所面临的机会与威胁都很少,一般是已经成熟的业务。企业在这类业务中所占有的市场份额较大,则可加强发展,但新加入者不宜开展这类业务。

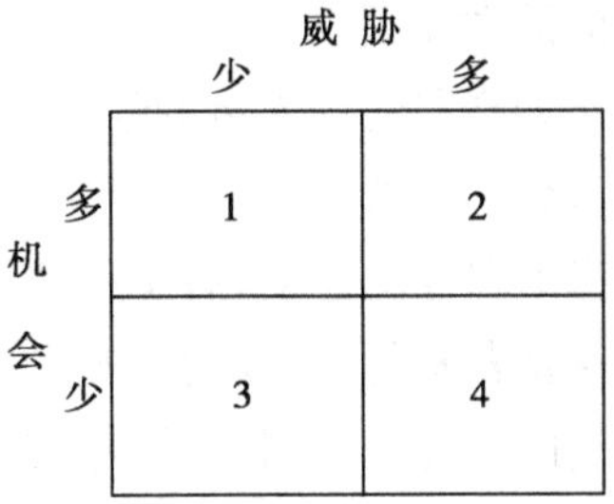

图 4.5　机会-威胁分析矩阵图

④第 4 类业务,是企业不愿沾手的业务,面临的威胁很多,拥有的机会却很少,是企业经营中的麻烦业务。企业可以考虑从这类业务中撤出。

通过机会与威胁分析,营销人员就能够清晰地了解到企业或项目所处的外部环境,再根据企业的情况进行恰当的营销策划,推动企业的营销活动。

4.2.3　房地产竞争者分析

房地产企业要了解市场环境,寻找机会点,就必须了解竞争者的状况。通过对所有主要的竞争者的分析,了解其经营行为的模式,在此基础上制订企业自己的行之有效的竞争性营销战略,才能保证企业在激烈的市场竞争中立于不败之地。

1) 识别竞争者

竞争者一般指那些与本企业提供的产品或服务相类似,并且有相似目标顾客和相似价格的企业。

识别竞争者看起来似乎是简而易行的事,其实并不尽然。企业现实的和潜在的竞争者范围是很广的,一个企业很可能被潜在竞争者吃掉,而不是当前的主要竞争者。

根据产品替代的程度,竞争者可分为:产业竞争者、品牌竞争者、形式竞争者、一般竞争者。

2) 确定竞争者的目标

识别出企业的主要竞争者之后,还要进一步搞清每个竞争者在市场上追求的目标是什么? 什么因素驱动竞争对手的行为?

竞争者的目标有些是追求利润最大化,有些是追求一组目标即组合目标,它是由多种因素决定的,包括其规模、与母公司的关系、历史背景、高层经理的经历和目前的经济状况等。在所有因素中,竞争者的历史背景和决策层的经历是辨析主要竞争者目标的主要因素。

如高层管理人员的经历或职业背景,可以帮助企业判别其经营方向、深化对行业的认识。一般情况下,高层领导人有财务背景的,常强调财务控制,而对项目投资采取谨慎保守的态度;有工程建筑背景的,喜欢采用新材料,以降低单位商品房的成本;有营销背景的,则倾向于开发新户型并进行营销组合创新。此外,高层领导人曾经工作过的产业和公司以及该产业所特有的竞争规则和战略方法,也是辨析竞争者模式的主要因素。

3)评估竞争者的优势和劣势

评估竞争者的优势和劣势的目的,是评估其竞争实力。要评估竞争者的优势和劣势,首先要收集有关竞争者的各个领域中的优势和劣势信息,并加以整理、比较、分析,最后得出竞争者优、劣势的结论。竞争者的优势和劣势主要从产品方面、营销与销售方面、项目运作能力、研究和工程能力、开发成本、企业的财务实力、开发的项目综合管理能力、企业的其他房地产项目业务组合等方面来分析和评估;此外,还需要认真分析竞争对手的核心能力、成长潜力、快速反应能力、适应变化能力、持久力等各个方面的情况。

4)识别竞争者的战略

各企业采取的战略越相似,它们之间的竞争就越激烈。在多数行业里,根据所采取的主要战略的不同,可将竞争者划分为不同的战略群体。划分房地产业的战略集团是识别竞争者现行战略的有效方法之一。一般而言,处于同一战略集团中的企业,有着基本相同的战略选择。值得注意的是,竞争战略可能是显性的,也可能是隐性的,企业应该在复杂的环境中尽可能完整地识别出竞争者的各种战略选择。

5)判别竞争者的反应模式

竞争者的目标、战略、优势和劣势决定了它对降价、促销、推出新产品等市场竞争战略的反应。此外,每个竞争者都有一定的经营哲学和指导思想,因此,为了估计竞争者的反应及可能采取的行动,企业的营销管理人员和策划人员要深入了解竞争者的思想、稳定的企业文化和某些起主导作用的信念,企业需要深入分析竞争对手的思维体系,才可能预测竞争对手可能采取的行动。当企业采取某些措施和行动之后,竞争者会有不同的反应。常见的竞争者反应模式有以下4种:

(1)从容不迫型竞争者

有些竞争者对既定竞争行动的反应不迅速也不很强烈,其原因可能是它们相信客户的忠诚度很高,相信自己的业务迟早会取得好成绩,因而对竞争行动反应迟钝;

或者可能是重视不够,没有发现对手的新措施;或者可能是缺乏做出必要反应所需的资金。企业务必弄清竞争对手从容不迫的原因。

(2)选择型竞争者

一些竞争者可能只是对某些类型的攻击行为做出反应,而对其他攻击行为反应迟钝。竞争对手可能对降价做出强烈反应,以表明降价发起人是枉然的;但它可能对广告费用的增加不做任何反应,认为这些并不构成威胁。了解主要竞争对手会在哪些方面做出反应,可为企业采取最为可靠的攻击方案提供线索。

(3)凶猛型竞争者

一些竞争者对行业内的任何攻击行为都会做出迅速而强烈的反应,一旦受到挑战就会立即发起猛烈的全面反击行动。对这样的企业,同行都避免与它直接交锋。

(4)随机型竞争者

有些竞争者并不表露可预知的反应模式,它们的反应模式难以捉摸,它们在特定的场合中可能会做出反应,也可能不会,其反击行为是随机的。无论根据财务、历史或其他情况,都无法预见其反应模式。

复习思考题

一、名词解释

房地产市场调查　房地产市场分析

二、简答题

1. 房地产市场调查的内容主要有哪些?
2. 房地产市场调查的方法主要有哪些?
3. 房地产市场分析的基本程序是怎样的?

三、思考与讨论

1. 分析案例4.3"某公司消费者购房意向调查问卷"设计有无尚需改善之处。
2. 针对某待开盘的房地产项目设计市场调查方案。
3. 房地产企业应如何分析与应对房地产市场的机会与威胁?

【阅读材料】　某市场房地产消费走势调查分析报告[1]

近几年,随着经济的高速增长和人民生活消费水平不断提升,现代都市人对安居乐业有了更深的理解和新的要求。近期某市人民政府社会调查办公室组织了该市

---

[1] 注:节选自三秦论坛 http://sx.house.sina.com.cn

"住宅市场消费走势问卷调查",调查结果表明:改善住房条件是购房人的首要目的,以人为本讲究舒适、注重设施配套,是现代人对住房消费的高层次追求。

一、该市房地产增长强劲

我市的商品住宅均价、经济适用房的均价分别比去年同期上涨了 34.8% 和 30.7%。中低档价位的住宅供不应求,且基本未出现空置现象。

二、住房消费呈升级换代之势

当前人们对现有住房的满意度调查显示:近几年人们的居住条件得到改善,但目前仍有 44% 的居民对现有住房不太满意和不满意,有 38% 的居民认为目前住房尚可,真正满意或比较满意的仅占 17.6%。对住宅状况感觉尚可的指标则下降 2.6%。以上 2 项指标的变动充分说明,随着收入水平和生活水平的提高,居民对住房的要求越来越高,住宅消费也在呈现升级换代之势。

三、购房意愿继续增强

1. 购房仍然是住房消费的主流。

参照中等发达国家水平,在人均使用面积达到 30 m^2 之前,住房需求会持续旺盛。目前,我市城市居民人均使用面积为 17.79 m^2,市场需求仍有强大的增长后劲。调查结果显示:当前仍有 57% 的居民打算在近两年购房,较 2000 年上升 8.51 个百分点;只有 7.4% 的人明确表态没有购房的打算。

2. 购房的主群体趋向青壮年。

调查结果显示:打算购房者当中,21~40 岁的占 67%,这一比例较 2000 年提高 12.64 个百分点;41~60 岁的占 27%;而 20 岁以下青年人及 61 岁以上的老年人仅占 6%。

3. 收入水平较高购房意向较强。

在受访者当中,购房意向较强的消费群体主要集中在家庭月平均收入水平在 1 000 元以上的居民当中,占 87%;其中家庭月均收入水平在 2 500 元以上的调查者当中,占购房者的 32.9%。本地居民仍是购房的主力军,占购房者的 85.3%,而外地常住居民只占 14.7%。

4. 改善住房条件是购房者的主要目的。

现在,人们对住宅消费的要求越来越高,目前我市有 44% 的居民对现有住房不满意或不太满意。调查显示:85.8% 打算购房的目的是自住,只有 14.2% 的打算购房者是用于投资。

5. 最佳的户型是 3 室 2 厅,最合适的面积是 86~120 m^2。

调查显示:选择 3 室 2 厅户型的被调查者占 37.8%,选择 2 室 1 厅或 3 室 1 厅的分别占 14.2% 和 12.8%。选择小高层的人占 50.6%,选择多层的占 33.4%。而对住房面积的要求选择 86~120 m^2 的占 47.8%,选择面积为 121~160 m^2 的占 24.8%。而看好小面积和小户型的人数则较 2000 年有所增加,这部分主要是没有参加房改的年轻人。

6. 购房目标:过半居民选择经济适用房。

调查显示,目前该市市民在购买住房时,有55.4%的居民选择购买商品房;而打算购买二级市场旧房的居民仅占5.6%。

四、以人为本,讲究舒适,注重设施配套

人们在选购住房时,75.4%的人首先要求是住房的配套设施齐全;其次是考虑房屋所在位置和房屋的价格,分别占60.6%和65.4%;第三是考虑小区环境:首先考虑的是小区内有树、花草、水景等,持这一观点的占80.7%,其次是小区内有锻炼健身场地,占70.8%,再次是栋与栋之间的间距问题占70.4%。

五、信用消费的长足发展,促使付款方式多样化

信贷消费已逐渐被都市人所接受,尤其是在住房消费方面,打算采取银行按揭的住房贷款方式购房排在第一位,占37.4%,采取一次性付款,享受优惠政策的占32.8%,而采取分期付款的只占29.8%。

六、阻碍购房的因素

根据此次问卷调查的结果分析,导致今后两年不打算购房的因素有3个方面:一是收入水平有限,房价太高,制约居民的住房消费能力,因此41.4%的人打算等房价进一步下跌再买;二是22%的人认为自家的住房情况尚可,暂不需要更新;三是宏观经济政策的影响,因此,有17.4%的人要为子女读书准备资金,3.4%的人要考虑今后养老问题和就医费用的支付。

七、住房带动家庭装修热

房地产持续趋旺,带动了装修业的发展。调查显示:有36.8%的被访者在今后两年打算进行住房装修;只愿意投入1万元以下的资金进行住房装修的占8.2%;愿投入1万~6万元的占84.2%,投资6万元以上的占7.6%。而在计划投入的房屋装修资金中,估计用于购买建筑装饰材料的费用在1万元以下的占21%,1万~5万元的占74.8%,5万元以上的占4.2%。显而易见,大多数城市居民受经济条件影响倾向于中等档次的装修。

家具的添置更新也是城市居民生活变化的一个重要象征。居民们用于购买家具的费用,其在5 000元以下的占10.4%;5 000~30 000元的占86.4%;3万元以上的占3.2%。

八、住房消费有信心

调查显示:66%的居民认为住宅消费仍将成为消费热点,表明房地产的消费需求增长旺盛。许多居民表示如果今后两年的收入增长,在消费、投资、储蓄3种资产分配方式中,48.4%的被调查者首选消费,30.8%的首选投资,也有20.8%的会用于储蓄。那么首选消费的被调查者中,选择用于改善住房条件的比例最高为57.2%;其次为选择教育消费,占39.6%;再次为外出旅游及购买汽车。

九、供应结构应调整

据调查显示:有45.4%的被访者认为我市的房地产已供过于求;87.4%的被访者认

为我市目前工薪阶层能够买得到的住房太少。同时,87.4%的被访者认为开发商要多建设一些适应工薪阶层的住房;70.6%的人希望政府从政策上给更多的支持和扶持。但38%的被调查者认为今后两年住房价格的态势会基本平稳;32.6%的人预计会略有下跌;只有24.6%的人认为会略有上涨;仅2.9%的人认为房价会大幅下跌。

十、报纸是城市居民获得房地产信息的最主要来源

调查表明:有84.6%的被调查者表示信息来源于报纸,居第一位;电视在人们接触的房地产信息传播渠道中居第二位;通过房地产交易会、展览会、推介会获得房产信息的有43%。

十一、物业管理亟待完善

在居民的印象中,该市的物业管理尚属一般,仍有许多不能令人满意的地方。调查显示:有37.2%的人认为,物业管理不能令人满意,3.4%的人表示非常不满意,仅有2%的被访者表示物业管理是令人满意的。物业管理滞后于房地产开发,已成为该市房地产发展的阻力。

当问及"如果由您来管理物业,您将采取哪些措施时",61.2%的人要求以竞标方式,聘请本地物管公司进行管理;56%的人认为要对小区现有物管公司人员进行业务培训,提高管理水平和素质;有46.6%的被访者,主张引入沿海优秀物管公司管理。值得注意的是,有高达73.4%的人认为要增进物业管理公司与住户的交流;只有14.8%的人选择辞退物管公司,由住户自行管理。

备注:

执行地点:该市范围内

样本构成:本次调查共收到答卷2 160份。现场回收521份,邮寄回收1 650份。在调查对象中,男性占42.6%,女性占57.4%;其中,本市居民占84%,外地居民占16%。

年龄:20岁以下的占1.2%,21~40岁的占64.8%,41~70岁的占5.4%,71岁以上的占1.2%。

职业:国家机关工作人员占15.4%,企业管理人员占21.2%,工人/营业员/服务员占14.8%,文化/艺术/教育/卫生人员占19.8%,银行/证券/保险人员占2.8%,私营/个体/企业家占5.8%,专业技术人员占12.8%,其他占7.4%。

家庭月收入:600元以下的占3.8%,601~1 000元的占12.6%,1 001~1 500元的占22.4%,1 501~2 000元的占17.8%,2 001~2 500元的占15.8%,2 501~3 000元的占13%,3 001~4 000元的占9.6%,4 001元以上的占5%。

文化程度:本科及以上的占26.8%,大专的占44%,高中(中专/职高)的占25.6%,初中的占3.6%。

【讨论】 结合本材料,探讨该市房地产市场的消费走势。

第5章
房地产市场细分与产品定位

【本章导读】

市场细分和产品定位理论是经典的营销理论。本章通过理论与具体案例的结合,充分阐述市场细分和产品定位在现代房地产开发企业当中的应用,着重分析市场细分和产品定位的操作方法,以及如何利用市场细分和产品定位这一营销利器来准确地确定房地产开发企业所面临的市场,来选择房地产开发企业在市场竞争中所运用的策略。

房地产业作为一个资金密集型的行业,投资大、风险大,因此要努力保证每一个项目的成功,不允许而且也经受不起一个项目的失败。房地产商只有从企业发展的战略角度分析所面临的巨大市场,通过锁定所要进入的目标市场,真正做到有所为和有所不为,才能游刃于方兴未艾的房地产市场中。市场细分与产品定位是营销取胜的重要手段,如果不深入了解市场,不分析需求层次的区别并根据目标市场需求量身订做消费者真正需要的产品,就难以获得竞争的主动权。因此,进行市场细分与产品定位研究,对于加强房地产市场营销管理,提高有效需求,具有十分现实的意义。

5.1 房地产市场细分

5.1.1 房地产市场细分的概念和作用

【案例5.1】 小户型市场机会多

2002 年北京流行小户型,就是通过市场细分,挖掘出的市场机会。年轻的客户对小户型所表现出来的关注是非常明显的。由于户型面积小,因此不可能提供多人居住的空间,主要提供给单身者或者是丁克一族。根据区位的不同,小户型的客户也有所不同。比如 CBD(中央商务区)地区的小户型客户主要是单身的白领一族、丁克一族或投资型客户。因独特的地理位置加上周边商业设施的发达,CBD 的小户型项目单价很高,所以投资型客户较多。而中关村附近的小户型项目,其客户主要为高学历的青年教师、年轻的科研人员和机关工作人员甚至是学生,他们多是用来自住,并且是首次置业的较多。

对市场的细分是营销的首要步骤,也是目前房地产业比较薄弱的部分。事实上,成熟房地产的重要市场特征就是市场的细分化。对此,盖洛普(中国)有限公司的副总裁刘启明说过:"这是市场研究中最基础的东西,不是可做可不做的。"然而,仅仅这一点在中国很多市场上仍然很难做到。北京早期的商品房,如方庄小区,一般人的理解只是一个有钱阶层居住的概念,但进一步的客户细分就不得而知了。而近年北京出现的一些项目已经开始注意细分化,如万泉新新家园、现代城等,逐渐将市场定位于某一客户群体,并为这一特定的群体提供有针对性的服务。但是什么是房地产市场细分?如何进行房地产市场细分?

1) 市场细分概念的形成

市场细分的概念是美国市场学家温德尔·史密斯(Wendell R. Smith)于 20 世纪 50 年代中期提出来的。所谓市场细分就是指按照消费者欲望与需求把一个总体市场(总体市场通常太大以致企业很难为之服务)划分成若干个具有共同特征的子市场的过程。其中任何一个细分市场或子市场,都是一个有相似欲望和需要的消费者群。市场细分是企业进入市场的有效战略,它是直接为企业选择有利的目标市场服务的。在市场细分的基础上,企业进一步针对各个不同的分市场的需求差异,加以区别,评价与选择一个或几个分市场作为目标市场,开发适销对路的产品和发展相应的市场营销组合,以满足目标市场的需要。这也就是企业的"目标市场营销"策略。

2) 房地产市场细分的概念

所谓房地产市场细分,是指人们在"目标市场营销"观念的指导下,依据一定的细分变数,将房地产市场总体细分为若干具有相似需求和欲望的房地产消费者或购买群(即房地产买方分市场或子市场)的过程。

上述房地产市场细分概念包含 3 层基本意思:一是房地产市场细分与目标市场营销观念是一脉相承的。事实上,市场细分是房地产开发经营企业实行目标市场营销策略的基础环节和必备前提;二是房地产市场细分得以及时反映房地产消费者或购买者现实需求、欲望的一系列"细分变数",如地段环境、面积大小、规格式样、价格高低、室内装修等方面的需求标准;三是通过房地产市场细分,最终是把房地产市场中的买方总体,划分为一个个需求欲望相似的消费者或购买者群。

房地产市场细分不同于一般的房地产市场分类。通常,房地产市场的分类标志包括:物品形态——房产市场、地产市场等;流通方式——房地产售买市场、房地产租赁市场等;流通方式的层次结构——房地产一级市场、二级市场、三级市场等;使用性质——住房市场、经营用房市场等。上述房地产市场分类,都不是从消费者或购买者的角度出发,按照消费者需求爱好的差别来划分的,所以它们都不属于房地产市场细分的范畴。

3) 房地产市场细分的作用

房地产市场细分是直接为房地产业各类开发经营企业市场营销服务的一项有效战略。细分市场并据以选择有利目标市场,对于推进房地产企业经营活动,至少有以下几方面的作用:

(1) 有利于发现新的市场机会

市场细分是企业不断发现新的市场机会的有效手段。企业在对房地产市场营销进行周密调查的基础上,根据当前市场竞争的状况,分析了解各个不同的房地产消费者群需求的满足程度,从而发现未被满足或未被充分满足的需要。这些未被满足或未被充分满足的细分市场或子市场,往往存在着极好的市场机会。房地产开发经营企业应抓住这些市场机会,制订最佳的市场营销策略,以提高自己在整个房地产市场中的占有率。比如不少地方商品房售后管理服务方面一直存在着严重的脱节现象,这就是一个未被满足的物业管理细分市场。在当前房地产开发经营竞争日趋激烈的情况下,对于那些势单力薄,在竞争中处于不利地位的企业来说,采取"避实就虚"的战术抢先进入物业管理细分市场,组建"物业管理公司",或独立经营,又或与开发公司联手经营物业管理业务,这很可能就是一种成功的目标市场选择方案。

(2) 有利于中小企业开发市场

中小房地产企业一般在人力、物力、财力和信息方面的资源有限,在房地产整体市场或较大的分市场上缺乏竞争能力。如果这类中小企业善于发现一部分房地产消费者未被满足的需要,细分出一个与本企业的实力和优势相适应的小市场,推出相应的产品或服务,往往能获得较大的经济效益。如上海房屋建筑物的屋面漏雨或墙面渗水一直是个久治不愈的老大难问题,每逢下大雨,特别是梅雨季节来临,物业管理部门报修告急电话铃声不断,这就是一个未被满足的"捉漏"细分市场。一些中小企业如能把它作为自己的目标市场,研究出一套"捉漏防渗"的绝活,必定会取得很好的社会声誉和经济效益。

(3) 有利于企业集中使用资源,避免分散力量,从而取得最大经济效益

即使是规模大、实力雄厚的房地产企业,其人力、物力和财力也总是有限的。面对商品种类繁多的房地产市场,在同一时期中,它不可能面面俱到都去开发、经营、管

理。而通过市场细分,企业就能找到最适合自己的一项或几项经营业务,从而把自己的人、财、物资源在一个时期相对集中地投入到这些业务中去,以取得最大经济效益。

(4)有利于调整企业市场营销策略

如果房地产企业仅为整体市场提供单一规格或式样的产品和服务,制订统一的市场营销策略,虽然这样经营起来比较容易,成本也比较低,但是信息反馈比较迟钝,对市场情况变化的反应也比较慢。而在细分房地产市场的情况下,由于企业的产品定位以及市场营销策略都是依据不同的房地产消费者群的特殊需求爱好设计的,所以企业比较容易觉察和估计消费者的反应,一旦市场情况发生变化,企业就能比较灵活地采取应变措施。

5.1.2　房地产市场细分的程序

市场细分是房地产经营企业决定目标市场和设计市场营销组合的重要前提。一般可按如下程序细分。

1)依据需要选定产品市场范围

每一个企业都有自己的任务和追求目标,作为制订发展战略的依据,房地产经营企业也不例外。对跨入房地产业的企业来说,首先要考虑选定可能的产品市场范围。

房地产商品市场范围应以市场的需求而不是产品的特性来定。比如一家住宅租赁公司,打算建筑一幢简朴的小公寓。从产品的特性如房间大小、简朴程度等出发,公司就可能认为这幢小公寓是以低收入家庭为对象的。但是从市场需求的角度分析,便可看到许多并非低收入的家庭,也是潜在顾客。如有的家庭收入并不低,在市区已有宽敞舒适的屋室,但又希望在宁静的郊区再有一套住房,作为周末生活或度假的去处。这就是说,公司不应把这种普通的小公寓看成只是提供给低收入家庭居住的房子,而要在这种小公寓的市场范围中加入非低收入家庭的那部分需求。

2)列举潜在顾客的基本需求

选定产品市场范围以后,房地产企业的营销专家们,就可以通过"头脑风暴法",从地理变数、行为和心理变数等几个方面,大致估算一下潜在的顾客对产品有哪些方面的需求。通过这一步所掌握的情况可能不太全面和准确,但这样做能为以后的深入分析提供一份征询讨论稿。

譬如,住宅租赁公司可能发现,人们希望这类小公寓满足的基本需求包括:遮风避雨、停放车辆、安全、经济、设计良好、适合工作、学习与生活、不受外来干扰、足够的起居空间、满意的内部装饰、公寓管理和维护等。

3) 分析潜在顾客的不同需求

接下来,该住宅租赁公司再根据人口变数做抽样调整,向不同的潜在顾客征询上述哪些方面需求对他们更为重要。比如,在校外租房住宿的大学生,可能认为最重要的需求是遮蔽风雨、停放车辆、经济、方便上课和学习等;新婚夫妇的希望是遮蔽风雨、停放车辆、不受外来干扰、满意的公寓管理等;较大的家庭则要求遮蔽风雨、停放车辆、经济、足够的儿童活动空间等。这一步至少应进行到 3 个分市场出现。

4) 舍去潜在顾客的共同需求

现在公司需要舍去各分市场或公寓各消费者群的共同需求。这些共同需求固然很重要,但只能作为设计市场营销组合的参考,而不能作为市场细分的基础。比如说,遮蔽风雨、停放车辆和安全方面的需求,几乎是每一个潜在顾客都希望的。对此,公司可以把它们作为产品决策的重要依据,在市场细分时则要舍去。

5) 为市场暂时取名

公司在舍去了各分市场的共同需求后,对剩下的那些特殊需求,要做进一步分析,并结合各分市场的顾客特点,暂时定一个名称,以便在分析中形成一个简明的、容易识别和表述的概念。据此,该住宅租赁公司根据小公寓市场各类顾客的基本情况,为各分市场分别取名如下:
①工作为主者——单身,希望住所离工作地点近,经济实惠。
②度假者——在市区有住房,希望节假日过一点郊外的生活。
③向往城市者——在乡间有住房,但希望能靠近城市生活。

6) 进一步认识各细分市场特点

公司还要对每一个细分市场的顾客需求及其行为特征做更深入的考察,看看对各细分市场的特点掌握了哪些,还需要了解什么。这样做的目的是为了进一步明确现有的细分市场有无必要再做细分,或重新合并。公司经过这一步骤发现,年轻人与中年人的需求差异很大,应当分为 2 个细分市场。同样的公寓设计,也许能同时迎合这两类顾客,但对他们所作的广告宣传和人员构成的方式都可能不同。企业要善于发现这些差异,如果他们原来被归属于同一个分市场,现在就要把他们区分开来。

7) 测量各分市场的规模大小

通过前 6 个步骤,基本确定了各细分市场的类型。接下来,公司应把每个分市场同人口变数结合起来分析,以测量各分市场潜在顾客的数量。这是因为企业进行市场细分,是为了在适当的市场范围中寻找最多的获利机会,而这取决于各分市场中由顾客多少决定的销售潜力。所以,在这里,如果不引入分市场的人口变数是危险的。有时可以发现,某些分市场中顾客很少,以至于误入这个分市场的公司开发营销成本增加、产品积压、甚至亏本。公司可以从有关部门取得某个地区详尽的人口资料,估算出年轻人占人口的比例,最后得到不同地区年轻人的数量。

公司经过上述 7 个步骤对公寓住宅市场细分之后,最后要考虑的问题就是如何决定本公司的目标市场战略,如何为目标市场提供最优的市场营销组合。公司在决策时,还要综合其他各种相关因素进行分析。

5.1.3 房地产市场细分原则

房地产市场细分有许多方法,但并不是所有的市场细分都是有效的。比如住宅的购买者可以细分为汉族、回族、蒙古族等,也可按家庭成员的平均文化程度或平均年龄加以区分,但是这些细分变数显然与购买住宅没什么必然联系,因此这种细分是徒劳无益的。要使市场细分对房地产营销有用,必须遵守以下 4 个细分原则:

(1)可衡量性

它是指被大致测定的各个细分市场的现实(或潜在)购买力和市场规模大小。比如需要购买可自由分隔和装修的毛坯房的消费者群规模有多大,他们的购买力和地段选择性怎样,这些情况都有确切的实际调查资料来显示。如果能做到这一点,这个住宅的细分市场才符合可衡量性原则,从而实现有效的细分。而这些细分变数是很难衡量的,如购房用以保值或炫耀经济实力的分市场就不易衡量,这种细分没有多少实用价值。

(2)可进入性

它是指房地产企业有可能进入所选定的分市场的程度。如果某个物业管理公司,发现需要物业管理特色服务的消费者群分散在相距很远的多幢大楼里,而且他们在整幢大楼的住户中只占很小的比例。在这种情况下,该物业管理公司要进入这个市场几乎是不可能的。除非这些消费者居住区域相对集中并具有一定的规模,公司才能进入这个分市场。

(3)可盈利性

它是指房地产企业所选定的分市场的规模足以使本企业有利可图。一个细分市场应该是适合制订独立的市场营销计划的最小单位,并且具有相当的发展潜力。如果细分市场无利可图,也没有发展潜力,那么这种细分市场是没有实际意义的。

(4)可行性

它是指房地产企业对自己所选择的细分市场,能否制订和实施相应有效的市场营销计划。企业对房地产市场总体可以细分出众多的分市场,但并不是所有的分市场都能够符合企业经营能力。有的是技术上不能胜任,有的是由于企业的人事规模、资金、用地规模的限制,尚不足以同时为太多的房地产分市场制订和实施个别的市场营销计划。总之,企业对市场的细分必须符合可行性原则。

任何时候都应该牢记:真正的市场细分绝不是以细分为目的,为细分而细分,而应以发掘市场机会、增加企业利润为目的。另一点需要指出的是,市场细分必须适度,并不是分得越细越好。过分的市场细分,就会徒增房地产商品的规格和种类,缩小细分市场的开发批量和营销规模,并使房地产开发成本和营销成本增加,从而使产品的价格有可能超过消费者的承受能力,这样反而会造成企业营销业绩的降低。

【案例 5.2】　北京 CBD 辐射区域的一个近 30 万 m^2 的大型社区的目标市场选择

某房地产公司参与开发北京 CBD 辐射区域的一个近 30 万 m^2 的大型社区,在制订开发计划、设计户型配比、制订营销计划和销售计划的时候,充分考虑了这一区域的客户细分情况,在设计产品的时候,就把握住这个社区是为哪些客户提供的产品,充分了解这些客户的消费习惯、生活状态、职业、年龄等信息,并将这群客户定义为"都市新锐",后来这个名称在京城楼市中被众多楼盘采用。下面是该公司拿地之前对目标客户的描述和客户细分。

有关专家预测,中国入关后,已形成一定商务规模的朝阳中央商务区将是最大的受益者,每年将会有 9 万人左右的外企员工涌进这片区域,同时,每年将会有十几万本土化的新的白领阶层在这片区域里从事各项工作。而这些高收入的外方员工和本土化的白领阶层要生活,要解决衣、食、住、行就要消费,将会带动相关产业,住宅便是其中重要的一项。

由于大部分写字楼聚集于 CBD 商圈,因此,这些外企白领将成为购买周边项目的主力军。

此外,IT 界人士也是 CBD 区域不可忽视的购买群体:京广中心市场推广部有关资料显示:自 2000 年 6 月中下旬该大厦写字间即已客满,主要是由于新兴网络公司的大量涌入。由于 IT 业引来许多外地高科技人才,这些人在北京没有现成住所,目前大多租房居住,以致房地产租赁市场形成了新的消费群("新白领")。

"都市新锐"特征:年龄在 25~35 岁,单身居多,从事网络、软件开发、通信设备等行业,月薪 6 000 元以上,有的每月还可得到一笔可观的房屋津贴,可以承受 3 000 元左右的房租。"都市新锐"对居住要求很高,向往质量高楼盘——环境优美、设计超前、交通便利、定位年轻化,最好还有一定的"知名度"和升值潜力。

因此,东三环沿线一些现有的普通住宅和小户型的公寓将是那些年轻创业者钟情的住所或一些人的"第二居所"。而东四环、五环沿线,作为 CBD 的周边地带,凭借便利的交通、优美的绿色环境,将吸引越来越多的 CBD 人士安家落户。

通过上面的客户细分,公司把目标客户描述为:教育程度较高、率先接受国际先进住宅概念,并注重生活品质的年轻成功人士(外企白领,IT界人士、私企业主,年龄在30～35岁),功能以自用为主。他们的日常工作、交际地点主要集中在CBD外企集中地带。另外,还包括一部分投资客户(购房用于出租)。

通过专业的市场调查,公司充分了解了这群客户的购房需求,为这群客户量体裁衣,所设计的产品充分满足他们的需求喜好,因为把握了市场需求,准确的对市场进行了细分,清楚地知道项目的目标客户在什么地方,所以,后来项目销售非常火爆。最初的目标客户选定,与实际成交的客户群体非常的相似。可以说这是一次非常成功的客户细分案例。每一个项目都应该有自己的目标客户群体,在项目建设之处准确的进行客户细分,按照选定的目标客户群,去设计产品、营销产品,将是项目成功的关键所在。

该房地产公司在这个社区开发中成功应用了市场细分的原理,获得了巨大的成功。他们首先根据地块所处的地理环境:CBD区块,以及人口分布状况来选择潜在客户群。CBD区域的基本市场特征是:外企和高科技企业居多,这一带的从业人员多为有较高收入的年轻人即都市新锐一族。都市新锐一族的需求:居住观念是追求高品位,环境优美、设计超前、交通便利、定位年轻化的自住房。在明确了目标市场特征和需求以后,结合他们的购买力,公司把客户细分定位为:教育程度较高、率先接受国际先进住宅概念,并注重生活品质的年轻成功人士。在盈利性上有了市场和购买力的保证,从而具有很大可行性。在明确细分市场的需求后推出相应的户型,水到渠成,从而保证了项目的成功,达到了企业收益最大化。

5.2　房地产产品定位

5.2.1　房地产产品的概念和类型

【案例5.3】　定位为先:上海新天地项目定位案例

上海的新天地如今已经成为一个有国际知名度的聚会场所,并已经纳入了上海旅游景点的清单里面,更是休闲时尚生活的时尚旅游中心,而其前身则是一处破旧的居民区。

项目定位:上海是一个国际化的大都市,拥有本地、国内和国际访客,因此新天地不是单纯的购物中心,而是时尚的中心。

项目实施:3个阶段——整体策划布局、推广和招商、经营和管理。

整体策划布局:层层推进。

第一个阶段初步定位是综合性的。因为当时在整个上海没有一个地方能够将餐饮、娱乐、购物和旅游、文化等等全部集中在一起。上海当时比较有名的一条路叫衡山路,但是衡山路是很多不同的个体组成,它没有一个整体的投资者和管理者。

第二个阶段的定位是上海市中心具有历史文化特色的都市旅游景点。这个定位希望所有的人来到上海时一定要来看新天地,新天地变成你来上海非要看的地方不可。

第三个阶段定位于一个国际交流和聚会的地点。里面会有很多的活动,很多人会在这个地方聚会,二十几年没见面的朋友都可以在这个地方聚会。

推广和招商:谁是第一批进驻的商户很重要。

这个跟电影一样,让后面的商家有信心进来,首先有几个大牌"撑场",让大家知道将会是什么档次的商业,所以谁是第一批的住户很重要,也包括给第一批的商家一个相对优惠的条件。

招商常常需要强调一条:假如只看租金,而不管商家是谁,那这个项目就很难做了,因为商业地产的租金事实上不是发展商自己来定的,而是由市场来决定的——不是因为这个地方的投资成本,也不是因为周边的房租,而是由这个地方能够创造的营业额是多少来决定的。

经营和管理:

整个项目在 2001 年 9 月份左右开业。装修本身有很多问题,应该在前面做建筑设计的时候考虑到很多商家的需求,也一定要有一个比较专业的团队,它了解不同的业态——他们对这个房子的结构、高度、空间布局等方面,要在前期与房地产商进行合作,甚至先请一些主力店的商家到这个项目来,让他给一些更多的要求。

事实上很多国外的商家都很愿意公开自己的要求,这不是秘密。事实上,美国的一些商家非常专业,他会给你一本书,里面记载着他所要求的高度、长度、宽度,十分规范。所以这些资料本身也没有什么保密性,但是对一个房地产商在开始做房子建设的时候,这是很重要的资料,你们需要拿到的。要不然的话你这个商业设施建设出来在很多方面都会很浪费,很多的装修都没有必要。

效益分析:

1. 由于新天地的品牌效应,带动了周边房地产地价的提升,从最开始的 8 000 ~ 10 000 元/m^2,到现在的 20 000 元/m^2。

2. 当时设定的平均目标是 8% ~10% 的投资回报,我相信到今天这个目标应该可以达到。3 万 m^2 的地、6 万 m^2 的建筑面积只租不卖,这个店铺整个的作价接近 2 500 美元/m^2,现在很多人用 4 000 ~5 000 美元去买,说明项目本身的价值也在提升。

案例 5.3 给我们提出了启示:那就是房地产开发企业要结合具体情况,对拟开发的项目做好产品定位。

1)房地产产品的现代概念

房地产产品是由核心产品、形式产品和附加产品所组成的立体复合体。

（1）房地产核心产品

房地产核心产品是指能满足消费者的基本利益和使用功能的房地产产品。它是房地产产品最基本层次，是满足消费者需要的核心内容。房地产产品的核心产品包括以下几个方面：

①生活居住需要。它包括追求生活环境清新幽静的居住需要，追求生活便利的居住需要，追求豪华气派的居住需要，追求经济实惠的居住需要，追求生活个性化、别致的居住需要，追求安全与秘密性的居住需要等。

②办公及生产经营需要。它具体包括将房地产用作办公室，或从事商业、服务业经营活动，或进行工业生产和仓储等需要。

③投资获益的需要。房地产作为一种财产，其所有者拥有获得收益的权利。这种收益是指房地产的出租收入，这种收入十分稳定，而且具有可预见性。

④得到税收方面好处的需要。投资房地产可得到税收方面的好处，这对于物业投资者来说是有吸引力的。物业投资的所得税是以毛租金收入扣除经营成本、贷款利息和建筑物折旧后的净经营收入为基数，按固定税率征收的。从会计的角度来看，建筑物随着其楼龄的增长，每年的收益能力都在下降。会计中规定的折旧年限相对于建筑物的自然寿命和经济寿命来说要短得多（加速折旧）。这就使建筑物每年的折旧额要比物业年收益能力的实际损失高得多，致使物业投资的账面净经营收益减少，这样也就相应地减少了投资者的纳税支出。即使物业投资没有净经营收益，只要物业的收入能支付该项物业投资的经营费用和抵押贷款利息，投资者损失就不大，且投资者可以物业投资的亏损充抵其他投资的经营收入，从而在总体上获得减少交纳所得税的好处。由此看来，物业投资有时可起蓄水池的作用。

⑤获取资本增值的需要。房地产具有保值增值的特性，这种资本量的膨胀往往是在房地产所有者不再追加任何投资的情况下产生的。以获取资本增值为目的而进行房地产投资有3种情况：第一，投资者短期投资；第二，投资者长期投资；第三，投资者先自用，等增值后再出售的投资。

⑥保值的需要。房地产投资是保值效果最好的投资形式，因此有人说，房地产是通货膨胀的狙击手。在市场经济条件下，抵御通货膨胀是房地产投资者的一个比较普遍的动机。

⑦为后代积累财富的需要。给予后代财富不是父母（包括祖父母）的义务，但几乎所有有能力的父母都希望能带给自己的子女一些财产，子女的富有、幸福是所有为人父母者的心愿。

⑧炫耀心理需要。房地产是一种完全向外界暴露的财产，是业主拥有资金实力

的最好证明,因而从某一角度来看,成为人们拥有财富的标志或象征。如投资购买豪华、高档住宅;一些公司投资购买豪华的写字楼,则是要告诉世人自己拥有雄厚的经济实力,在社会经济舞台上充当着强有力的角色。物业投资可提供投资者的资信等级;其次,高质量的房地产还可以满足顾客或使用者的心理需要。因为住宿于豪华的宾馆,在著名的办公大楼办公,在优雅的店铺里购物同样可以显示自己的身份地位。

⑨分散投资风险的需要。投资理论的一个重要原则是,"不能将所有鸡蛋都放进一个篮子",如果将全部资金都投入某一产品,一旦由于种种原因该项投资效益较差,甚至出现亏本情况,投资者就会面临"全军覆没"的危险。出于分散风险的目的而进行的房地产投资组合行为包括 2 个方面:一是在投资其他行业如购买股票、债券、古玩或实业的同时,也投资于房地产;二是房地产投资不局限于某一种或某一地区的房地产,实行种类或地域上的分散投资。

(2)房地产形式产品

房地产形式产品是房地产核心产品的基本载体,是房地产的各种具体产品形式,一般包括以下几个方面:房地产的区位、质量、外观造型与建筑风格、建筑材料、色调、名称、建筑结构与平面布局、周边环境等。形式产品是消费者识别房地产产品的基本依据。

(3)房地产附加产品

这是指消费者在购买房地产时所得到的附加服务或利益,主要是物业管理服务。

房地产产品整体概念,体现了现代市场营销概念。只有真正领会产品整体概念的要求,开发出全方位满足消费者需求的产品,才能提高房地产企业的声誉和效益。

2) 房地产产品定位的概念

我们知道,任何一个从事房地产开发的企业,在开发过程中必然经常面临下列问题:①如何获取土地? ②如何开发土地? ③如何利用土地才能取得最佳效益? 表面看来,这些问题似乎都只是与土地有关的问题,而土地在一般人的观念中,是一种典型的平面标的,但事实上,这种平面标的真正价值却反映在其立体的使用潜力(强度)上。也就是说,一块土地能用来兴建什么产品,或提供何种用途,即决定了那块土地的开发价值。一般而言,要回答上面的问题,不应只在土地本身上寻求答案,而应设法确定土地的用途及收益实现的方式,这就须依靠房地产产品定位。

那么,究竟什么是房地产产品定位呢?

根据菲利普·科特勒的定义,定位的关键是差别化:"差别化是指设计一系列产品差别,来区分公司与竞争对手之间产品的差别。而定位是指公司设计出自己的产品和形象,从而在目标顾客心中确定与众不同的有价值的地位"。定位要求公司能确定目标顾客推销的类别数目及具体差别。也就是说:产品定位(Product Positioning)是将无差别的产品转变为有差别的产品,使产品在潜在顾客中占有合适位置。而要达到这一点,要满足以下条件:①对客户具有主要价值;②对企业能带来利润;③产品与众不同,不易被竞争对手模仿;④这种差别能被客户接受并愿意为此而多花一定的钱。

对于房地产产品来说,定位就是:①以开发商或土地使用人的立场为出发点,满足其利益为目的;②以目标市场潜在客户需要为导向,满足其对产品的期望;③以土地特性及环境条件为基础,创造产品附加价值;④以同时满足规划—市场—财务3者的可行性为原则,设计供需有效的产品。

其次,就时机而言,产品定位的时机,通常取决于房地产开发的几个主要过程。一般说来有3种定位时机:①开发、取得或处分土地前,可进行产品定位,以确定土地的使用方向(例如一块土地可能宜建办公大楼、商业大楼或住宅大楼);②销售、出租、经营或兴建建筑物前,可进行产品定位,以确定产品的规划方向(例如,住宅产品应规划为豪华别墅或普通住宅),租售、经营或兴建计划,以及资金流量形态与投资报酬等;③变更或调整土地及建筑物用途前,可进行产品定位,以确定房地产变更用途的方向(例如厂房迁移后,原址可改建为写字楼或商场),调整用途的计划(例如重建、改建或修建),以及变更用途可能获得的报酬等。

再次,就目的而言,产品定位可以使土地拥有者或房屋建造者达到以下目的:①降低市场销售风险,避免供过于求、时机不当或不符合目标市场需求等可能造成的收益损失;②增加投资报酬利润,例如创造个别产品的单位利润,或增加组合产品的整体利润,或通过分期销售获得全程利润等;③发挥作业整体效果,避免开发、销售、规划及财务等的冲突,能同时兼顾收益成本、品质及时效。

5.2.2　房地产产品定位程序

房地产产品定位程序通常有2种:

1)两阶段产品定位程序

第一阶段:确定产品的用途与开发周期

产品定位一般可分为2个阶段,如图5.1所示。第一阶段,重点是土地用途及开发周期的确定。例如:一块土地适宜建办公楼、商业大楼,还是公寓?最佳开发时机是短期、中期抑或长期?在这个阶段,产品定位的功能在于使土地开发者明确土地的基本价值;第二阶段,重点在于房地产产品的规划设计、开发形态与开发方式,也就是决定产品形态及开发操作方式。例如:住宅究竟应规划为别墅或中等标准住宅,还是小型套房?各楼层相互关系如何?计划在短期出售完毕或分期销售还是保留出租?这个阶段产品定位的目的在于使土地开发者能创造和增加产品的"附加价值"。

由于我国实行严格的耕地保护制度,城市土地有限、地价高涨。在这种情况下,

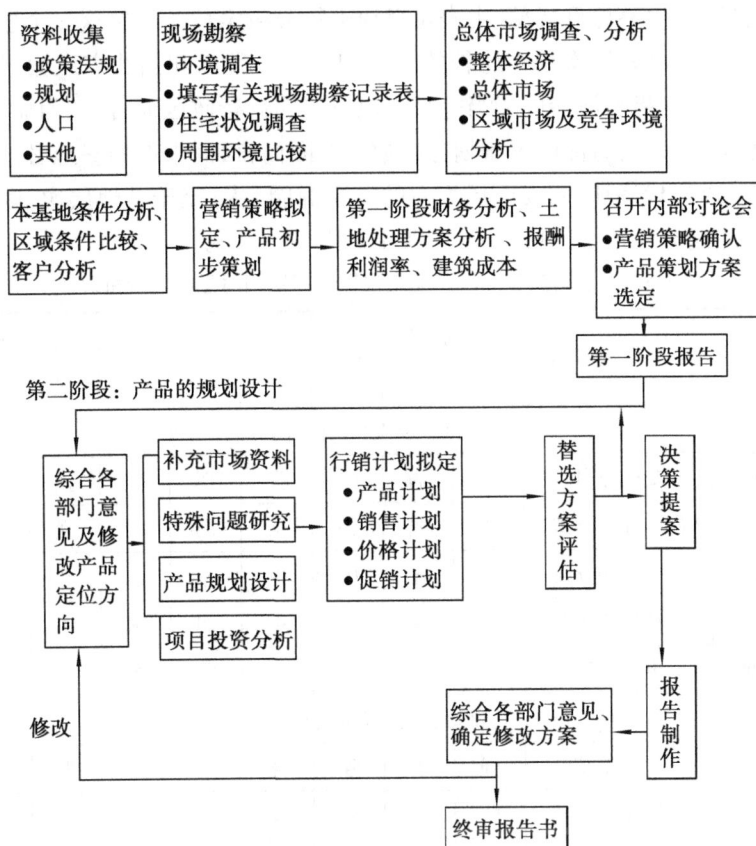

图 5.1　两阶段的产品定位流程图

开发商真正的利益通常来自于产品定位所创造的"附加价值"。因此,产品定位对土地开发而言,既可积极地掌握开发良机,又可以创造土地开发的附加利益。

2) 三层次产品定位程序

大多数人知道不动产的价值深受其所在区域环境的影响,但是对于究竟受哪些环境因素的影响,受哪个范围环境的影响,以及受影响的程度,则是仁者见仁,智者见智了,甚至有时缺乏明确的认识。因此,一些开发商即使掌握了许多信息,充分了解环境的特性,但仍无法有效地作出恰当的产品定位。

假如某开发商在北京海淀区双榆树附近有一块可以兴建住宅的土地,那么,它可能吸引多大范围的购房者呢? 是双榆树附近的居民,是海淀区的居民,还是海淀区和附近西城区甚至整个北京市的居民? 为了使你能系统地思考这些问题,下面介绍一种"三层次产品定位程序"(见表 5.1)。

所谓三层次,是依据影响基地的环境范围大小所划分的"市(区)级层次的一般因素"、"商圈(生活圈)层次的区域因素"及"基地层次的个别因素"。也就是说,三层次定位的思路是：由整体到局部、由表及里地进行分析定位。虽然这三个层次都包括待定位的基地，但是各层次相对比较的对象却不同。就以前面北京双榆树的土地为例，其区级层次，是指与海淀区相当等级或规模的邻近行政区而言，如西城区等；其商圈或生活圈层次，是指海淀区内所划分的数个商圈而言，而本例的基地必须坐落在其中一个商圈（以当代商城、双安商场为主的一个商圈）内；至于基地层次，则是指将基地所在的商圈划分为数个区域，基地则属于其中一个区域。

表5.1　房地产三层次产品定位评估因素相对重要性分析表

评价因素	产品 / 重要性	商业楼宇			办公楼			住宅		
		大	中	小	大	中	小	大	中	小
市(区)级层次(一般因素)										
交通运输	交通条件	强	弱	强	强	弱	强	强	弱	强
土地使用	城市地位(等级)	弱	弱	强	强	弱	强	强	弱	强
公共设施	基础设施状况	强	强	中	中	中	强	强	弱	强
人文社经	社经水平	强	中	弱	中	强	弱	中	弱	弱
房地产市场	更新速度	强	中	弱	强	强	中	强	中	弱
商圈层次(区域因素)										
交通运输	交通系统	强	中	强	强	中	强	强	中	强
	内外交通流量	弱	中	强	强	中	强	弱	中	弱
土地使用	混乱程度	强	弱	强	强	弱	中	强	强	中
	使用限制	强	弱	强	强	弱	中	强	弱	弱
公共设施	大型公园、学校	强	中	强	中	中	中	弱	强	弱
	车站、转运站	弱	中	强	强	中	强	强	中	弱
人文社经	人口密度	强	中	强	强	弱	强	弱	弱	中
	税收	强	中	强	强	弱	强	强	弱	弱
房地产市场	价格水平	弱	中	强	强	中	弱	强	中	弱
	独立程度	强	弱	中	强	弱	中	强	弱	中
基地层次(个别因素)										
交通运输	道路宽度	弱	弱	弱	强	中	强	强	中	中
	公交数量	弱	中	强	中	中	强	中	中	强
土地使用	地块方正大小	强	中	弱	强	中	强	强	强	中
	邻近土地使用	强	中	弱	强	中	强	中	弱	弱

评价因素 ＼ 产品重要性		商业楼宇			办公楼			住宅		
		大	中	小	大	中	小	大	中	小
公共设施	公园、学校	强	中	弱	强	中	强	中	中	弱
	金融机构	弱	中	中	强	中	强	强	强	强
人文社经	居民文化水平	强	中	弱	中	强	弱	强	中	弱
	流动人口	强 -	中	强 +	中	强	强	中	中	弱
房地产市场	附近商业状况	弱	中	强	中	强	强	弱	中	强
	附近建筑物状况	强	中	弱	中	弱	强	强	中	弱

5.2.3　房地产产品定位原则

1) 原则之一：先外后内

常言道："人靠衣裳，马靠鞍"。建筑物的整体外观，对物业价值起到至关重要的作用，一个好的物业应当做到表里如一。我们都有这样的体会，走在城市的大街小巷，从举目望去高低不一、新旧杂陈的建筑物中，一般人仍很容易从城市建筑的外观上，判断它是属于商业、办公、住宅，或是住办(商)混合的用途。除了建筑物坐落的区位及环境的基本价值之外，我们还可以从建筑的造型、建材及整体规划条件推断该栋建筑的可能价值。

这些现象说明了建筑物的用途及外部整体规划是决定其主要价值的因素，也是开发商在进行产品定位时需要考虑的重点。虽然建筑物的内部平面及细部规划也将影响建筑物价值，但相对于外部整体规划而言，这些内部及细部规划较具可塑性及调整弹性，所以在产品定位的实务上，必须把握"先外后内"(即先决定外部整体规划，再考虑内部具体单位)的原则：

①先决定空间用途，再考虑单元面积计划。

②先确定整体容积率的分配，再考虑栋别或楼别配置。

③先规划整体容积率的分配，再考虑各楼层或各单元空间的联系方式。

④先做完整地块规划，再作畸零地块利用。

2) 原则之二：先弱后强

基于土地坐落环境及基地本身条件的限制，发展商在考虑如何利用土地时，难免会面临弱势空间(如大面积的地下室,商业气息不浓的一楼空间等)的问题。根据先弱后强的原则,在实务操作上,开发商不妨先集中精力作产品弱点的突破(因其可创造的边际利润最大),再搭配强势空间,以确保产品的整体价值。

那么开发商应如何设计,才能增加所谓的边际利润和附加价值,使一块原本不起眼的土地能"麻雀变凤凰"呢?我们不妨从以下3个角度来探讨这个问题:

(1)要创造边际利润的机会

也就是要先将主要的努力付诸于最具边际利润潜力的产品上,才能创造高纯度的附加价值。一般人认为基地条件好的房地产,才是高利润的产品,但是仔细想想,例如繁华地段的黄金店面,它的价值已是"天价",即使花费许多心血去精雕细琢,能锦上添花再创利润的机会也已有限。相对而言,原本不太值钱的地下室,如果能在动线、采光、空间功能等方面发挥创意,并与市场需求结合,有可能令你得到意想不到的超额利润。

(2)要具备整体价值的意识

通常一幢现代建筑,可以区分为数种性质不同的空间,例如一楼及二楼是直接临近道路及外部环境的空间,有作为"门面"及商业用途的机会;三楼(含)以上至顶楼的中层部分,通常是一栋大楼的主要用途空间;地下室则常用来规划为停车场、超级市场或各类公共设施等。这些性质不同的空间,各有不同的价值及市场特性,例如中间层可能具有低风险、畅销的特性,虽利润不高但有助于资金周转;一楼则可能具有"越陈越香"的长期利润价值,所以在进行产品定位时,必须掌握个别空间的价值,以使产品的整体价值最大。

(3)要善于搭配组合的技巧

在前面已说明边际利润及整体价值的观念,在实务上,则要善于用空间搭配组合的技巧,才能把边际价值发挥到极致。例如在黄金地段规划小面积一楼店面搭配大面积二楼或地下室,一方面充分利用一楼门面及出入的价值;另一方面则因把主要营业行为延伸至二楼或地下室,可创造这些楼层的售价及利润空间。又如上海市有些公寓大楼,将楼上套房搭配地下经济实用的公共洗衣间、储藏室及自行车棚组合产品出售,不仅使原本用途尴尬的地下室得以顺利消化并且创造了可观利润,同时楼上套房也因为组合产品及共用设施的设计,使空间功能更为丰富完善。

3)原则之三:先实后虚

由于土地资源日益昂贵,购房者的实际购买力相对降低,但居民收入水平又不断上升,使一般人倾向于追求多元化的空间功能。因此从事产品定位时,宜就这些多元空间需求中,掌握最具私有价值的空间,再规划可供共有的设施,才能达到公私兼顾、虚实皆宜的效果。

在进行实用面积和公用面积规划时,产品定位者首先须找出谁将是目标购买者或者使用者。一般而言,不同生活形态的购房者对于空间机能的需求不同,例如有子女的家庭,可能需要宽敞的客厅、厨房及充足的房间数;而单身或无子女的工薪夫妇可能只需要基本的会客空间,但却追求舒适的卧房或工作室。辨别目标客户群,有助于根据生活形态发掘购房者对空间(包含私有及公共)机能的需求类别。

其次,产品定位者有相对经济效益的观念。在没有空间限制的情况下,购房者对于多元的空间机能,诸如会客、厨房、浴室、餐饮、卧房、娱乐、储藏、工作或阅读等都可能有绝对或优先顺序不明显的需求,但是一旦面临空间或购买力的限制,购房者即会衡量各种空间机能的相对必要性及所需支付的代价,从而显现对空间优先顺序的偏好。例如,对于普通公寓住宅的购买者而言,除了基本居住功能的需求之外,可能希望买到共用设施(这些设施常是购房者无法独立购买的),如游泳池、健身房、警卫室等。至于小居室,由于室内私有空间更为有限,购房者通常倾向于将起居室、卫生间等隐秘性空间之外的部分功能空间,如会客厅、阅读室、健身房等配置于公共设施空间,通过这样的规划,购房者可能仅需分摊 1 m² 的公共设施,即可获得 10 m² 的空间效益。

最后,产品定位者还要依据基地规模、产品类型、规划户数等条件掌握既能为市场接受,又符合开发商投资报酬效益的公共设施比例范围,以将目标客户对私有功能及共用功能的可能偏好做合理的规划。

4)原则之四:先分后合

究竟在何时规划何种用途及面积的产品,才能稳操胜券? 一直是开发商竭尽心力却又未有肯定答案的问题。由于预售房因是采取先售后建的方式,在兴建过程中还有变更设计的机会,因此产品面积的调整较具有弹性,这也使得开发商在进行产品定位时,可以根据市场的变化适度做出调整。下面几个先分后合的定位原则,有助于使开发商能更经济地保持产品规划或调整地弹性。

①区别楼层市场的先分后合原则,也就是先就大楼各楼层市场(例如顶楼市场、中间层市场、一楼市场、地下室市场等)个别评估其供需状况及规划条件,再考虑楼层之间的关联性或合并的可能性,例如顶楼是否适合与次一楼层合并为楼中楼? 一楼店面是否能与二楼或地下室结合以增加商业空间面积及价值等。

②调整平面单元面积大小的先分后合原则,也就是先确定最小可能销售单元的平面功能,再合并数个小单元成为较大面积的单元,以使开发商调整平面的弹性最大。

③控制造价合理的先分后合原则,也就是在维持建筑物结构安全的前提下,预先做好最好单元化(最多户数)的建筑规划及成本预算,再合并大面积规划。

进行产品定位时,若能把握上述 3 个原则,则即使在市场不景气的情况下,开发商也能在配合客户买得起的总价需求条件下,提供空间好用、结构安全、造价合理的产品。

5）原则之五：先专后普

【案例5.4】 有一家鲁菜馆，原本仅供应地道的鲁菜，生意不错，后来老板为了能招徕更多的客源，增加了川菜口味的菜色，结果真正偏好鲁菜或川菜口味的食客，都觉得它不够专业与地道，生意反而大不如昔日了。

开发商经常会遇到类似的问题："每次得到了一块地，总没有把握到底该盖与周围不同的建筑物，还是该参考周围建筑，以随俗从众？到底该针对需求同质的客户盖单纯的产品，还是提供多样化的选择，以满足各种不同需求的购房者？"

其实，不论是开发商，还是上述鲁菜馆，都牵涉到定位时产品特殊化和专门化程度的取舍。所谓特殊化，是指产品有异于市场的程度，例如周围都是十楼以下的二室一厅住宅，若于当地推出超高楼层的三室一厅、二室二厅的，则显然是特殊化的产品。所谓专门化，则是指产品单纯或同质的程度，例如上面的例子，在住宅区域推出一幢纯办公大楼和一幢套房及办公室混合的大楼，两者虽都有异于当地市场（即都是特殊化产品），但前者专门化的程度显然高于后者。

一般而言，产品专门化的程度越高，越容易给人精纯与信赖的感觉，间接地也发挥了特殊化的效果。例如大规模的土地上，若规划清一色的三室一厅的住宅，即使周围也有零星小规模的类似产品，但由于相关设施、规划等的规模经济及整体效果，无形中即区别了两种产品的差异性。

专门化的产品，通常附加价值较大，也较容易创造较高价值，例如一幢专为老人规划的银发族公寓，或提供专业设施的医疗大楼，必然比普通的住宅或办公大楼，具有更高的价值及价格。但相对地，这些产品的目标客户群较为单一且量也较小，市场销售风险也可能较高，因此在从事产品定位时，应注意下面几项原则：

①产品特殊化的程度必须考虑基地所在地的市场特性、供需状况，及各种目标客户群的相对规模与购买力。

②不论特殊化或专门化，都须把握重点，注意市场"门槛效果"，产品定位时切忌盲目地为特殊而特殊。例如产品若具备三项特色，即已被市场评定为特殊产品（达到门槛效应），则毋庸再画蛇添足，徒增败味，反而减损产品的经济效益，干扰了重点特色的追求。

③先尝试并评估各种专门化的可能性及市场接受性，以创造产品的附加价值及利润空间。除非市场机会有限，或基地条件受限制，才考虑发展风险低的一般性产品。

5.2.4　房地产产品定位方法

1）房地产产品定位的条件

产品定位归根结底是在对市场细分,客户细分,抓住需求和市场机会点的前提下对于产品设计和营销推广功能的创新。只有在竞争中树立差异化,以产品本身充分的独特性诉求,有创新力和执行力,才能最终打动客户实现品牌与利润的双赢。

因此,市场环境情况、市场竞争情况、客户需求心理、产品规划的创新力、前瞻性和可执行力是成功产品定位的充分必要条件。

2）房地产产品定位的实用技巧

（1）容积率配置技巧

如果在北京市有宗面积 5 000 m² 的住宅用地,分别由不同的人进行产品定位,有的人可能会尽量节约和控制一楼面积,采用开放设计,塑造单栋高层建筑,以创造高层空间价值;有的人可能会将可建总建筑面积用于低矮楼层(例如一、二楼),规划矮胖型建筑物,一方面把握临街店面商业价值,一方面节省建设成本;有的人可能规划数栋建筑,高矮参差,既能丰富造型,又能视栋别用途作弹性规划。不论基于何种原因,产品定位的最终结果势必在每块土地上产生或高或低、或胖或瘦、或单栋或多栋的建筑物。而所谓的容积率利用,就是指如何将每块土地的总可建建筑面积(楼地面面积)利用到极致。

同样一块土地,因为目的不同,可能导致不同的容积率利用方式。一般而言,定位者要从下列几个角度出发进行考虑:

①空间价值与容积率利用方式的关系。例如,商业气息浓厚的区域,一楼店面价值可能数倍于高楼层的价值,因此总可建建筑面积应尽量分配于低楼层;反之,商业气息弱的区域,则可以考虑向高楼层建筑靠近。

②建筑成本与容积率利用方式的关系。越是高耸或造型特殊的建筑,其营建成本愈高,因此要权衡所增加的成本及可能创造的空间价值,以决定最佳容积率利用原则。

③建筑工期与容积率利用方式的关系。例如,两栋 10 层的建筑与单栋 20 层的建筑,前者的施工期将比后者节省许多,而工期将直接影响投资回收速度及营销风险。

④市场接受性与容积率利用方式的关系。例如在高楼层建筑接受意愿不高的区域,若考虑作高层建筑的规划,就要审慎评估市场风险。

⑤周围建筑物状况与容积率利用方式的关系。例如处于一片低矮建筑物区域,则向高层建筑发展,成为此区域的标志性建筑物;或向中层发展,在高度上暂领风骚;或规划低矮建筑,以从众随俗。

考虑了以上各种主、客观限制条件及特定目的后,最后就要真正进行容积率的分配。以使容积率能做最充分、合理的利用。

（2）公共设施的定位技巧

在一般购房者的观念中,总希望所购买的房子,其公共设施所占的比例愈低愈好,因为公共设施常被认为是虚的、徒有而无益。而在欧、美、日等发达国家,建筑物的品质和价值是以包含私有面积及公共设施的整体规划来衡量的。而我国在不断追求提高居住水准的潮流下,也必然将朝这种趋势发展。就发展或产品定位者而言,要认清许多公共设施之所以难被购房者接受,是由于设施本身不实惠,或由于设施真正的价值没有通过适当的方法让购房者充分了解,所以除了法定必要设施规划力求经济实惠以外,还需要明确辨别下列几种公共设施的功能及效益,才能针对个案性质做合理定位。

①具有保值效果的公共设施。例如宽敞的门厅、走道等,这些设施的积极功能在于确保不动产的价值及未来的增值潜力。尤其对于使用频率高、使用人数多的办公室、商场或小套房等产品,这种公共设施尤其重要。

②具有实用性质的公共设施。例如停车位、健身房、游泳池或公共视听室等。这类公共设施的实惠在于它的公共性。任何个人想拥有一个私人游泳池都是奢侈的事,但是通过公共设施的分摊,却使整幢建筑或整个社区的住户都能长期经济地拥有及使用游泳池。

③具有收益机会的公共设施。例如地下室的商业空间、停车位,或其他可供非该建筑住户付费使用的设施等。由于这种设施的使用可收取租金或使用费,对于分摊设施的购买者而言,相当于购买有收益的长期投资标的,不仅可补贴管理费,同时也较易维护整体建筑的品质,在使用价值高的地段是颇为适当的设施定位。

④对环境有改观的公共设施。如绿地、花园等,虽增加投入,但这种投入可以从因环境改变物业升值中得到回报。

公共设施的规划将越来越受到重视,产品定位者若能适当掌握各种公共设施的功能,可使公共设施空间发挥"小兵立大功"的作用。

（3）楼层用途的定位技巧

不同的人对各楼层空间的需求不同,也就是各个楼层事实上是不同的市场,具有个别的供需情况、用途特性、交易性质及空间价值等,而这些差异的存在,能给予从事产品定位的人发挥创意的机会。

我们可将一幢大楼的立体空间,分成下列4个市场分别考虑它们的定位特性:

①顶楼市场。这种产品在采光、通风、视野及私密性方面都比其他楼层更具有得天独厚的条件,又由于每栋楼只有一个顶楼楼层,这种相对稀有性使得顶楼市场常出

现供不应求的情况。

②门面市场。通常是指建筑物的一楼至二楼。这种产品的价值在于它与外界环境的临近性（例如临路的店面、办公室），或者有将外界环境内部化的机会（例如拥有庭院的住宅）。这种地利条件及稀有性，使得门面市场的价值不但比其他楼层高，而且还常出现求过于供的现象。

③地下室市场。这种产品有时具备独立功能及用途（例如作为商场或停车位），有时则可能成为其他楼层的连带产品（例如作为一楼的私有地下室，或其他楼层的共有设施空间）。

④中间层市场。包括建筑物的二楼以上直至顶楼以下的楼层。这个市场各楼层之间的相对条件差异有限，而其所占有的空间比例又最大，因此一般所称不动产市场景气与否，多半是指中间层市场的供需状况而言。

就产品定位者而言，除了要辨别不同楼层市场的异质性之外，还要注意下列事项，以充分发挥空间的附加值。

第一，妥善运用规划，以平衡供需失调现象。例如在商业气息浓厚的黄金地段，借助一楼带二楼或地下室合并规划，以增加门面市场的供给量；或顶楼采取楼中楼设计，能满足更多的顶楼市场需求者，都是创造更高价值空间的好方法。

第二，明确区分不同楼层市场，以针对需求设计产品。例如门面市场重视临街性；顶楼市场追求通风、采光及视野等条件。

第三，合理利用容积率，以改变传统空间观念。例如拉高建筑物高度，超越邻近建筑物高度；增加高楼层面积，以塑造"准顶楼"空间（即指与顶楼具备同样采光、通风条件的高楼层）；或利用二叠或三叠规划，使得有天（顶楼）有地（一楼）的空间增加。

（4）房地产持有的定位技巧

①长期持有。由于土地性质的特殊性，它既具有稀缺性、保值增值性，又具有区域异质性（包括自然环境及人文社会经济环境），因此对许多投资房地产的企业或个人而言，长期持有的投资策略，似乎比其他的财产更具有意义。

那么究竟应如何作产品定位，即如何利用土地，才能赚取不动产长期持有的利益呢？首先，要先辨别获得长期利益的几种途径：一是租赁；二是经营或使用收入，也就是不动产所有者即经营者或使用者，自行利用空间赚取商业经营的利益；第三是保值或增值利益，这种利益可能来自于通货膨胀效果，可能由于社会进步或环境改良，也可能因为其他土地先行使用，导致后利用的土地价值水涨船高。

不论是否赚取租赁或经营利益，绝大多数长期持有的土地，其最大利益来自于增值。为谋取增值的实务做法也有不少，例如，短期内尚无利用或开发价值的土地，可采取消极的养地策略；对于已初现地段价值的土地，则可采取先建后售策略；再者如麦当劳的做法，先找到好地，兴建商场，通过经营带动当地商业气息后，就自然可坐享不动产的增值利益。

长期持有土地,必须要能赚取合理的时间报酬才有意义,因此产品定位成败的关键也在于能否配合时间长度,规划阶段性的产品及经营与财务计划,以确保全过程利益最大。

②短期获利。不动产投资通常包括了土地开发、投资兴建、房屋买卖、房屋出租、房屋经营等时间长度不同的获利途径。对于希望短期获利的不动产投资者而言,除了只图买进卖出、赚取时机价差的方式之外,如果想在有限时间内创造不动产附加值,以增加投资利益,则须借助有效的产品定位。希望短期获利的不动产产品定位,要特别注意收益实现的可能性及投入资金的效率。下面几个方案,有助于提高不动产短期投资利益。

第一,改装产品,创造附加价值。这种方式常见于旧屋投资市场,也就是买入尚有更新价值的旧建筑物,保留其基本结构,仅作平面格局或外观等的改建,以再重新出售获利,这种做法由于投入成本少,工期短,若改建得当,通常能在很短时间内赚取理想的报酬。

第二,规划需求尚未饱和的时尚品在短期内创造高销售率。例如不动产市场不景气时,许多反应快的发展商就推出低总价的套房或二房型的产品,并搭配工程零首付款等的付款条件,以刺激买气,快速销售完毕。这种做法的效果在于先确定销售成绩再进行施工,可降低财务风险,只是要注意避免吸引太多的投资客户,造成销售率虽高,但退户率或客户不履约付款的比率也高的窘境。

第三,规划短工期的传统产品,以节省成本,提高投资报酬。通常工期越长,资金风险越高,而投资回收的时间也久。因此基于投资报酬的考虑,短工期、需求稳定的产品(例如 5 ~ 7 层住宅),通常也能兼顾市场接受性及财务可行性,达到短期获利的目的。即使在经济效益上不宜规划短期的产品,仍应设法运用技术缩短工期,以提高资金效率。

第四,尝试领先市场的创新产品,以吸收早期开创性的市场。例如有不少个案,将楼层提高,规划夹层空间,以增加卖点,强化短期销售效果,这些边际产品只要抢得先机,顺利过关,一般都能创造短期投资利益。

以上几个产品定位的方向,可提供投资不动产并希望短期获利的企业或个人参考。在实务上,以追求短期获利为目标的产品定位,通常赚得快及赚得顺,要比赚得多更为重要。

(5)经济环境变化时的产品定位

①通货膨胀压力大时的产品定位。要判别通货膨胀是否存在,仅需观察物价上涨率是否持续一段时期都在 5% 以上,若是,就可以断定我们正面临通货膨胀的压力。此时由于货币不断贬值,物价不断地上涨,商品一旦售出,要想以原先成本再行补货,已不太可能,所以通货膨胀时持物待价而沽,已成为一般商品所有者普遍的心态。

不动产市场受通货膨胀的影响尤其明显,因为不动产除了自住用外,还具有保值、增值的特性,所以在通货膨胀时期,不动产往往成为投资人的首选。就发展商而言,在预售时如果房屋已售出,其可收入的金额已固定,而其营建成本却尚未发生,虽然发包给承建商,营建成本也已固定,但是在营建合约中往往有明确规定,即物价上涨一定成数以上时,营建成本也要跟着调整,使得发展商的营建成本在通货膨胀时期面临增加的机会大为提高。为避免这种收入固定而成本却持续上涨的不利局面,发展商在通货膨胀时期应慎选产品。选择产品时,应注意下列事项:

第一,产品的施工期限不宜过长;

第二,产品要以能克服余屋销售压力的设计为主;

第三,针对投资人的保值心理设计产品。

②市场不景气时的产品定位。面对不景气的房地产市场,有的人把精力放在发掘影响市场景气的因素,即寻找“为什么市场不景气”的答案上,想因此获得突破不景气的方法。这种方法可能其理论意义大于实际效用,而且因为影响景气因素的复杂性,还可能使依赖这种方法的人须多绕些远路。以下则打算采取另一个角度,探讨如何通过产品定位以应对不景气市场,也就是接受不景气这个事实,并尽可能掌握其现状,以归纳出在实务上可供参考的产品定位原则。

一般而言,当买卖双方对景气的看法越分歧,则市场越活跃,这种现象在股票、不动产等投资性的产品市场尤其明显。因此面临不景气时,首先需找出何人有购买意愿,也就是发掘潜在的目标市场。除了因为越是不景气,销售风险越高之外,潜在购买者渐趋保守与理性,也使得目标市场的界定显得更为必要。一旦确定了目标市场,就可以进一步分析何种因素可以强化目标市场客户的购买意愿:是具竞争力的低价格,是产品的独特设计,还是诉求工期长的轻松付款条件? 尤其需要特别留意的,是目标市场的核心需求,也就是客户真正的需求是什么,才能根据这个基础,发展突破不景气行情的适当产品。

事实上,没有一种产品是无往不利的市场灵丹妙药,但是下面这些原则,却有助于消极地避免不景气的冲击,甚而可能积极地透过产品定位创造市场佳绩。

第一,产品要有明确的竞争条件或特色,才能脱颖而出,也才能刺激客户的购买意愿。

第二,要结合销售、规划及财务等功能,以强化产品定位的竞争空间。例如有的公司的产品力求缩短工期,增加价格竞争的条件;有的规划工程较长的高层建筑,并配合轻松的付款条件,以吸引投资性客户等,这些都是结合多元功能为一体的例子。

第三,不要受限于销售及短期获利的目的,也就是说在市场条件不佳的不景气情况下,有必要慎重评估销售的意义及条件。尤其不要盲目售出,落得“赚了销售率,赔了报酬率”的窘态。事实上,由于土地资源的日益昂贵稀有,采取只租不售、整体经营,甚至避开景气低迷的养地等方式,也不失为适应不景气的明智之举。

第四,产品应保留调整的弹性。尤以景气低迷时,销售速度慢、阻力大,任何一种产品定位都可能遭遇市场阻力,因此应预留调整的弹性。例如小单元面积分隔或合并的弹性,商业或住宅用途转换的弹性,以及选择性销售(如分栋、分期销售)的弹性等。

③财务压力大时的产品定位。除非是划拨土地,否则只要是出让土地,土地成本往往较高,积压在土地的资金大,即使有银行贷款,其每月的利息负担也很重,因此土地只要晚一天开发,对发展商而言,都是一笔沉重的资金负担。即使是合建情况下,因为要支付给供地方相当大额的履约保证金及兴建时的拆迁补偿费、房租补贴等,所以一样要面对资金积压的问题,只是程度稍比购地轻微。至于开始兴建后,每期的工程款都要于固定期间支付,虽有建筑融资可供应部分工程款,但是建筑融资核拨与否,须视销售情况而定。一般而言,销售成数在5～7成以下,建筑融资较难取得。至于资金来源,则大多依赖预售时的销售收入,但因预售市场的一般付款条款为分期付款,不动产投资需要巨额资金,因此资金不充裕的发展商,在土地买进到竣工交房这一段期间,一直承受资金压力,尤其在销售成绩不理想的情况下,更是要大费周折,才能渡过资金周转的难关。所以对于财务压力大的发展商而言,在进行产品定位时,应注意下列事项:

第一,产品规划以顺销产品为主。

第二,产品设计以简单楼房为主。

第三,产品定位要能克服景气低迷及余屋销售的压力。套房产品在成为余屋时及大单元面积产品在不景气时,其销售都会有难度,所以在财务压力大的情况下,应特别注意规避此类产品的设计,以避免产品卖不出去,造成资金积压。

第四,对于需长期开发的产品,要审慎评估,不宜贸然投资。

【案例5.5】 广园东碧桂园凤凰城的定位之道[1]

2002年5月1日,仅仅一天时间,广园东碧桂园凤凰城售出独立别墅260套,联排别墅120套,洋房600套,销售额就达到7.5亿。同日,销售榜第二名、同处广园东的中海康城销售额没有超过2亿。这在竞争激烈的广州房地产市场绝无仅有,在全国的房地产界也是头一次!

凤凰城开盘前到底处于何种位置,广州房地产市场竞争格局又是怎样的呢?华南板块"牛气冲天","广园东"概念未成气候。

按照广州城市建设总体战略概念,政府提出"年拓北优、东进西联"的战略构想,包括增城、黄埔、广州经济技术开发区等在内的东部地区,将以天河中央商务区为起点拉动城市重心向东扩展。

大城市的发展,往往会呈现出一种从"中心—边缘"的趋势。广州随着城市人口

---

〔1〕 注:摘自余凯编著.房地产市场营销实务.北京:中国建材工业出版社,2006.2

的不断爆炸,中心地区的空间已有限,房地产的热点逐渐向外移动,我们把这种现象称之为"围城"。广州的东南西北一直都有大盘虎视眈眈,围城之战早已吹响号角,特别是南部,尤其是华南板块。

2001 年广州的房地产市场是华南板块的天下,"五一"星河湾的"惊艳",再有 7 月南国奥林匹克花园的"旺销",8 月锦绣香江的"震撼",直到 10 月华南新城的"倾城",造成"广州楼事看华南"的状态。

2002 年,华南依旧是热点中的热点,除了去年的几个大盘推出二期外,另外一大鳄"雅居乐"蓄势待发,准备"五一"全面出击,再续华南辉煌。广州的其他地区虽然也有楼盘偶露锋芒,但无奈势单力薄,无法与整个华南板块抗衡。

凤凰城面对复杂的环境,强大的对手,如何在"众目睽睽"之下脱颖而出呢?成功的关键在于准确的定位和强有力的宣传,而准确定位的关键是思维方式的准确。

从消费者出发,思维方式可以分为 2 种:从内而外的思维方式和从外而内的思维方式。不同的思维方式体现不同的营销观念,从内而外的思维方式是产品或企业本位观念,而站在消费者位置看问题,从消费者需求出发才是真正的营销观念。

碧桂园凤凰城拥有"碧桂园"这个响亮的品牌,品牌可以带来一定影响,但在面对牛气冲天的华南板块,低迷的别墅市场,光靠品牌的拉动力是不够的,战略性定位才是最关键。在目标消费群的划分上凤凰城有重大转变,最先开发的顺德碧桂园,针对的是珠三角先富的阶层,而凤凰城的目标群,则是"大学毕业后五年、成长中、发展型"的人群,他们具有独特的特征,他们向往一种更优雅的生活环境,一种更好的生活方式,但同时对价格又具有很高的敏感性。目标消费群的透彻分析,为凤凰城的产品的定位和宣传的主题确定了坚实的基础。

消费者的大脑有时像一块满得滴水的海绵,只有挤掉一部分已有内容才有可能吸收新信息。同时,消费者大脑又是一个有限的容器,它不可能什么东西都往里装,消费者大脑必须面对各种信息的传播。

在凤凰城蓄势期间,借助各种渠道向外传递一种信息,2002 年的广州房地产市场将是一个多热点、板块瓦解、个盘英雄的时期。碧桂园市场总监龙尔纲多次鼓吹"个盘时代"论,"过往大家都希望通过联盟共同繁荣,只在产品上竞争,不降价。但今年这种自律可能会被打破,因为这是市场决定的,优于别人的产品加上低于别人的价格才是最优化的竞争前提。""板块成熟后,由面转点,由硬转软,回归到个盘间的竞争是一定的,但也正是个盘系统体现无可替代的独特性的时候了。如丽江花园的文化、祈福新村的规模与硬件、碧桂园的服务,这些将成为新的核心营销动力。"

当市场认同上述观点,就如同在消费者的大脑中打开了缺口,有利于凤凰城的定位,同时信息也才得以顺利地进入消费者大脑。

打开缺口是第一步,第二步也是更重要的一步是填补,你如何区隔出一个有需求的市场,如何让消费者接受你的观念,进一步,如何让你的产品销售出去?

在对目标消费群的深入研究后,凤凰城进行了创造性的定位,"为每个成功的广州人建造满意的房子"是抽象的说法,而通俗的表述是"给白领的别墅"。住上别墅可以说是每个人的梦想,特别是先富起来的广州人,更想拥有自己的别墅,无奈别墅又太贵,不是人人都能拥有的。凤凰城凭借其低成本优势,可以为消费者提供心动价格的别墅。这正迎合了消费者心理,正如卢泰宏教授所说"房子不仅仅是房子,它是人生孜孜追寻的梦。"

凤凰城以别墅为主打产品,以"森林湖泊新城市"为宣传主线,营造的是"亲和亲人"的全程自然的生态环境,凤凰城的别墅的定位既不是那种郊外荒野的度假型别墅,也不是市区中心那种"只显身份却无法得享优美环境"的住家别墅,而是"度假环境里的常驻别墅",柔和了现代都市生活的时尚便利与郊区生活的恬然写意,生活、休闲、享受得以和谐的统一,人类"回归自然"的梦想在这里可以得以最充分的实现,可以享受到精神的宁静。此外,作为一个现代化的"生活新城市",凤凰城更营造一种积极健康的、催人向上的社区环境,透射出一种"时代精神"的气息。

价格是永远的主题!也是定位的主要因素!凤凰城的成功定位就在于将对别墅的梦想和超低价格有机结合,开创了"给白领的别墅"的空白市场。

人们对于别墅的心理底线被打破。凤凰城这次推出的别墅主要是 TOWNHOUSE 式的浪漫阳光别墅,分为北美古典与现代两种风格,面积由 $160 \sim 180 \ m^2$,户型多达 9 种,价格仅从 50 万元起。至于独立式的豪华别墅,建筑风格则以维多利亚式为主,立面效果丰富,营造出极富想象力的建筑造型,面积由 $220 \sim 600 \ m^2$ 共 22 种户型,价格仅由 50 万元起。我们可以比较一下,在广州市区的楼盘 50 万只能买一个 $80 \sim 90 \ m^2$ 的房子,而且房子所处的环境,绝没有像凤凰城那边好。这样的定位和产品价格,你不心动吗?

"50 万买别墅"的广为流传,证明了成功的定位有时真的能使推销变得多余!定位思想的魅力不减!

复习思考题

一、名词解释

市场细分　房地产产品定位

二、简答题

1. 房地产市场细分的作用通常是什么?

2. 房地产市场细分的程序如何?

3. 房地产产品定位需要遵循哪些原则?

4. 如何正确理解房地产产品定位的技巧?

三、思考与讨论

1. 试联系本市一个成功的房地产项目策划方案,剖析其市场细分不断循环、不断重复的过程?

2. 试举例说明如何进行房地产市场定位?

3. 在本市的住宅小区项目中,选择一个你认为最成功的项目,剖析其市场调查、市场细分及目标市场选择的全过程,研究其成功的经验及值得改善的地方。

【阅读材料】　广州富力半岛花园的市场细分及产品定位策略[1]

富力地产集团已经在广州房地产市场上形成了"精品物业、信心保证"的品牌内涵,成为公认的明星楼盘。如果想长期发展房地产开发业务,则必须重视产品开发和产品质量。富力地产集团的决策者选择了"精品物业"这一经营战略。房地产商和楼盘项目的知名度会在很多方面发挥出来,但主要体现在具体楼盘的销售方面,通过楼盘产品的持续旺销,确保企业长期利益和即时利益都能实现是房地产开发商的终极目的。富力半岛花园高质价优已为社会各界人士见证,连续两年(1998、1999 年)荣获广州市销售量十强楼盘。而 2000 年上半年也荣登销量冠军。

一、有针对性地进行产品定位和设计是其成功的根本保证

(一)户型

顾及到间隔的实用性和目标消费群的经济能力,以及市场上的需求和发展方向,逐步规划设计成一房一厅,二房一厅、三房一厅 3 种户型,其中二房一厅为主体户型,所占的比例为 70% ,一房一厅和三房一厅各占 15% 。

(二)面积

按照上述的户型设计,规划设计了多种的套型面积:

其中一房一厅为 30~50 m^2,总价为 9~15 万元,满足单身或二人低收入家庭的要求;

三房一厅为 80~110 m^2,总价为 25~35 万元,满足个别家庭人口多或经济富裕的买家要求;二房一厅作为占大比例的主体户型,特别设计了 50~80 m^2 等多种面积搭配,总价为 16~20 万元,使买家可以选择多种大小面积不同、朝向不同、景观不同的户型,充分满足买家的需求。

(三)付款

为了照顾买家的经济能力,特别设定多种比较轻松的付款方式供买家选择,例如:有一次性付款、多达 3 种不同期限的分期付款形式。

(四)价格

---

[1]　注:摘自潘蜀健、陈琳主编. 房地产市场营销. 北京:中国建筑工业出版社,2003.5

在详细研究、分析了目标买家后,发现老城区和拆迁户购房时对发展商提供的交楼装修标准大部分并不接受,纷纷拆掉而进行二次装修。因此,为了降低成本造价和压低售价,富力地产集团采用了毛坯房的交楼装修标准的推广方式。

其好处在于一方面是大大降低成本造价,从而压低首期付款额度,比同区域的竞争对手降低接近 10% 的幅度,形成明显的价格优势;另一方面是大大缩短建筑周期,形成交楼快的良好形象。并选取了恰当的市场时机,很好的发挥了价格杠杆的作用,采用了低价入市的策略,在当时产生了销售高潮。

在第一期 A 式住宅推出时候,富力半岛花园凭大众化的价格,舒心实用的设计,吸引了不少的工薪族前来。开发当年就取得了良好的销售成绩。

二、环环相扣,承前启后的营销方案

(一)第一期住宅推广

1. 切入市场,做市场上需要的产品

富力半岛花园在 1997 年推出市场,首期 22 栋 7 层无电梯洋房,在一个展销会上就卖出 130 套,其余的单位短短的 4 个月内便销售一空。

楼市流传着关于楼盘是否热销的 3 个因素:价格、地段、户型。在项目开发之初,决策者就对项目所在的区域做了详细的市场调查、摸底和分析,发现 3 个现象。

一是在售的楼盘多为单体建筑或只有很小规模的住宅小区,欠缺大规模、规划完善、配套齐全的住宅社区;二是在该区域的购房者大部分是荔湾老城区的原居住地环境条件都比较差,住宅面积小,经济承受能力也相对弱。于是,决策者看准了该区域商品住宅的市场需求呈现如下 3 个特点:

(1)价格便宜。

(2)生活便利。

(3)紧靠荔湾老城区。

鉴于以上分析,富力地产集团制订了项目的最终市场定位,即大型园林绿化生活社区。

2. 实施措施

(1)透彻把握市场需求,准确定位产品

富力半岛花园总占地面积 11.8 万 m^2,总建筑面积 45 万 m^2,考虑到要完成整个楼盘所需时间达数年之久,项目地块又很大。决定将项目规划成多个组团,每个组团相对独立,有各自的建筑风格、各自得园林绿化、各自的景观以及各自户型间隔、装修标准,营销策略、价格策略、传播策略等。而公建配套如:幼儿园、小学、足球场等则提供给社区的业主共享。其好处在于灵活多变,可以连续不断地创造多个销售高潮。

虽然当时市场上已经有为数不少的带电梯商品房出售,但大部分的买家普遍不为接受,原因在于其价格成本高、实用率低、管理费贵、建筑周期长等负面因素。7 层以下无电梯的带园林绿化和齐全配套的住宅小区是当时市场上最受欢迎的产品。因此,富力地产集团的定位非常明确,采取了实惠型的 7 层无电梯设计。其造价低、实用率高、交楼快、管理费低的优势,迎合了买家的需求。

由于项目当时的目标消费群是面对荔湾老城区居民和拆迁户。他们的特点是购房以自住安家为主,多数为首次置业;经济能力并不十分富裕,对购房过程中的价格很敏感,应当在经济承受能力允许的情况下考虑户型及面积设计。

(2)注重居住环境,突出社区概念

富力半岛花园是临江而建,小区的东西与南面一线临江。决策者在南面的堤岸,构筑了全市罕见的长达 800 m 的江边公园和江边观景漫步小径,可以无遮挡地眺望城市景色及江面风光。

良好的人文环境是培育孩子健康成长必不可少的条件。富力半岛花园在规划初期,就充分顾及业主的需要。在小区的规划筹建自己的幼儿园、小学,为业主解除子女教育的烦恼,使之成为楼盘文化内涵的一个重要组成部分。以此增加楼盘的附加值,体现了"完善生活社区"这样一个概念主题,从而在市场竞争中保持优势。

(3)注重广告效应

富力半岛花园自开盘开始,其广告的策划、风格、内容都是非常务实的,完全针对当时买家最关心的问题。广告以价格、地段、生活便利为重点,在比较短的时间内,赢得人们的注意。在买家中口碑甚佳,形成良好的品牌效应。为后来二期、三期的推广销售打下了基础。

(二)第二期推广

成熟,注重实效的市场运作手法。

随着城市建设的快速发展,市场不断成熟,消费者考虑的楼盘除了上述基本要求之外,又增加了环境、配套、物业管理、综合素质等。

由于前一阶段的成功,富力半岛花园的品牌得到了进一步提升。但决策者们反而清醒地意识到房地产销售并不能靠某一卖点,而应该建立在项目的整体素质上。

在第一期住宅的销售阶段,从现场的销售过程中反馈了几个重要的信息:

1. 买家在购房过程中除了对户型、面积、朝向、价格等诸多因素均考虑很多以外,同时对物业管理等服务考虑也很细致。

2. 买家在购房过程中对楼盘的规则、楼盘交付使用后,小区和周围环境的施工到位非常重视。如果项目建设各方面条件不很成熟,将会严重影响买家的购买欲望。

3. 买家在购房过程中对施工质量和工程进度非常关注。

故此,富力地产集团决策者们采取了成熟且注重实效的市场运作手法。在环境、建筑、服务等 3 个领域内均采取了必要的措施。

(1)环境。项目施工时,先完成项目环境配套设施的施工。楼盘主体还在施工,叠水涌泉广场、演舞台绿化广场、儿童乐园区和足球场、标准网球场、篮球场等体育事业项目就已经率先做好。随着日常生活配套设施(银行、邮局、商场、农贸市场)的不断完善,买家的信心得到了空前的加强。

(2)建筑。在项目主体施工时,先完成部分外立面施工,以时客户在购房时,就直观感受到住宅的建筑风貌。给买家以信心,取得了良好的促销效果。

(3)服务。上乘的服务是提升产品的附加值,增加楼盘项目吸引力不可缺少的重要手段。服务贯穿在项目开发的全过程,每个环节都要满足买家深层次的需求。

在项目设计阶段,决策者们就从人的潜在需要出发,特别关注户型设计和开间布局的市场要求。例如:二期的三房一厅主体户型,就引进了主人房间带独立洗手间的设计,这在当时的市场和同区域的楼盘来看,是非常领先的。同时采用了主力户型的推售手法:在现场售楼部将主力户型做成透视模型以及样板房供买家参观,使买家在现场咨询的时候能够很直观地获悉欲选购的户型的平面布局和间隔的大小。为了满足不同的买家的购房要求,特别推出标准装修与简单装修2种交楼标准,以求达至最佳效果。富力半岛花园由集团属下的合资物业公司管理,为业主提供贴身服务。

二期的发售,开始了富力半岛花园的新时期。虽然二期售价比A区提高颇多,但其高质价优的优势已经为社会各界人士认同。故二期12栋12层带电梯的小高层洋房在6个月内便被抢购一空。此时,富力半岛花园的市场渐趋成熟,在广告计划和表现策略上也形成了自己的特色:有计划、有规律地曝光,维持了在潜在买家心目中的形象地位。而广告也开始由单纯讲价格、地段,转移到以环境、景观为代表上。

(三)第三期推广

把产品做好,适合买家需要。

项目的规模大、规划好、环境佳、配套全、综合素质等基本特色已被大众所接受。但市场上竞争对手的不断出现为富力半岛花园增加了非常大的压力。决策者们意识到,随着时代的变迁,楼盘产品的特色需要适当的调整,完善楼盘产品形象以适应企业战略目标,就需要改变传播内容和方式,通过各种方式进行传播后就会在目标消费中形成固定的品牌形象。第三期住宅位于整个小区的核心地带,占地3.5万 m^2,由9栋18层、5栋28层的高层住宅合围而成。

组团内汇聚多项娱乐休闲设施,堪称全区娱乐之最。

拥有3万 m^2 的中央园林绿化。

该组团是富力半岛花园第一个以江景为代表的组团。

望江单位的售价提高到全区最高位。

在价格越来越贵、不断上升的同时,项目的目标消费者的层面也越来越高,分布越来越广,年龄特征趋向年轻化,出现了部分第二置业的买家。主要有如下2类:

1.具有稳定收入,但需要财务支持的职业人,年龄层次在22~32岁之间,文化程度比较高,购房主要目的是自住,对所购房的户型、面积、朝向、价格等因素考虑很细致,文化层次高,但经济承受能力比较差(积蓄偏少,月收入较高、较稳定),在具体财务支持条件下,是比较容易开发的客户群体。

2.具有良好的财务状况,具有良好的家庭积蓄,多数是从商人士,年龄层次在 30～40 岁之间,购房目的是置业(大部分二次置业),对购房过程中的各部分环节多很熟悉。对所购房的户型、景观、物业管理、市场价值(在二手房市场中的租赁和转手价值)等因素很注重,主要特点是购房资金容易到位,是一群注重各项细节的买家。

综上所述,项目所面对的目标市场归纳成:

(1)具有稳定的经济来源,收入较高。

(2)年龄层次相对比较低,家庭人口结构简单。

(3)居住空间的休闲性与周边的娱乐性需求比较大。

(4)具有一定的文化层次,容易形成个性的价值观,对新事物的接受意识比较强。

(5)购房趋向容易受大众传播媒体的影响。

富力半岛花园为了坚持"把产品做好,适合买家"的原则,专程到亚热带花园城市——新加坡考察、参观学习。吸引别国先进的经营、管理理念和手法。在受到启发后,决策者们对本项目的营销方案做出调整,本期的推广重点主要是内部环境和天然景观。提出了"创广州第一生活环境"的概念主题,其内容涵盖了社区的内部环境、配套设施、临近江边等优势。

该项目最终获得了极大成功。

【讨论】

1.富利半岛花园的产品是依据什么进行市场定位的?

2.试述富利半岛花园市场营销的基本策略。

3.请在你所在的城市,选择 3～5 个房地产项目,研究其市场营销策略,提交研究报告。

第6章
消费者购买行为分析

【本章导读】

　　消费者购买心理与行为决定了消费者对某一商品的购买决策。准确揣摩购房者的消费心理及准确判断出购房者的购买行为是房地产营销策划的重要组成部分之一。通过本章的学习,要求熟悉房地产购买者的需求以及需求特征的多样性、发展性、弹性、诱导性,掌握消费者对房地产的购买行为及影响因素、模式和决策过程。

　　现代营销观念的核心常常从调查、了解和分析消费者的需求及其购买行为为起点,进而制订营销战略与策略。因为产品市场实际上就是一群有着相似需求的顾客,房地产企业欲获取满意的市场份额和市场销售额,首先必须让消费者接受其产品,而消费者的购买行为又是以其需要为基础的。

6.1　房地产购买者需求分析

　　研究购买者市场和购买者行为,首先要掌握购买者需求及其行为模式,然后再进一步研究影响购买者行为的各种因素,最后具体研究购买决策过程的各个阶段。

6.1.1　消费者需求与需要

　　现代经济学中所谓的需求与我们日常生活中所说的需要不同。日常生活中所讲的需要仅仅是表示人们对某种物品或劳务的欲望,而现代经济学中所说的需求则是指人们对某种物品或劳务在一定时间、空间条件下有购买力的需要。商品或劳务的需求有量的大小,如果它不限定在某一地区、某一时间,就成为一个无限量。需求一般指某个市场上一定时期内的需求。

需求既然是一种有购买力的需要,其数量的多寡必同商品的价格密切相关。一般来说,在其他条件不变的情况下,消费者对某商品的需求量和它们的价格呈相反方向的变化。例如,当房屋价格涨高时,买房的人会少些,或者所购买房屋的面积小些;反之,当房屋大量投入市场,卖者也愿意降价出售,买房的人就会增多,或者购买房屋的面积较大。所以,经济学所讲的需求并不是笼统的需求,而是指一定时间内,某一市场上,对于某种商品在各种可能的价格条件下产生的需求量。房地产市场也是如此。

6.1.2　人类需要层次

美国著名心理学家马斯洛在 20 世纪 50 年代初创立了"需要层次理论"。他根据人们对需求的不同程度,把需要划分为生理需要、安全需要、社交需要、尊重需要和自我实现需要 5 类,依次由较低层次到较高层次。

根据马斯洛"需要层次理论",人们发现人的需要具有以下特点:①人类是有需要和欲望的,需要的是什么,要看他已经有什么;②人的需要是由低级向高级发展的。只有满足低层次的需要才会产生高一层次的需要,当各层次的需要全部满足后,就开始追求各层次的质量水平;③各层次的需要可能交替出现,即它们具有相互交织、波浪形发展的性质。

在实际生活中,我们常常将这 5 种需要划分为 2 大类,即生理需要和心理需要。生理需要是指人体自身发展过程中形成的饥渴、冷暖和睡眠等的一种自然需要。其作用在于维持和延续生命,保持人体的生理平衡。这是一种人类最原始、最基本的需要。心理需要是人类满足精神生活的需要,如对文化、艺术、成就、威望、友谊、知识等的需要。

马斯洛认为,每个人的行为动机一般是受到不同需要支配的,已满足的需要不再具有激励作用,只有未满足的需要才具有激励作用。这一点对市场营销人员有很大的启发:首先,营销人员应不断发现消费者未被满足的需要,然后想方设法,最大限度地去满足他们;其次,营销人员在分析了消费者需求后,将营销刺激集中于多层次的消费需要,以获得最大成功;最后,营销人员可依据不同层次的需要,来确定目标市场,并进一步制订营销方案。

需要层次论的提出对企业市场营销产生了一定的影响,它对于分析消费者的购买动机、购买行为和促进商品销售提供了一个有效的方法。房地产企业可根据消费者不同的需要层次,将房地产市场划分为若干个不同层次的子市场,根据消费者层次不同生产出不同档次的房屋,来满足不同消费者的需要。

6.1.3　影响消费者需求的因素

需求既然是一种有购买力的需要,它就不仅同价格密切相关而且还取决于人们的收入、偏好等需求条件,需求条件发生变化,商品需求量也会随之发生变动。一般来说,引起需求条件变化的量大致有如下几方面:

1) 消费者收入水平的变化

消费者对商品的需求是有支付能力的需要,而支付能力取决于消费者的收入水平。因此,在其他条件不变的情况下,消费者的收入水平越高,支付能力越大,能购买的商品数量也就越多,反之就越少。可见,需求与收入是按同一方向变动的。

2) 相关商品价格的变化

由于消费者在一定时期内的收入是一定的,所以,一般都根据收入水平,决定选购最必需的物品。但这种决定不是完全不可改变的。首先,消费者所需求的商品往往有许多替代品,即在效用上可以替代的商品。如消费者所需的楼房可以拿平房替代,而当替代商品——平房价格下降时,即使楼房价格不变,对同一消费者来说,也会显得较贵。这样买楼房的人就会相对减少,而买平房的人会相对增多。其次,消费者所需要的商品还受互补商品价格变动的影响。有些商品必与其他有关商品搭配使用,如钢笔与墨水、汽车与汽油等就必须配合使用才能满足人们的某种需要。对于互补商品来说,如果其中之一价格上涨,不但影响它本身的需求量,还会影响到另一种商品的需求量。如汽油价格上涨,不仅使汽油需求量减少,还会使汽车需求量下降。由此可见,某种商品的互补品价格上涨,会引起对这种商品的需求减少。同样,互补品的价格下降,会引起对这种商品需求的增加。

3) 消费者对商品偏好程度的变化

偏好是消费者对商品的喜好。由于广告等一些外界因素影响,消费者对商品的兴趣会发生变化。如果消费者对一种商品的偏好程度降低,市场对这种商品的需要就会减少。如果消费者对一种商品的偏好程度提高,市场对这种商品的需求就会增加。

4) 社会人口数量及其构成的变化

一般来说,社会人口数量增加,对商品的需求量就会增多;社会人口数量减少,对商品的需求量就会减少。例如,一个城市人口不断增加,那么对房屋的需求量就会随之增加。人口的构成不同,对商品的需求量也会产生一定的影响。

5) 消费者对未来的预测

消费者对未来的价格和收入水平的预期,会影响消费者当前的购买行为。如果消费者认为他希望购买的商品不久就会涨价,他现在就可能会购买;现在已经涨价,而今后很可能继续涨价,他也可能会迫不及待地抢着购买;如果消费者认为他希望购买的商品不久就会跌价,他可能会不买或少购买;已经跌价而今后会继续跌价,他可能会同样不买或少购买;如果消费者预期他的收入不久就会增加或减少,也会使他现在的购买量增加或减少。

6) 其他因素的变化

除了以上诸多因素之外,还有许多因素会影响需求习惯,例如职业的变动等。

6.1.4　需求的特点

房地产企业营销的过程,是从确定市场需求开始的,因为市场需求在不断变动,需求变化也纷繁复杂,仅凭感觉是难以整体把握的。

市场需求的变化一般表现为以下 4 个方面:

①需求的多样性。因各消费者的收入水平、文化程度、职业、性别、年龄、民族、习惯、爱好、兴趣不同,其对房地产商品和服务的需求也就不同。

②需求的发展性。马斯洛的心理学理论认为人的需求总体上是无止境的,当一种需要满足了,会产生另一种新的需要。如一种房地产商品畅销一定时间后可能会滞销。

③需求的弹性。消费者购买住房,在面积、楼型、功能、交通方面会随购买力而变化,随价格的高低而转移。

④需求的诱导性。消费需求是可以引导、调节的。通过营销部门的营销人员引导,消费者的需求可以发生变化和转移。

正是面对市场需求的变动性和复杂性,才要求企业的营销部门对市场进行不断的调查研究,做出准确判断。

6.2　房地产购买动机分析

【案例6.1】　消费者心理动机试验

有一位心理学家在一群绅士淑女面前,当众展示各种性质不同的杂志及书籍,以直接询问的方法调查各人员感兴趣的书籍和杂志。调查结果显示,一些专用性和理论性的书籍受到大多数人的青睐。事后,心理学家请与会人士秘密带走自己所喜欢的书籍,结果最后留下来没被带走的书中,有很多是在公开调查时总被人指为感兴趣的书籍。由此看来,真正了解消费者动机并不都是一件容易的事情,它不仅需要多方调查,而且还需要采取适当的方法。

消费者购买动机是指消费者为满足某种需求,产生购买活动的欲望和意念。这种动机是由人们的消费需求引起的,是推动人们购买某种商品以满足需求的内在动力。动力是刺激和反应的中间变量,是一种控制行为的内在力量,"需求—购买动机—购买行为",就构成了购买行为的基本模式。

由于消费者的需求具有多样性、层次性等特点,故其购买动机也是多种多样的,但如果从自然属性方面来分析,一般可分为2类,即生理动机和心理动机。

6.2.1　生理动机

人们由于生理本能需要所引起的购买动机叫生理动机。生理动机的种类主要有以下几种:

1)维持生命动机

消费者在维持生命动机的驱使下,产生购买行为,如购买食品、衣服等。

2)保持生命动机

这是指消费者在保持生命动机的驱使下,产生的购买行为,如购买房屋、药品等。

3)延续生命动机

指消费者在延续生命动机的驱使下,产生的购买行为,如为组织家庭、抚儿育女、健康长寿而购买各种商品。

4) 发展生命动机

消费者为提高劳动技能和学习科学知识,以求生存和发展而购买各种商品。

一般来说,由生理动机驱使下的购买行为,具有经常性、重复性和习惯性等特点,以求生存和发展的不断延续。

6.2.2　心理动机

心理动机是指人们在认识、感情等心理活动过程中引起的购买行为,它是消费者为了满足社交、友谊、娱乐、享受和事业发展的需求而产生的购买动机。心理动机可分为感情动机、理智动机和信任动机。

1) 感情动机

感情动机是由于人的情感和情绪所引起的购买商品的动机。一般情况下,感情动机可分为情绪动机和情感动机。

(1)情绪动机

情绪动机是指人们由于欢乐、好奇、好胜、感激等情绪而引起的购买动机。情绪购买动机一般具有冲动性、不稳定性等特点。

(2)情感动机

情感动机是指人们由于道德感、友谊感、群体感、爱美感等人类的高级情感而引起的购买动机,如为了友谊而购买礼品、由于爱美而买美容化妆品和时装等。情感购买动机具有较大的稳定性和深刻性。

2) 理智动机

理智动机是指人们在认识商品特点的基础上,经过分析、研究、比较、选择之后产生的购买动机,它具有客观性、周密性和可控制性的特点。在理智性购买动机的驱使下,消费者选购商品时,讲究品质优良、实用可靠、价格合理、维修方便等条件。理智动机在具体购买形式上常表现为以下几点:

①求实。购买者注重商品的实际效用,不追求外观上的花哨。

②求质。购买者对所购买的商品要求内在品质好,挑选质优产品。

③求廉。购买者对商品价格极其敏感,在同等的产品质量下,总喜欢挑选价廉的产品。

④求速。购买者事先对所需购买商品作了深思熟虑的比较后往往要求交易迅速。

⑤求安全。购买者在购买商品,特别是高档、高价格的商品时,要求安全可靠、服务周到。

3)信任动机

信任动机是指消费者对某些企业及其商品产生了特殊的信任和偏爱的购买动机。产生信任动机的原因有:企业的招牌老、信誉高、品种多、设备好、地点适中、交通方便、价格合理、服务周到等。

信任动机在具体购买形式上常表现为以下几个方面:

①求名。购买者追求名牌产品,对名牌产品有特殊的信任感。

②求便。购买者追求购买的方便,如品种齐全,可满足用户购买的要求;服务周到、交货迅速等。

③偏爱。购买者对某些特定商品产生偏爱,非此种商品不购买。

另外,为了帮助市场营销人员了解消费者购买产品的动机,还可以将消费者购买动机分为与产品有关的动机和与购买者有关的动机两类。

与产品有关的动机是指消费者为什么要购买这个房地产产品,而不买其他产品,其中包括感情动机和理智动机。

在与购买者有关的动机中,我们着重分析地点动机。地点动机是指消费者为什么选择这区位的房地产产品而不涉足其他区位的产品。主要考虑以下内容:地点便利、节省时间、配套设施良好、质量优良、样式新颖、售后服务良好、提供优惠的信用条件、炫耀身份等。

人的心理动机是十分复杂的,不仅受到人本身素质条件的影响,而且受到社会、经济、思想文化等客观外界因素的影响。从案例 6.1 中我们可以看出,要了解一个人的真正动机,往往很难用一般询问、调查的方法来得到。

心理动机与生理动机交织在一起而引起的购买行为,呈现出错综复杂性。开展对消费者购买动机的研究,对于房地产市场营销工作有着重要意义。

6.3　影响房地产购买行为的因素分析

消费者行为与很多因素有关,这些因素可以归纳为 4 大类,心理因素、个人特性、社会因素和文化因素。

6.3.1　心理因素

对消费者行为进行研究,最简洁的方式是从个人身上开始。为了了解及预测消费者的购买行为,首先必须能够解释个人的行为。下面就从知觉、学习、态度及价值观念来讨论和解释个人的消费行为。

1)知觉

知觉代表个人对刺激事物的印象,人的需要受到激励形成动机,但他的行为如何,还要看他对客观情境的知觉如何,因此,两个具有同样动机和处于同样情境的人,由于他们对情境的知觉不同,可能导致不同的行为。

市场营销中,一个有趣的问题是:消费者的知觉和营销人员的知觉一样吗? 顾客对产品的看法和市场营销策划者、广告设计者和开发经营者的看法一致吗? 经过一些公司和营销人员的测试和统计,得出这样一条结论:消费者喜欢的产品和开发经营者、广告设计者有很大差异。产生差异的原因是:两类人对产品的评价标准不一样。所以,如果开发商贸然采纳经营商和广告设计者的主观看法去开发营造某种房地产产品,可能会与消费者的看法差距甚远,并招致巨大损失。

对于房地产产品而言,了解消费者对价格的知觉和看法至关重要,因为不同房地产产品在各阶层顾客中的价格弹性是不同的,选择弹性系数大的产品,适当降低价格,就会引起需求量大增。

许多消费者往往认为价格是质量的指标,故价格高乃是质量优良的保证。心理学家格博认为,在每个消费者的心目中,都有一个产品价格的上限和下限,如果产品价格超过上限,则个人会以为太贵;如果价格低于下限,则个人会认为产品的质量值得怀疑。此外,还存在心理性价格的概念,如 1 999 元/m² 和 2 000 元/m² 在消费者心中的感觉是不一样的,他们往往会认为 1 999 元/m² 的房地产便宜。

消费者的知觉是价格拟定不可缺少的部分,其他市场营销因素也必须配合所拟定的价格。假如消费者坚持高价格与高质量的关系存在,则广告及促销渠道等必须能够反映出这种现象。

对于每个消费者而言,通过品牌的作用及各种促销活动的影响,对于产品产生感召反应,会具有不同的知觉和特殊意义,就是品牌形象。实际上,品牌形象并不是完全和原产品等同的,消费者经过对产品的认识及使用,把个人的需要、价值观念、动机等因素完全转移到产品上。所以,个人所接受的产品刺激,已经完全变形了,但产品的所有方面并不是消费者所能完全认识的,只有少部分受到注意,因为每个人注意的方向不大相同。因此,房地产产品只有部分特征会引起消费者的知觉,形成一种概念,这就是品牌形象的形成过程。

2）学习

基本的学习模式，可利用的驱动力、线索、反应及增强等来解释。驱动力是指引发个人产生行动的内在紧张状态；线索则是一种环境刺激；反应是指个人对环境中线索所采取的行动；增强是反应的重复。当增强一再发生时，个人碰到的刺激马上会做某种固定反应，于是形成习惯。然而，假如反应在以后出现时，没有受到增强，则学习上的习惯会中止，这称为消除作用。市场营销人员应认识到"学习"在促销活动中的作用，并利用各种传播媒介来加强消费者对本公司的广告及产品的印象，引导他们做出购买本公司房地产产品的决定。

3）信念、态度

所谓信念是人对于某种事物所持的一种看法和相信程度，消费者对产品的信念，构成了产品形象和品牌形象。人的行为多少会受他们信念的影响，因此房地产公司的开发商和经营者应关心消费者对其产品和服务的信念。如果发现消费者对其产品的某些信念不正确，就必须马上设法改变消费者的信念。

态度是人对于某一事物所持的较长期的评价、感觉及行动倾向。许多心理学家认为态度是由 3 个因素组成的：认知因素、感觉（感情）因素、行动因素，这 3 个因素互相关联，并且构成对某一事物的整体态度。

（1）认知因素

认知因素是由个人对客观事物的信念和知识组成的，人们对大多数客观事物都持有一定的信念，例如，某人相信某房地产公司是一家有声誉的大企业，所建造的产品是质量优良的产品。这种信念反映了他对公司的看法，这种看法就是他对该公司所持的态度的认知因素。

（2）感觉因素

人对某一客观事物的感情或感情的反应，就是态度的感觉因素。例如一位消费者声称"我喜欢某某公司"或"某某是一家非常棒的公司"，就反映了他对该公司进行感情评估的结果。

（3）行动因素

消费者一些行动，例如自己购买某房地产公司的产品，而向其他人推荐其他公司的产品，就反映了他对该公司态度的行动结果。

作为房地产公司的营销策划人员，应充分认识到态度在市场营销中的作用，并注意以下几个问题：

第一，公司在市场营销中，必须了解消费者对其产品和服务的态度，例如消费者对其产品和服务印象良好，那么营销设计人员就可能通过沟通系统的设计来维持并增强消费者良好的印象。反之,例如消费者对本公司的产品印象不佳,则改变态度的过程是必要的。而对于新上市的房地产产品,公司必然面临创造良好态度的挑战。

第二,公司应设法使其产品配合消费者的态度,因此,公司宁愿开辟新的房地产交易市场及具有更换品牌特性的人,去进行说服工作,也不去改变那些对其他产品有忠诚态度的消费者。有时,为了改变消费者对本公司原有产品的不良态度,公司应该对本公司现有的产品进行改造,以新产品的形象重新进入交易市场,以创造良好的态度。

第三,态度可以用来解释品牌的市场占有率。当消费者对某家公司的态度良好时,其产品的出售率则较高;当消费者对某家公司的态度不佳时,其产品的出售率则比较低。

此外,态度的改变和行为的改变有着非常密切的关系。因此,可以利用消费者态度的改变预测消费者的行为,并测量广告的有效性。

4)价值观念

价值观念是指导个人行为和影响态度与信念的一种标准;价值观念是以 2 种不同的层次存在的,即总体价值观念和某范围或处境条件下的具体价值观念。总体价值观念在数量上比较小,且属于牢牢掌握的观念,在多数情况下,这种观念指导行动,因而,总体的价值观念是抽象的和概括的。某一范围或处境下的具体价值观念,是在特定的处境或活动范围中通过体验而获得的。市场营销策划人员应充分了解消费者这 2 种价值观念的分布,洞察并迎合消费者总体的价值观念,同时,应设法改变消费者的具体观念,使自己的产品在众多消费者心中占有良好的地位。

6.3.2　个人特性

消费者购买行为,除受个人心理因素影响外,还受个人外在特性的影响,例如年龄、家庭生命周期的阶段、职业、经济情况、生活方式、个性和自我概念等。

1)年龄和家庭生命周期阶段

人们购买商品和服务常随年龄的变化而变化,不同的年龄阶段,消费者对于商品的主要需求欲望也不相同。营销人员应充分了解各年龄段的主要购物倾向,从而选择适合本房地产产品的年龄段作为主要培养阶层,同时,也应在年轻人中灌输有利于本公司的信息,使他们成为本公司未来的主要消费者。

购买决策除受年龄的影响外,也受"家庭生命周期"的影响,发现家庭发展的不同阶段,确定每阶段的生活消费特征,并按这一特征分析家庭购买行为特点,可以使公司的市场营销计划制订得更有针对性、更能适应购买者的要求。

2）职业

一个人的职业会促使他对商品和服务的不同需求和欲望。对于房地产产品而言,不同职业的人有各自不同的评估标准,所需的产品也是千差万别的。公司的市场营销人员应注意研究是否有某些"注意群体"对本公司的产品兴趣高于一般人,同时,是否存在巨大的职业群体需要某些特定的供不应求的产品,从而可以有针对性地制订营销计划并建造有巨大市场潜力的房地产产品。

3）经济状况

每个人的经济状况,对于其考虑和购买商品有极大的影响。一般情况下,收入水平较低时,人的兴趣注意集中在基本生活必需品和低档日用品上。随着收入水平的提高,对中高档商品的购买比重增大,对日用品的挑选性增强。房地产产品属于高档耐用消费品,在目前我国收入水平相对较低的情况下,不可能产生旺盛的购买高潮,这就要求房地产公司的营销人员寻找适合工薪阶层的付款方式,从而获取巨大的消费者市场,推动公司发展。

4）生活方式

生活方式是指一个人或集团对消费、工作和娱乐的特定习惯和态度。人们追求的生活方式不同,对商品的喜好和需求也就不同。一个人对产品和品牌的选择,正是他的生活方式的重要指标。虽然每个人都有其生活方式,但只要市场营销人员通过调查研究,便有可能把生活方式当作基本的市场细分准则来制订市场细分策略,从而为本公司的产品找到合适的市场。

5）个性和自我概念

所谓个性是指个人持有的相对持久的个人素质,它可以分成外向性和内向性、创造性和保守性、积极性和消极性等。市场营销人员通过研究目标市场可能具有的个性,可以树立公司的品牌形象,使其与目标市场的个性相匹配。

自我概念也称自我形象,是和个性相类似的概念。每一个人都对自己有一幅心理情绪的图像,就像个性一样,当某套房地产产品具有和消费者个人相似的特性时,就会激发消费者的租购欲望。营销人员应使本公司的产品尽量适应目标市场中消费者的自我形象的特性,这样才会为公司赢得更多的市场占有率。

6.3.3　社会因素

影响消费者购买行为的社会因素主要有:社会阶层、参考群体、家庭等。

1) 社会阶层

所谓社会阶层是指按生活方式、价值观念、行为态度等方面,把社会划分成许多不同的阶层,同一阶层的成员有较为一致的生活方式、价值观念和行为态度等。了解社会阶层的划分,可以对公司的营销计划产生以下作用:

(1)产品使用

不同社会阶层对于产品的使用和品牌的选择,存在着很大差异。房地产营销人员可以根据不同的社会阶层进行市场细分,从中选择最适合本公司发展的市场。

(2)公司的挑选

社会阶层的不同,在购买产品时其选择的公司也有很大差别。名气大的房地产公司,手续费和价格较高,但质量可以得到保证,而且所处的区位一般比较好,多为高收入阶层所瞩目。市场营销人员应该根据自己公司的实力,针对性地地选择不同的社会阶层作为目标市场。

(3)媒体的接触和广告信息的接受

不同的社会阶层接触的媒体也不同。因此,公司的营销人员在确定本公司目标市场后,就应针对性地选择目标市场所属阶层较喜欢的媒体渠道作为本公司产品的播放渠道,这样可以做到有的放矢。

2) 参考群体

参考群体是指能够影响一个人的价值观念、态度及行为的社会群体,它可能是个人所属的群体,也可能是个人向往的群体。对个人而言,参考群体具有 2 种作用:一是社会比较,通过和别人的比较来评价自己;二是社会确认,以群体为原则,评价自己的信念、态度和价值观念。

对于市场上的许多产品,参考群体的影响力往往是一项主要因素。营销强调某些群体曾购买该产品,使消费者产生固定印象,以购买该产品。要做到有针对性,就必须了解消费者的参考群体具有何种特性。这样,才能在广告投放时一击中的。此外,还可以运用群体的"意见领袖"的影响,为此,需要了解意见领袖的个人特点、他经常阅读的媒介,从而找出意见领袖的信息来源渠道,进而设计可能为意见领袖接触到并且能够接受的信息。

3) 家庭

家庭是消费最基本的单位,对于房地产产品也不例外,因此,对家庭的分析是企业市场营销的重要内容。

(1) 家庭的消费模式受文化和社会阶层的影响

由于所处的文化环境和社会阶层等因素的影响,家庭的消费模式有不同的类型。有些家庭重视家庭和睦,致力于子女的教育和家族的发展,恪守传统的文化、道德和伦理观念,它的消费是以家庭为中心的;有些家庭则有很强的事业心,家庭支出、家庭的精力和时间主要投放于事业的发展,因而,它的消费是以事业为中心的;还有些家庭力争提高目前的生活水平,把同生活享受有关的商品、劳务支出,奢侈品支出和旅游支出摆在极重要的位置,这是以消费为中心的家庭。

此外,一个家庭的社会地位和家庭主要成员的职业,对家庭消费方式也有重大影响。分析研究各种不同类型的家庭,可以了解各主要市场的消费状况,有利于公司做出正确目标选择,同时,也为营销计划的正确制订和实施订下坚实的基础。

(2) 家庭成员在购买过程中所扮演的角色

对房地产产品而言,参与购买的家庭成员一般包括丈夫、妻子和年龄较大的子女,此时,市场营销人员应该弄清每个参与者在购买过程中所扮演的角色。一般来说,这些参与者在整个决策过程中扮演的角色大致有以下几种:发起者、影响者、决定者、购买者和使用者。具体分析研究这 5 种角色的地位、年龄、性格、职业、价值观念和他们对购买行为不同程度的影响,对于市场营销人员是至关重要的。在促销方面,可能做到有针对性地制订促销计划。在广告方面可以强化对他们购买本公司产品的决定,而在促成购买行为方面,可以收到事半功倍的效果。

6.3.4　文化因素

对文化概念的理解,从广义上说,是指人类社会历史实践过程中创造的物质财富和精神财富的总和。从狭义来说,是指社会的意识形态,以及与之相对应的制度和组织机构,它是由知识、信仰、艺术、法律、伦理道德、风俗习惯等方面组成的一个复杂的整体。

每一个文化群体均含有若干较小的构成体,称为次文化群体,在次文化群体中,其成员显示出更具体的认同和更具体的社会化。文化因素对消费者行为会产生广泛而深远的影响,而次文化群体对个人行为的影响力比总文化更大。

由于文化因素对人类生活方式的影响极大,所以公司在推销产品时,必须考虑到这个因素。一般说来,房地产产品在某一个次文化群体中有很大的市场时,也许在另外一个次文化群体中却遭到冷落,原因是这些产品的使用和次文化群体的文化形态发生了冲突,于是,个人在使用这些产品时,会产生犯罪感。如果公司在制订营销策略或做市场细分时,仅仅看到或调查到某种产品在一个地方或一个文化群体中有很好的销路,就去开发经营此种产品,而不去认真考虑开发地区的市场情况和文化差异的存在,那么,其失败的结果可想而知。因此,营销人员应充分重视文化因素对消费者购买行为的影响。

6.3.5 经济因素

经济因素是决定居民住房消费行为的关键因素,它所包含的内容广泛而复杂,其中客户的收入水平、住宅价格、消费结构、储蓄与信贷水平等则是影响客户行为最重要的经济因素。

(1)收入水平直接决定和影响客户行为

客户个人或家庭的收入水平对其购买力水平和有效需求起支配作用,收入高低直接决定了购买力和有效需求的旺盛与否。有效需求是指具有"一定购买力而且又愿意产生购买行为的需求",也就是在房地产市场上真正起作用的现实需求。据有关统计资料显示,我国东部沿海城市居民收入水平较高,私营经济发达,个人购房比重远高于内地城市。由此可见,客户个人或家庭的收入水平直接影响和支配着人们的购房有效需求及住房消费行为,进而也就左右着房地产市场的活跃程度。

(2)房价水平高低是影响客户购买力水平和真正有效需求的重要因素,并影响居民的住房消费行为

在居民收入水平一定时,房价越高其购买力水平相对越低,对住房有效需求的形成越乏力,住房消费行为也难以产生;反之则相反。只有当客户的收入水平与房价水平在一定范围内或收入的增长快于房价的上升幅度时,客户的住房有效需求才能真正形成;否则,房价过高抵消了收入水平的提高,住房消费行为还是难以产生。

从我国房地产市场的运作情况看,总体上房价过高,严重脱离了一般居民的实际购买力。房价水平与居民家庭收入水平相差过分悬殊,远远超过国际上的公认水平,故买方市场难以形成,最终房地产市场也不可能真正活跃起来。

(3)客户的支出模式与消费结构对住房消费行为模式的选择产生深刻影响

描述客户支出模式和消费结构的有关重要指标是恩格尔系数,即是指食物支出占家庭消费总支出的百分比。研究表明,在一定条件下食物支出占家庭总消费数量的比重越大,表明家庭或个人收入中可随意支配水平越低,生活越贫困,用于住房消费的购买力就越低下。

(4)住房储蓄具有十分重要的意义

储蓄增多会使客户现实购房需求量减少,购买力下降;但另一方面,储蓄又作为个人收入增加了购房的潜在需求量,尤其对房地产这样一种特殊的商品来说,因为住

房既是生存的必需品,又是一种高价值、高档次的耐用消费品,家庭没有一定的储蓄水平是很难形成住房有效需求的,进而也就不可能发生购房消费行为。随着经济的高速发展、居民收入水平的提高,我国家庭储蓄水平也达到了前所未有的高度。据2007年4月有关资料统计,全国居民个人的储蓄存款高达17.5万亿元以上,这是一笔巨大的消费能量,一旦释放出来,必将对社会经济的各个方面产生深刻的影响。通过合理引导部分储蓄进入房地产市场,使大部分工薪阶层具有一定的购房消费能力,可以促进住房消费行为的产生。

与储蓄相对应的是客户信贷状况,即客户凭借信用,首先取得商品房的使用权,然后按期归还贷款,最终取得商品房的完全产权。由于商品住房具有高价值、不可移动性、使用周期长等特点,若没有银行信贷支持系统的保障,居民的购房消费能力则受到极大的制约,购房消费行为也就难以产生,难以形成活跃的房地产市场。

6.4 房地产购买行为模式和决策过程

【案例6.2】 房地产购买行为的影响者

一位姓张的老先生要在居民小区买一套住房,但以后实际要来住的却是他在某公司工作的儿子,而作出决定为儿子购买婚房的则是张先生的夫人,但影响张老太决定购买该小区住房的却是王先生,王先生是承担开发建设该小区的房地产公司的财务人员,由于他的大力推荐,张老太才决定购买该小区的房产。由此可见,产品的实际购买者、使用者、购买决策者、影响者,有时可能分属四方。这也就说明了购买房地产行为过程的复杂性,当然,在实际购买活动中,也有4个行为主体同属一人的,如单身个人购买。但因房地产不是一般消费品,购买者一般特别慎重,往往要牵涉到两三个以上的行为主体。

6.4.1 房地产购买行为模式

人的行为是受思想、情绪、感情、能力和行为动机等心理活动支配的。房地产购买者的行为受其心理活动支配,而心理活动又是如何起作用的呢?心理学家们有各种观点,按照"刺激—反应"学派的观点,人们行为的动机是一种内在心理活动过程,看不见,摸不着,像一只"黑箱",是一个捉摸不透的神秘过程。外部的刺激,通过黑箱(即心理活动过程)产生反应引起行为,只有通过对行为的研究,才能了解心理活动过程。这里所研究的是购买者对营销刺激和其他刺激的反应。

营销刺激指房地产企业销售活动的各种可控因素,即"4P1S":产品、定价、销售渠道、促销,其他刺激指购买者所处的环境因素(如政治、经济、技术、文化、社会)的影响,如国内政治经济形势变化、币值的波动、失业率的高低等,这些外部刺激通过购买者的黑箱产生反应即购买行为。

刺激与反应之间的购买者黑箱包括 2 个部分:购买者的特性和购买者的决策过程。购买者特性受到许多因素的影响,并进而影响购买者对刺激的理解和反应,不同特性的购买者对同一种刺激会产生不同的理解和反应。购买者的决策过程,它直接影响购买者的最后选择。

6.4.2　住宅购买者的决策过程

分析与研究消费者决策过程的主要目的是针对消费者在决策过程各环节的心理活动与行为,不失时机地采取适当的营销措施,唤起和强化消费者的需要,影响消费者的购买决策,引导消费者的购买行为朝着有利于实现房地产企业营销目标的方向发展。

1) 购买、决策者的分类

在一个家庭的购买活动中,各人分属不同角色,起不同作用。按其在购买过程中作用的不同,分为 5 类:①倡导者:最初提出购买房屋的人。②影响者:直接或间接影响最后购买决策的人。③决策者:对部分或整个购买决策,如是否购买、影响购买等,有权做出最后决定的人。④购买者:实际执行购买决策的人。⑤使用者:实际使用和消费该房屋的人。

2) 购买行为的类型和购买习惯的变化趋势

根据人们在购买居住用房时考虑因素侧重点不同,一般可以把房地产购买行为分为 4 种类型:

(1)经济实用型

这类顾客生活方式一般比较简单,崇尚朴实无华,平时勤俭节约。他们选择房屋重在房屋的质量、实用,不求名声与外形,喜欢倾听有关房屋的质量说明,认识事物、考虑问题都比较现实,不喜欢过多的联想、象征。因此,对于这类顾客,销售人员应该对房屋的质量以及内在设施的质量、性能、特征、实用程度等,加以详细的说明,并予以强调和突出,切勿浮夸空谈、吹嘘过多,否则将适得其反,徒劳无功。

(2)现代自由型

这类顾客生活方式比较随便,消费常呈浪漫色彩,具有强烈的审美意识,易受房屋的外观造型、颜色和命名的影响。他们选择房屋时,既会考虑质量,也会讲求外观,但比较起来,则易倾向于后者。他们的注意力容易转移,兴趣易变换,易受情绪影响和销售宣传的诱导。因此,对于这类顾客,销售人员应当注意借助于口才,加强鼓动宣传,采取强烈的渲染,以调动其天性的浪漫与想象,并对房屋给与其生活的影响作些象征性的介绍,使其从拥有房屋的未来中得到一种联想性的满足,以调动其买房的热情和积极性。

(3)严格苛求型

这种类型的顾客往往具有一定的购买房屋的知识和经验,并且心思细密,主观性强。他们往往特别善于观察一般人观察不到的细微特征,并持有敏感的戒心。他们挑选房屋,小心仔细,无论是建筑材料、楼房的质量、房间的大小、间隔、外观,还是朝向、方位、视野、景观以及周围的基础设施、环境状况等等,都能提出这样或那样的不满,并且斤斤计较。对于这类顾客,销售人员既要详细说明房屋质量与好处以及房屋建筑施工单位的良好信誉,又不能太软被其气势压倒,而应有强烈的自信心,抓住机会利用气氛,并且给予一定的优惠条件,如给之以价格、贷款条件的适当优惠,以促使其下定买房的决心。

(4)注重风水型

房屋与一般商品相比较有一显著特点,就是其蒙上一层宗教、迷信的面纱。其所处的地势、位置、朝向、方位等常常被一些极端迷信的人所崇尚。他们对于房屋的质量、外形、结构往往很少考虑或不加考虑,为的就是寻求一块宝地,给自己和自己的后代带来吉祥、繁荣和兴旺。对于这类顾客,销售人员应以现代科学的观点规劝,使其更注重于人的价值,其方式最好是通过现实生活中的种种反例以消除顾客的疑虑,破除其迷信风水观,从而做出正确而又现实的买房决策。

消费者购买行为没有固定不变的模式,随着社会经济的发展,人的消费习惯和购买行为也必然随之变化。改革开放极大地提高了人们的收入和消费水平,人们对住宅的消费习惯也突破了传统居住模式,总的变化趋势是从"生存型"、"温饱型"向"小康型"、"享受型"过渡。

①"生存型"住宅。这种住宅只能提供最低居住标准,通俗地讲,即只可保证人们不受严冬酷暑、雷雨风霜的侵袭,有一个供做饭、吃饭、睡眠的"窑",但如何能将炊事、就餐、睡眠、起居功能分开就谈不上了。因此,"生存型"住宅也成为"居室型"、"起居就寝合一型"住宅。按照国际标准,也就是一家只有一间房。目前这样的家庭在我国仍存在,但比重很小,属于政府重点改善或解困的对象。

②"温饱型"住宅。这种住宅介于"生存型"与"小康型"之间,是指家庭起居功能在低标准内分开,它部分地克服了炊事、就餐、洗浴与睡眠、学习之间的相互干扰,即除了主要的居室之外,还分出厕、厨、厅等功能用房。所以"温饱型"住宅又称为"起居就寝分离型"住宅。

③"小康型"住宅。就居住水平而言,"小康"目标是不确切的。按照国家1985

年颁布的住宅建设技术政策,"到 2000 年,争取基本实现城镇居民每户都有一套经济实惠的住宅,人均居住面积达 8 m²"。目前我国很多城市已达到或超过人均居住面积 8 m² 的数量目标,但质量上却有很大差异。只有那些具有完善起居功能与寝室相分离的住宅,才真正达到"小康型"标准。

④"享受型"住宅。这是指每个家庭成员一间房,一家有两套住宅,即除了常住的住宅,在郊外或其他地点还有供度假的别墅。不少开放较早、收入较高的沿海城市和地区,已出现了"享受型"的住宅需求市场,但购买小楼、别墅的住户,绝大部分是海外侨胞和海外来华投资商以及国内一部分高收入者,如私营企业家等。随着经济的发展和住房私有化的推进,这部分住户在全部住户中的比例会不断提高。

3)房地产购买决策过程的步骤

消费者的购买决策行为并非只是独立的单一行为,而是一系列的连续行为。分析这个过程,目的在于使房地产营销人员针对决策过程不同步骤的不同情况,采取有效的促销措施。按照美国管理学家菲利普·科特勒的划分方法把购买决策过程分为 5 个步骤(如图 6.1),即确认需要、信息收集、方案评估、购买决策、购后行为。

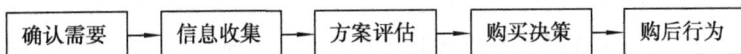

确认需要 → 信息收集 → 方案评估 → 购买决策 → 购后行为

图 6.1　购买决策过程的步骤

(1)确认需要

消费者认识到自己有某种需要时,是其购买决策过程的开始。这种需要,可能是由内在的生活活动引起的;也可能是受外界的某种刺激引起的;或者是由内外两方面的因素共同作用的结果。任何购买行为都是由动机支配的,而动机又是由需要激发的,所以可以认为消费者对于某一需要的认知是购买行为的起点。

【案例 6.3】　房地产购买行为的内部刺激与外部刺激

由于人口多,房屋面积小,同时又具备一定的支付能力会驱使消费者通过购买房屋来解决住房紧张问题,这是由内部刺激引起的;当某一消费者发现朋友投资房地产赚了一大笔钱,这时这位消费者也会考虑购买房地产进行投资,这就是由外部刺激引起的需要。

在房地产市场营销中应注意唤起消费者的需要。房地产企业必须十分清楚地了解社会对本企业的房地产产品的实际的或潜在的需要状况,以及可以满足消费者哪些内在需要,同时还要了解通过哪些因素的刺激可诱发消费者的需求。研究表明,若一项产品可以同时满足消费者的需求越多,且经过适当的刺激,就越可能成为人们梦寐以求的产品。如在香港,拥有山顶的房地产不仅满足人们居住的需要,还成为权力和财富的象征,可以使拥有者得到心理的满足。

（2）信息收集

在多数情况下，被引起的消费者的需求是无法立即得到满足的，这时便会促使消费者积极收集有关的资料来进一步增加对产品知识的积累，以便为下一步的方案评估提供参考依据，并做出最终的购买决策。一般来说，消费者收集资料的来源主要有以下3个渠道：第一，人际来源：包括家人、朋友、邻居、同事等；第二，商业来源：从广告、推销员、经销商、产品介绍、图片报道、样板房、透视图、鸟瞰图、展销会等途径得到信息。此信息源最为广泛，信息量也最大；第三，公共来源：包括各类传播媒体；第四，经济来源：操作、实验和使用产品的经验。此信息源比较真实、可靠。

在这些信息资料来源中，商业来源起到了一个告知、传达的作用，而人际来源则提供经验以及对产品进行方案评估的信息。对于消费者而言，来自商业来源的资料信息最多，而来自人际来源的资料信息则最具影响力。

（3）方案评估

消费者得到各种有关信息，可能是重复的，甚至是互相矛盾的，因此还要进行分析、评估和选择，通过对房屋的质量、结构、地理位置、设计格调、价格等综合比较，最后选定能满足自己需要的房屋，这是购买决策过程中决定性的一环。

消费者的比较和评价，实质是房地产企业产品之间的直接较量。企业要针对消费者的心理，强调自己的特色，如以优惠的付款方式、独特的设计风格获得消费者的青睐。但消费者的评估选择过程，有以下几个方面值得营销人员注意：第一，房屋性能是购买者所考虑的首要问题；第二，消费者对房屋的各种性能给予的重视程度不同；第三，消费者心中既定的房屋形象与房屋的实际性能可能有一定的差距；第四，消费者对房屋的每一属性都有一个效用函数；第五，多数消费者的评选过程是将实际房屋同自己理想中的房屋对比。

对于营销人员而言，尤其重要的是要找出消费者在进行方案评估时具有决定性意义的指标，在营销策划中投其所好进行强化，以影响其购买决策时的态度。

（4）购买决策

方案评估后，那些具有购买需要的消费者会产生购买意图，继续以后的购买行为，并产生购买决定。然而购买意图到购买决定之间，还要受2个因素的影响（见图6.2）。消费者在采取购买行为之前，会首先做出购买决策。购买决策是对许多因素考虑后做出的总判断，这些因素包括购买哪一区位的房地产？购买这一区位中哪一楼盘？何种房型以何种价格购买？面积多少？以何种方式付款？等等。

第一，其他人的态度。例如：某人已准备购买某房地产开发公司的房屋，但他的家人或亲友持反对态度，就会影响购买意图。反对态度愈强烈，或持反对态度者与购买者关系越密切，则改变购买意图的可能性就愈大。

第二，意外的环境因素。购买意图是在预期家庭收入、预期价格和预期获益的基础上形成的。如果发生了意外情况——收入的意外支出、房产涨价或亲友带来该公

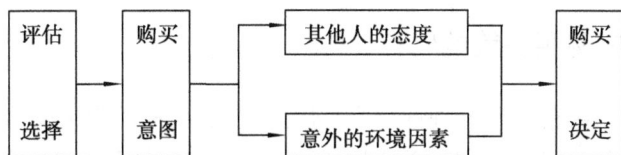

图 6.2　影响购买决定两因素

司房屋令人失望的信息,则很可能改变购买意图。

消费者的修改、延迟或取消某个购买决定,往往是受已察觉的风险影响。"察觉风险"的大小,随购买房屋价格大小、性能的确定程度和购买者的信心强弱而定。因此,营销人员应设法尽量减少消费者所承担的风险,促使消费者作出最后的购买决定并付诸行动。

对于营销人员而言,就是要清除(或减少)干扰决策的因素。例如,一方面可以向消费者提供更多且更为详细的信息资料,便于消费者进行抉择;另一方面,向消费者提供良好的销售服务,造成方便消费者的态势,促其作出购买的决断。

(5)购后行为

消费者购买之后的行为主要有 2 种:一是购后的满意程度,二是购后的活动。

第一,购后的满意程度。消费者的满意程度,取决于消费者对房地产产品的预期性能及其服务与房地产产品使用中的实际性能及获得的服务之间的对比。也就是说,如果购后在实际使用中符合预期的效果,则感到满意;超过预期,则很满意;未能达到预期,则不满意或者很不满意。实际和预期的差距愈大,不满意的程度也就愈大。

因此,房地产营销人员的广告宣传必须实事求是,符合房屋的实际性能,避免言过其实。有些高明的营销人员对房屋质量、性能的宣传甚至故意留有余地,以增强消费者购后的满意感。

第二,购后活动。购房者购后的满意程度,决定于其对这一房地产企业产品的态度,并且还会影响到其他潜在的购买者。西方企业界有一句谚语:"最好的广告是满意的顾客。"反之,失望的顾客不但永远不会再购买失望企业的产品,而且到处做反面宣传,使原已准备购买的人放弃购买。对房地产开发企业来讲,顾客的购后活动有利于不断改进房地产产品。

因此,房地产营销人员应与购买者进行购后的联系,采取一些必要的措施,促使购买者肯定其购买决策的正确性。如向新买主祝贺节日或生日等办法,以建立良好的关系。

6.4.3　非住宅用房的购买决策过程

非居住用房的购买者是组织(团体)单位,其中主要是产业用户。这里拟以产业用户购买非居住用房为例讲述非居住用房的购买决策过程。

1) 产业用户购买决策的特点

产业用户的购买行为属于理性行为。因此,产业用户的购买决策比消费者(即个人或家庭)复杂得多,其复杂程度首先取决于购买活动的不同类型。产业用户购买生产经营或办公用房,属于固定资产投资,是企业的一项长期性投资,是最为复杂的一种购买情况。所以在非居住用房的购买过程中参与决策的人多,所需了解掌握的信息也愈多。这对于房地产企业是个良好的机会,可以派出专业推销员携带有关资料,尽量提供必要的信息或者带领参与固定资产投资决策人员参观现场,帮助用户解决疑问,减少顾虑,促成交易。

购买房地产决策中的主要项目有:房地产产品性能、规格;价格幅度;交房条件和交房时间;服务条款;付款方式;定购数量;可考虑的供应者名单和选定的供应者。

2) 产业用户购买决策的参与者

由于企业之间的条件不尽相同,购买产品品种也不一致,故参与决策的人员也因企业、产品而异。但不管怎样,企业总有一个决策单位。美国营销学家韦伯斯和温德将这个决策单位称为采购中心,并下了如下定义,"所有参与购买决策过程的个人和集体,他们具有某种共同目标并一起承担由决策所引发的各种风险。"一般采购中心由在购买决策中起5种作用的所有成员组成:

①使用者:指企业中已经或将使用所购买房地产的成员。通常由他们提出来,并协助确定房地产规格。

②影响者:影响购买决策的人。他们主要帮助确定房地产规格,并提供方案评价信息,其中工程技术人员尤其重要。

③购买者:指正式有权选择供应者并安排购买条件的人。购买者可以协助制订房地产规格,但主要任务是选择卖主和交易洽谈。在购买房地产产品时,通常有企业的高层管理人员参加。

④决策者:指一些有正式或非正式权力来选择和批准最终供应者的人。房地产购买过程中,决策者通常是企业的主管。

⑤控制者:指可控制信息流的人员。他们可控制外界与购买有关的信息流入,企业采购代理往往有权阻止房地产销售商与使用者或决策者见面。作为产业市场的营销人员,必须了解:谁参加主要决策? 他们对哪些决策有影响? 他们影响的相对程度如何? 决策参与者们的评价标准是什么? 摸清购买者的这些情况,然后才能针对性地采取促销措施。

3）产业用户购买决策的步骤

（1）提出需求

采购工作开始于企业内部有人提出对房地产需要时，提出需要可能是由于内部或外部的刺激。内部刺激如决定生产某种新产品，需要配置新的标准厂房，或者拟在异地设立分公司扩大经营范围，增强竞争能力，需要购买生产经营用房和办公用房等；外部刺激如市场对企业主导产品的需求量增加，引起对工业厂房的需要；某一地区产业政策对商业和第三产业服务方向倾斜，则引起金融、贸易、商业、餐饮、旅游业对营业用房的需求增加。

（2）确定总体需要

在确认企业的需要以后，就要把所需房地产的种类与数量从总体上确定下来。总体需要主要是根据企业性质和发展目标、投资及扩大再生产计划来确定，一般由购买人员会同企业内部有关人员共同研究确定。

（3）评述产品规格

主要是对所需房地产的规格型号等技术指标作详细说明。一般由专业人员运用价值工程的分析法，分析产品成本与功能之间的比例关系，在保证不降低产品功能前提下，尽量减少成本费用，取得更好的经济效益。

（4）查询供应者

产业用户可以利用电脑资料、工商名录和其他企业的推荐信息，查询房地产经营企业。经初选后，列出备选房地产企业的名单。

（5）征求供应信息

找到备选的房地产企业后，应尽快请他们寄来产品说明书、价目表等详细资料信息。因此，房地产营销人员必须善于编写产品目录、说明书、价目表等资料，在这些资料中应对房地产详细介绍，并包含促销的内容。

（6）选择供应者

产业用户在收到各个房地产企业的有关资料之后，要通过比较做出选择，选择时一般所应考虑的因素主要是：物业管理如何；交房是否及时；能否迅速适应客户的需要；产品质量如何；企业信誉如何；产品价格高低；产品种类、规格是否齐全；推销人员的能力如何；付款条件是否优惠；人际关系如何等等。

（7）发出正式订单

用户选定房地产企业后，就会发出正式订单规格、数量、交房期限和保证条件等条款。

（8）评估履约情况

用户对房地产供应者的履约情况进行综合评价，从而决定是否继续、修改或终止购房合同。

由上可见,产业用户市场是一个富有挑战性的领域。房地产营销人员应研究用户的需要和购买过程,了解不同阶段的特点,拟定出有效的营销方案。

复习思考题

一、名词解释

马斯洛需要层次理论 动机 购买行为模式

二、简答题

1. 请简要阐述马斯洛"需要层次理论"。
2. 理智购买动机在形式上常表现为哪些?
3. 影响房地产购买行为的因素有哪些?
4. 房地产购买行为决策过程是怎样的?

三、思考与讨论

你是否做过兼职售楼员? 如果你没有做过,建议你做一下。请根据你的售楼经历,描述一下你所遇到的消费者的个性特征,并谈一谈你的售楼体会。

【阅读材料】 北京、上海的文化特色与房地产市场状况[1]

目前,对于房地产开发商而言,人们一般感兴趣的是大陆境内的、不同地域范围上的消费差异。房地产策划界著名人士王志纲曾就北京、上海的文化特色与房地产市场状况撰文《城市密码——破译北京》、《城市密码——破译上海》,让我们听一听他的高见。

北京是一个令人难以琢磨的城市,一时半会儿,似乎摸不着什么头脑。而且一不小心,就可能被北京的侃爷给侃懵了。北京的复杂性,不仅由于她的庞大、繁杂、纷乱,更由于她的立体、多元和复合。即使我们以简单的方式来概括,北京至少也是"三个北京"的复合体:

一是在胡同里光着膀子坐着板凳、摇着蒲扇,高谈阔论,知足常乐的老北京;

二是全国各地跑到京城里混世界,闯天下,奋力拼搏,一心出人头地的外地人的北京;

三是撒豆为兵,撒沙成银的新老八旗子弟的北京。

这三个北京复合在一起,其结果是北京有"三多"——有钱人多、有权人多、有闲人多。有钱人、有权人和有闲人相互依存,在这个超级大都市里形成了一个独特而有

---

〔1〕 注:摘自贾士军编著.房地产项目策划.北京:高等教育出版社,2004.7

趣的生物链,演绎着一幕幕人间悲喜剧。其个中滋味,常令人说不清也道不明。所以,当有人问我如何看北京房地产市场的时候,我说,北京最难做,也最容易做。为什么说北京房地产最难做呢?

其一,是北京市场门槛奇高,拒人之千里之外。随着人口与产业的迅速膨胀,北京土地资源日益稀缺,而土地交易的透明度较差,交易成本过高,土地价格居高不下。所以,一个开发商如能在北京拿到一块比较像样的地,就已绝非泛泛之辈了,一般实力水平的中小开发商岂敢轻易问津?

其二,与之相关联的,是北京房价之高,令人望而生畏。房价过高一方面与交易成本过高、土地价格过高有关,同时也与北京独特的消费市场结构有关。

其三,深层次的原因,是北京房地产市场化进程迟缓。与广东、上海比,北京房地产市场化进程明显慢了一拍。在相当长的时期内,集团消费与隐性的集团消费仍是北京房地产市场的重要购买力量;国有或地方行政背景的大开发商对土地资源和市场份额具有明显的垄断地位;消费者的成熟度与品牌认知度也不高,多数人对住房与生活方式的理解还处于初级阶段。

当然,最深层次的原因,归根到底,还是北京地缘文化的复杂性令人难以把握。北京作为国家的政治中心,其地缘文化是产品与企业本位的计划经济文化、历史官本位与权本位的皇家文化、传统保守的京城市井文化和前卫开放的国际文化的复合体。因而,北京是一个很矛盾的城市——既是一个国际性大都市,又像一个大村庄;既现代,又传统;既前卫,又保守;既开放,又排外;既富有,又贫穷。

北京的市场最难熬,但也最好做——偌大的市场是明摆着的,就看你能不能点中市场的关键穴位。"春江水暖鸭先知",关键是能否吃透区域板块的文化底蕴,把握市场大势,适度超前地引领市场潮流。

我们不妨来几段北京房地产的"经典回放":

——当北京的开发商都处在见缝插针"盖宿舍"的阶段,成天算计着如何提高建筑密度和容积率的时候,"亚运村"在一片开阔的农田里崛起,最早形成了小区概念,结果人们趋之若鹜,至今仍是北京房价最高的地段之一。

——当北京的开发商满足于住宅区的配套仅仅是附近有个农贸市场和小学,早上有人在路边支个摊儿卖榨油条和豆浆的时候,"方庄"率先推出了北京第一进行全盘系统规划的小区。方庄所处的南城的地价只有北城的一半,但楼价卖得很高,也备受市场追捧。今天看来,方庄简直是太一般了,甚至还有许多致命的缺陷,比如没有车位等,然而,方庄毕竟代表着北京房地产的一个时代。

——当北京的开发商局限在"卖房子"和"卖家居"阶段的时候,"回龙观"等经济适用房脱颖而出,导入以人为本的理念,进入"卖环境"阶段,注重社区自然环境与人文环境的营造,着实让北京人感动了一回。

最近,"现代城"在全国炒得沸沸扬扬,现代城的老板潘石屹也成了明星级公众人物。外行看热闹,内行看门道,姑且不论现代城台前幕后的是是非非,透过现象看本质,我们可以捕捉到北京房地产"概念地产"阶段的端倪。归根到底,现代城的成功是开发理念上的成功。它抓住了北京人追逐时尚、前卫的心理,在互联网热潮狂卷北京的背景下,适时推出"SOHO"概念,对项目进行准确而独特的定位,跳出同质化竞争,并大力炒作张扬,公关造势,从而取得了空前的成功。客观地评价,现代城作为一种房地产开发模式(我们称之为"另类模式")不可能代表中国房地产开发的主流模式,不值得广泛克隆和模仿,但其吃透地方人文特点、寻找理念突破的思路很有借鉴意义。

诗人歌德说,"一个时代有一个时代的鸟儿,一个时代有一个时代的歌喉。"迈进新世纪的北京房地产,也将进入一个新时代。这个新时代的深刻的社会背景,是房地产的"大众消费时代"的全面到来。

北京房地产市场进程迟缓,但大众消费时代毕竟到来了。以北京巨大市场潜力和深厚的文化底蕴,在今后的一段时间内,北京房地产可望有快速而长足的进步,与广东、上海的差距亦将日益缩小。稍微敏感一点的市场人士就不难感受到,北京追击的脚步声已经越来越近了。

北京在中国独特的地位,必然使其成为欲打造全国性品牌的地产大鳄的兵家必争之地。可以预见,一场巨人游戏的世纪大战将在北京拉开序幕。

海风常吹,海浪常袭,海气常拂,海韵常新……这就是上海。上海离不开海!因为有海,所以上海的文化才如此别具一格,如此引人注目,如此充满活力,如此海味十足,并顺理成章的飘洒或渗透着无法遮掩的"剪不断理还乱"的由海浪运来的遥远却不可抗拒的西洋味。

上海,这颗屹立在东海岸上的东方明珠,在它成长为中国第一大经济都市和国际著名大城市的过程中,一直既是中国悠久传统文化向外邦外族输出的最大窗口,又是由西方文化向中国内陆渗透必经的最大的筛子、过滤器和变压器。作为具有海洋文化特色的中西文化碰撞交流互动的巨大平台,上海积淀成了它自己厚重的地域文化风格特色,而这种特色对当地房地产业的影响可以说是非常明显而重大的。

上海是讲究规矩的地方,这与它深受欧美法制化文化的影响有所关联。虽然从法律系统来说,海洋文化发达的英美等国家是以所谓不成文的判例法著称的,但其法律规范之完善和法律意识之充分也是有口皆碑的。如果说上海也具有浸霪已久的海洋文化特色的话,那么它于欧美海洋文化的接触碰撞中,也加强了它的规矩意识、惯例意识和法律意识。这大概也是长期以来和洋人打交道必须养成的和"国际惯例"接轨的需要使然吧。

所以上海市场在整个中国可以算是很规范的一个典型。它也许不如深圳、广州那样活力勃发、热点迭出,但其发展的稳健和潜力确是无以伦比的。因其规范性,房地产开发商在这里不必花费大量精力和心思去做那些暗箱勾兑活动;因其规范性,开发商所要承担的交易成本就大大降低,故其价格可能并不是很高,但却依旧可以有着很可观的利润空间,这是规范市场的吸引力之所在和优势之体现。这大约也是上海一直始终能够保持中国经济大都市龙头地位的重要原因之一。规范性特色一方面反映了政府的适当作用,另一方面则反映了市民的良好素质和习惯意识,上海素有"小企业、大政府"之称,政府作用是相当强劲的。市场经济需要政府作用,世界上并不存在没有政府控制的所谓纯粹市场经济制度。相反,正是政府得力有效的调控,才促进和保证了市场经济的快速稳定发展。

当然,政府作用不应也不能取代市场作用。政府永远只是为市场保驾护航的角色。因此,上海作为中国乃至世界超级经济航空母舰,既有上述规范性地域文化的滋养和庇佑,若能适度学习广东经验,更好地发挥市场和企业的自主能动作用,必然可以始终在世界经济大潮中乘风破浪、一往无前。

上海是个讲究实际效益的城市。市场经济的价值观念之一是利益至上、效益第一。正所谓"没有永远的朋友,也没有永远的敌人,只有永远的利益",所以上海人看起来比较缺乏中国的传统人情味。在商言商,遵守商界游戏规则,追求最大实际利益。在统一的游戏规则下面,一切也就变得比较的冷冰冰了。所以在上海开发楼盘,你得给上海人实际的可见可触的好处,否则,吃不了兜着走,不好下台。以万科气冲牛斗的架势,当年进入上海时居然会碰到业主用了一年的马桶还来退货的尴尬事件。多不讲情理,多不给情面! 可你得清醒——你是在上海,上海就得这样。

上海人对广告的兴趣不大,更别说相信广告了。广告在上海,最大的作用不在于说服采取购买行动,而在于告诉和说明。上海人买楼可以说是全中国最挑剔最不厌其烦的,为买房而全体总动员,看楼几十次才下定金是很普遍的现象。所以你的楼得经得起看,经得起比较。

上海是个精细的城市。上海很大,上海也很细。大在地盘表面,细在人心深处——上海人的精细和细腻以及对细微之处所表现出来的精明,早已广为世人所熟知,在由如此之大精细人口组成的、如此广袤的大都市里,你得投其所好,更得"提高警惕"。房地产业虽然是制造庞大产品的行当,但你得分外注意你所生产出来的这些庞然大物的每个细微细节。否则,你这条"长堤"就很可能因为那小小的"蚂蚁洞"而轰然坍塌。

只要你在上海小住过,打开上海有线电视,瞭一眼其中的房地产广告,你就会对其孜孜不倦诉求于房子的细枝末节的做法留下深刻印象。那些广告通常会用很长的篇幅来为你介绍房子内部、每一个开发商觉得值得介绍并相信会打动消费者的东西,比如地板、门、把手、天花板、厨房里的每一个细节等。你也许会发笑,但如果你想进入该市场,就岂是一个笑字了得。

上海是中国吸纳西方文化最为普遍和深透的城市。从点缀在这座城市各个角落里的那些虽风尘满面却依然风韵犹存、虽体量不大却依旧直指苍穹的教堂,从旧日所谓"十里洋场"上至今犹在的、虽风格各异却同宗欧美的各式古董式建筑,从以恒山路、淮海路为代表的各种浸润着欧风美丽的 BARS,从白领阶层无分老幼各色人等时常冒出洋文的口中,从那视出国留洋如在家门口溜达的汹涌人潮中,你可以知道、你不能不承认,上海,是一个深深打上了西方文化烙印的地方。

所以,上海的房地产开发商们身上也多半或多或少地浸染着一种特有的文化气质。这种气质使得上海的房地产业呈现出一种比较稳健的探索性色彩——既洋溢无法掩饰的欧美风情,而似乎又不仅止于此。正如上海学者赵鑫珊既对西洋建筑表示热爱甚至崇拜,而又未至于数典忘祖,其心可鉴。

事实上,上海的房地产界确实在试图将世界潮流与中国特色相结合,所以豫园与周庄这 2 处典型的中国传统建筑群就成为研究学习的对象,而新近落成的金茂大厦也因成功将中西文化糅合为一体而广受佳评。一些冠以诸如"新弄里人家"、"江南山水"之类带有明显怀旧特色的楼盘名称和一些冠以诸如"新加坡美树馆"、"家天下"以及"优诗美地"之类怪异称谓的楼盘同台竞争的局面,是值得每一个对上海房地产感兴趣的人思索的一个课题。

毋庸置疑,中国是世界上最大的住宅市场,而上海是中国最大的房地产市场。但由于上海城市所特有的上述人文特征,也使得上海是中国最艰难的房地产市场,是最能磨炼开发商能力的地方。征服之,即可纵横四方而游刃有余。

【讨论】 结合你所熟知的两个城市或一个城市内的两个区域,谈一谈不同的房地产市场下社会文化因素对购房者造成的影响的差异。

第 7 章
房地产市场营销策略

【本章导读】

　　本章对目前房地产市场营销策略方面的知识进行了系统的阐述,并在基于房地产营销策略中传统的产品(Product)策略、价格(Price)策略、渠道(Place)策略、促销(Promotion)策略的基础上,对目前房地产营销策略中的一些非传统的营销策略与思路进行了详细的分析和讲解。

　　市场营销策略是为了实现企业的多重目标,包括保持并扩大市场占有率、树立企业良好形象、提升企业品牌知名度、保有并不断争取忠诚顾客等,而采取的具体可行的操作性强的计划方案。在中国经济蓬勃发展之际,中国房地产行业发生着翻天覆地的变化,作为从事房地产商品和服务营销的实战者,应对这种变化反应灵敏,应以全局的眼光研究现行政策,把握市场发展变化动态,站在战略的高度,精心设计合理运用房地产市场营销策略,看准时机,及时出牌,方能在房地产市场营销领域取得佳绩。

7.1　房地产市场营销价格策略

【案例7.1】　赤裸的价格威胁

　　曾有一房地产开发集团公司,该公司的房地产销量在市场上占有较大的比率,销售前景也一直看好,由于该公司对房地产销售利润依赖很重,所以特别关心竞争对手楼盘的定价情况。在一次商界的演讲会上,公司董事长向竞争对手发出明显的信号,宣称:关于目前房地产市场房产价格的应对计划书已经放在抽屉中,但只要有必要,我们可随时拿出来。如果一旦×××区域的房地产市场发生价格战,我坚信我们会取得胜利。

此话意在提醒竞争对手:不要妄想通过降低价格来扰乱市场,如果你这样做,我们有能力迎接挑战并击败你!

关于商品的定价,一直是一个非常敏感的话题,房地产商品的营销也不例外。作为房地产营销人员了解房地产商品价格的特征、构成及影响房地产价格的因素,熟悉房地产的定价策略及价格的调整策略等就显得尤为重要。

7.1.1　房地产价格特征

1) 房地产价格特征

房地产商品的价格与一般商品价格既有共同之处,也有不同之处。其共同之处主要表现在 3 个方面:一是都称为价格,都用货币表示;二是价格都有波动,都受供求等因素的影响;三是都要按质论价,且都表现为优质高价,劣质低价。但房地产商品的特殊性,又决定了房地产价格具有不同于一般商品的特征,主要表现在以下几个方面:

(1)房地产土地价格不由生产成本决定

一般商品是劳动产品,其价格反映所投入的成本,从总体上来看,其售价是由成本决定的。但土地价格不一定含有生产成本因素,地价本质上不是劳动价值的货币表现,而是地租的资本化。

(2)房地产价格的保值与增值性

一般商品随着使用过程中的消耗磨损,其价值(或价格)逐渐减小,但房地产却具有保值性与增值性。其原因有 4:一是随着社会经济发展及个人消费水平的提高,对房地产的需求日益增加;二是房地产供给受土地资源稀缺性的限制,其供给不可能等同于一般商品的供给,房地产的保值与增值集中体现在土地上,土地具有永续性,其本身不存在折旧;三是公共设施的配套投资增加了房地产的效用;四是售后物业管理的规范化管理服务更有助于房地产的保值和增值。

(3)房地产价格的长远性

房地产商品价格的构成及效用,往往会随着时间的推移而发生变化。通常某一房地产是与其周围的其他房地产构成一个地区,但这种地区往往并不是固定的,其社会、经济地位是经常处于扩大或缩小、集中或扩散、发展或衰退等变化过程之中。

(4)房地产价格的个别性

这一价格特征是因房地产商品的不可移动及影响房地产价格的多样性所决

定的。

（5）房地产价格构成的复杂性

从房地产开发上来看，其价格是由近十个大项、几十个小项构成，如土地成本、建安成本、基础设施及公共配套设施成本、管理费、销售费用、利税等，非常复杂。

（6）房地产价格表现形式的多样性

按不同的分类方法，房地产价格可表现为：土地价格、建筑物价格、房地价格；销售价格、租赁价格；房地产总价格、单位价格、楼面地价等。

（7）房地产价格实质上是房地产权益的价格

由于房地产的自然地理位置的不可移动性，因此其可以移转的并非是房地产实物本身，而是有关该房地产的所有权、使用权或其他权益，所以房地产价格实质上是关于房地产权益的价格。房地产的实物状态与其权益状态并不总是一致的，每种权益都会直接或间接影响房地产价格，因而同一宗房地产移转的权益不同，其价格形式和价格高低也会不同。

2）影响房地产价格的因素

房地产商品的价格，是众多影响房地产价格的因素相互作用的结果。这些影响因素，从大的方面来概括大致可分为以下 3 类：

（1）一般因素

①人口状况。人口集中于某地区，则该地区的房地产需求增大，从而使该地区房地产价格水平呈上升趋势。

②家庭结构。家庭结构的变化，小家庭或结婚年龄的提高或离婚率高，将提高对房屋结构的要求。

③城市的形成及公共设施的建设状态。城市的形成使住宅的需求提高，而公共设施的建设，又会使该地区土地效用提高，因而都会使该地区的房地产价格上升。

④社会福利。社会福利政策的推行，中低收入者，可优惠享有高额低息贷款的住宅，进而影响对房地产的需求。

（2）经济政策因素

在房地产业经济运行中，政府的宏观调控作用非常显著，为了对市场经济活动进行必要的监督和调控，政府通常会制订一些政策和法律法规加以调整和约束。

①储蓄率。银行储蓄率的变化，会影响消费者的购房动机，储蓄率低，作为房产投资者更多地会考虑到投资房地产。

②利率及税收。购房贷款利率及税收的变化，会抑制或提升消费者的购房欲望。购房贷款利率提高，在一定程度上会抑制房产的消费；反之，则对房产的消费有一定的提升。在购房方面征税制度的宏观调控也会影响房地产市场的需求。需求的变化随之影响房地产的价格。

③物价、工资及就业水平。工资、就业水平高的地区,往往房地产价格高;反之,则低。

（3）区域因素

区域因素并不会对房地产价格产生全局性影响,但会对房地产不同类别地区价格水平产生影响。影响房地产价格水平的因素主要有:离市中心的距离及交通设施状况;房地产项目的周边环境,该项目的住用户的职业、教育水平、社会地位、生活方式等。

（4）个别因素

房地产自身本体特性对房地产个别价格的影响。可分别从土地与建筑物 2 方面来分析。

从土地来看,这些因素主要有:位置、面积、地势、地质与地基;各块土地的形状、宽度;日照、通风、干湿程度;与其他相临街道的关系,与公共设施及商业服务设施的接近程度;上下水道等供给、处理设施的完善程度;对土地利用的管制情况等。

从建筑物来看,影响其价格的因素有:建筑构造及建筑材料的品质、建筑物的设计及设备的完好程度、施工质量、建筑物与其环境的配合状况等。

7.1.2　房地产定价方法

价格是房地产经营过程中的核心和最为敏感的因素,对于房地产开发商而言可以说一切经营活动均以此为核心。如何确定最合适、合理的价格,求取企业利润的最大化,是房产投资者最为关心的问题。常见的关于房地产定价的方法主要有成本导向定价法、需求导向定价法和竞争导向定价法 3 种。

1) 成本导向定价法

成本导向定价法是以产品成本作为定价基础,然后再考虑企业合理的利润空间而做出的一种定价。主要有成本加成定价法、投资收益率定价法和目标成本定价法等 3 种方法。

（1）成本加成定价法

该方法又称为"标高定价法"、"加额法",在房地产中它是指将房地产产品的成本加上预期利润即为房地产价格的定价方法,是根据测算或核算的成本加上一定比例的利润率确定的。成本加成法中的成本是开发项目的全部成本,包括开发成本以及经营过程中的支出和税费等,利润率的确定应考虑房地产投资的风险情况和整个行业的平均利润综合测算确定。

成本加成定价虽较简单、理论依据充分,但这种方法本身考虑市场对价格的接受能力不够。实际定价时,在此基础上仍必须考虑市场行情及竞争激烈与否,才能定出合理的价格,在市场竞争激烈的情况下,这种定价方法所做的定价可能缺乏竞争力。

(2)投资收益率定价法

投资收益率定价法在项目总投资额的基础上,按照投资收益率的高低来计算房地产售价的一种方法。其计算方法是根据房地产项目的实际投资总成本、投资总收益和所预计的销售量可计算求得单位房地产售价。计算公式如下:

单位房地产产品价格＝(投资总成本＋投资总收益)/销售总量

(3)目标成本定价法

目标成本定价法是以期望达到成本目标为目的的一种定价方法。

房屋开发经营者根据自身经营条件,在考察房地产市场营销环境后,分析并测算相关因素,如建造房屋所需材料的供需情况和价格变化趋势等,对房屋建造成本的影响程度,为实现利润目标,而计划未来某一期间的房屋开发成本称为目标成本。目标成本加上企业开发经营者希望获得的目标利润,再加上税金,即为商品房的预售价格。其计算公式为:

$$预售价格 = 目标成本 + 目标利润 + 税金 = \frac{目标成本(1 + 目标成本利润率)}{1 - 税率}$$

例如:某开发公司拟开发建筑面积为 2.5 万 m^2 的高档写字楼。根据该写字楼建造与装修标准,结合市场情况,估计其建造总成本为 6 000 万元,目标利润要达到 2 400 万元,其销售税金和销售费用为销售额的 15%。试对该写字楼的预售价格进行定价。

解:该写字楼预售价格为:

$$总价格 = \frac{(6\,000 + 2\,400)\,万元}{1 - 15\%} = 9\,882\,万元$$

$$单价 = \frac{9\,882\,万元}{2.5\,m^2} = 3\,953\,元/m^2$$

目标成本定价法有利于房屋开发企业积极采取综合控制措施来降低成本,符合房地产开发经营企业长远利益的需要。但是,目标成本是预测的,是企业在一定时期内经过努力才能实现的成本。如果对影响成本的因素预测不准,会导致价格不合理,甚至会影响开发经营企业目标利润的实现。

2) 需求导向定价法

需求导向定价法是指企业在制订商品价格时,主要依据市场需求的情况和消费者对价格的心理反应不同,来确定商品价格的一种定价方法。具体有认知价值定价法、反向定价法和需求差异定价法 3 种。

(1)认知价值定价法

认知价值定价法是企业根据购买者对产品价值的认知情况来制订价格的一种方

法。在房地产行业中所谓认知价值定价法是指根据购买者对房地产的认知价值来定价。认知价值的形成一般基于购买者对有形产品、无形服务及公司商誉的综合评价，它包括实际情况与期望情况的比较、待定楼盘与参照楼盘的比较等一系列过程。品牌形象好的楼盘往往能获得很高的评价。只要实际定价低于购买者的认知价值，即物超所值，购买行为就很容易发生。这种"以消费者为中心"营销理念的运用，其关键在于与潜在购买者充分沟通、掌握调查数据、并对其进行整理分析。

例如：在同一地段圈范围内有即将上市的 A、B、C 3 个住宅类房地产项目，作为潜在的购房群体(近 3 年内)对这 3 个项目一直有关注，对项目的开发主体、售后服务情况及项目本身的设计、建筑安装及项目的配套设施等通过不同途径均有一定程度的了解，假如做一调研：先让潜在购房者把他(她)们对三项目的看法以 100 分总分分配给 3 个住宅类项目。然后针对调研结果进行归纳统计，发现结果是 A、B、C 3 住宅项目得分依次为 35、32、33。如果在区域内相类似住宅类房地产项目平均定价为 4 500 元/m^2，则最后通过计算可得潜在购房者对 3 个住宅房地产项目的单位认知价值分别是：4 773 元/m^2、4 364 元/m^2、4 500 元/m^2。

（2）反向定价法

反向定价法是企业根据消费者能够接受的最终销售价格，计算自己从事经营的成本和利润后，逆向推算出产品的销售价格。最终交易价格的形成还需结合当时当地的市场情况进行调整。例如：在需求旺盛时，可适当提高价格；在需求平缓时，可适当降低价格。

（3）需求差异定价法

该定价法是指房地产品的交易价格可根据不同需求强度、不同消费取向、不同购买实力和不同购买时间等因素，形成不同的交易价格。对于开发商而言，同一建筑标准、同一种规格、同一外部环境的商品房，可以根据楼层、朝向、采光、通风及开间等因素，形成相应的差价。该定价方法适合于个性化较强的房地产品。

3）竞争导向定价法

竞争导向定价法是从市场竞争的角度来定价，以市场上相互竞争的同类产品价格为定价基本依据，随竞争状况的变化来确定和调整价格水平为特征的定价方法。

市场竞争是一种综合实力的竞争，其中价格的竞争始终是最为敏感的因素。由于房地产商品位置的不可移动性，价格的竞争主要考虑同一区域范围内类似产品的定价情况，依据同一区域范围内竞争产品的价格状况及自身产品的特点而确定所经营的房地产产品的价格。在竞争激烈时，若综合条件相当的两宗房地产，定价较高的，一般较难吸引购房者；反之，定价较低的，能较快地吸引人气，为后续房产销售价格的提升打下基础。

对于房地产产品而言，当所开发的项目面临较直接的竞争者时，适宜采用竞争导向定价法。竞争导向定价法包括以下几种方法：

（1）行情定价法

行情定价法也称随行就市定价法，是按照行业产品的平均价格水平来制订自身产品的价格。该定价方法常常是同质产品市场的惯用定价方法。一般来说，当企业开发的产品特色不强，成本预测比较困难，竞争对手不确定，企业竞争能力弱，不愿打乱市场正常秩序，或者在竞争激烈而产品弹性较小的市场上，才采取这种方法。行情定价法是一种比较稳妥的定价方法，在房地产业中应用比较普遍。这种定价法可以避免因硬性竞争造成的两败俱伤，比较受一些中、小房地产企业的欢迎。

（2）直接竞争定价法

直接竞争定价法是企业立足于竞争市场，而对自己的产品进行定价的一种方法。这种定价方法一般为实力雄厚、产品具有特色的大企业所采用。这种定价方法一般采用低价进市，以抢占市场，提高自己产品的市场占有率，甚至排斥或兼并中小企业。实行这种定价方法的企业一定要充分分析竞争对手的实力和特点，然后准确定位自身房产产品的价格。

【案例7.2】　2001年凤凰城和国展家园在北京东北三环的竞争堪称经典。凤凰城与国展家园几乎同时开盘，面对同样一批客户，且大户型定位比较一致而形成了明显的竞争。2000年下半年，国展家园以上万元的单价率先开盘时，凤凰城并未动作，稍后凤凰城开出了令人吃惊的低价，内部认购起价为5 800元/m²。正式开盘上提千元的起价也不过6 800元/m²，据说没有打任何广告，当天中午前就认购60套，到晚上已经突破100套。凤凰城显然是以低价位拉开了与国展家园及其他竞争项目的距离。于是凤凰城B座几乎是一卖而空，尽管后来涨到9 000元/m²，均价也在8 000多元/m²，但仍比国展家园低千元以上。2001年初，时逢凤凰城价格因人气旺而涨起来，而国展家园因工地等各项不利因素致使工期被延。于是，2001年凤凰城反戈一击，A座开盘即以起价9 200元/m²高价直逼国展家园的定价；以均价11 000元/m²的价格，主推200 m²大户型的房子，在国展家园眼睛底下上演了一场高价热销的大戏。与B座相比，凤凰城A座售价几乎上涨了30%，均价上涨3 000元/m²，高过国展家园，并于2001年5月份全部售空，体现了开发商无与伦比的价格竞争谋略。

（3）倾销定价法

在特定时期，企业可采用以低于成本的价格推出产品，如开盘初期，或竞争过于激烈时，或初次进入某市场，或经济大萧条时期，或尾盘发售阶段等。倾销的主要目的是提升市场占有率，带动楼盘人气，为后期楼盘的销售提价做准备。但由于对开发前期的盈利影响过深，并且易于引发激烈的价格冲突，因此对企业的素质要求较高。一方面，企业必须有能力在占领市场后逐步提升价格，争取盈利，避免消费认知偏颇；另一方面，还要注意横向协调，减少对市场的冲击，避免造成市场动荡。

【案例7.3】　位于广州花都"雅宝新城"这一房产项目，在2002年开盘销售阶段曾以 2 800 元/m² 出售,也正因为这种定价方法的正确性,在销售不到两年的时间内市场占有率直线上升,至 2005 年后期房产价格提升至 4 800 元/m²,到 2006 年所建成的多层及高层洋楼仅剩几套尾盘未售出。

(4)拍卖定价法

拍卖是一种公开竞价的商品交易方式。《中华人民共和国拍卖法》第三条对拍卖做了如下规定:"拍卖是指以公开竞价的形式,将特定物品或者财产权利转让给最高应价者的买卖方式"。房地产商品拍卖通常在一定的时间和地点,按照一定的拍卖规则,由买方公开叫价竞购。叫价销售通常能使拍卖物品真实反映出应有的价值,同时,也使交易的气氛紧张、热烈。

7.1.3　房地产定价策略

定价策略,是指企业为了在目标市场实现自己的既定销售目标所规定的定价指导思想和定价技巧。房地产定价策略,在房地产营销战略中发挥着关键性的作用。商品的定价需根据商品现时的成本状况、市场状况、消费者及竞争对手的状况等因素来确定定价的指导思想和谋划相应的定价技巧。房地产商品亦不例外,由于房地产商品的不可移动性,其定价技巧的谋划要与周边环境因素紧密相结合,不同的房地产项目,在不同的时间、不同的地点其定价可采用不同的定价策略。

1)新产品定价策略

新产品定价的难点在于无法确定消费者对于新产品的理解价值。如果价格定高了,难以被消费者接受,影响新产品顺利进入市场;如果定价低了,则会影响企业效益。新产品定价是房地产开发企业产品价格策略的一个关键环节,它关系到新开发的房地产产品能否顺利进入市场,并为以后占领市场打下基础。具体的新产品定价策略根据新产品投入市场定价的高低有高档价位市场、低档价位入市、中档价位入市3 种。在市场营销定价策略中将其分别称为:撇油定价策略、渗透定价策略和中间路线定价策略。

(1)高价撇油定价策略

高价撇油定价策略是指对产品入市建立较高的初始价格,就像在需求曲线上层"撇去市场的奶油"一样,以求在产品生命周期的初期获取高额利润,尽快收回投资的一种定价策略。

采用高价撇油定价策略定位房地产价格需要有一定的条件,一般来说,具有下列特点的新开楼盘可以采用此策略:

①新产品具有独特的设计开发及促销技术。例如有更为超前、合理、经济的户型设计;有新式的付款方式、产品配套设施等。这样的楼盘突破了市场原有的思维定

势,能带给客户全新的购买感受,即使定价较高,也会受到客户的追捧。这种产品所具有的优势需要在促销及广告宣传阶段投入较多量的资金以使公众知晓,让其在公众心目中形成的心理价位比较高,然后真正推出楼盘的时候却比公众的心理价位要低,否则高价位会令公众很难接受。

【案例7.4】 广州"锦城花园"在正式入市前,针对如何提高消费者心理价位的问题,发展商做了大量的工作,如楼盘设计、小区环境、物业管理、楼盘包装等,经过这一系列的准备,发展商已经不声不响地将小区素质提升到了一个非常高的档次,根据对买家心理价格的调查,大家都认为锦城花园价格完全有可能达到 1 万元/m^2 以上。不料,就在大家没有一点思想准备的情形下,发展商冷不防地抛出一个远低于心理价位的价格即7 500元/m^2 均价的低价位,一时间,锦城花园售楼部被潮水般涌来的买家挤得水泄不通,一连几次发售,都在几天内全部卖完。

②消费者对产品品牌的认可度高,需求量大,需求迫切,以及开发商信誉好,产品品牌响亮,产品的开发量适中,切实结合市场的需要,这种产品价格虽然定位较高,但却为公众认可,很容易在产品销售初期形成一种销售的旺势。

③从市场方面来看,在短期内很难形成竞争对手。这一类型的楼盘供应相对缺乏,企业可以期望通过高价策略获得较多利润时,也可以采用高价开盘。

作为房地产开发企业,采用高价撇油定价策略对房产产品定价时,一定要对市场有一个仔细的分析,如果在后期销售中价格下调,在高价时购买了房地产的消费者,就会有一种受骗的感觉,不利于楼盘形象的树立,不利于房产后期的销售,不利于未来市场的进一步开拓,同时对地区来讲还容易引发房产价格之争,损害消费者的利益。

(2)渗透定价策略

渗透定价策略即低开高走定价策略,它是指新产品以较低的初始价格进入市场,以吸引众多消费者,达到以较快的速度获得较大的市场份额,并随着销售的进程而适时调高价格的一种定价策略。低开高走定价策略是一种长期策略,采用该策略需要一定的条件:①市场容量大,薄利可以达到多销;②产品生命周期长,市场后劲足;③企业的生产开发能力能满足市场的需求。

低开高走定价策略的优点是:①在入市初期便于市场渗透,促进良性循环。开发商运用低价入市的优势,能吸引相当一部分客户产生购买行为,快速积聚楼盘人气,为楼盘后期的良好销售打下基础;②便于日后的价格控制。低价开盘,价格的主动权在开发商手里。当市场反应热烈时,可以逐步提高销售价格,形成热销的良好局面;若市场反应平淡,则可以维持低价优势,在保持一定成交量的情况下应付竞争;③便于周转,促进资金回笼,为公司资金的滚动增值提供资金来源;④先低价开盘,容易实现前期购楼者的升值承诺,有利于购房者对发展商良好口碑的形成。

采用低开高走定价策略开盘的缺点是:①初期利润相对较低、投资回收周期较长;②低价很容易给人一种"便宜没好货"的感觉,损害楼盘形象。低价开盘的初期定位即制造了一种低档次的市场印象,一定程度上局限了消费者群的层次,不利于楼盘后期整体形象提升和转变。

对新开发的楼盘采用低开高走的定价策略时应注意把握其操作性问题。在实际操作中对新开盘采取低价主要是希望能"低开高走、步步高升",这也常被看作是楼盘理想的价格走势。

【案例7.5】 广州的"金碧花园"从进入市场的最初期开始,发展商及策划者们对于楼盘价格竞争的特殊性就有了一个清醒的认识。他们制订了一整套的价格策略:

首期推出在1997年8月初,通过市场调查获知,区域内楼盘均价在4 000~4 500元/m²,而消费群体对此区域心理定价在3 600~4 000元/m²。金碧花园针对性地以3 000元/m²均价一口气推出12万m²现楼,同时提出"六个一流"和"八个当年一定实现"的目标,造成了市场轰动,吸引了大量买家排队购买,很快将楼盘销售一空,而且获取了极高的市场知名度。

第二期在1998年6月初推出,以最低价2 500元/m²,最高价4 000元/m²,均价3 500元/m²推入市场。此时,前期资金的快速回笼使得金碧花园在绿化环境、配套等规划上有能力做得更为大胆、更为出色,有力地增强了买家的信心,并强化了心理价位。

第二期售价虽然比第一期稍贵,但仍低于比较价格与心理价格,加上第一期销售势能尚未完全释放完毕,因此第二期推出后,再次产生强烈的市场效应,不但在正式发售日将256套现楼销售一空,而且使"金碧花园"的市场地位空前牢固、强大。

1998年9月,"金碧花园"趁热打铁,以均价4 000元/m²推出1 000多套高层单位。此时,"金碧花园"已聚集了很旺的人气,并在消费者中形成了一个忠实的"追捧群"。此时,4 000元/m²均价与周围楼盘价格虽然相近,但由于品牌影响力、小区配套的不断完善已经提升了"金碧花园"的档次和心理价位,所以4 000元/m²的均价仍然形成了相当强的价格优势,进入市场后,销售业绩不凡。

(3)中间路线定价策略

中间路线定价策略又称为满意价格策略,是一种折中定价策略。它是指企业将产品价格定在高价和低价之间,兼顾生产者和消费者利益,使两者都能得到满意的价格策略。实行这一策略的宗旨是在长期稳定的增长中,获取平均利润。因此这一策略为广大企业所重视。

上述3种新产品的定价策略各需要有一定的市场条件,房地产开发企业应该根据企业自身的实力、新产品的特点以及新产品所面临的现时的市场条件加以灵活运用。

2) 价格折扣、折让策略

价格折扣、折让策略是一种减价或相当于减价的策略,它是在原价基础上减收一定比例的价款或通过其他形式的销售手段,把产品的一部分价格的实惠让渡给购买者,以此来争取更多消费者的价格策略。灵活运用折扣、折让价格策略,是房地产开发企业鼓励购买、争取顾客、扩大销售的一种有效方法。常用的价格折扣、折让策略主要有现金折扣策略、数量折扣策略、季节折扣策略、职能折扣策略和促销让价、以旧换新策略等。

(1)折扣定价策略

①付款时间及方式不同的折扣、折让策略。对客户在购房时,不同时间付款或采用不同的付款方式,企业可考虑给予一定比例的价格折扣。

对当时或按约定日期支付一定数额购房款的顾客给予一定比例的折扣。例如有的企业在销售方面就有相关的规定:购房者在看中房子的当天支付首付款则有3%的价格折扣;在交纳意向金一个星期内付清首付款,给予2%的价格折扣等。

对客户在购房时采用一次性付款方式付款的给予一定的折扣。

②数量折扣、折让策略。这是针对购买数量的不同,给予不同折扣的策略。其目的是鼓励消费者大量购买,以扩大销售量。数量折扣的目的是刺激客户大量购买,因此,购买量越大,给予的折扣率越高。例如企业员工采用团购的形式在某一楼盘购房时,一般都能获得较大量的折扣优惠。数量折扣可以按每次购买量计算,也可按一定时间内的累计购买量计算。对于开发商来说,合算的数量折扣金额,应小于零售费用与按零售延迟的平均出售时间计算的利息之和。

③职能折扣、折让策略。这是根据各类中间商在市场营销中所担负的职能不同,而给予不同的折扣,这种折旧也称交易折扣。例如从事房地产销售的中间商,有的只负责沟通信息,穿针引线;有的不仅联系客户,代售房地产,而且还负责办理有关产权登记等工作。对不同的中间商就应给予不同的折扣,这样才能调动中间商的积极性。

(2)折让定价策略

折让定价策略,是相当于折扣的一种让价策略。让价是市场营销中常用的促销策略,有时称为销售津贴,实质上它也是一种折扣形式。目前在房地产销售中这种策略的表现形式主要有:买房赠家俬、买方赠装修及发送优惠券等。发送优惠券这是企业在一定时期内给予一部分商品以价格优惠,并印成票券形式赠送,以吸引消费者前往购房的销售定价策略。票券形式有减价券、特价券、折扣券等,一般是定时、定点供应。

3) 心理定价策略

(1)整数定价策略

整数定价策略是指房地产开发企业在就楼盘定价时,采用整数,而不留尾数进行定价的策略,这种定价策略适合于高档品牌楼盘。高档品牌楼盘的目标消费群为高收入者,这类人往往更关注楼盘的档次是否符合自己的身份,往往以价格高低作为衡量产品质量优劣的依据,认为价高质必优。针对这一类消费者,对产品进行定价时,采取整数单价反而会比尾数定价更合适,如对高档住宅直接定价为 12 000 元/m² 或对一些别墅直接以总价进行定价,例如一套别墅定价 300 万元。

(2)尾数定价策略

尾数定价策略是根据消费者求廉的购房心理,尽可能取低一位数,如 4 998 元/m²、5 388 元/m² 等。消费者之所以会接受这样的价格,原因主要有 2 点:一是会给人便宜很多的感觉。如定价为 4 998 元/m²,消费者会产生每平方米还不到 5 000 元的感觉;二是有些消费者认为整数定价是概略性的,不够准确;而尾数定价则让消费者认为定价方在定价上的认真负责、一丝不苟的态度,间接的增强消费者对定价方的信任感。从而有利于促进房产的销售。

(3)习惯心态定价策略

习惯心态定价策略就是根据消费者的习惯心态及一些特殊要求,例如讲究风水、讲究门牌号、讲究数字的谐音等来制订房地产的价格。如时下房地产开价比较流行使用吉利数字 5 888 元/m²、5 168 元/m² 等,这可能会满足客户求吉利的心理,在对单元定价时,例如类似 8 号、18 号等之类较好的门牌号码,可以制订相对稍高的价格;对于 4、7、13 等不吉利的数字则可以尽量避免或变相削价冲淡人们的感受;又如某些消费者在购买房产时特别讲究地域的"风水",开发商在选址时也应作相应的考虑。

4)差别定价策略

差别定价策略是指企业在房产销售定价时,根据房产自身个别因素不同、消费用途不同、交易对象不同及邻近环境不同等制订个性化、差异化的价格。常用的差别定价策略一般有个别因素差别定价策略、用途差别定价策略、交易对象差别定价及临近环境差别定价策略等。

(1)个别因素差别定价策略

影响房地产的个别因素主要有单元房产的朝向、楼层、采光、通风等。在同一栋商品房中,虽然设计方案、施工质量、各种配套设备等都一样,但由于单元房产的层次、朝向或采光、通风等因素的不同,价格会有一定的变化。

其计算公式:

$$房产价格 = 基本价格 \pm 调剂因素$$

(2)用途差别定价策略

对不同用途房产,房地产开发企业可采取不同的定价策略。例如用做办公用房或其他商业用途房产的就应比单纯用做居住用房产的价格有所提高。

（3）交易对象差别定价

在房产销售定价时可根据不同的消费对象制订不同的价格。例如同样的房产外销房应比内销房的价格要高，还有的企业为树立企业形象，向公众展示自身对教育事业人才的关心，在对教师购房时给予特别的优惠。

（4）临近环境差别定价策略

对于新开发楼盘来讲，其所处的地段对房产的价格有非常重大的影响，其周边的环境对局部的价格影响也很突出。广州有一楼盘，因其楼盘的北向临近一墓地，这一方向的景观感很不好，因此，在房产定价时在这一方向的房产价格相对同一楼盘的其他方位的单元来讲就低了近 200 元/m²。还有的大盘，临近高速公路的房产单元也是如此，价格相对来讲都定得比较低。有的楼盘因周边整体环境好，即使楼盘定价高，销售也很看好。例如，深圳位于蛇口工业七路和公园南路交会处的"四海宜家"楼盘，在公开销售之日前楼盘就已经基本售罄，现场大部分为签约客户。四海宜家其销售均价 1.2 万元/m²，这个价格在该地段来讲是定价比较高的楼盘，但因为其地理位置和周边环境都很好，靠近四海公园，属于典型公园物业，而且周边还有蛇口体育中心、青少年活动中心、广东省一级学校育才二小等成熟生活配套。

5）产品组合定价策略

产品组合是指一个企业所生产经营的全部产品线和产品项目的组合。对于生产经营多种产品的企业来说，定价须着眼于整个产品组合的利润实现最大化，而不是单个产品。由于各种产品之间存在需求和成本上的联系，有时还存在替代、竞争关系，所以实际定价的难度相当大。

房地产产品的定价策略也可以像一般商品那样，运用产品组合的观念来定价，在定价前，须先辨别各种产品之间的组合关系，再确定相应的产品组合价格策略。产品组合定价策略的出发点在于，不求个体利润均好，力求房地产项目整体利润的最大化。具体来讲，房地产产品组合定价策略主要可通过以下 2 种方式实现：

（1）产品线定价

通常企业开发出来的是产品大类，即产品线，而不是单一方向的产品。在定价时，首先，确定产品线中某种产品价格为最低价格，它在产品线中充当招徕价格，吸引消费者购买产品线中的其他产品；其次，确定产品线中某种产品为最高价格，它在产品线中充当品牌质量象征和收回投资的角色；再者，产品线中的其他产品也分别依据其在产品线中的角色不同而制订不同的价格。

例如在房地产项目销售时，在同一项目上既有多层住宅，也有高层住宅，还有别墅，那么这时可考虑在这一产品线上就产品的价格有一高、中、低价格的定位。通过低价格部分造成销售旺势，通过高价格部分促进投资的回报等。

（2）系列产品定价

有时企业向顾客提供一系列相关的产品和服务,如有房产投资商投资一家宾馆既为顾客提供住宿、餐饮服务,也提供娱乐、健身服务,那么,可考虑将住宿、餐饮的价格定低些,以吸引顾客,而将娱乐、健身的价格定高些,以获取利润;若投资开发住宅类房产,可考虑将房屋销售价格定得稍低些,将车位的售价或租价定高些,将学校收费、会所服务收费及配套酒店餐饮等其他配套性服务收费价格定高些。

7.1.4 房地产价格调整策略

房地产价格调整策略,是指在房地产项目整体定价确定的前提下,在销售过程中,采取何种策略,根据房地产项目及市场的发展情况,准确、合理地制订引导价格发展走势的价格方案。以下分别就房地产价格调整原因、调整方式及调整策略展开阐述。

1)房地产价格调整原因

影响房地产价格变动的因素很多,具体可以从内部和外部 2 个方面来分析。

（1）内部因素

内部因素主要是指房地产商品的开发经营成本及房地产自身的个别因素。任何房地产开发企业都不会随意变动价格策略,商品的价格既取决于市场供求状况,又取决于产品的生产成本及房地产自身的一些个别因素。从实际情况来看,房地产商品的销售价格应该高于成本费用,否则房地产开发企业将难以维持下去。房地产产品的成本由固定成本和变动成本组成。一旦产品的开发建设成本发生变化,房地产开发企业就有必要对价格进行调整,以符合企业发展的需要。房地产自身的个别因素主要是指房产的朝向、楼层以及临近的周边环境等。

（2）外部因素

影响房地产价格策略的外部因素比较多,从理论上讲,对房地产市场运行环境产生影响的所有因素,都属于影响房地产价格策略的外部因素。这些外部因素既包括市场供求关系的变动,又包括由政策环境、经济环境、法律环境以及社会环境等组成的宏观环境的变化。其中尤其是竞争者的价格策略以及政府针对房地产市场所采取的宏观调控政策,这些会对房地产价格产生直接影响。

2)房地产价格调整方式

房地产价格调整方式主要有以下 3 种:

第一种:直接的价格调整。直接的价格调整就是房屋价格的直接上升或下降,它给客户的信息是最直观明了的。一般来说,价格上调,是说明物有所值。对于这样的正面消息,开发商宠爱备至,是最希望客户尽快了解的,所以,往往是进行大张旗鼓的宣传,并由此暗示今后价格上升的趋势;与此相反,价格的下调,则说明产品有缺陷,不为买家所看好,或者是经济低迷,整个市场不景气。应该说,除非万不得已,否则开发商是不会直接宣布其楼盘价格下调的,而是通过其他方式,间接地让客户感受价格下降的优惠,以维护其正面形象。

直接的价格调整主要通过 2 个方面体现出来:①基价调整。基价调整就是对一栋楼的计算价格进行上调或下降。基价的调整意味着所有单元的价格一起参与调整。这样的调整,每套单元的调整方向和调整幅度都是一致的,是产品对市场总体趋势的统一应对;②差价系数的调整。楼宇定价时每套单元因为产品的差异而制订不同的差价系数,每套单元的价格则是由房屋基价加权所制订的差价系数计算来的。差价系数的调整是房地产项目根据实际销售的情况,对原先所设定的差价体系进行修正。差价系数调整价格的高低主要根据影响房产价格的楼宇位置系数、单元楼层系数和单元朝向系数而进行调整。

第二种:不同付款方式的价格调整。付款方式本来就是房价在时间上的一种折让,它对价格的调整是较为隐蔽的。付款时段的确定和划分,每个付款时段的款项比例的分配,各种期限的贷款利息高低的斟酌,是付款方式的 3 大要件。付款方式对价格的调整就是通过这 3 大要件的调整来实现的。

①付款时间的调整指的付款期限的减少或拉长,各个阶段付款时间的设定是向前移或向后靠。

②付款比例的调整指各个阶段的付款比例是前期高、后期低,还是付款比例的各个阶段均衡分布。

③付款利息的调整指付款利息高于、等于或者低于银行的贷款利息,或者干脆取消贷款利息,纯粹是建筑付款在交房后的继续延续。

我们经常见到的"建筑进度付款"、"开发商提供三年 30% 免息付款"、"以租代售"、"先租后售"、"先试住、后买房"等的促销方案都是付款方式调整的最为典型的例子。

第三种:优惠折扣调整。优惠折扣是指在限定的时间范围内,配合整体促销活动计划,通过赠送、折让等方式对客户的购买行为进行直接刺激的一种方法。优惠折扣通常会活跃销售气氛,进行销售调剂,但更多的时候是抛开价格体系的直接让利行为。要想让优惠折扣能促进销售、拉动需求,首先,应让客户确实感受到是在让利;其次,让利部分应切合客户的实际需求,如买房送装修、送书房、送储藏室、送家电及购房抽奖活动等;最后,优惠折扣方式的推出应具有新意,避免与其他竞争楼盘相类似。

3) 房地产价格调整策略

(1) 不同销售时期下的价格调整

不同销售时期下的价格调整策略主要是依据销售进展机动灵活地调整价格。房产销售期应结合房地产项目的实际情况来确定,一般来讲,可将房地产销售期分为前期、中期、后期3个阶段。房地产价格的调整应视房地产销售期销量的情况而适时地做出调整。如果在销售前期形成了销售旺势,销售前景非常看好,销量很快就达到近三成,这时就应考虑提升房产的价格;否则就应考虑采取房地产价格的直接下调或其他促成房地产价格下调的方式进行降价销售,以拉动需求,占领市场,促进资金的尽快回笼。对于后期尾盘的销售,根据实际情况,可考虑降价的形式,也可采取其他的方式以达到促进销售。

（2）不同工程进度下的价格调整

因为房地产商品的特殊性,其开发周期相对来说比较长,所以,较多的房地产开发商在销售房产时常采用预售的方式进行,但随着工程的进度不断进行,其价格也会根据工程进度的实际情况而有所调整。按工程进度进行房产价格的调整需要把握以下3点:

①项目开工未久。项目形象尚无法充分展示,价格也最低。此时,采取内部认购方式,其主要目的是试探市场、检验项目定位是否正确。

②项目开始公开发售。项目形象包装、卖场包装准备就绪,主力客户即将到来,为确保利润,价格自然要比内部认购期高出一筹;至实景样板间开放（或其他工程进展中标志性时间）,工程形象日臻完善,销售高潮已经形成,略为调整价格,客户抗拒心理一般不大。

③项目封顶。标志着项目主体完工,购买风险大大降低,项目的大部分优势、卖点大多都能充分展示,至项目完全竣工,项目好坏优劣一览无遗,客户资金垫付时间短,适当调高价格,消费者也能理解。对于分多期开发的大盘或超大盘来说,随着工程不断展开,生活气氛、居家配套设施的日益完善,一期比一期价高更是常见策略。

（3）不同销售状况下的价格调整策略

①旺销状况。旺销是指商品房推出后,客户踊跃购买,市场反映很好,在很短的时间内售出推出单位的大部分,且潜在购买的客户很多。在旺销状况下,开发商可以适当提高售价,但幅度不宜太高,一般为5%左右,太高则减少客户群,具体比例多少,主要根据初始定价和潜在客户群而定,但有一个原则:既要赚取更多的利润,实现开发商利润最大化,又要保持旺销的销售局面。当然在旺销状况下,也可在较长一段时间内保持售价不变,吸引更多的客户及时购买,在最短的时间内将所有商品房全部售完。如广州假日半岛花园刚推出时,一周即售出50多套,且客户购买势头不减,于是该项目的开发商随即全面提价6%,取得销售业绩与收入同步增长的良好局面。

②滞销状况。滞销主要指商品房推出销售以后,市场反映一般,顾客购买并不积极,没有达到预期销售目标。在分析滞销的原因后,可保持售价不变或价格略微上调,但需采取一些促销手段,如在保持售价的基础上,适当给予客户一些折扣,或赠送车位（包括优惠售车位）,或其他方式。总之,要给予客户其他方面的补偿,增加"人

气"以扩大自己的客户群。当然,也可直接调低价格,但这种做法通常会有损楼盘的形象,在房产的销售阶段,不是万不得已,一般不宜采用。

7.2 房地产市场营销渠道策略

【案例7.6】 销售代理炒热市场

广州新丽苑位于芳村区龙溪,是由宅基地整改的商品房,共 16 栋 7 层住宅,位置偏远。小区规模不大,绿化及各种配套设施不齐全。在销售过程中,曾一度不景气,后由泰盈决策资源公司代理后,在很短的时间内炒热市场,每天上门客户达 60 多批,最高达 200 多批。在其接手后的第一个月即卖出 70 套,7 个月全部售完。

【案例7.7】 房地产展销哄抬人气

2005 年常州房地产展销会上,奥林匹克花园成了整个房地产展销会的最大焦点。整个展位从设计上就独具一格,半围合式设计,巨大的背景墙,清晰的实景照片,精致的模型,绚丽的灯光效果,高大的苹果墙。从开幕式结束,到开馆的一瞬间,人流蜂拥而至,挤满了奥林匹克花园的展区,以至现场一度出现混乱。整个展区外通道上,人们排起了长队,争相领取奥林匹克花园派发的资料并进行活动登记。展区内模型周围,20 多个销售主任不停地给客户讲解规划与户型。现场气氛从一开始就进入了高潮,不少业内同行围着奥园模型不停的拍照,电视台、组委会、报社、搜房网等多家媒体和机构都对奥园的活动现场进行了现场跟踪和报道,奥园的看房车从早到晚不停地接送。据 4 天不完全统计,在奥林匹克花园仅登记的客户就达 3 725 人次。

销售渠道是企业了解消费者、沟通消费者和熟悉消费者的核心手段,是企业的重要资源,构建高效、稳定的销售渠道,对增强企业在市场中的竞争能力也愈发显得重要。开发商根据各自楼盘的特性,有针对性地选择建立灵活多样的营销渠道,不仅有利于在市场上实现销售数量最大化,获取尽可能多的利润;另一方面也能减少竞争对手的销售空间,保护和控制自己的既定市场。因此,营销渠道策略是房地产开发企业面临的一项重要决策。

7.2.1 房地产营销渠道概述

1) 房地产市场营销渠道的概念

房地产市场营销渠道是指房地产商品从生产者向终端使用者转移过程中所经过的,由各中间环节连接而成的途径。

在房地产市场营销活动中,开发企业在开发出各种商品房后,通过流通领域将商品房送到最终的消费者手中,才能最终实现房地产商品的价值和使用价值。因此,在房地产市场中,房地产商品的这种活动是由位于开发企业和最终消费者之间的、执行不同职能的、具有不同名称的营销中间机构承担,这些营销中间机构就形成了一条条营销渠道。而取得或帮助实现房地产商品转移的所有企业和个人,统称中间商(或称营销中介机构)。

2)房地产市场营销渠道的功能

房地产营销渠道的工作就是弥合房地产产品、服务与其使用者的要求之间的差异,包括时间、地点和所有权差异等。房地产营销渠道的主要功能如下:

(1)搜集信息功能

搜集并分发关于市场营销环境中消费者(现实的和潜在的消费者)、竞争者及其他影响者或影响力量的信息。

(2)促进房地产销售功能

向用户传播有关房地产产品和服务的富有说服力的信息。

(3)配合功能

使所供应的产品符合购买者的需要,包括规划、建造、设备及装修等。

(4)谈判功能

达成有关产品价格和其他条件的最终协议,以实现所有权转移。

(5)融资功能

房地产投资与交易金额巨大,如一个二级房地产开发企业的正常开发能力每年至少在 2 万 m^2 以上,年均投资额需数千万元,甚至上亿元,如此巨额资金离不开金融机构的支持。对于购房者来说,同样也面临资金的融通问题。中间商可以利用自身的资质和商业信誉,从中做大量的协调、融通工作,可帮助房地产开发企业向银行争取建设贷款,也可帮助广大购房者向银行争取按揭贷款等。

(6)分担风险功能

房地产投资巨大,资金回收期长,容易受各种市场因素影响,因而风险较大。尤其是房屋预售制度推广普及以后,使购买与使用不能同期进行,房地产开发企业要在收齐预定金或贷款到位后才能开工。此时,中间商往往具体介入并负责担保。一旦发生因施工受阻不能如期竣工、市场营销不利或通货膨胀以及其他不可预测的事情,中间商可以与房地产开发企业共同承担市场风险,携手渡过难关。

(7)市场调查和预测功能

房地产开发经营必须建立在市场调查和预测的基础上,通过中间商进行市场调查和预测是最佳途径之一。因为中间商处于市场第一线,他们掌握的信息最直接、最准确,他们最熟悉市场需求,最了解消费者的心理及需求,对市场供求关系变化和发展趋势也最有发言权。因此,通过中介机构所做的市场调查和预测,其可靠程度都比较高。

3）房地产市场营销渠道的类型及特点

房地产发展商开发的房地产商品,如何以最快的速度、最佳的经济效益、最低的费用支出流通转移到顾客手中,营销渠道的选择和控制相当重要。

（1）房地产市场营销渠道的类型

第一种类型:房地产直接营销渠道(即开发商自行销售)。直接营销渠道是指开发商自己直接将房地产商品销售给顾客,其交易过程为房地产开发商——→消费者(业主或租者)。

直接营销渠道具有以下优点:

①降低或减少营销成本。开发商自己销售,既可减少营销成本费用,又可以控制房地产的销售价格。

②了解和把握顾客的需求。产销双方直接见面,有利于了解顾客的需求、购买特点及市场变化趋势,及时调整改进企业的工作。

③控制营销策划的执行过程。由于开发商熟悉自己的楼盘情况,在宣传和沟通时能较好地把握分寸,不会过分夸耀自己的楼盘,同时可以控制营销策划的执行过程。

④有利于提升产品和企业品牌。优良的品牌会树立企业良好的知名度和美誉度,进而提高销售业绩。

直接营销渠道有以下缺点:

①由于开发商推销经验、推销网络的不足,资源不能有效利用,往往会影响销售效果。如开发商直接销售,会分散企业的有限资源和决策层的精力,在分配人手进行销售策划时,往往会顾此失彼,很难有好的销售业绩,导致其资源不能有效利用。

②开发商内部一般缺乏既懂房地产营销知识,又懂相关法律的高素质营销队伍及营销经验,不易制订出全方位、完善的营销策略。

直接营销渠道形式有优点也有缺点,但由于委托物业代理要支付相当于售价1% ~3%的佣金,从成本角度来讲,有时开发商更愿意自行租售。

第二种类型:房地产间接营销渠道。房地产间接营销渠道是开发商经过中间环节把房地产商品销售给消费者(业主或租者),其交易过程为:房地产开发商——→中间商——→消费者(业主或租者)。

间接营销渠道有以下优点:

①有利于发挥中间商的营销专长。中间商往往对本地房地产市场有详尽的了解和研究,拥有一支专门从事销售策划、物业推广,具有丰富销售和管理经验的专业化队伍,从专业上可以保证开发商所开发的项目销售成功。

②有利于开发商选择合适的中间商,创造更多的销售机会。

③可以缓解开发商人、物和财力的不足,便于开发商合理配置有限的资源,重点致力于项目的开发和工程方面的工作。

间接营销渠道也有缺点,其缺点主要有:

①目前我国房地产中间商专业素质和职业道德水准差异很大。若选择了素质差的中间商,不但不能创造较好的销售业绩,反而影响开发商的声誉。

②增加开发商的营销成本,降低了自己的利润。

第三种类型:联合一体营销。联合一体营销渠道的建立旨在集中发展商和代理商的优势,避免单纯直接营销和间接营销的不足。其成功的操作关键在于发展商和中间商真诚相待,利益共享,并且依赖于中间商高超的专业素养和优良的职业道德。

鉴于直销和间接营销渠道方式各有优缺点,实际操作中开发商和中间商的配合也存在着不少问题,所以业内人士开发出了第三种营销渠道,即联合一体营销。这种联合一体营销要求中间商发挥自己的专业特长,对所销售的房地产产品进行全程营销策划,优化营销渠道,而开发商则对销售也给予较大的投入和重视;二者真诚相待,荣辱与共,形成利益共同体,这样可集中发挥开发商和中间商的长处,利用整体优势,树立名牌,规范服务,弥补直接营销渠道和间接营销渠道的不足,共同提高房地产商品的销售业绩。

(2)房地产市场营销渠道的特点

作为不动产,房地产商品在买卖时,只有客户流动而无商品流动,在地理位置上销售组织与机构的设立应当具有较强的区域性。因为各房地产企业生产的房地产商品及经营水平不同,决定了企业采取自行营销,或找代理人销售等不同渠道。自身销售力量最强的房地产开发企业可以选择最短的销售渠道,即直接将房地产商品送至用户手中,而不需通过中间商;自身销售力量弱的房地产开发企业,可通过中介环节,分散销售。

依据市场需求情况的不同,而采取不同的销售策略。在卖方市场条件下,房地产商品供不应求,开发企业销售人员可等客户上门,若找中介渠道,不仅浪费周转时间,而且耗费更多的人力、物力、财力,使经济效益受到影响。但在房地产商品空置率较高的情况下,为了降低成本,房地产企业宜安排更多的人员作直接销售,可利用中介组织和人员通过多种渠道搞销售,不仅可扩大销售,而且缩短销售时间,提高了效益。

7.2.2　房地产营销渠道选择的步骤

从决策理论的角度来讲,要确定一个合理、有效的渠道系统,须经历确定渠道目标,了解渠道选择中的限制因素,选择具体的中间商和规定渠道成员的权利和责任,并对各种可能的渠道方案进行评估等步骤。

(1)确定渠道模式

确定渠道模式既包括选择何种营销渠道,又包括一旦某种营销渠道确定下来(例如间接营销)还要考虑营销售渠道的长度。企业决定采用什么类型的营销渠道,是直接营销方式还是间接营销方式,是1层渠道还是2层渠道,要视具体情况而定。从开发商观点来看,渠道层次越多,渠道长度越长,利润越少,控制渠道所需解决的问题也会增多。当然,选择渠道模式又与确定所需中间商的类型不可分割。

（2）了解渠道选择中的限制因素

每一个开发商在渠道决策中,要受种种因素的影响和制约。这些限制因素包括:

①房地产产品特性。由于房地产产品的价值量大,使用年限长,对大多数消费者来说,购买它往往要花费 5～15 年的经济收入,在做出购买决策时往往慎之又慎;另外,由于房地产的不可移动性,受周边环境的影响很大,而消费者一旦购买往往要长期使用甚至作为财产留给下一代。因此,在项目开发建设过程中就要对产品设计的时尚性、环境优化、市政设施等产品特性方面,与消费者进行很好沟通,直接向顾客推销或利用原有营销路线展销,使消费者产生购买的兴趣。

②顾客特性。包括现实顾客和潜在顾客的数量、顾客的购买习惯、对服务的要求以及销售的阶段性、市场竞争等因素均直接影响分销路线。一般来说,住宅市场现实顾客多,企业可采用直销方式。若市场上潜在顾客多,市场范围大,地理分布广,那么涉足房地产市场的开发商就多,市场竞争就会激烈,就越需要中间商的帮助。如越来越多的开发商喜欢在节假日和房展会上展销,供置业者选购,从而使这种渠道迅速发展。

③中间商特性。作为房地产发展商应考虑执行不同任务的营销中间机构的优缺点。同时,开发商选择中间商的过程,实质上也是中间商选择开发商的过程,二者是双向选择的。因此,中间商的实力、业绩、人品、管理、信誉、资质以及所拥有的资源优势等都会影响到渠道选择。

④环境特性。包括社会文化环境、经济环境、竞争环境等。从微观环境看,开发企业大多尽量避免使用与竞争对手相同的渠道,当与竞争者开发的房地产商品相近时(区位、交通、商品特性、价格、售后服务等)竞争就会激烈,这时渠道选择尤为重要。但在现代同质化商品程度高的情况下,就要挖掘其差异性,实施差异性营销。事实上,绝对没有完全相同的产品,即使是同一楼盘,也存在着楼层、朝向、采光、通风面积等方面的差异,差异性决定了顾客购买时可能会货比三家、权衡再三。

⑤开发商自身的因素。开发商自身的信誉高,财力雄厚,具备经营管理销售业务的经验和能力,在选择中间商方面就有更大的自主权,甚至建立自己的销售队伍而不依赖中间商的服务,从而降低成本、增加企业利润,提升企业的品牌;相反,对于资源贫乏、实力薄弱和营销管理较差的小型企业,应当充分利用中间商,采用较长的销售渠道比较好。

此外,宏观经济形势,新的法令、法规的颁布,或者原有法令、法规的修订,都会直接或间接影响到企业对销售渠道的选择。上述营销渠道的限制因素只是相对而言,而决定渠道选择的最终因素还是开发商的营销成本和效益。

（3）确定中间商数目

若在营销渠道选择中决定采用间接销售的渠道,则需确定中间商数目即渠道宽度决策。渠道宽度是指销售渠道的同一层次中使用中间商数目的多少。

(4)规定渠道成员的权利和责任

制订渠道成员的权利和责任时必须慎重,并要得到有关方面的配合。在具体操作时,渠道成员拥有哪些权利、承担哪些责任,开发商如何配合中间商、怎样配合中间商等问题,要视各地的实际情况而定。如对于开发商的权利和责任应包括:给予中间商的房地产产品供应保证(按时交房、按时入住、产权及其他相关手续办理等服务)、产品质量保证、银行按揭保证、市政配套设施以及物业管理、价格折扣、广告促销协助等;中间商的权利和责任应包括:向开发企业提供市场信息和各种业务统计资料,保证实行价格政策,不片面夸大和美化所销售的楼盘,达到服务标准等。

7.2.3 房地产中介代理

1)房地产中间商的类型

房地产中间商类型主要包括以下几种:

(1)房地产经销商

房地产经销商是指拥有房地产商品的所有权和处置权的中间商。这种中间商实力较强,采用的方式一般是一次性或分期付款买断整栋、整片开发商所开发的商品房,随后再分单元出售给最终消费者,以赚取买入价和卖出价的差额为利润(扣减经营成本)。他们购置房地产具有投资的性质,经营风险大,销售利润回报也高。

(2)房地产代理商

房地产代理商业务是针对全案楼盘(整栋、整片楼盘),具有整盘策划能力,现场销售能力。房地产代理商往往要和发展商共同承担营销风险,包括对广告费的垫支。房地产代理商以获取楼盘销售单元佣金(扣除经营成本)为利润。

房地产代理商是间接营销渠道的主要形式,可分为企业代理商和个人代理商两种,合称房地产中介。企业代理商是指由多人组成的具有法人资格的代理机构,个人代理商俗称经纪人。

(3)房地产经纪人

房地产经纪人指具备经纪人条件,经工商行政管理部门核准登记并领取营销执照从事房地产经纪活动的组织和个人。这里所说的房地产经纪人主要指上述房地产经纪人含义中的个人,他们为商品房的买方寻求卖方,为卖方寻求买方,进行居间介绍,以买方卖方的成交量/额收取佣金。

(4)房地产中介商

房地产中介商业务是针对零散楼盘(个别单元楼盘)。销售主要是采用店铺式营销,或上门推销。房地产中介商对楼盘只有基本的信息介绍和简单的包装,成交很大程度上依赖于销售人员的个人突破。房地产中介商获取利润方法和代理商相同。

（5）房地产策划公司（或策划工作室）

房地产策划公司是房地产代理公司（或策划工作室）与业主（卖方）合作的另一种主要方式，仍属于直接营销渠道。一般是开发商委托代理商进行全程营销策划，由开发商出资提供办公场所及所有宣传推广费用，开发商参与并利用代理商所提供的营销策划方案及拥有的客户网，共同组建一个房地产项目的"销售中心"，进行营销推广。其主要业务是受开发商委托，为其所开发的楼盘提供市场调研、营销策划、销售人员培训、顾问服务等服务工作。现阶段，一般是房地产代理商与房地产策划公司合二为一。

2）房地产中介代理

（1）房地产中介代理的含义

房地产中介是指房地产市场发展到一定程度而出现的一种特殊行业，属于第三产业中的有偿服务业。房地产中介服务是指直接为房地产投资、协作、买卖、交换、抵押、典当等市场交易行为而提供的各种居间性有偿服务活动，其业务范围有房地产信息咨询、价格评估、经纪代理、物业管理，以及房地产信托、律师、公证、仲裁等。

（2）房地产中介代理的形式

房地产中介代理的形式通常在委托代理合同上有具体的规定，主要有以下几种方式：

①联合代理。联合代理指开发商开发的项目，开发商委托由 2 家或 2 家以上的房地产代理公司，共同承担项目的房地产代理工作的方式。其具体方法是通过联合代理合约，规定各代理公司的职责范围和佣金分配方式，各代理公司之间有分工、有合作。对于功能复杂的大型综合性房地产，开发商经常委托联合代理。

②独家代理。独家代理是指开发商将其开发的项目，委托某一家有销售此类房地产经验的房地产代理公司，来负责项目代理工作的方式。它适合于一些功能较为简单的房地产开发项目，或者综合性房地产项目中的某种具有特定用途的房产。

③首席代理和分代理。对于大型综合性房地产开发项目，开发商可以委托一家房地产代理公司作为项目的首席代理，全面负责房地产项目的代理工作；然后由总代理再去委托分代理（总代理委托分代理，有时可以自己决策，有时必须征得开发商的同意），负责房地产项目某些部分的代理工作。特殊情况下，开发商还可以直接委托分代理。此时，代理公司的佣金按照各代理公司所承担的责任大小来分配。

④买方代理、卖方代理和双重代理。依代理委托方的不同，房地产代理还可以分为买方代理、卖方代理和双重代理 3 种。

对于买方代理和卖方代理，房地产代理只能从买方或卖方单方面收取佣金；对于双重代理，房地产代理可以同时向买卖双方收取佣金，但佣金总额一般不能高于前 2 种代理形式，而且双重代理的身份应向有关各方事先声明。

3）房地产中介代理的流程

房地产中介代理的范围既包括二级市场上的增量房地产，也包括三级市场上的存量房地产。与开发商或小业主的合作形式有独家代理、分销代理,不同的业务范围和不同的合作形式其工作流程不尽相同,下面主要介绍二级市场上的增量房地产代理的流程。

(1)二级市场上增量房地产分销代理(联合代理)流程

开发商通过签订《分销代理合同》,将房地产项目委托给多家中介代理公司,代理公司的代理流程一般如图7.1所示。

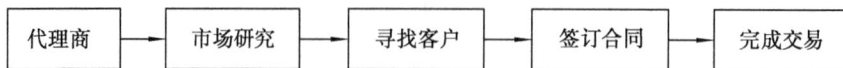

代理商 → 市场研究 → 寻找客户 → 签订合同 → 完成交易

图7.1 分销代理运作流程

一般来说,分销代理商的工作相对简单,他们不承担营销策划设计工作,只负责寻找客户与促成交易。

(2)二级市场上增量房地产独家代理的流程

这个流程又称为全程营销,但也有相当一部分情况是房地产设计、开发建设后接受委托代理销售的,则其流程开始于本流程的"设计、开发建设"之后,见图7.2。

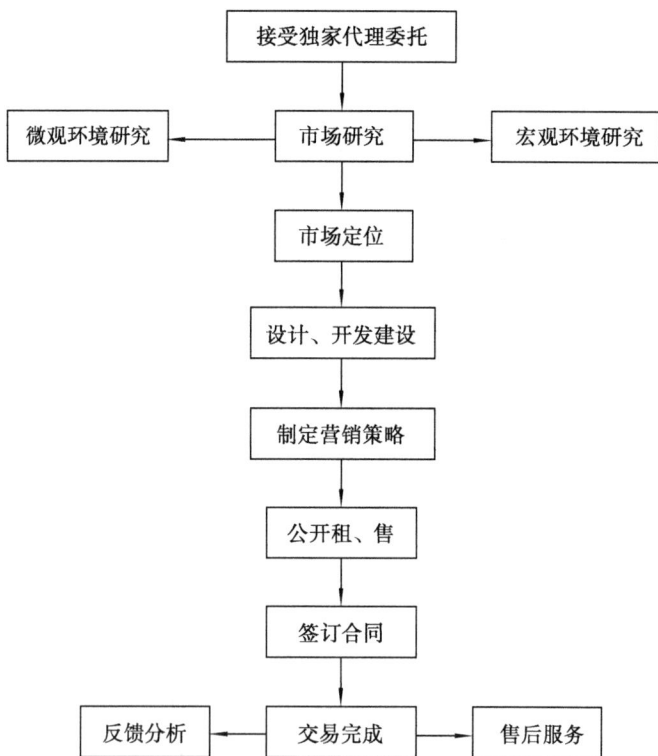

接受独家代理委托

微观环境研究 ← 市场研究 → 宏观环境研究

市场定位

设计、开发建设

制定营销策略

公开租、售

签订合同

反馈分析 ← 交易完成 → 售后服务

图7.2 独家代理流程图

7.2.4　房地产展会销售

1）房地产展会的内涵

在当前房地产市场激烈的竞争下,更多的发展商认识到,"酒香也怕巷子深",房展成为发展商们抓住时机展示自己楼盘及企业形象的良好机会。房地产展销会为房地产开发商和消费者之间提供了一个全方位的沟通交流平台,在一定空间范围内为消费者提供了方便且更多的选择楼盘的机会,也是发展商销售楼盘的好时机。

房地产展会一般由政府职能部门、行业协会、中介机构组织或专门承办会展活动的企业举办,开发商也可自行组织企业房产展销会。地方房地产展销会举行量可视地方具体情况而定,一般地区一年举行一次或两次房地产展销会,房地产业发达地区可适当增加举办次数。

2）房地产展会上的展销技巧

开发商怎样利用房展会进行企业形象的展示、房产产品的展销成功与否,一方面要看组织者组织实力和活动内容,例如举办方对房展会主题的确定。曾有房展会的主题确定为"绿色地产、和谐人居"就很不错;另一方面也要看房产参展商的准备情况,例如展位的设计、布局、楼盘的宣传及参展商展位的活动安排等。作为房展会的组织者参展之前需做调研,了解消费者对房展会有什么期望,同时也可掌握关于潜在参展商的有关资料,这样,可使房产展销能做到有的放矢,针对性强。

在展会布置上面组织者应该和开发商多合作,使展会突出自己的特点。例如:展台的细部发挥较多:比较夸张的布置水池、鹅卵石、鱼之类,更接近自然;飘窗的展示更加抽象化等。当然具体如何布展,主要在考虑展会主题的情况下,还应结合自身楼盘的特点。例如在广东惠州市的一次房展会上,"金辉新苑"为突出其展位的主题——"8万平方米绿色亲情家园",以竹子为材料进行布展,周围以竹竿围成墙,远远望去就是一个绿色小房子。当然展会不仅只有房地产项目去参展,而且还应有一些其他与房地产相关的单位,如建材公司、装饰公司、网络公司等,这些单位可以占参展总面积的1/3左右,也应要求其展位的布置及在产品的展销上应与整个展会的主题构成一种和谐统一的格调。这些做法可以促进展会销售,当然也能人性化地为消费者提供近乎"一条龙"的服务。

整体展销的平台有了,对不同的参展商来讲怎样突显自己的个性,展示企业的形象和产品,这其中的展销技巧就非常值得一提。作为房地产产品的参展商可从以下几个方面进行考虑:

①做好前期准备工作。对于开发商来说,前期准备工作做好了,宣传和销售相得益彰。开发商要准确衡量自己的实力:本次房展会打算以哪个或哪些楼盘为主?应该预定多少展位?展位位于展厅什么位置更合适?展位应该如何布置?是沿用原来的楼书还是重新设计?是否需要其他的辅助资料?辅助资料以宣传企业为主还是以宣传品牌为主?在展会期间是否还举办相关活动?这些问题都要一一考虑。

开发商如果实力较强,目前正在销售的楼盘较多,此时考虑宣传的重点就应是品牌而不是某个楼盘了,注重的是应是形象及产品的展览而不是展销。开发商可选择1~2个有特色的楼盘作为品牌的代表,楼书要制作得足够精美和详细,这样才能体现品牌的魅力。其他辅助材料也很重要,如公司的概况,曾经开发过哪些楼盘,开发的楼盘是否获过奖,获得的又是哪些奖项,这些都应该在辅助材料中体现。开发商的展位也可以适当的多一点,到好品牌和好楼盘展台上咨询的购房者必然很多。

如果开发商实力较弱,比如刚刚涉足房地产业或开发的楼盘较少,此时应该重点宣传楼盘。楼书是一个关键因素,购房者对实力较弱的开发商并不了解,所以只能通过楼盘来对企业及产品进行宣传。展位布置对于此类开发商很重要,要突出重点,坚定消费者对楼盘的信心。

②以良好心态参展,拓展品牌知名度。房地产展销会顾名思义,首先是展示,其次才是促成销售。对房地产开发商而言,通过房产展销会带来惊喜销售当然是重要的。但有远见的商家,绝不仅仅只是要求在展览会上的成交额,最重要的是通过展示自己的形象和产品,树立品牌,提高本企业的知名度,为今后的产品销售铺路。这个知名度,当然体现在参加的展会档次;除了展位以外,与展位人员着装,与发送的礼品也有关系,要尽量使客户对自身品牌有印象。即使在这次展示交易会上没有当场成交,只要企业的知名度、美誉度有一定的提升,也就取得成就了。

③寻找潜在客户,吸引消费者。在展销会现场,要会分辨哪些是潜在的客户,哪些是来看热闹的?潜在客户一般会问什么问题?那些谈着谈着有兴趣的人,你觉得有机会可以把他抓住,就请他坐一坐、谈一谈,并给他完整的资料。对潜在客户,要通过一定的技巧让他留下资料,比如说留下名片,填一下资料,就有机会获大奖等。

当然,开发商参加房展会的最终目的还是销售楼盘,在房展会上举行活动和实行优惠措施,可以达到促销的目的。可以简单地将这些活动分为:一般活动、知识普及型活动、现场网络互动活动等。

一般的活动有买楼送车、现场买楼优惠、有奖楼盘知识竞赛、看楼直通车、在展区设置样板房、大屏幕三维立体动画片等,这些活动在房展会上最常见,也比较有效。买楼送车,比较适合高档楼盘、别墅或名牌楼盘;现场买楼有优惠可以激发消费者的购买欲望,适合普通大众;有奖楼盘知识竞赛,参与人员众多,在活动中让消费者了解了楼盘;看楼直通车让购房者在最短时间内到达楼盘现场。有时房展会的主办单位也会提供一些场所,让开发商搞活动。知识普及型活动是这几年才开始流行的。与开发商相比,普通消费者是弱势人群,他们不懂专业术语和名词,对整个房地产行业也不了解。一家优秀的房地产开发企业,应该多注意消费者的需求,在帮助消费者的同时达到营销成功的目的。

④注意展会现场宣传效果。在房展会的展位上宣传,其实就等于在售楼现场做宣传,所以现场宣传人员的能力决定了房展会上宣传的效果,甚至更远一点,也会影响房展会后楼盘的销售业绩。

作为现场销售人员,首先,要做到礼貌大方,细致耐心。在售楼处,这些都是最基本也是最容易做到的,但是房展会上参展的消费者很多,要做好实在不容易;其次,要了解消费者的真正要求。来参加房展会的消费者可以分为 3 种:第一种是想买房,但平时没有时间或机会咨询的人。他们希望通过房展会,了解房地产业的行情、房型和房价,为将来买房打基础;第二种是想在将来买房的人。他们来房展会的目的是开开眼,看看房地产业界的最新发展,以期将来买到一套称心如意的住宅;第三种是想借助房展会上推出的优惠,当场购房,或者是对看中的房子提出购买意向,签订合同。上述 3 种情形虽然不同,但都与买房有关。对于第一种消费者要耐心讲解,他们最有可能买房;第二种消费者虽然在近期不会买房,但是如果销售人员态度好,讲解细致,将来买房时可能首选这些房地产商开发的楼盘;第三种消费者最受销售人员的欢迎。据有关调查显示,房展会后退房的比例也很高。因此作为销售人员同样要耐心讲解,让购房者了解到足够多的信息,真正是想好了才买,将退房率减少到最小。

⑤展览会后一定要及时对客户进行跟进。参会后不久,一般 3 ~ 5 天,最多两个礼拜,客户的资料就可能被忘记,所以必须完成展会后的跟进工作,以进一步确定客户的购房需求性。

7.2.5　房地产拍卖销售

拍卖是指以公开竞价的形式,将特定物品或者财产权利转让给最高应价者的买卖方式。在房地产中因为房地产有 3 种存在形态:即土地、建筑物、房地合一。在房地产拍卖中,其拍卖标的也可以有 3 种存在形态,即土地(或土地使用权),建筑物和房地合一状态下的物质实体及其权益。拍卖需要具备一定的条件:①要有拍卖品;②有两个以上的竞买者;③买卖中要含有价格竞争因素;④价格竞争在买主中展开;⑤交易应通过中介服务——拍卖行代理完成。拍卖中关于佣金的确定,拍卖人可以与委托人约定佣金的比例,委托人与拍卖人对佣金比例未作约定,拍卖成交的,拍卖人可以向委托人收取不超过拍卖成交价5%的佣金。拍卖未成交的,拍卖人可以向委托人收取约定的费用;未作约定的,可以向委托人收取为拍卖支出的合理费用。

我国的房地产拍卖,由于起步晚、起点低、消费者了解不深、市场发展还不是很成熟,这些都直接影响了房地产拍卖会的效果。在早期房产拍卖的主体也多是抵债房产、闲置房产和涉案房产,优质房产拍卖只是近年来才开始出现的,频次高起来也是近期的事。

从本质上看,拍卖是把定价权重新归还市场的一种行为,体现了公开、公平交易的原则,只要开发商对自己的产品有信心就可以试用,通过拍卖的方式进行产权转让是开发商很好的一个选择。

在房地产拍卖中不同的买家,针对不同的产品出于不同的心理,有的想通过拍卖竞买到自己认为新鲜、特别的房产;有的想通过参加拍卖能买到价格经济实惠的房产。在实际房产拍卖操作中有些拍卖房产拍得的价格甚至低于二手房,这样一来房产增值的空间就会比较大。

有专家预测,随着房产拍卖市场的不断发展,房产拍卖的发展趋势将呈现出 3 个特点:

一是拍卖品种多样化。除了住宅等常见品种外,商铺及其使用权、租赁权,民宅,厂房,公寓,二手房等将大大丰富房产拍卖的内容;

二是由政府委托或强制委托的房产拍卖标的将占主导份额;

三是拍卖公司的竞争遵循服务取胜。拍卖公司的选定,不再随便指定。在 2005 年 9 月,成都法院系统面向社会公开遴选确定了入围拍卖公司名册,在房地产拍卖中针对烂尾工程的拍卖都要求通过公开摇珠的方式确定拍卖公司,登报公告并邀请主要债权人进行监督。

房地产拍卖销售相对于直接销售或代理销售等而言有自身的优势:

①对于购房人来说,更直观、更透明。一般来说,以拍卖方式销售的房子必须是现房,房子什么样儿,购房人眼见为实。另外,房子在拍卖之前,各种手续都经过拍卖公司事先审过,这已为购房人把了一道手续关。

②对于开发商来说,更省钱、更方便。众所周知,包括广告费、售楼处建设装修费、销售人员工资等房地产销售费用一般要占到一个项目销售总额的 3% ~ 5%,而采取整体拍卖的形式销售,拍卖费要远远小于这个费用,开发商完全可以把这部分利润让利给购房人。若对楼盘采取的是整体拍卖的方式,还能避免尾房销售方面的问题。

③对于开发商来说,拍卖销售可以加快资金的回笼。有业内人士表示,随着房地产开发的逐渐规范以及政府相关政策的改变,拍卖销售可以加快资金的回笼,同时也可以进一步提升开发商的声誉,在不久的将来,有可能逐步成为一种全新的房地产项目销售模式,并为更多的开发商所采纳。

7.3　房地产市场营销产品策略

【案例7.8】　家有梧桐树,不愁凤凰来

湖南湘潭有一"百姓家园"房地产项目地处湘潭市韶山东路南侧,北面有近 40 000 m² 的护潭文化广场、安居乐建材超市,南面毗邻市府规划中的熙春路,面积 200 亩,总建筑面积近 20 万 m²,绿化率高达 42%,采用新古典主义建筑风格,红白相间,醒目典雅,作为湘潭第一批大规模有园林绿化景观、配套设施较为齐全的综合社区,是目前湘潭房地产市场中高档住宅产品的代表之一。

该项目的开发商湘潭大同世界股份有限公司,曾经成功打造了湘潭第一个全封闭配有物业管理的现代社区"大同世界花园",在湘潭市享有很高的信誉。开发商希望将百姓家园打造成一个精品,为追求健康生活环境的高收入阶层,政府公务员、私营业主、企事业行政人员等置业者提供一个高品质的社区。

该项目 2002 年 12 月奠基,2003 年 4 月 28 日正式开盘销售,在销售过程中,对销售现场进行了如下的操作:

首先,进行市场调研;其次,对整个市场、项目资源进行梳理;再次,将楼盘产品定位为"湘潭市首家大规模全民健身运动社区",并紧锣密鼓地加紧对楼盘进行包装,以此为重点配置很多相应的营销策略,二期开盘邀请湘潭市体委授予百姓家园"运动社区"的授牌仪式;最后,组织营销队伍,强化执行,确立了良好的与市场沟通的方式方法。

经过一系列的精心策划,百姓家园项目销售业绩非常看好,震惊了整个湘潭市,业内的同行闻声而动,三番五次来到售楼部了解情况,踩盘的同行一拨接一拨,百姓家园成了其他房产公司学习的榜样。

从案例可知,企业的市场营销活动如何,取决于它所提供的产品是否能满足消费者的需求。作为一个企业其各项市场营销策略都是围绕着产品这个实质内容来制订和贯彻执行的,在营销策略中,产品策略是其核心内容。产品策略正确与否,直接影响着企业经营活动的全局。作为房地产企业也不例外,房地产企业只有提供满足消费者需要的房地产产品和服务并令消费者满意,才能更好地满足市场需要,才能实现获取利润的目标。

7.3.1 房地产产品开发策略

1)房地产产品生命周期策略

产品的生命周期分为4个阶段:投入期、成长期、成熟期和衰退期。产品在不同的阶段,有一些不同的表现。投入期:产品刚刚投入市场,销售量不大,消费者对其不了解,广告费用高,销售增长率在10%以下,利润小于零;成长期:客户对产品有所认识,销售率增长,利润大于零且逐渐增长,销售增长率在10%以上;成熟期:此时产品已广为人知,经济效益处于最佳状态,销售增长率下降,销售增长率在1%～10%;衰退期:销售量下降,产品积压,利润降低,销售增长率降到零或呈负增长。

房地产产品生命周期策略就是依据房地产产品所处的生命周期的不同阶段采取不同的策略。以下讲述针对房地产产品的生命周期及各阶段的特点来制订相应的策略:

(1)市场投入期的策略

投入期是指一种新型的房地产产品初次进入市场,在该阶段产品通常情况是销售量较小,增长缓慢。新产品的进入,通常会存在一种产品不为公众所熟悉的情况,这时,房地产开发商的首要任务就是迅速提高产品的知名度,推动销售量进入成长阶段。由于新型房地产产品的特点尚未被人们了解和认识,因此,在定价方面应结合市场情况综合考虑。具体策略可从以下几方面进行考虑:

①采取低价入市的定价策略,以薄利为宗旨,扩大该产品在房地产市场上的占有率。

②采取高价入市的定价策略,以图在短时期内尽快回笼资金。采取这种策略必须有一定的市场环境,如已经了解到对该产品的需求量大,这种新产品的消费者急于求购,并且愿意按价购买;企业在不久的将来面临潜在竞争者的威胁,应该迅速使消费者建立起对自己产品的偏好。

③缓慢渗透策略。这种策略是以低价格、低促销费用来推出产品。这种战略适用于市场容量很大、消费者熟悉这种产品但对价格反应敏感,并且存在潜在竞争者的不激烈市场环境下使用。

(2)市场成长期策略

从产品的生命周期曲线可以看出,这时产品销售量急剧上升,利润也迅速增长。这时消费者对于产品已经熟悉,在这一阶段企业利润上升幅度较快。从我国房地产市场特征来看,房地产产品的成长阶段是市场销售量迅速放大的时期,是房地产企业销售的最佳时期,企业要采取正确的营销策略把握住这一时期。在产品成长阶段,企业可以采取的策略有以下2种:

①广告重心的转移。企业将广告的重心从单纯介绍产品、建立产品的知名度转移到通过广告树立企业形象、产品形象以达到说服消费者接受产品并购买产品上来，以促进销售的进一步增长。

②根据市场实际情况，综合运用多种销售方式。经过投入期的试点，如用户对新型的房地产产品反映较好，就可以初步确定为标准设计，扩大与推广这种图纸或新材料在房地产建设中的应用，并不断予以改进。在这一时期，房地产开发商可大幅度提高销售价格，并开辟新市场，增强市场渗透力。

（3）市场成熟期策略

处于成熟期的产品市场竞争相对激烈，产品的销售量主要依靠消费者的重复购买来维持，但房地产产品是一种高档耐用消费品，同时由于受到消费者收入水平的限制，使得大多数消费者不具备重复购买的能力，我们可以从房地产产品的生命周期曲线看出，成熟阶段的销售量难以维持成长阶段的水平，销售量陡然下降。这时采取的策略主要有以下 2 种：

①市场改进和产品改进，寻找新的消费者。企业可以通过进行市场细分，寻找新的细分市场，将产品引入新的目标市场；或者是对房地产产品进行改造，改变或扩大原有产品的用途和使用功能，吸引新的消费者。

②营销组合改进。通过改进营销组合的一个或几个要素来刺激销售，延长产品的市场成长和成熟期。在价格、渠道、促销、公关等营销组合方式上进行适当匹配。

（4）市场衰退期策略

在这一阶段，产品出现积压、滞销；蕴含新使用理念的产品出现，取代原来产品；企业利润下降甚至为零；大多数消费者的态度发生转变。这时企业要对市场和产品进行分析，避免继续消耗昂贵的成本费用而影响企业的获利能力。

在使用周期策略时要明确，虽然在不同的生命周期应采取不同的策略，但不可因为周期策略等非产品因素的竞争而忽视产品本身的"产品生命周期陷阱"。企业在适当的时机，可以采取降价策略，以激发那些对价格比较敏感的消费者产生购买动机和采取购买行为。同时，降低价格还能防止异质竞争者的加入，利于企业保持并扩大市场占有率。

2）房地产新产品开发策略

（1）新产品的界定

市场营销意义上的新产品含义很广，除包含因科学技术在某一领域的重大发现所产生的新产品外，还包括：在生产销售方面，只要产品在功能或形态上发生改变，与原来的产品产生差异，甚至只是产品从原有市场进入新的市场，都可视为新产品；在消费者方面，则是指能进入市场给消费者提供新的利益或新的效用而被消费者认可的产品。按产品研究开发过程，新产品可分为全新产品、模仿型新产品、改进型新产品、更新型产品等新型产品。

全新产品是:指应用新原理、新技术、新材料,具有新结构、新功能的产品。该新产品在全世界首先开发,能开创全新的市场。它占新产品的比例为10%左右。

改进型新产品:是指在原有老产品的基础上进行改进,使产品在结构、功能、品质、花色、款式及包装上具有新的特点和新的突破,改进后的新产品,其结构更加合理,功能更加齐全,品质更加优良,能更多地满足消费者不断变化的需要。它占新产品的26%左右。例如就房地产产品而言,在样式、形状、色彩、材料、房型等方面进行了部分改进的新产品,即为改进型新产品。

模仿型新产品:是指企业对国内外市场上已有的产品进行模仿生产,称为本企业的新产品。模仿型新产品约占新产品的20%。房地产产品的模仿型新产品是指模仿市场上销售前景看好的其他房地产企业生产的产品。

更新型新产品:是指对企业或市场上已有的产品进行部分或局部的更新而形成的产品。例如在房地产产品开发建造过程中部分地采用了新工艺、新技术、新材料,使其使用功能有了很大改进。如"错层房型"或"跃层房型"在近几年受到一部分公众的追捧。其原因一是突破了传统的房型平面布局,提高了住宅的舒适性与生活情趣;二是派生出"多余空间",增加了立体空间上的动感,在功能与感觉上均展现全新的特色。

(2)房地产新产品的开发策略

针对房地产新产品的不断开发,如何在房地产市场中取胜,这不仅仅只依赖于房地产产品在建设阶段的创新,而应是房地产产品的全过程的创新,其创新策略可从以下几个方面进行:

①房地产产品的规划设计创新策略。房地产开发企业在进行图纸设计、产品规划阶段时应考虑以下4个关键因素。

第一,满足个性化需求。个性化需求的满足,需要能正确处理功能、经济和美观的关系。对于房地产产品的功能,可以从3个层次进行理解:一是满足基本功能的要求。这是比较被动的,就是说顾客需要什么,房地产开发企业就提供什么来满足顾客;二是房地产开发企业配合顾客。功能是变化的,不同的消费者有不同的要求,房地产开发企业不是一味简单被动地去满足,而是积极地配合这种变化;三是功能引导。但不管是满足需要、配合需要还是引导需要,都体现了以产品消费者为中心这样一个观念。例如高层住宅入户花园的设置,一改高层住宅没有私家花园的俗套,让快节奏生活下的劳顿身心得以彻底放松。功能房的用途多样化,多功能书房、储藏室、衣帽间、保姆房、宠物房等用途功能房,在户型设置中逐步得到细化和广泛应用。尤其是衣帽间,通常与主卫相邻,面积设定在 4 m^2 左右,除一般的方正户型以外,在装修上出现了其他圆形的设计,别具一格。

第二,经济性。对经济性可以从不同的角度进行理解。我们这里所说的经济性,是指房地产产品合理的价格性能比。无论是房地产开发企业、中间商还是建筑承包商,都是在替潜在消费者花钱。也就是说,房地产产品从规划、设计开始,历经开发、建设,再到销售和进行物业管理,每经过一个环节,就会增加一定的成本,而成本又会反映在房地产产品的价格上。同时,房地产产品价格的最终承担者是消费者,如果价格超过了消费者的经济和心理承受能力,房地产产品就会形成滞销。因此,消费者进行购买决策的过程,实际上是对不同房地产产品的价格与性能(即效用)进行比较和分析的过程。为了最大程度地吸引消费者,房地产开发企业在进行规划设计创新时,就必须注意经济性。

第三,气候。气候与环境因素对建筑规划的影响比较大。例如中国北方冬天下雪多,屋顶都是很尖的,尖屋顶就可以使雪比较容易滑下来,不会把房屋压坏;同时,北方冬天寒冷,在对取暖设施有一定要求的同时,对房屋建筑物、特别是门窗的质量也有一些特别的要求。西南地区比较潮湿,对通风要求比较高。例如重庆的金科·绿韵康城房地产产品突破原来的高层观念,采用风车状设计,实现三面通风采光,增强了居住的舒适性。

第四,历史和文化传统。一个城市及地区的建筑体现着这个地区独特的历史和文化传统,不同地区消费者对于房地产产品的风格有不同的偏好,同一地区不同年龄层次以及不同收入阶层的消费者对房地产产品也有不同的要求。"上帝活在细节中"这句话,就是说明消费者对房地产产品的审美要求很多,要求房地产开发企业不断进行设计创新。消费者不只是看轮廓线到底是大屋顶还是山墙,更多的是从细节角度来考虑问题。这对房地产开发企业有较大的启示,也就是说可以用一些局部的、细致的手法来进行房地产产品的规划设计创新,投资很大,但是可以在给消费者带来审美满足的同时,也给企业带来较高的效益。例如在加拿大蒙特利尔市,针对连排别墅盛行的情况,建筑师在每幢别墅门口加一个颜色、造型或材料各异的小雨棚,结果就达到了上面所说的投资小、受益大的效果。

②房地产产品的开发技术创新策略。房地产产品在开发技术方面的创新,能为消费者提供实实在在的心仪产品,能真正做到满足消费者的需求,而不是让消费者来将就市场的供应。

例如房地产市场上高层物业的出现,新技术的运用是关键,建筑科学技术的发展为高层物业的开发建设提供了技术上保障。例如重庆米兰天空和同创奥韵物业的出现就是这方面的代表作。米兰天空在墙体中采用了保温隔热技术,同时运用塑钢双层玻璃。据介绍,这些建筑节能技术能够使能源利用率提高 50%。而同创奥韵是国家健康住宅示范小区,围绕着节能和健康住宅的舒适性,该项目也在建筑新技术和新材料的运用上做了一些尝试,在重庆首家同时采用了中空玻璃、外墙保温隔热和浮筑楼盘隔声技术。

③房地产产品的服务创新策略。房地产开发企业应该树立全面的服务意识,针

对客户心理不断做到服务创新。服务是房地产产品硬件品质的延伸,是产品概念的重要组成部分。真正的服务应涵盖售前服务、售中服务和售后服务。比如,在预售阶段,应当针对顾客的疑虑和害怕上当心理,一方面加强解释、宣传工作,另一方面又要让事实说话,通过顾客参与和提供完善的法律服务打消顾客疑虑;在现房销售阶段,应当针对市场竞争状况和顾客实际需要,侧重于抓好引导顾客看房、答疑赢得顾客信赖、提供购房便利的工作;在售后,则应针对顾客可能的不满,做好解释和售后服务工作。

7.3.2 房地产产品组合策略

1)房地产产品组合策略概念

产品组合,是指一个企业提供给市场的全部产品线和产品项目的组合或搭配,即经营范围和结构。产品线是指互相关联或相似的一组产品,即我国通常所谓的产品大类。产品线的划分可依据:产品功能上相似、消费上具有连带性、供给相同的顾客群、有相同的分销渠道,或属于同一价格范围。产品项目是指产品线(大类)中各种不同品种、档次、质量和价格的特定产品。

房地产产品组合策略是指房地产企业生产和销售的全部房地产的产品结构方式,是房地产企业根据市场需求以及企业自身的资源、条件,制订的产品策略。一般是从产品组合的宽度、长度、深度和关联度等方面做出决定。

产品组合宽度:是指一个房地产企业生产的产品大类。拥有的产品线多少,多则宽,少则窄。

产品组合长度:是指企业所有产品线中的产品项目的总和。

产品组合深度:是指产品线中每种产品所提供的款式、建筑风格规格的多少,如某公司开发建设的别墅有3种规格、2种建筑风格,则这种产品的深度就是$3 \times 2 = 6$。

产品组合关联度:是指产品线之间在最终用途、开发建设条件、销售渠道或其他方面的相互关联程度。

房地产产品组合对于房地产营销决策有重要作用:①增加产品组合宽度,扩大经营范围,可充分发挥企业各项资源的潜力,提高效益。②增加产品组合的深度,可适应不同顾客的需要,吸引更多的买主;③产品组合相关性的高低,则可决定企业在多大领域内加强竞争地位和获得声誉。

2)房地产产品组合策略

产品组合的4个方面对于营销策略是很有意义的。增加产品组合的宽度,扩大经营范围可充分发挥企业各项资源潜力,提高效率,减少风险;增加产品线的长度,使产品线丰满,同时给每种产品增加更多的变化因素,增加产品组合的深度,可适应不同顾客的需要,吸引更多的买主;最后,产品组合关联度的高低,可决定企业在多大领域内加强竞争地位和获得声誉。

所谓产品组合决策,即企业对产品组合的宽度、长度、深度和关联度等方面的决策。

然而市场是一个动态系统,需求情况经常变化,原有竞争者不断花样翻新,新的竞争者又不断进入,这一切又必然会对一个房地产企业产品的营销产生不同的影响,对某些产品有利,对某些产品不利。因此,企业产品组合策略应遵循的原则是:有利于促进营销和增加企业的总利润。房地产企业或营销人员要经常对产品组合进行分析、评估和调整,力求保持最佳的产品组合。

但是由于受市场需求的波动、受市场竞争条件的影响和房地产企业自身实力限制 3 个因素的制约,房地产企业就对产品线的宽度、长度和深度策略,有了不同的选择,产生多种房地产产品组合方式。

(1)产品线延伸策略

产品线延伸策略是指部分地或者全部地改变原有产品线的市场地位。

产品线延伸策略往往有 3 种形态,即向下延伸、向上延伸和向上向下双向延伸。

①向下延伸。是将原先定位于高档市场的产品线向中、低档市场延伸,在高档产品线中增加低档产品项目。这种策略有一定的风险,但运作得当就能获得更大的发展前景。

【案例7.9】　金桂苑住宅小区原设想建成侨汇房标准的高级住宅,经市场调查分析,开发商从面向广大国内中、高层次需房户着想,在总的住宅标准不变的基础上,通过将室内装潢的设想,改成毛坯房标准,来降低造价成本,向中低档市场延伸,获得更多的客户。

②向上延伸。是将原先定位于低档市场的企业,在低档产品线中增加高档产品项目。使企业进入高档产品市场。如安装电梯的七层、八层、九层住宅楼房是提升多层品位的尝试,受到客户的广泛欢迎,是因为我国正逐步进入老龄化社会,电梯房避免了老年人上下楼梯不便的烦恼。这也是一个房地产产品向上延伸成功的实例。

③向上向下双向延伸。即原先定位于中档产品市场的企业,向产品线的上下 2 个方向延伸以扩大市场。

(2)扩大产品组合策略

扩大产品组合策略就是扩大产品线的宽度,加深产品线的深度,其不受产品线关联性的影响。

①深度开发。如上海"E 小区",房型中"可分可合"的结构,所有多层单元一梯二户,合则共享庭院空间,分则具备很强的私密性,高层房型组合灵便,合则一门进出

为大型组合,分则视面积大小,客户独用 2 房或 1 房;"F 花苑",设计出二楼、三楼的复式结构,房型达 28 种之多。现在还有诸如"以销定产"、"自行分割"、"一用多能"等房型布局。

②宽度开发。成功的办法是采取产品外延的生态环境营造,大都市的人们非常重视住宅区域的绿化,如果在房地产产品中组合进楼盘的绿化率及绿化质量的内容,并在广告中作为卖点渲染,强调住宅区绿化率超过 35%,符合了都市人"重返大自然"的心态,能吸引更多的客户。

【案例 7.10】 由上海市建业房地产公司与上海市上投房地产公司合作建造的位于徐汇区虹漕南路的金桂苑住宅小区,每幢楼前的门厅旁都进行了绿化,由专业绿化公司在中心绿化区精心设计建造了开阔的草坪,四周种植高低不一的各种树木,小区种植的许多桂花树与"金桂苑"名实相符,金秋时节桂花飘香形成了独特的绿化环境和高尚典雅的情趣。

(3)缩短产品组合策略

缩短产品组合策略就是从产品组合中剔除获利少的产品线或产品项目,集中经营获利多的产品线和产品项目。20 世纪 70 ~ 80 年代的房型,煤、卫、卧室的面积很小,已经过时且不能满足当今人们的需求,但一些房地产企业新建住宅楼时,不注意市场需求,仍沿用这类"淘汰"房型,结果是房地产产品大量积压,形成大量的空置。

(4)产品线现代化策略

产品线现代化策略是把当代高、新科学技术成果运用到房地产产品的生产之中如配合信息时代的智能化办公大楼;采用高科技技术,配备了生活水和饮用水 2 套供水系统的住宅楼等。

产品线现代化策略会遇到技术设施的改造、添置,技术人员的培训、招募等问题,是采用节省资金的逐渐现代化策略,还是采取超越竞争者的快速现代化策略,必须与整个企业开发规模相协调。

房地产产品线现代化策略往往也可以体现在其某个局部或细部的超前与引导。如建造一般办公楼时预留电脑房的空间和网络电缆通道,以备其未来升级为智能化办公楼;建造高层住宅时考虑到家用空调器的普及,建造室外机安放平台和预留管道空间,既为客户提供了安装之便利且使建筑物外整体观不被参差的空调器破坏;有的商品住宅还配有冷热水供应系统,节约了能源。这些是房地产企业不必花太多的财力、人力、物力就能办到的,是十分经济的且受到客户欢迎的举措,能成为特殊的、时尚的卖点。

(5)产品线号召策略

房地产营销过程中选择最有典型意义的一个或者少数几个产品项目推向市场,进行号召,即打出"拳头产品",以开拓市场,吸引消费者,并带动其他项目产品的销售。

房地产产品线号召策略有 2 种方式：

①以产品线中低档产品项目进行号召。以低价格吸引客户注意,当顾客光临房地产营销部门时,说服其根据自己的需要"高升一步",购买高一个档次的房地产产品。

②以产品线高档产品项目进行号召。可以提高房地产产品线的档次,提升整个房地产企业开发的房地产产品的形象。如有的楼盘中最昂贵的精品房,常常被闲置着,看的人多买的人少,但其表明的档次和实力却能号召客户购买产品线中档次稍低的房地产产品。这类似五星级酒店的总统套房的作用——酒店拥有 1、2 套布置豪华、服务周密、设施高级的总统套房,并不是经常有客人入住,同时入住酒店的客人大多住标准房或套房,很少会去住总统套房,但都会认为有总统套房的酒店是一流的。

7.3.3 房地产产品差异化策略

1)房地产产品差异化策略概念

房地产产品从卖方市场到买方市场的转变,使得那种以生产者为中心的企业营销体制、营销理念发生了根本性的变革。产品差异化策略正是迎合了这种需要。

产品差异化是指产品的特征、工作性能、一致性、耐用性、可靠性、易修理性、式样和设计等方面的差异。也就是说某一企业生产的产品,在质量、性能上明显优于同类产品的生产厂家,从而形成独自的市场。

房地产产品差异化策略就是房地产企业凭借自身的技术优势和管理优势,开发出在性能上、质量上优于市场上现有水平的产品;或是在销售方面,通过有特色的宣传活动、灵活的推销手段、周到的售后服务,在消费者心目中树立起不同一般的良好形象。

2)房地产产品差异化策略

(1)房地产产品质量差异化

房地产产品质量包括房地产产品的耐用性、可靠性、精确性、安全性、安装维修的简便性及其他有价值的属性,是对某一品牌实现其功能的评估指标和标准。

房地产企业产品质量差异化的办法不少,关键是要树立质量第一的观念,房地产产品作为一种长期使用的商品,其质量绝对马虎不得,近年就有过因为质量不过关导致整个楼盘建筑成为危房,不得不拆除的教训。

(2)房地产产品特色差异化

产品特色是极其有效的市场竞争的工具,可使自己企业的产品同其他竞争企业的产品区别开来,同时又使客户为购买特色支付代价。

产品的特色是人为赋予的,它使客户产生兴趣,刺激客户的购买欲望。

例如在高档的外销住宅中配有保姆房,为客户雇请保姆留出起居空间,受到客户的欢迎。

（3）房地产产品式样差异化

房地产产品式样往往用建筑物的体量、形状、建筑风格、外部的装饰、建筑小品的安排来表现。

在房地产市场营销中可以在房地产产品式样的多元化上做文章,如某商务楼盘,代理商将原先的每标准平面 4 套单元更改为 8 套单元,每套的面积从 180 多 m^2 降至 90 多 m^2,甚至 60 多 m^2,以低面积低总价推出,销售效果很好。

（4）房地产产品名称差异化

楼盘要取得销售成功,要凸现楼盘自己具有而其他竞争楼盘所没有的、且又为广大购房者所接受的产品优势点,楼盘名称作为载体可以突出和强化这些优势。

楼盘名称标识性强,个性突出,要体现楼盘的差异性及与众不同,并与市场形象定位相吻合。命名时,可以强调楼盘的地理,如上海的"虹口典范";强调人文,如"汉唐龙脉";强调环境,如广州的"时代玫瑰园"、"云山诗意";强调品牌,如"金碧花园"、"万科星园";强调风格,如广州"星河湾"、"北美经典";强调目标市场定位,如"钻石王朝"、"万家灯火"等。

（5）房地产产品服务差异化

房地产市场已经逐渐开始由卖方市场转向买方市场,购买房地产产品也就包含了服务的要素,是房地产产品结构中延伸部分。服务策略大致分售前服务、售中服务和售后服务 3 大类。房地产企业面临激烈的竞争,有特色的、周到的服务往往能吸引社会广泛的认同,成为房地产产品的卖点。应重视服务内容,为客户提供方便,使服务内容朝多方位、多层次、有特色、有个性的方向发展。

售前服务包含接待、咨询、现场看房、报价、定价、收款等服务,如制订服务规范,对客户做出真诚的承诺;售中服务包括办理按揭、入住、房权及其他相关手续等服务;售后服务包括装修、维修、物业管理等服务。在目前房地产市场竞争激烈的情况下,售后服务成为房地产市场关注的热点。一旦客户入住后,交多少费才获得等值的售后服务,是客户极其关心的问题,其传递的信息对其他潜在客户群体有一定作用;随着房地产市场的发育,客户逐渐成熟,在购买住宅之前就会关注售后服务的内容,然后选择合适自己的住宅及环境;为推出楼盘,不少房地产企业在房地产管理方面,或承诺或赠送,迎合客户的需求。

例如,某房地产公司"花钱为业主服务",每年都投入三四百万元,用于改善环境和为业主提供配套服务;某房地产开发商为业主增添文化设施,并在每个阳台上放置从澳洲进口的花卉;上海某公司为满足消费者的需求,推出了在公司开发建设的住宅小区范围内可自由换房的举措。

　　房地产售后服务方式多种多样,与房地产管理叠合、与环境保护同步是其共同点,符合当今社会的发展趋势,良好的售后服务定能创造出房地产的品牌效应和房地产市场营销的佳绩。

7.3.4　房地产产品品牌策略

　　高价值的房地产品牌,它拥有顾客认同程度高的品牌印象及拥有大量认同品牌的顾客,拥有这一优势的房地产品牌,就等于占据了巨大的资本资源。现代房地产运营学认为,现代房地产开发本质上是房地产产品运营、资本运营和品牌运营的统一。对于房地产品牌的运营,现代开发企业已经将其上升到了战略高度。品牌对培育企业的核心竞争力、提高企业的经营效益和营销效果具有决定性的作用。在香港房地产市场上,长江实业、新世界集团、新鸿基集团等著名企业开发的房地产比其他企业所开发的同等条件的房地产要多 3.5% 的销售额这就是品牌的威力。

1)品牌的含义

　　品牌是一种名称、术语、标记、符号或设计,或是它们的组合应用,其目的是借以辨认企业提供的产品或服务,并使之与竞争对手的产品和服务相区别。品牌的实质是销售者向购买者长期提供的一组特定的特点、利益和服务。一个好的品牌传达的是质量的保证。

　　良好品牌定位,必须满足以下 3 点:

　　①品牌的核心价值必须建立在产品的优势或特征上,同时演绎到极致。定位的本质就是彻底的差异化,但脱离产品属性的品牌定位是经不住市场考验的。

　　②品牌的核心价值必须符合目标人群的真实需求。所以,在实际工作中,研究目标人群的心理,找到其显性和潜在需求十分关键。

　　③品牌要有绝对独特的个性和主张。这一点很重要,建立品牌本质上是将产品"人性化",没有独特鲜明的个性和态度,在广告表达上就失去了核心精神,产品的差异无法显现真正的优势,更无法深入目标人群的内心。

　　有了品牌,就要充分运用品牌的扩张力,近几年,越来越多的房地产品牌跨越地域阻碍,运用品牌的影响力进行品牌连锁。在台湾地区,太平洋建设等房地产公司就在进行品牌连锁开发甚至品牌的特许经营管理,他们向特许经营的公司和楼盘派出一支管理队伍,按照自己的理念和方法进行管理,以维护公司的品牌。

2)房地产产品品牌策略

　　(1)品牌设计策略

设计一个好的房地产品牌是房地产品牌创造的良好开端。房地产品牌设计包括2个部分：一是品牌视觉、听觉识别设计。房地产品牌视觉、听觉识别设计与一般品牌设计相比要复杂得多、广泛得多、也深刻得多，因为它将所有的建筑语言符号系统包容其中；二是房地产品牌概念设计。由房地产品牌核心概念设计、房地产品牌延伸概念定义、房地产品牌个性定义3个识别规范组成。

品牌设计应注意：①符合企业的市场定位策略与发展商经营战略；②品牌核心概念要有一个准确的长期定位；③建立一个完整、丰满、和谐的房地产品牌识别体系；④做好房地产品牌概念的策划。

（2）展开整合营销传播

整合营销传播是将房地产品牌与品牌策略具体化、形式化、传播化的阶段性实现途径，是一项先进的现代营销方法。

①进行阶段性市场细分，确定各个扩张阶段的目标市场。对一个房地产品牌确定一个总的目标市场后，还须根据楼盘生命周期各个阶段的特点或市场逐步扩大的需要，将既定的目标市场再细分，确定多个目标市场，先后分步治之。

②按阶段性目标市场，设计定位准确的销售主张。销售主张根据阶段性或区域性顾客群当时的关键购买欲望来确定，这个销售主张还须具有超过竞争品牌的优势或排它性。定位以后，应把销售主张设计为简明有力的口号。

③调动与整合发展商开发、营销、管理的全部力量。调动与整合发展商开发、营销、管理的全部力量，涉及到管理、调研、开发、招投标、采购、项目、产品、价格、销售渠道、直接营销、事件营销、广告、公共关系、销售促进等多个方面。

④注重对顾客接触途径的创新与多样化组合。在今天，选择传达信息给顾客的适当途径、媒介，其重要性不亚于信息本身。

⑤注重信息传播方式的多样组合。信息传播方式的组合，有视、听、读、看、试用体验或购后体验的组合，有广告、新闻宣传、公关活动的传播方式组合。这些组合比单一的传播方式，其效果更丰富，更有感染力，更有说服力。

⑥注重信息表现的创意性与震撼力。在众多品牌的竞争和受众对信息爆炸状况的冷漠中，房地产品牌信息传播，必须具有创意与震撼力，才能使品牌引起顾客的注意、重视，并可能记住品牌。

⑦注重与顾客建立快速的互动式沟通。只有在更短的时间里，了解顾客收到传播信息后的反应，才能迅速调整内容与策略，更快地产生营销效果与降低时间成本。

（3）长期保持房地产品牌策略的一致性

（4）运用顾客满意度调查推动房地产品牌形象改善

顾客满意度调查活动，能够促使发展商在房地产品牌运营方面存在的问题得到暴露，并在各部门、各方面建立提高顾客认同的工作目标，从而带动全面绩效的改善，提高顾客对房地产品牌的满意度与忠诚度。

（5）建立房地产品牌管理机制

房地产品牌管理机制是由房地产品牌管理的专门组织结构、队伍与制度构成的系统。房地产品牌组织一般由主管副总、房地产品牌委员会、品牌类别经理、品牌经理组成。

3）房地产企业进行品牌策略应注意之点

（1）注意提炼品牌核心理念

这是品牌连锁的前提，没有一个品牌的核心理念，就无法将各个分散的楼盘"连"在一起，"锁"在一起。如广东奥园集团，在全国复制了广州奥园、南国奥园、上海奥园、天津奥园、沈阳奥园、北京奥园等楼盘，都统一以奥园命名。是否拥有核心理念，是品牌经营是否成功的一个重要标志。奥园的"运动就在家门口"提倡的是一种运动的、健康的生活理念。

（2）注意坚持统一的风格

这种风格不仅是体现在建筑上，更多的是体现在品牌形象上。品牌的风格一旦确定，就要跨越时间和空间的限制，始终如一的坚持下去。万科的楼盘虽然分布在全国各地，但都坚持着统一的形象，统一的理念，尽管其名字不尽相同，但一看就知道是兄弟姐妹。

7.4　房地产市场营销促销策略

【案例7.11】 "像卖电器一样卖房子"

国美——家电零售巨头，其介入房地产业只是众多其他行业企业受房地产业高额投资利润吸引而步入房地产业的一个缩影，但与其他企业不同的是，国美在房地产营销中将家电业的经营理念移植到了房地产业中，引发了房地产业的多样化的促销策略。

国美自踏入房地产领域来，以销售速度称王。用国美创始人黄光裕的话说：国美除了成品和性价比方面的优势外，还对成本方面的控制有很多独到的看法。"像卖电器一样卖房子"，国美一涉足房地产领域就来势汹汹。

房子像电器一样"三包三换"。国美推出第二期时，正值国家出台购房启用新合同的政策，国美抢在了前头，宣布第一个使用新合同，并且向社会做了 8 大承诺以促进房地产商品的销售，其中之一是："国美承诺，住宅认购，3 天内可以退款，7 天可以无理由换房。"

国美卡——打折体现真情。国美第一营销促销的另一个特点就是国美卡的出售,凭国美卡来进行摇号和选房,而且可以享受9.8折优惠。

可以看出,国美这种做法的出发点是在给忠实于它的客户一个回报,这在一定程度上表达了国美在品牌上温情的一面,也对楼盘的销售起到助推器的作用,加快楼盘的销售。

从案例可知,促销策略是现代房地产市场营销策略的重要内容之一,它对产品销售起着直接的促进作用,它能使潜在的顾客转化为现实的顾客,直至房地产交易的达成,促销策略的推进与发展也有助于房地产企业获得长足发展的市场。

7.4.1 房地产促销概述

促销策略作为市场营销策略的构成要素之一,在营销活动中日益受到企业的重视。广告促销、营业推广及人员促销等促销策略在房地产营销活动中广泛运用。本章主要针对房地产市场营销促销策略进行系统讲述。

1)房地产促销的概念

促销即促进销售,房地产促销是指房地产企业通过人员和非人员的方式把企业的产品及提供的服务信息传递给顾客,激发顾客的购买欲望,影响和促成顾客购买行为的全部活动的总称。

2)房地产促销的作用

（1）传递房地产信息,沟通供需

通过对信息的传递,房地产产品情报得以到达目标市场的消费者、用户和中间商那里,从而引起人们的注意以打开销路。同时,通过信息的传递,主体双方的交流沟通,促使房地产企业了解顾客的要求,包括房屋的建筑形式、开间布局、装修标准、色彩等,摸清规律,改进产品,使其生产销售更适销对路的产品。

（2）刺激市场需求,增加房地产的销售量

促销活动向顾客大量介绍各种产品的性能以及所提供的有关服务,有利于消费者选择合适的产品,购买适宜的产品,从而改变不合理的消费行为,使消费者的需求能够适应社会发展的需要。

（3）稳定销售,占领市场

由于受各种因素的影响,某种商品的销量在某个时期可能会呈下降的趋势。在这个时候,企业就应该通过适当的促销活动,如改变广告内容、变换媒介形式、进行适当的营业推广以及增加推销人员等手段,增加原有顾客对本企业产品的了解和信任或者开拓新的市场,从而达到稳定销售的目的。

（4）树立良好的企业形象,建立房地产品牌

在房地产营销活动中,预付购房款、期房成交的情况较多,购房者承担的潜在风险较大,房地产企业的产品及形象如何,将会对购房者是否决定购房起到决定性的作用。房地产企业可通过促销活动,对企业及产品的形象展开宣传,扩大企业及产品的知名度,让潜在消费者了解自己的产品,相信自己的产品,从而成为现实的消费者。促销是企业展现自我,进行市场竞争的一项重要手段。

3) 房地产市场营销促销方式

为了达到房地产销售的目标,可以使用不同的促销策略。常用的促销策略有广告促销、营业推广、人员促销及公共关系促销等策略。本章后面将会详细介绍这 4 种策略。

7.4.2　房地产组合促销策略

1) 房地产组合促销策略概念

房地产组合促销策略是指为实现房地产企业的促销目标而将不同的促销方式（广告促销、营业推广、人员促销和公共关系）进行组合形成有机整体,以发挥其整体功能的过程。这 4 种促销方式,又可归纳为人员促销和非人员促销 2 种。组合促销见图 7.3。

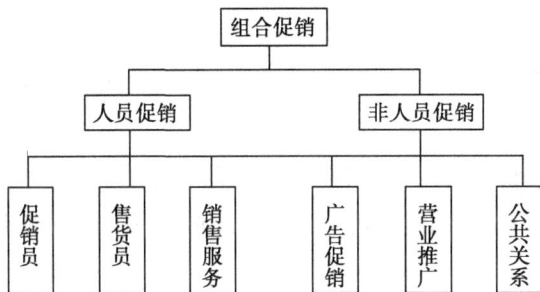

图 7.3　组合促销

确定最佳的促销组合,必须考虑沟通市场和促销目标。相同的促销方式在实现不同的促销目标上,其成本效益会有所不同。例如,尽管目前许多房地产企业用于宣传其所开发的房地产产品的广告费用往往多于人员营销的费用支出,但是所有促销目标不可能都靠广告一种促销方式去实现,并且,在房地产营销过程中,人员营销的促销方式往往对房地产产品的销售起着决定性的作用。

2）房地产促销组合的特点

（1）房地产促销组合是一个有机的整体组合

一个房地产企业的促销活动，不可能只使用一种促销方式，而是将不同的促销方式作为一个整体使用，使其共同发挥作用。所以，将每种促销方式独立作用的促销效果的简单相加，不能代表不同促销方式作为一个整体使用时所达到的促销效果。在这里，1 加 1 往往大于 2。

（2）构成促销组合的各种促销方式既具有可替代性又具有独立性

促销的实质是企业与消费者间有效信息的沟通，促销的目的就是促进销售而任一种促销方式都可以承担信息沟通职责，也都可以起到促进销售的作用，因此各种方式都具有可替代性。但是，由于各种方式各自具有不同的特点，因而，不同促销方式所产生的效果有所差异，各种方式又都具有独立性。

（3）促销组合的不同促销方式具有相互推动作用

不同促销方式的相互推动作用是指一种促销方式作用的发挥受到其他促销方式的影响，没有其他促销方式的配合和推动，就不能充分发挥其作用，合理的组合将使促销作用达到最大。

（4）促销组合是一种动态组合

促销组合策略必须建立在一定的内外部环境条件基础上，并且必须与企业营销组合的其他因素相互协调。有的时候，一个效果好的促销组合在环境条件变化后会成为一种效果很差的促销组合。因此，必须根据环境的变化调整企业的促销组合。

（5）促销组合是一种多层次组合

每一种促销方式中，都有许多可供选用的促销工具，每种促销工具又可分为许多类型，进行促销组合就是适当地选择各种促销工具。因此，企业的促销组合策略是一种多层次的策略。

促销组合的以上特点说明，适当的促销组合能达到每种促销方式简单相加所不能达到的促销效果，同时促销组合需不断根据环境条件的变化而不断调整。

7.4.3　房地产广告促销策略

在竞争激烈的市场经济环境下企业要生存和发展，就要进行大量的广告宣传活动。而且为力求在广告宣传活动中取得更大的效果，企业在明确的广告目标基础上，还应研究和制订相应的广告促销策略。这是现代企业在高度市场经济中保证市场营销任务完成的关键。

1) 广告的含义及房地产广告的特点

（1）广告的概念

广告一般有广义和狭义之分。广义广告包括经济广告和非经济广告。经济广告以获取利润为目的，推销商品和劳务，属于盈利性广告；非经济广告则是为了达到某种宣传目的的非盈利性广告，主要包括政府公文、宗教布告、教育通告、启示和声明等等。其中经济广告也称商业广告，对于商业广告的定义很多，美国广告主协会将其定义为："广告是付费的大众传播，其最终目的为传递情报，改变人们对广告商品的态度，诱发行动，从而使广告主得到利益。"

从商业广告的定义可知广告构成有5大要素：①广告主，即提出发布广告的企业、团体和个人；②广告媒体，即能够传递广告信息并且在广告主和广告受众之间起媒介作用的物质；③广告费用，即开展广告活动所需要的广告调研、设计、制作费，广告媒体费等等；④广告受众，即广告公众和接收者；⑤商品与服务信息，即广告的具体内容，包括各种商品以及服务。

（2）房地产广告的特点

①房地产广告促销的广泛性。房地产位置固定不动，房地产广告不能只依靠楼盘现场的广告，需要信息媒体广泛传播才能达到促销目的。

②房地产广告具有较强的区域性和针对性。其内容要针对目标消费者的偏好和习惯，媒体选择要考虑其覆盖区域与房地产的需求区域相一致。如果仅从"广而告之"的观念出发，希望广告的范围越广越好，不采取目标市场的搜索，不针对不同的销售对象，不采取特定的媒体，房地产广告的实际效果并不会理想。

③房地产建设周期长，广告具有信息不断传递的特点。房地产建设的周期少则1年，多则4、5年，仅靠几次轰炸式的广告难以达到理想的效果。采用阶段式、波浪形的重点宣传和细水长流的信息传递相结合的广告策略，往往能够达到事半功倍的效果。

【案例7.12】 重庆的巴黎公舍，在其开盘销售期，通过报纸广告旗帜鲜明的宣传巴黎公舍生活新主张，将巴黎公舍的楼盘信息完整传递给公众，吸引最大化的关注率，达到最强势的宣传效果，营造前期的轰动与后期的延续；在强势销售期时，借助报纸和网络宣传，以女性为主要诉求对象，进行差异化市场营销策略。突破房地产业传统的"无性别房产"概念模式，以都市女性的自立和自恋为基本出发点，打造女性VIP层，成为巴黎公舍又一卖点；在销售持续期时，因为高尔夫果岭推杆练习场雏形已出，在此阶段广告策略点倡导健康时尚的生活方式，在重庆首个高尔夫景观公寓上大做文章。

④房地产广告具有独特性。任何一个房地产项目在其位置、设计、建造、质量、销售方式等方面都不会与其他房地产一模一样，因此房地产广告宣传要立足自身的优

势。重在原汁原味,"千房一面"的房地产广告是很难成功成功的。举例来说,有 5 家房产商同在一个指定的时间段内和同一媒体上做有关于"商铺投资"概念的广告,其中最先投放的广告会因时间领先而占据一定的优势,这时它所面对的市场范围是100%,随后跟进的其他楼盘的广告如果没有进行差异诉求,寻求自身广告的独特性,那么就可能只面对约 1/5 的目标市场开展相互之间的竞争。

⑤房地产广告体现的是开发商、设计单位、建筑商和中介代理商的综合素质。这个综合素质既包括实力和规模,也包括信誉和知名度。消费者选择房地产的依据,除了房地产的自身条件外,就是企业的综合形象素质,这种素质的高低往往是造就房地产品牌的关键因素。

⑥房地产广告具有很强的时效性。随着房地产开发建设经营进度的变化,房价、付款方式等广告内容也有所改变,往往需要隔一定的时间对每一次广告的内容进行修正,根据广告的诉求点以保证传递信息的时效性。

2)房地产广告媒体及其选择

(1)房地产广告媒体的种类

房产商在推广楼盘时,不可避免地与各种媒介打交道。房地产广告如何以最低的成本,通过最佳的途径,向目标公众传达有关的房地产产品服务信息,是房地产广告能达到预期效果的关键问题之一,也是房地产广告促销策略中非常值得研究的重要问题。

①报纸。报纸是广告常用媒体。报纸广告媒体的优点可以归结为覆盖面广,读者稳定,遍及社会各阶层;时效性强,反应及时;印象深刻,便于长期保存;报纸发行针对性强,针对一定区域或行业;制作灵活,费用相对较低。报纸广告媒体的缺点表现手法单调,印刷质量一般,缺少吸引力等。

②杂志。杂志作为视觉媒体,其历史仅次于报纸。杂志广告媒体的优势为目标针对性强,特别是专业性杂志,能有的放矢做广告,广告效率高;杂志广告印刷精致,图文并茂,对读者较有吸引力。杂志广告媒体的缺点是杂志广告周期长,时效性差,缺乏灵活性;杂志的阅读范围比较局限;杂志读者对市场的实际反应可能会较慢。

③广播。广播是传播信息最快,并且覆盖面广泛的听觉广告媒体。广播广告媒体的优点十分明显,即传播最为迅速、及时,不受时空的限制;拥有很高的灵活度,随时可以修改;尽管听众广泛,但广播广告的针对性仍很强,可以选择特定的地区、特定的时段、特别的专题节目播放;制作简单,费用低廉。

④电视。电视广告的优点是覆盖面广、收视率高;诉求能力强;表现手段灵活、多样,具有很强的吸引力;信息不受时空限制,及时迅速;选择性强,可以在不同地区、不同时期、不同时间播发。电视广告的缺点是传播的信息瞬间即逝,不易保留;目标市场选择性较低,针对性差;费用无论是制作还是播出都非常高。

⑤户外广告。房地产户外广告主要包括路牌、霓虹灯、招贴、灯箱、宣传条幅以及车厢广告等。房地产的户外广告常位于城市的主要交通路口、人群汇集地等处。户外广告的优点是广告展示时间长，表现手段灵活，可以利用光电技术使户外广告更吸引人，费用比较低，不太受竞争对手干扰。户外广告的弱点在于广告的注视率不够集中，可供选择的地方有一定限制，广告内容修改难度较大，时效性较差。

⑥售点广告。房地产售点广告主要指房地产销售处或楼盘销售现场的广告。可分为室外售点广告和室内售点广告。室外售点广告包括广告牌、灯箱以及售楼处和楼盘上拉的横幅、条幅等。室内售点广告包括售楼处内的楼盘、小区模型、照片，一些房地产交易中心内介绍房源的电子显示屏等。售点广告易引导和诱发消费者对售点的差别化认识，树立售点的形象，加深消费者的印象，有利于提醒消费者进入销售点，或与销售点联系。

⑦直邮广告。指通过邮寄方式发放楼盘介绍书、房源说明书、宣传小册子等广告。其最明显的优点是传播对象完全可以根据自己的意愿，从而使广告针对性大大提高；在广告内容上不受广告发布时间、媒体面积等的限制，可以对楼盘或房源进行详细的介绍，有利于提高企业和房地产的知名度；广告制作较简便、费用较低。但在直接邮寄广告的设计上，从信封到内部的印刷品都不能马虎，应该做到准确、形象、美观、有个性，减少目标消费者对此类广告的排斥心理。

⑧传单海报广告。传单海报广告主要指通过人员散发关于企业或房地产情况介绍的印刷品。散发地点常根据房地产目标消费者层次的不同选择闹市街头、商店门口、办公楼聚集地以及住宅区等地。传单广告的优点是费用低廉、比较灵活。由于通过人员散发，广告触及面较广且带有一定的强迫性，对加强宣传印象有相当的效力。但传单广告一般不为人重视，常常是拿了就扔，因此传单广告散发要有一定的连续性和持久性。

⑨网络传媒广告。网络传媒广告是指通过发送电子邮件以及在电脑网络上设立网站主页来发布房地产的相关信息。由于近几年网络的迅速发展，利用网络传媒做广告是世界的一种新潮流，很多企业纷纷建立自己的房产销售网站。网络传媒广告最大的优点是时效性强，每时每刻，每分每秒都可以发送最新的信息；不受地域限制，可到达地球的任一角落；而且广告成本低廉，广告表现手段灵活、多样，既有图像、又有声音，针对性也较强，如电子邮件可只发给想要传达的目标客户。

⑩空中飞行物广告。空中飞行物广告是通过空中飞艇、热气球等飞行物、降落伞等的飞行来吸引消费者的注意，从而达到宣传效果。这是一种新奇的广告方法。这种方法的特点是通过飞行物飞行，引起不同地点的消费者注意，流动性大、范围广，但要求所到的地点人流量大。

（2）房地产广告媒体的选择

若房地产项目的规模较大，开发的时间较长，则需要在公交站点、主要交通位置等地方设立大型固定的广告位。在市区高大建筑物、公交车等载体上发布广告,会长期被人认知。如广州碧桂园,公交车身上的"给你一个五星级的家",随着公交车的行驶,成为广州城区一道独特的流动风景。

楼盘的档次决定目标客户群的身份层次。大众化的楼盘的消费者显然是工薪人士,而高档次的楼盘的消费者均为非富则贵。这样,在媒体的选择上,前者只需选择大众媒体即可,而后者不仅要选择大众媒体,还有必要选择一些富贵一族可能会涉猎的专业性较强的媒体。

项目的区位往往体现目标客户的区域,因此,要根据项目的所在区域有针对性地发布广告。例如,广州的珠江新城一带,购房者均为当地人。因此在做广告时更多的是选择当地的有线电视和当地影响面广的《广州日报》。

发展商的资金实力则是开展主体广告攻势的先决条件。如果实力雄厚,项目的规模又够大,则应开展主体广告攻势,尽可能把目标客户"一网打尽"。如果资金有限,当然就要选择阅读或收视最广的媒体重点发布广告,尽量节省广告费用。

3)房地产广告的发布时间及效果评价

（1）房地产广告的发布时间

①合理安排广告节奏。房地产广告时间的节奏,一般可分为:集中型、连续型、间歇型、脉动型 4 种。

集中型。集中型是指广告集中于一段时间发布,以迅速形成强大的广告攻势。房地产产品广告常在商品房开盘前后(预售前后)、楼盘封顶之际或完工之时采用这种方式。集中型的好处在于能在短时期内给予消费者强烈而有效的视觉或听觉方面的冲击,以达到广告的效果,并能够促成销售。

连续型。连续型是指在一定时期内,比较均匀地安排广告的发布时间,使广告经常性、反复性地在目标消费群中出现,从而逐步加深消费者的印象。连续型的广告时间节奏安排,其优点在于不断地刺激消费者,节省广告费用,但往往又不可能每次都达到刺激消费者的目的,加之房地产广告预算也决定了连续型的广告时间安排无法进行大规模、长时间的广告攻势。

间歇型。间歇型是指间断地使用广告的一种方式,即做一段时间广告,停一段时间,再做一段时间广告,反复进行。房地产项目常在项目开工时、预售开始时、楼盘封顶时、竣工时这几个可能出现销售热潮的时机做广告。

脉动型。脉动型指集中了连续型和间歇型的特征,既在一段时间内连续保持广告发布,又注意抓住一些特殊事件或时机加大广告发布力度,形成广告攻势。

②广告发布时间的安排。广告时间的安排,在一个规范化的市场营销环境下,便是广告周期的拟定。楼盘广告的周期隶属于房地产产品的营销周期。房地产产品销售周期一般需经历开盘期、强销期、持销期和尾盘清销期 4 个阶段。在尾盘清销期一

般不再继续投入广告费用,而主要靠前面阶段打出的广告余温来进行房地产的销售。通常,一个完整的广告促销周期由筹备期、公开期、强推期和持续期 4 个部分组成。筹备期完成大量的销售准备工作;进入公开销售期,楼盘被正式推向市场,通过一系列非人员促销方式和人员促销方式使楼盘逐渐热销起来;当强销期来临的时候,通过大量的非人员促销因素,并同时结合人员促销,对楼盘展开全面的促销攻势。强销期过后,是持销期,这阶段主要是对前期积累客户的消化吸收和做好事务性的收尾工作,工作比较平稳,广告量的投入也相对平稳。当然在实际的房地产销售中,因为楼盘销售时间长,销售状况跟国家政策及周边的经济发展状况紧密相连,一个项目往往不止一个营销周期。对销量在几十万平方米以上的社区楼盘来讲,会出现多个相对独立的营销周期,它们彼此配合,以阶段性的销售业绩达到最终的销售目的。相对应的,广告在时间安排上,通常会有一个相对独立,彼此又相互配合的小广告周期串联而成的大广告周期。

(2)房地产广告效果评价

①广告效果的形成过程。广告效果是指广告对目标消费者所产生的影响程度。房地产广告的影响是多方面的。广告既可以改变消费者对房地产商品或房地产企业的认识,也可以直接影响消费者的购买行为。从广告效果的形成过程来看,广告效果可以划分为广告传播效果、广告心理效果和广告销售效果 3 个层面。因为,广告对产品销售的拉动不是一蹴而就的,而是通过消费者的认知、理解、购买逐步实现的。广告效果形成过程见图 7.4。

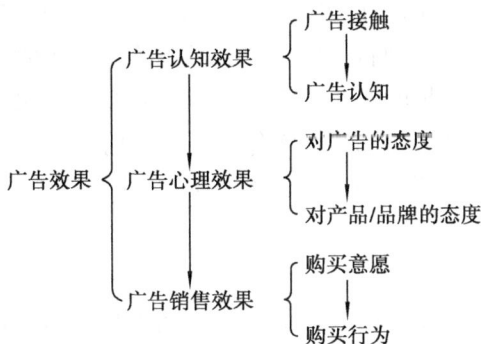

图 7.4　广告效果形成过程

②房地产广告效果评价方法。房地产广告发布以后,产生的效果通常包括上述 3 个方面,但这些效果也并不一定仅仅由广告促销所引起,企业的其他促销策略也有可能起到一定的作用,所以要完全评价广告促销所产生的上述 3 个方面的效果几乎是不可能的。因此,对房地产广告所产生的效果进行评估,应针对在特定的时期内,广告所达到的预期目标的程度。对于不同的广告效果展开评价可以采用不同的方法。

a.传播效果评价法。传播效果是指广告通过一定的媒介载体到达目标受众的情况。在广告效果的 3 个层次中,传播效果评价在实践中是发展最为完善的。

评价广告的传播效果一般有以下 4 方面的指标:①广告视听率。考察在确定的目标受众中,听到或看到广告的人数与总人数的比例;②广告记忆率。考察在听到或看到广告的人当中,全部记住或部分记住广告内容的人与总人数的比例;③广告理解率。考察在全部记住或部分记住广告内容的人当中,全部理解或部分理解广告内容的人数与全部人数的比例;④广告好感率。考察在全部理解或部分理解广告内容的人当中,对广告内容有好感的人数与总人数的比例。这类指标只能反映媒体策划的有效性,无法用于评估广告真正所起到的有利于推动销售的效果。

b.心理效果评价法。广告在到达受众之后,会通过其诉求内容、画面、音效等进一步影响受众的大脑和心理,这种影响可能在有意识或者无意识的情况下发生。通常广告并不能直接导致消费者的购买行为,而是在传播信息、建立品牌关联、引导需求等方面的作用更大。通过引发受众情感,形成对广告及品牌的认知和态度,引起购买意愿等影响受众心理的中间过程,直接或间接导致预期购买行为的发生。

为了评估广告影响受众心理的效果,学术界和实践界采用了一系列"广告反应变量"。常用的广告反应变量包括:广告引发的情感、对广告的认知及态度,对品牌的认知及态度,购买意愿等。

c.销售效果评价法。广告主最希望看到的是广告带来的行为效果——销量、购买行为等。然而大多数广告需要一个相当长的时期对受众产生潜移默化的影响,并且和其他营销因素结合起来,才可能使受众产生广告主预期的行为——消费者的购买行为。与其他促销方式相比,广告对于预期行动的贡献通常是不显著的,在很多情况下,难以在广告活动开展的期间内用行为指标来衡量广告的效果。

目前测定广告销售效果的方法多种多样,但最简单的方法是销售量的增加,也就是以一次广告活动之后销售量的增加额作为广告的销售效果。如果以 SE 代表广告销售效果,以 SG 代表广告后一期的销售量,SB 代表同样时间长度内的标准销售量,则广告销售效果为:

$$SE = SG - SB$$

统计销售量的时间长度可根据商品特征、广告效果、可能的持续时间等因素设定为日、周、月等。

7.4.4 房地产营业推广策略

1)房地产营业推广策略的含义

(1)房地产营业推广策略的概念

房地产营业推广策略又叫房地产销售促进(Sales Promotion)策略,西方商界常用

SP 作为其缩略词。房地产营业推广策略,是指在给定的时间和预算内,在房地产这一目标市场中所采用的能够迅速产生激励作用,以刺激需求,达成交易目的促销手段和措施。这些促销手段和措施形式多种多样,有抽奖、分期付款、样品房展览、赠送家电、赠送装修、赠送物业管理服务费等,几乎包括除人员促销、广告促销和公共关系促销以外的各种促销手段。采用营业推广的方式,房地产企业能在较短时间内引起消费者对商品的注意,从而扩大销售量,特别是对于开发量较少的房地产企业,这种方式通常相当有效,能在短短几天内造成轰动效应,将房产一售而空。

（2）房地产营业推广策略的特征

①有效直接。抽奖、分期付款、样品房展览、赠送家电、赠送装修、赠送物业管理服务费等各种形式的营业推广,都是为了有效地招徕顾客,引起人们的注意,直接地促进房地产销售。

②刺激购买。营业推广一般是通过提供某些优惠或额外的服务,来刺激和吸引顾客购买。

③短期效果。营业推广促销手段往往是为了销售积压产品或为了在短期内迅速收回投资和实现房地产价值而采用的。因此,这种促销方式的效果也往往是短期的,如果运用不当,可能会使顾客产生对产品的怀疑。

2）房地产营业推广的方法

房地产营业推广的类型有 3 种,即针对消费者的营业推广、针对中间商的营业推广和针对销售人员的营业推广。每一种类型可以使用的营业推广方法又分为许多种,而且每种方法又有不同的特点。因此在确定了具体的营业推广目标后,还应选择能有效达到该营业推广目标的方法。

常用的房地产营业推广方法一般有以下几种:

（1）召开新闻发布会

这是房地产营业推广的一种好方法。例如居住区建成后由于销售量很大,并备有对外商和对港、台人士出售的商品房,可采取新闻发布会的方法;同时散发印刷品,扩大宣传,以便在较短的时间内,打开销路。这种方法集视听、文字材料及与潜在购买者面对面介绍于一体,往往影响较大,但事先需要进行较周密的组织,并需要一定的费用开支。

（2）价格折扣、折让

价格折扣是房地产营业推广中运用最多的方法,无论是对消费者还是对中间商,这个方法都很有效。对消费者来说,价格折扣可以使房价降低很多,刺激他们的购买欲望;对中间商来说,价格折扣可以让他们在代理时更有利可图。另外,价格折扣使代理风险降低,有可能促使一批中间商包销房地产。

价格折让方式在竞争日益激烈的房产销售市场运用也越来越多,主要有免去部分物业管理费,免付开发商贷款利息或代付贷款利息等价格折让的营业推广方法。这些方法的运用对刺激消费者的购买行为有很大的作用。如上海有开发商就宣布,凡申请公积金贷款购买他们所开发住宅的消费者,将由他们代付每年的公积金贷款利息。还有的开发商提出了"×年×成的开发商免息贷款"。

(3)赠送促销

赠送促销,即购买或租赁某特定房地产,可获得一定的赠送。有赠送家电的,有赠送家具的,有赠送装修的,甚至还有赠送面积的,其目的只有一个,就是刺激消费者购买或租赁。但有时这种方法显得比较牵强,如"买大房赠小房",其实质就是折价,故弄玄虚反而会引起消费者反感。另外,附赠商品的价值往往与房地产本身价值悬殊过大,消费者很难被打动。

(4)抽奖促销

开发商通过抽奖来决定给予某些购房者某种优惠(一般是价格上的)。如上海某花园就在竣工典礼上搞抽奖,抽出 10 位购房者(或预订者),给予每人 400 元/m² 的价格优惠。

(5)还款促销

某些开发商向消费者承诺,若一次性付清房款,将在某年将房款(甚至超过房款的价格)完全还给购房者。应该说这实质上也属于价格折扣的一种,只不过这里折扣的是资金的时间价值,由于还款的期限往往较长,还款的承诺难以得到保障,所以这种营业推广方法的效果一般。

(6)"噱头"促销

房地产营业推广中的"噱头"促销方式多种多样,有免费吃饭、观看演出、酒会派对、赠送礼品等,主要目的是吸引消费者前往售楼处参观、咨询。利用"噱头"的确能达到吸引消费者前来参观咨询的目的,但大多数消费者来的目的可能就是为了"噱头",使得这种方法往往搞得热热闹闹,实际效果却一般。

(7)职能补贴

这一方法主要是针对房地产中间商的,主要是广告补贴。广告补贴是指当中间商出资为本企业房地产产品做广告时,给予一定的资助。

(8)销售竞赛

销售竞赛是为推动中间商努力完成推销任务而使用的一种促销方式,获胜者可以获得房地产开发企业给予的现金或其他一些奖励,如海外旅游等。销售竞赛应事先向所有的参加者公布获奖的条件、获奖的内容等相关信息,可以极大地提高中间商的热情。

(9)展销会

通过参加各种形式的展销会来促进房地产产品的销售。在展销会上可展示本企业房地产模型,并进行现场演示,以吸引参观者(包括中间商和购买者),促进其了解产品,并当场或事后购买房地产。

另外,不少房地产开发商采用教育型促销(广东顺德碧桂园曾创造过"学校救市"的轰动效应)、健康型促销(某楼盘提出健康家园概念,每年一次邀请资深医生为住户进行健康检查)以及售后一定期限的免费维修等促销方法,均属于营业推广的销售促进方法。

在营业推广方法的运用时应注意其 2 个显著特点:①它实际上向消费者或代理商提供了一种特殊的优惠条件,具有鲜明的吸引力,因此要合理确定"刺激"的"度",使中间商或消费者感到实在和实惠,真正起到促进销售的作用;②在推广的宣传上要注意处理好策略,若不如此,就可能会在消费者心中降低房地产的声誉,导致消费者担心上当,例如:会不会是产品不好销? 赠送的附属设施的价格是不是已经包括在房地产价格中? 这些附属设施对我到底有多大的作用?

7.4.5 房地产人员促销策略

1) 房地产人员促销策略的含义

(1) 房地产人员促销策略的概念

房地产人员促销策略是指房地产开发企业派出促销人员在现场向顾客做宣传,以达到推销商品、实现企业营销目标的一种直接销售方式。人员促销的任务包括在现场进行房地产产品预售、建立信誉、培养当前或潜在客户等几个方面。

通过销售人员对房地产商品展开促销,作为房地产开发企业既可以建立自己的营销队伍,使用本企业的营销人员来促进房地产商品的销售;也可以通过中介组织来进行产品的销售,如销售代理商、经销商以及经纪人等。

(2) 房地产人员促销策略的特征

人员促销具有不同于其他促销方式的特点,具体表现在以下 4 个方面:

①灵活性。促销人员与顾客保持直接的联系,可以根据顾客的不同需要、动机和行为,设计具体的促销策略,并随时加以调整;可以及时发现和开拓顾客的潜在需求,对于产品的性能、质量、使用和服务,不仅能向顾客直接介绍,还可以进行展示或演示,以诱发购买欲望,促成购买行为发生。

②选择性。房地产开发企业可以选择市场范围较大和购买力集中的顾客群进行集中促销。另外,由于这种促销方式是面对面进行的,双方都能根据对方的态度和特点调整自己的策略和态度,有助于提高成交率。

③及时性。人员促销可以借助于与顾客进行磋商、沟通的机会,及时了解顾客对企业房产产品的信息反馈情况,从而有助于企业及时改善产品以及经营管理。

④情感性。促销人员在促销楼盘的过程中与顾客直接接触,可以"一回生二回

熟",彼此在买卖关系的基础上,进行情感的交流,以增进了解,产生信赖。情感的培养和建立,有助于顾客产生惠顾动机,从而促进购销关系的建立。

2)房地产促销人员的作用

房地产通过人员促销产品,在传递商品信息、促进商品销售过程中,有其自身独特的作用。

(1)有利于消费者详细地了解房地产商品

销售人员在促销活动中,向消费者介绍产品时,除了向客户介绍所有关房屋的设计标准、设计方案、生活设施条件、不同支付情况下的价格优惠规定等外,还可将有关房产商品的资料送给消费者。

(2)成交率高,容易促成交易

房地产促销人员可以在和消费者面对面的交谈过程中,有效地根据消费者的不同需求,做出针对性的解释和说明。特别是在价格等关键问题上,通过双方面议容易取得一致,得到令双方满意的结果。另外,房地产中介代理公司的促销人员还可以根据消费者的需求向其推荐符合其要求的房地产,这也是房地产人员促销独有的作用。

(3)可以及时反馈消费者对商品的看法,便于及时地改进工作

人员促销与非人员促销的最大区别就在于双向信息的传递,既可以向消费者销售房地产商品,同时又能针对消费者的一些看法、意见及时地将其反馈给公司,由公司决策层及时地调整有关房地产商品的营销策略或开发策略。

(4)有助于为消费者提供各项服务,树立企业的良好形象

在销售房地产商品的过程中,可以帮助做好售前咨询参谋服务、售中的产权产籍管理的登记和售后的质量跟踪服务,使消费者感到方便,充满对企业的信任感,从而在顾客心目中树立良好的形象,提高企业及企业产品在消费者心目中的诚信度。

(5)方便进行市场调研

在销售房地产商品时,还可以进行市场调查和调查预测。房地产销售人员在销售工作中,可以通过观察法、谈话法、问卷法等能较为准确地了解消费者的消费信息,对市场进行广泛地调查,通过搜集和分析消费者、竞争对手以及整个房地产市场的各种信息情报,从而对市场做出正确的判断和预测。可以预测企业在某一时期、某一区域商品房的销售量。

以上是房地产人员销售可以发挥的主要作用,也是房地产市场中采用人员销售的优势所在。在注意到人员促销优点的同时,不能忽视促销人员培养难度大、成本高、流动性强等现实问题,只有很好地解决这些问题才可能使人员促销在房地产市场营销中发挥应有的作用。

3) 房地产人员促销的过程

（1）准备阶段

房地产促销人员,在销售前需详细地研究消费者、竞争对手及自身房地产产品的各种资料,研究和估计对客户的各种可能性和应对性的语言、行动,并且充分准备销售工作所必需的各类资料和研究客户的需求心理等。

（2）发现机遇阶段

在销售过程中,要发现客户,发现机遇,善待客户。到达售房现场的潜在消费者,有的是因为看了房地产广告而来的;有的是接受了营销人员和房地产企业工作人员的推荐而来的。作为销售人员应对他们展开必要的分析,按文化水平、职位职业、经济能力、偏好等因素将需求分成不同的层次,及时发现销售机遇,对最可能购买房地产产品的消费者定点进行追踪,把握潜在的成功机遇。

（3）留下良好的第一印象

消费者对销售人员的相貌仪表、谈吐语言十分敏感,销售人员接待消费者应亲切、礼貌、真诚、周到,给消费者留下良好的第一印象。销售人员要通过自己的亲和力来引导客户对房地产产品的注意和信任。

（4）产品介绍

销售人员在介绍房地产产品的过程中,应注意随机应变,一方面要积极引导消费者,另一方面要真诚配合消费者,关键是针对消费者的要求,真诚地当好参谋,提供给消费者合适的房地产商品。

（5）谈判及成交

谈判内容的关键是成交价格和付款条件。从买方的角度来讲,价格越低越好,付款方式越灵活越好,给予的优惠越多越好;而卖方却刚好相反。谈判就是为了最终双方达成协商一致,寻求双方利益的最佳平衡点,以达成交易。作为销售人员在与客户谈判的过程中,要循序渐进,把握好谈判的 3 个层次:一是销售人员要用销售技巧,使消费者产生购买意向;二是要使消费者确信该房地产产品完全能够满足其需求;三是要说服消费者坚决采取购买行动。在谈判的过程中关键是态度诚恳,实事求是,不误导客户,让客户在听取销售人员的讲解情况下,再结合其他方面的综合因素而自愿地做出决定购买的行为。

（6）事后跟踪

如果销售人员希望顾客满意并为企业做宣传,那么"跟踪"这一阶段就是必不可少的。销售人员应认真执行房地产转让合同中的保证条件,诸如按时交房、提供融资性服务或者技术性协助等。跟踪访问的直接目的在于了解买主是否对自己的购买感到满意,发现可能产生的各种问题。表示销售人员的诚意和关心,以促使客户做出对本企业有利的购后行为。

7.5 房地产市场营销公共关系策略

【案例7.13】 公共关系策略成就楼市神话

沈阳奥林匹克花园位于沈阳市东陵区，背靠沈阳植物园，西接双园路，南临东陵皇家园林，东为浑河水系。项目占地面积173万 m^2，总建筑面积86万 m^2，有多层公寓、双拼别墅和联排别墅。项目以复合地产概念为理论，整合行业资源，将体育产业与房地产行业相结合，倡导一种新的住宅与运动的复合型居住模式，推出了"沈阳人的奥运村，新生活的领跑者"的主题口号，深深打动了沈阳人。项目创造了沈阳东郊房地产的板块概念，把沈阳人的高尚住宅区视线从浑南板块吸引过来，成就了东郊楼市的神话。

该项目在销售过程中采取了一系列的公共关系策略：

举办东部区域地产论坛、东部区域报纸广告推广（侧重环境与前景）；

赞助2004年沈阳国际冰雪节（棋盘上风景区内举办）；

围绕"2006世界园艺博览会"（落户沈阳植物园）进行一系列推广；

举办了三次公众参与性极强的"阳光健身连锁活动"；

邀请俄罗斯国家大剧院为准业主演绎《天鹅湖》；

首届业主冬季/夏季运动会；

业主恳谈会；

为辽宁奥运健儿壮行晚会等。

公共关系策略的具体形式可通过一些公关专题活动的形式来开展，这在案例中体现得尤为明显。公关策略重视消费者导向，强调通过企业与消费者的双向沟通，建立长久、稳定的对应关系，在市场上树立企业品牌的竞争优势。在营销组合中，产品策略、价格策略、销售渠道策略都可能被竞争者仿效甚至超越，唯独企业商品的品牌难以替代，而这与消费者的认可程度密切相关。因此，作为开发商必须注意多方面、多角度地展开公关活动。国内已有不少开发商在这方面做出了积极探索，比如案例中泰盈决策资源与中体产业股份有限公司共同投资开发的沈阳奥林匹克花园，深圳万科的"万客会"等。作为国内房地产界一家以关系营销为目的的会员组织，万客会除了给会员诸多优惠和方便外，也让他们了解万科、感受万科，给万科以信任和支持。

7.5.1　房地产公共关系概述

1) 房地产公共关系的含义

"公共关系"一词源于英文 Public Relations,简称 PR。公共关系是企业为塑造自身形象,通过传播、沟通手段来影响消费者的科学和艺术。公共关系策略,就是把企业的营销活动,放在整个社会经济的大系统中考察,认为企业作为社会经济系统中的一个子系统,其经营活动应与周边各种关系包括顾客、竞争者、供应商、中间商、政府机关、社会媒体等密切相关。

房地产开发企业公共关系的含义,简而言之,是指企业与公众之间的各种联系。这一公众既包括房地产开发企业的股东、员工等内部公众,也包括顾客、新闻媒介、金融机构、政府管理部门、竞争者、供应商以及中间商等外部公众。对于房地产开发企业来说,争取处理好与这些内部公众和外部公众的关系,对树立房地产开发企业的良好形象,促进销售和提高市场占有率有着重要的影响。房地产营销公共关系,就是指房地产开发企业为了树立企业形象,提升企业的竞争和发展能力,优化企业开发经营的内外部环境,加强与企业内部公众和外部公众进行双向沟通而采取的所有措施。需要指出的是,尽管房地产开发企业实施公共关系策略的目标最终是为了实现企业的经营目标和营销目标,但实施该策略的直接目的并不是为了促进房地产产品的销售,而是为了树立和改善企业在公众中的良好形象,以提升企业的知名度和美誉度。

2) 房地产营销公共关系策略应注意之点

(1) 以长远为方针

房地产营销中,企业与公众建立良好的关系,楼盘的信息有效地在公众中传播反馈,楼盘最终得到顾客认可决定购买,所有这一切,都不是一日之功所能达到的。房地产营销公关策略是一种持续不断的过程,它是一种战略性的长期工作。

(2) 以真诚为信条

企业传播楼盘的信息必须以真实为前提,企业与公众的沟通必须以诚恳为基础,任何虚假的信息传播、任何夸大的沟通方式都会损害企业和楼盘的形象。唯有真诚,才能取信于公众,赢得合作和认可。

(3) 以互惠为原则

房地产营销公关策划,力求形成良好的公众关系,它不是靠血缘、地缘或空洞说教来维持,而是以一定的利益关系为纽带。企业在公关活动中既要实现自身的目标,又要让公众得益,包括精神和物质的利益。只有企业和公众互惠互利,与公众各方面的合作才能长久圆满。

（4）以美誉为目标

房地产营销所有的工作最终目标指向都是为了卖楼，但就某一部分的工作来说又有自身特定的目标。公关活动信息传播和双向沟通的主要目标是树立企业所推出的楼盘的美誉度，不是直接卖楼。所谓楼盘美誉度指楼盘具有良好营销形象而普遍受到公众的赞誉。楼盘美誉度的建立和楼盘的知名度、印象度是紧密联系的。所谓楼盘的知名度，指楼盘在公众中的知晓程度。楼盘的印象度指楼盘在公众中的印象包括大致上的认识和感受。在楼盘知名度、印象度的基础上才有可能产生楼盘的美誉度。房地产营销公关策划在提高扩大楼盘知名度、印象度，特别是提升楼盘美誉度有特殊的功效，楼盘"三度"也有利于促销。

3）房地产公共关系促销的功能

（1）树立良好的企业形象

房地产企业要在公众心目中树立良好的企业形象，首先从企业内部做起，使员工具有很强的凝集力和向心力。一个组织只有内求团结，才能外求发展。此外，还要加强企业的对外透明度，借助各种方式向外传播信息，主动让公众认识自己，了解自己，以赢得公众的理解、信任、合作与支持。

（2）提供市场信息资源

公关活动是房地产企业收集信息、实现反馈以帮助决策的重要渠道。由于市场在不断变化，企业如果不及时掌握产品信息、形象信息、内部公众信息及其他方面市场信息等，就随时会面临失去竞争的优势。通过一系列公关活动的开展可以使企业及时收集信息，对市场信息、周边环境的变化保持高度的敏感性，为项目开发决策提供可靠的依据。

（3）协调与公众之间的关系

企业通过公关活动，能提高企业的知名度、美誉度，给公众留下良好的形象；能持续不断、潜移默化地完善公众方面的舆论，因势利导，引导公众舆论朝着有利于企业的方向发展；还能适当地控制和纠正对企业不利的公众舆论，及时将改进措施公之于众，避免不良影响的扩散，从而化消极因素为积极因素、尽快恢复名誉，重塑形象。

（4）消除公众误解

任何房地产企业在开发过程中或楼盘销售过程中都可能出现某些失误。而失误往往是一个转折点，处理不妥就可能导致满盘皆输。因此，企业平时要有应急预案的准备，一旦与社会公众发生纠纷，要尽快掌握事实真相，及时做好调解工作。比如，楼盘的拆迁问题引起与当地居民及社区的纠纷。这种情况下运用公关活动可起到缓冲作用，使矛盾在激化前及时得到缓解，以树立企业的良好形象。

（5）及时分析监测环境的变化

其中包括政策、法规的变化，社会舆论、公众志趣、自然环境、市场动态等的变化。

向企业预报有重大影响的近期或远期发展趋势,预测企业重大项目开发计划可能遇到的社会反应等。

(6)促进楼盘销售

楼盘促销虽然不是公关活动的直接目的,但从企业的最终目标来看,其应当成为公关活动策略潜在的根本目的。以公关活动方式向公众介绍新楼盘,既可以增强目标客户的购买或消费欲望,又能为地产企业和楼盘树立更好的形象。

7.5.2　公共关系在房地产营销中的应用

1)公共关系活动形式的选择

目前公关活动有以下几种方式可以选用:

(1)广告

从广义上讲,楼盘广告也往往发挥着公关活动作用。房地产企业通过广告不仅可以提高知名度,而且可以塑造企业的风格、形象和品牌。

(2)新闻媒介

房地产企业应努力争取新闻界对自己的支持,充分利用新闻媒介及时对楼盘做宣传报道,这要比出钱做广告效果好得多。房地产营销和新闻媒介公共关系比较高的操作层面是善于"制造新闻"。制造新闻又称"新闻事件"或"媒介事件",它是指在真实发生事件的基础上,经过推动挖掘,运用正当手段主动安排筹划具有新闻价值的事件或活动,吸引记者采访报道。

【案例7.14】　如在公关史上,美国联合碳化钙公司总部大楼竣工的"鸽子事件",便是制造新闻事件的一个著名例子,可以作为借鉴。该大楼竣工之际,一群鸽子飞进其中一间房子。公关人员关了门窗,请动物保护委员会采取保护措施,公关人员通过大楼"不速之客"来临和动物保护举动为新闻由头,吸引新闻界报道。结果,从用网兜捕捉第一只鸽子到三天后最后一只鸽子落网为止,各种报道频繁的出现在报纸、广播、电视上,联合碳化钙公司总部大楼竣工的消息不胫而走,名气大震。

(3)举办各种招待会、座谈会、联谊会、茶话会、接待和专访等社交活动

近年来,很多楼盘都开展了丰富多彩的交际性公关活动,成立了客户联谊会、业主文化沙龙等。这类公关活动具有直接性、灵活性和人情味浓等特点,能使人际关系的沟通进入"情感"的层次,因而在公关活动策划中得到广泛应用。

(4)提供各种优惠服务

如楼盘开展售后服务、咨询服务、维修技术培训等,以行动证实企业对公众的诚意,这类公关活动被称为"实惠公关",容易获得客户的理解和好感。

(5)开展公益性的社会活动

这类公关活动突出了公益性、文化性,着眼于企业整体形象和长远利益。首先可以企业或楼盘本身为中心,以庆典或纪念活动的形式扩大影响;其次可结合楼盘情况,举办各种有文化含义的专题活动;此外,各类赞助活动更是深受欢迎。如奥林匹克花园赞助企业家与明星足球对抗赛等。这类公关活动容易扩大企业的社会影响,提高企业的社会声誉,赢得公众的支持。

(6)楼盘展销会

参加由房地产协会或国土局举办的房地产展销会是企业楼盘扩大其对外影响的窗口和机会。这种场合企业除了提供优质的楼盘产品,尽力获得销售和利润外,还应抓住机遇,营造富有特色的舒适展示环境,提供彬彬有礼的服务,严谨周到的安排,广告单张、小礼品的赠送,楼盘方面的介绍,这些都为企业楼盘塑造良好形象创造了条件。

2)公共关系活动策划的步骤

(1)分析企业形象现状

企业形象现状的分析工作,实际上是在企业在进行公关活动策划前,应对策划所依据的市场调查材料进行分析、审定,确认调查材料的真实性与可靠性,从而认知企业形象的现状。

(2)确定公关策划目标

公共关系策略目标的确定要与企业在前期调查中所确认的企业形象现状问题联系起来。同时,公共关系策略的目标应与企业的整体目标相协调,并应当使解决问题的方法具备可操作性和执行性;此外,还要在多个目标之中分清轻重缓急,按重要程度和执行的先后排出一定的顺序。公关活动所要达到的目标主要有:①建立知名度;②建立信誉;③激励销售人员和经销商;④降低促销成本。

(3)确定公共关系策划的主要对象

公共关系策略的对象包括顾客、中间商、社区、政府以及新闻媒体等。为了使公共关系决策更加科学,针对性强,在公关活动正式实施前应确定公关策划的主要对象。

(4)制订公关策略实施计划

公共关系策略是一项整体的活动,它本身由一系列活动构成,这就要求制订实施策略的具体计划。具体的公共关系实施计划,是指房地产企业为了实现公共关系策略的目标而采取的一系列有组织的活动,包括记者招待会、展览会和纪念庆祝会等。在制订公共关系策略时,还要充分考虑预算开支、所需的人力以及各种可控和不可控因素等。

(5)编写公共关系活动策划书

公关计划经过论证之后,必须形成书面策划书。策划书的内容应包括封面、目录、宗旨、内容、预算、策划进程表、人员的分配及责任表及其他与策划相关的资料。

（6）实施公共关系策略

公共关系策略的实施基本上可以根据计划方案按部就班地进行下去。策略的实施需要借助公共关系人员与新闻传播媒体有关人士的私人交往和其他的社会关系来进行。但需要特别注意的是,当所进行的公共宣传涉及具有较大社会影响的事件时,要密切注意控制事态的发展变化,一旦出现不利的变化就必须做出适当反应,提出切实可行的行动方案。

（7）公关策略实施后效果的评价反馈

评价公共关系策略实施的效果,目前主要方法有:①参与观察法。是房地产开发企业主要负责人亲自参加公共关系活动,观察实际情况并估计效果,然后与公共关系人员所提供的活动报告进行比较的一种方法;②目标比较法。在制订计划时,就将公共关系策略的目标具体化,用可以度量的方式明确下来。在活动完成以后,将测算结果与原定目标相比较,并进一步进行评估;③舆论调查法。这一方法是在公众中对公共关系策略实施前后进行一次舆论调查,然后根据有关舆论情况及其变化衡量和比较公共关系策略实施的效果;④销售额和利润贡献法。这种方法是最令人满意的一种衡量方法。房地产开发企业在估计公共关系宣传对增加总销售额的贡献比例的基础上,测算公共关系策略实施的投资报酬率。

复习思考题

一、名词解释

定价策略	房地产价格调整策略
房地产中介代理	产品组合
房地产产品差异化策略	品牌策略
房地产促销	营业推广策略
房地产促销组合策略	公共关系策略

二、简答题

1. 简答房地产价格的构成因素。
2. 影响房地产价格的因素包括哪些?
3. 请简要谈谈房地产产品的定价方法?
4. 房地产定价策略主要包括哪些方面的内容?
5. 简答房地产市场营销渠道的特点和类型。
6. 房地产企业进行品牌策略应注意哪些方面的内容?
7. 房地产促销有哪些作用?

8. 房地产市场营销促销有哪些方式?

9. 房地产促销组合有哪些特点?

10. 房地产公共关系促销的作用?

三、思考与讨论

结合某一经典房地产项目,谈谈该项目是怎样整合运用价格策略、渠道策略、产品策略、促销策略和公共关系策略的。

【阅读材料】 沈阳凯兴花园销售代理示范案例[1]

一、项目销售背景分析

(一)项目概况

凯兴花园项目分两期开发,已完工且正在销售的是一期工程,由4幢电梯高层组成,二期还未进场施工。户型结构有2室2厅2卫、3室2厅2卫、4室2厅2卫等。项目基本情况如下:

房屋类型:小高层、高层

建筑结构:框剪

占地面积:40 000 m²

建筑面积:129 400 m²

总户数:500 套

户型面积:137~194 m²

销售均价:4 500 元/m²

项目地址:沈阳市皇姑区黄河南大街78 号

开发商:辽宁凯兴房屋开发有限公司

(二)销售状况

项目售出约60%房源,剩余货源约200 套,剩余货源以大户型为主,面积在160~200 m²之间,层高在20~21 层;销售价格方面,8 层(含8 层)以下一口价3 800 元/m²,8 层以上4 500 元/m²,每层平均价差为80 元/m²,促销方式为9.5 折再送价值12 万元的车位,均价在4 200 元/m²,总价在60 万~88 万元之间。

二、项目营销策略

项目的产品已经形成,楼宇外立面、户型间隔等很难再做出修改,因此项目销售代理方在此基础上通过市场调查分析准确定位目标市场、与竞争楼盘形成差异,更好地满足目标消费者的需求,有针对性地对本项目进行包装,并加强销售执行方案,是本项目营销成败的关键。

策略一:准确的产品策划

---

〔1〕 注:摘自喻正颖编著.刀锋营销.广州:广东经济出版社,2005.

通过项目 SWOT 分析和市场调查对项目精准定位。

项目 SWOT 分析:

1. 优势分析

(1) 交通便捷

本项目地处皇姑区最具发展潜力的一级景观大道——黄河南大陆,并有多路公交车经过,道路四通八达,交通优势明显。

(2) 生活配套成熟

本项目地处皇姑区繁华区域,与乐购超市为邻,南有北行商业街,是沈阳市集政治、经济、文化于一体的亮点区域,周边公共配套完善成熟,餐饮、娱乐、百货、金融、通信、医疗等生活配套十分齐全,其生活便利综合性已受广大市民的认可。

(3) 小区园林及园区配套优势

小区内园林绿化超过 40%,中庭园林面积达 24 000 m^2,园林小品、水景等景观设计均有相当水平,会所、各种大型运动场地、休闲设施及健身设施等配套较为齐全。

(4) 教育配套齐全

项目位处沈阳教育强区——皇姑区,周边教育氛围浓郁,教育配套十分成熟,众多名校林立,从幼儿园到大学应有尽有。

(5) 低密度点状规划优势

小区采用高层低密度的点状规划,栋栋南北朝向,楼距宽,最小楼距 51 m,最大楼距 120 m,区内通风采光良好。

(6) 景观优势

项目低层可望中庭园林,高层视野开阔,景观优势明显。

(7) 现楼

项目处于现楼阶段,有现楼优势。

2. 劣势分析

(1) 户型大且存在缺陷

该项目在目前所剩余的房源中,普遍户型过大(面积在 160～200 m^2 之间),且部分单元的户型间隔存在缺陷,如有的户型过道偏大,出现黑厕等。

(2) 面积大,总价高

由于所剩房源的户型面积大,导致总价高,每套在 60 万～88 万之间,使购房门槛提高,缩小了客户层面。

(3) 推销力度不够

该项目在营销工作方面几乎停滞,销售人员精神面貌不佳,现场宣传包装气氛不够强烈,难以塑造出浓郁的现场销售气氛,不利楼盘销售。

(4) 外立面缺乏吸引力

该项目在外立面不够抢眼,颜色老化,给人以旧盘感觉,缺乏吸引力。

3.项目威胁分析

(1)周边竞争楼盘的威胁

项目的威胁主要来源中边竞争楼盘,包括成龙花园、水榭花都、御林香园、龙腾花园、翔凤花园等楼盘,成龙花园与本项目最为接近,该楼盘还有相当的货源,特别是其大面积单元,其户型格局优于本项目,在客户群层面上与本项目几乎相同;同时,该项目的整体素质也优于本楼盘,因此成龙花园将对本楼盘构成直接的威胁;另外,龙腾花园、翔凤花园等楼盘处于尾盘销售阶段,它们对大面积的低价促销策略将会分薄本项目的客户层面,从而威胁到本楼盘的销售。

(2)近郊区或郊区楼盘的威胁

随着市场经济的发展,到近郊区或教育(如浑南、东部板块)购房成为市场发展的另一趋向,而近郊区或郊区楼盘的高性价比和幽雅的环境远远优于本楼盘,随着人们消费观念的逐渐改变,近郊区或郊区楼盘也将对本项目构成威胁。

4.项目机会分析

项目的竞争楼盘大面积货源较少,通过调查表明市场还是有相当的容量,只要市场上出现具有较高性价比的楼盘面市,便能引导市场消费。

(1)竞争楼盘分析(略)

(2)项目市场定位

项目定位是针对项目所处的区域,通过市场调查和对周边竞争对手的分析,并根据自身特征所确定的。

①目标客户定位

从周边楼盘价格上来看,单价在 3 000~3 800 元/m² 的价位较为热销,而单价在 4 300 元/m² 以上的户型出货速度明显下降,而市场可接受的总价在 40 万~70 万元之间,由此可见主流客户群主要集中在高收入阶层。

因此把本项目的目标定位为:就职于周边单位的政府管理阶层、职工、企业的工薪阶层,周边的老居民,个体户,其他中高收入阶层及房地产投资者。

②目标市场细分

市场范围:本项目现在还有 200 套左右的存货量,还将有二期开发的长远战略。由于本项目处于皇姑区最繁华地段,考虑到市场容量的问题,目标市场区域范围不宜过窄,以增加市场容量,同时,市场区域范围也不宜过大,以集中所有资源重点突破。多义性把目标市场区域范围定在以皇姑区为主,并兼顾周边其他地区。

年龄:目标客户的年龄应以 30~50 岁的人群为主。

职业:周边单位的政府管理层、职工,企业的工薪阶层,个体户,其他中高收入阶层。

经济状况:目标客户经济状况以家庭月收入 5 500~9 000 元的家庭为主。

③项目形象定位

根据上述目标市场定位,结合项目本身的素质和竞争楼盘的情况,将项目的形象定位为:超乎想象的成熟,皇姑区首席高尚社区。超乎想象的成熟体现在全方位上的成熟,主要体现在教育、生活配套、交通等方面,这是同区域其他大部分项目无法比拟的卖点,也是本项目的一大亮点。

皇姑区,点明项目所处的位置,从另一个角度引入教育强区的卖点,提醒市场关注本项目,并与前面"超乎想象的成熟"相呼应,自然引出其教育超乎想象的成熟这一卖点,并可引起有意购买皇姑区消费群的高度关注。

策略二:确定最佳定价策略和付款方式

1. 定价原则:

①市场导向原则

项目的价格能反映产品的定位和目标市场的定位,成为目标市场能够接受并愿意支付的价格。并且在同类竞争中,借助价格的相对优势,取得更好的业绩,树立企业和产品的形象,为其他同类产品开发做好准备。

②加速资金回笼原则

在目前市场竞争激烈,项目所在区域同类产品供应量大的情况下,合理定价以促进项目的销售,加速资金的回笼,实现目标利润,并降低市场和财务风险。如定价过高将会产生较大营销障碍,利润只能是"虚拟"的账面利润。

③弹性灵活原则

定价应具有灵活性,以适应市场的变化情况,呆板的定价会使销售受阻,企业受到损失。项目重新开盘时,因消费者对项目的认识需要一个过程,对此,项目采用较低的价格聚集人气,随着销售的进展,再逐步提高价格,即"低开高走"。

④价值相符原则

价格与项目的内在质素和地段价值相符合,赢得了消费者,发展商在销售过程中,应尽量做到对消费者的承诺。

⑤有利竞争原则

项目在重新开盘时,形成一定的价格优势,以利聚客和造势,在周边楼盘的激烈竞争中迅速掀起销售热潮。

2. 付款方式

为了尽量缩短客户从产生购买冲动到认购以至成交的过程,项目销售代理商要求签合同与交首期款在签认购书后3天内完成。项目在付款方式上只采用一次性、银行按揭等2种付款方式。

三、精确的营销推广

(一)广告策略

广告策略是市场营销售组合的重要组成部分,本项目广告策略体现了楼盘的卖点及定位,其中主要考虑表现出:周边配套、教育优势、位置、环境、小区物业管理。

1. 定准广告基调(价值基点)

项目广告基调应与目标客户定位、产品定位和竞争定位相符,并带有所处区域的时尚特征,表现出项目独特的形象。最后确定广告主题为"超乎想象的成熟,皇姑区首席高尚社区"。

2. 挖掘广告诉求(主要卖点总结)

"成熟",通过对外部环境的生活配套、教育配套、交通等方面为什么超乎想象的成熟进行解释,也可以从内部环境配套去解释,将项目的亮点最大限度地"卖"出去。

"首席高尚社区",将高尚"卖"出去主要是阐述好小区的高尚物业管理服务水平,增加项目的附加值,同时也可包装为发展商对小区业主的表率和目标。

(二)加强广告宣传

由于项目在销售工作上处于停滞状态,现场销售气氛不够强烈,容易给客户以项目滞销或处于尾盘阶段的感觉,这对该项目的销售非常不利,因此项目的销售代理方决定,加大广告宣传力度,重塑项目形象,制造现场强烈的销售气氛,以聚集人气,重新抓住客户眼球。

1. 宣传渠道

基于项目具体情况,项目没有在广告预算上投入太多的费用。项目销售代理商考虑到宣传的成本控制问题和项目地处皇姑区最繁华地段、有强大人流的事实,在宣传上采取结合活动营销法,集中采用以下几种能够吸引强大人流的渠道进行推广。

①开办现场

现场 show 的一个重要特点是成本低,效果好,并可为现场聚集人气。但现场 show 要注意适量举行,防止降低楼盘档次。

②组织业主联谊会或恳谈会

组织业主联谊会或恳谈会的一个重要作用就是建立形象口碑,营造社区文化,有利于开展关系营销,为项目今后的战略发展计划起到积极作用。

③加强派单工作,挖掘拓展市场客源

制作了色调、文案的选择和版面的设计都与项目宣传的主题和形象相一致的传单内容,信息量较大,有鼓励性和吸引力。具有客户目标明确、接触直接、制作成本较低等优点。因项目的体量小,目标客户区域相对集中,在广告预算投入量不大的情况下,由人工直接在楼盘周边和目标客户所在的主要区域持续性地大量地派发传单广告,在短期内炒热楼盘,并稳定地保持了客流量。

(三)现场包装策略

1. 现场接待(售楼处)包装

售楼处可以说是楼盘的脸面,代表楼盘的形象,体现楼盘的价值,它的设置艺术不但能让客户"一见钟情",而且能提高客户心理价格。因此,该项目的代理商十分重视售楼处的建设。

针对项目的售楼处内外包装气氛不够热烈,缺乏销售气氛,不利引发客户购买冲动的情况,项目的销售代理商对售楼处进行了全新包装。

售楼处内:增加宣传卖点喷画和吊旗的包装,色彩上以暖色调为主。

售楼处外:加强售楼处的对外标志,色彩上以暖色调为主,营造高尚、热烈的外观包装效果,最大限度地吸引人流。

另外,为营造舒适的洽谈环境,对售楼处进行了功能分区。

2.条幅、彩旗、指示牌等导购标志设置

3.样板房布置

4.小区内设施包装

四、明确的销售执行

(一)销售时机

在适当时机将现有的3栋在推出时做一个全新的包装,给市场制造有新货上市的感觉,以激起客户好奇心,吸引客户到场了解情况。

(二)销售控制

实行有节奏、有计划的销售控制,往往会对一个楼盘的销售成功与否起到决定性的作用。项目在重新开盘时不是一次性全部推出约200套货源,而是有节奏、有控制地推向市场。分栋推出,每栋均以全新形式上市,并随市场反应再加推。

(三)采取刀锋式的销售执行

本项目量小,如何在成本较低的情况下取得销售的成功,销售代理的选择就显得非常重要。发展商选择了某销售代理商进行销售。

某销售代理商在本项目多采取的销售方式如下:

1.打破几个人售一个楼盘,甚至十几个楼盘的旧模式,组织几十个人甚至上百人的销售队伍专门销售一个楼盘,采取集中兵力打歼灭战的策略。

2.打破等客户上门、守株待兔的旧模式,主动出击,找客上门。

3.大幅度减少广告投入,整合利用传统的传媒广告、人对人的推销和活动销售法,形成综合性的、全方位的信息传播系统。

4.十分注重面对面的销售和售楼处内默契配合的整体气氛,成功率高。

5.对销售主任以上的骨干采用了半军事化的管理方式和认真细致的培训,同时注重对销售队伍的精神激励和物质激励,使销售队伍的战斗力始终保持一个较高的水平。

6.一支队伍只专注一个项目,以高度负责的职业精神为发展商服务。为此该项目的销售代理公司组织了一支由10名销售主任、经理和约40名业务员组成的销售队伍负责项目的销售。业务员分组每天在户外派发广告传单,将楼盘信息带出去,将潜在的客人带回来,售楼处一周7天、每天12小时以上都开门接待客人,集中兵力大打销售歼灭战。

五、销售业绩

从 2004 年 7 月 15 日某销售代理公司正式介入凯兴花园的销售工作至 2005 年 3 月 31 日,项目已销售住宅 51 套、车位 21 个、杂物间 9 个,总成交额达到 4 095 万元,解决了开发商已经入不敷出的资金周转难题。

【讨论】

1. 结合本材料,谈谈怎样做好房地产项目的市场定位工作?

2. 根据本材料,谈谈该项目运用了哪些营销推广策略?

第 8 章
房地产市场营销计划、
组织与管理

【本章导读】

　　本章从管理角度,讨论市场营销活动的计划、组织与控制。通过本章的学习,理解房地产营销计划的目的和内容,了解房地产营销计划的观念和方法,了解市场营销组织的演变过程和营销组织模式的类型,掌握市场营销组织的决定因素,了解房地产营销组织的设计,掌握房地产营销管理的含义和内容,了解房地产市场信息系统的组成。

　　房地产企业的整体战略计划规定了企业的任务、目标、增长战略,但每个职能部门必须制订各自的计划,包括市场营销计划。无论是计划的制订还是执行,都离不开有效的市场营销组织。在计划的执行过程中,还必须对其实施严格的控制,以保证营销目标的实现。

8.1　房地产市场营销计划

【案例 8.1】　成功在于按计划行动[1]

　　曾经有 2 位商务管理教授做了一个实验,要求参与者完成一项复杂的改错工作,分 3 组进行。第一组只告诉他们完成工作的最后期限,第二组则给出了详细的计划和阶段性目标,第三组让他们自己制订阶段性目标,最后统计纠正错误的多少。结果是第一组的改错工作最不理想,晚了 12 天,只找到了 70 个错误;最好的是第二组,由

―――――――――――

〔1〕　注:摘自陈放主编.房地产营销.北京.蓝天出版社,2005.248

于他们有详细的工作计划和阶段性的工作目标,准时地完成工作,而且找到了136个错误,几乎是第一组的两倍;第三组居中,晚了6天,发现了104个错误。

这个实验应验了俗语所说:"凡事预则立,不预则废。"

8.1.1 房地产市场营销计划的概念与目的

1) 房地产市场营销计划的概念

房地产市场营销计划是房地产市场营销实施管理的基础,它既是一种市场工作的工艺流程,也是一个指导性文件。它指导企业完成3项必要任务:

①找出决定企业成败的关键营销问题。判断房地产市场将发生的各种情况及其对企业的影响程度,确定企业的细分市场。

②动员企业员工为共同的营销任务和目标而工作。如制订预算、监督费用支出、检查销售过程以及编制促销计划等各项工作的落实。

③衡量企业发现顾客和吸引顾客的效率。最佳的市场营销计划不只是以过去的成就为根据,而且还提出专门的方式来衡量成就。

2) 房地产市场营销计划的目的

房地产市场营销计划的基本目的是帮助企业实现营销目标,总的来说就是通过营销计划的编制、执行和检查,充分挖掘和利用企业的各项资源,制订与市场环境相适应的最优方案,并把企业内部的全部经营活动科学地组织起来,使企业的房地产营销工作有计划、按步骤地进行,以获得利润和实现企业的战略目标。房地产市场营销计划系统的目的有:

(1)在科学预测的基础上,为改变企业的经营方向做出战略决策

制订和实施营销计划的主要任务,就是及时、正确、广泛地收集市场的信息资料,并运用科学的方法进行分析研究,结合市场需求和企业的实际情况,为企业进入和扩大新的市场领域作出战略决策。如加速增长与改进获利能力,淘汰或转换效益差的物业,指导设计、研究人员发掘最有发展潜力的领域等。

(2)通过综合分析,制订最优方案

房地产营销工作面对的是多种需求和迅速变化的市场,企业要经常关注市场形势的变化,一方面为高层管理提供较好的信息,以便作出满意的决策;另一方面对房地产企业的机会与威胁进行情景分析,帮助经理们根据企业的实力与弱点更好认识企业的潜力及优势与劣势,进行良好的内部协调活动。企业通过比较多种备选方案形成能获得良好经济效益的营销活动方案。

（3）实现全盘综合考虑与安排，减少企业风险

房地产企业面对的是竞争激烈的市场，同时，人们的消费习惯和企业经营环境也在不断改变，使营销风险增加。营销计划就是要使营销工作做到心中有数，有备无患，从而降低风险。培训经理，使之更好地了解正在变化的环境，提高房地产企业适应环境的能力，通过考核与评价房地产企业目前的经营活动，根据企业环境的变化以及企业的目的，加以适当的调整。

8.1.2 房地产市场营销计划的内容及作用

1）房地产市场营销计划的内容

每个营销计划的制订必须要注意 3 个基本方面，即确定关键的营销问题、有效利用资源、衡量最终结果。总的说来营销计划的内容可如表 8.1 所述。

表 8.1 一个营销计划的内容

内 容	目 的
执行概要和要领	提供所建议计划的简略概要
当前营销状况	提供与市场、产品、竞争、分配和宏观环境有关的背景数据
机会和问题分析	概述主要的机会和威胁、优势和劣势，以及在计划中必须要处理的产品所面临的问题
目标	确定计划中想要达到的关于销售量、市场份额和利润等领域的目标
营销战略	描述为实现计划目标而采用的主要营销方法
行动方案	回答应该做什么？谁来做它？什么时候做？它需要多少成本
预计的损益表	概述计划所预期的财务收益情况
控制	说明将如何监控该计划

不同房地产企业所处的市场时期不同，其营销计划也将是不同的。营销计划可分为战略计划和作业计划 2 种。

（1）房地产营销战略计划

房地产营销战略计划是由企业的高层及主要部门制订的，其重点是企业发展的基本方向、市场目标及达成这些目标的重大行动方案，一般来说，包括以下一些内容：

①时间期限。战略计划是企业的长期计划，有 3～5 年或 5～20 年的计划。3～5 年的战略计划一般是编制公司的营销目标和重大行动，而 5～20 年的战略计划制订的则是公司营销的远景战略。

②环境分析。包括房地产市场发展趋势、技术发展、竞争者的发展状况等,特别要分析环境中的机遇和威胁。

③公司本身分析。包括人才结构、产品结构、资本结构和市场竞争力等方面的分析,特别要分析企业自身的优势和劣势。

④制订目标。行之有效的目标要能够以市场为导向,要有必要的方针和措施,要有可行性。

⑤制订具体战略。包括公司增长战略、产品战略和市场战略等。

(2)房地产营销作业计划

房地产营销作业计划是由营销部门负责编制的计划,为半年至 1 年的市场营销计划,其重点是较具体的营销工作目标、营销策划、财务预算和各自的资源利用情况。一般包括以下一些内容:

①市场特点分析,如适销房型、供求情况、价格趋势等。

②营销方针和销售目标。

③价格的条件和变动幅度。

④盈亏率预测。

⑤市场定位。

⑥营销方案。

⑦营销费用支付方式和掌握尺度。

⑧存在的问题和解决问题的方法和措施等。

房地产营销计划制订后,就要付与实施,在实施过程中还要经常检查计划的执行情况,并及时反馈和修订,确保计划的顺利执行。

2)房地产营销计划的意义与作用

(1)营销计划是指导企业营销活动的行动纲领

从高层管理的任务来看,营销计划虽然不是营销活动的全部工作,但它无疑是指导营销工作的一个重要纲领。高层管理的首要任务就是制订与实施营销计划。要通过房地产企业的使命来思考管理任务,即要提出这样的问题:我们的企业是什么样的企业? 它应该是什么企业? 回答这一问题,企业要建立自己的目标,制订相应的战略与计划,在今天为明天的成果作出决策。

(2)房地产市场营销计划的制订和实施是所有管理人员的职能

每个管理人员都应参与制订或实施营销计划,只不过参与的程度因其所在的管理层次与重要程度不同而异。从理论上讲,管理的每一个职能都有较为规范的定义,彼此之间的界限比较明确。但是在实际中,企业的管理人员,很难将他们的工作按照不同的职能来加以区分。这些职能往往混合在一起,共同发生作用。管理人员通常在承担计划工作者角色的同时,也相应具有组织者、指挥者等角色。从这个意义上讲,营销计划是每个管理人员的职能,起着指导营销活动、维系和协调战略管理与作业管理之间关系的作用。

8.1.3　房地产市场营销计划的制订

1)制订房地产营销计划应具备的意识

(1)长远意识

企业的经营活动不能只顾眼前利益,不能仅以短期的盈亏来衡量得失,而是要对未来相当一段时期内的经营活动进行筹划,要有长远目标,相对稳定的经营方针和经营策略。只有具备了长远观念,才能将眼前的经营管理活动与企业的长远目标和规划结合起来,使企业按照既定的目标有计划、按步骤地健康发展,克服企业发展的盲目性和短期行为。强调长远意识,特别要注意创建经营特色,把日常的营销活动与建立长期经营特色结合起来。

(2)超前意识

一个企业如果仅局限于跟在市场变化的后面,做被动式的调整和应变,就难以保持长久的活力。在变幻莫测的市场中,一旦产品更新换代,就很容易被挤出市场。因此,房地产开发商要研究和发现消费者的需要和市场需求的变化,由此做出具有预见性的经营决策,这就必须具备超前意识。

(3)整体意识

营销战略必须具有整体意识和全局意识。房地产开发经营活动是一个系统工程,企业内各部门、各环节是互相联系、互相制约的,某一局部发生了变化,必然引起一连串连锁反应,往往是牵一发而动全身。因此,必须树立整体意识来通盘考虑,尽量使各部门为实现共同目标而协调地高效运转。同时,企业不可能脱离社会环境而单独存在,社会环境的各个方面,如政治、经济、文化、地理、气候、风俗习惯、宗教信仰等,无不对房地产的营销活动起着重大的影响作用。

整体意识要求在营销上注意产品、价格、渠道、促销诸策略的整体配合。在促销上,要注意广告、公共关系、营业推广、人员推销、销售服务等手段的有机结合;在竞争手段上,要注意楼盘质量、房型开发、服务等全方位应用,而不仅仅限于某一个方面。

(4)信誉意识

企业信誉包括产品信誉和企业的社会信誉。开发商必须在经营活动过程中注重房地产质量的检验,把好质量关,让购房者买得放心、住得舒心,从而赢得企业的产品信誉。企业的社会信誉不仅是企业文明经商、讲求职业道德的反映,也是企业经营管理素质的综合体现。

2）制订房地产营销计划的方法

（1）自上而下的方法

实行集权制的房地产企业在制订营销计划时,一般是首先由公司总部的高层管理人员制订整个企业的计划。然后,各部门再根据自己的实际情况以及总部的要求来发展这一计划。实行分权制的房地产企业一般是公司总部给各事业部提出营销计划指导书,要求他们制订详细计划。公司总部检查与修改这些计划之后,再将计划返还各事业部去执行。

这种方法最突出的优点是企业的高层管理者决定整个企业的经营方向,可以对各事业部或各部门如何实现经营方向提供具体的指导。这样,企业的高层管理人员可以集中精力去思考经营方向,制订应达到的战略目的,以及可以贯彻实施的战略。不足之处是,高层管理者可能会因为没有经过深思熟虑,对下属各部门或事业部提不出详尽的指导。这样,便可能由于指挥不当而打乱了企业目前所执行的计划。此外,事业部的管理人员也可能会认为这种自上而下的指导是一种约束,不能发挥他们的作用。

（2）自下而上的方法

房地产企业运用这种方法时,高层管理对事业部不给予任何指导,只是要求各事业部提交计划。企业总部从中掌握主要的机遇与风险,主要的企业营销目标、实现目标的战略、计划实现的市场占有率、需求的资金等信息。在提交计划以后,企业高层管理者对此加以检验与平衡,然后给予确认。

这种方法优点是各事业部会感到企划中的约束较少,可以提出更加完善的计划;同时也给事业部提供了学习制订计划的机会与过程。不足之处是,有些习惯自上而下指导方式的事业部管理人员会感到无所适从,从而影响计划的完整性、综合性。

（3）上下结合的方法

在制订计划的过程中,不仅企业总部的直线管理人员参与,事业部管理人员也参与有关计划的制订。房地产企业本部与事业部的职能部门一起讨论计划中的变化,企业高层管理人员可以根据实际改变及时调整原定的基本目标或战略。

上下结合的方法多为分权制的企业所采用。它的最大优点是,可以产生较好的协调效果,从而企业可以用较少的时间和精力形成更具有创造性的营销计划。

（4）小组计划的方法

这种方法是指企业的总经理与其他的高层管理人员组成一个计划小组,由总经理负责,共同处理企业所面临的问题。这个小组的工作内容与成员构成有很大的灵活性,可以因企业所遇的问题不同而采取不同的措施。一般来讲,小型的集权制房地产企业多乐于采取这种计划方式。有时,大型的分权制房地产企业也可能采取这样的形式。

在企业里,如果总经理与计划小组成员之间的关系较好,这种方法可以有很大的成效;如果总经理过分注重个人的权威,则很难收到良好的效果。

3) 制订房地产营销计划的步骤

房地产营销计划的制订具体由 3 个基本步骤组成:

第一,选择房地产公司的物业或劳务的类别;

第二,确定和调查房地产市场潜在的消费者;

第三,制订全面的营销战略。

这 3 个步骤必须依次进行,因为每一步骤的规划都以前一步所作的决定为基础。

8.2　房地产市场营销组织

8.2.1　房地产市场营销组织的一般原理

1) 组织与组织结构原理

组织是指人员群体,即具有某种相对稳定的内部结构和功能的、以人为主体的、由各种资源构成的系统整体;也是指一种管理职能,即把分散的人员及其他资源按照一定的目的要求,以一定的秩序和相互关系连接起来而进行的一种管理活动。进行组织工作的根本理由在于使人合作得更有效。

(1)房地产市场营销组织结构

①组织结构框架的设计。组织结构框架的设计是企业根据自身的特定任务、目标、功能,经过研究、探索,设计出适合自身目标和能力的组织结构系统,规定好各部门的职责和权力,并授权有关人员进行组织经营以实现组织目标。

②组织职能。组织职能是以实现企业的战略目标为基础和前提的,企业应当用各种规章制度和原则来规范企业内部纵横之间的相互关系,并实施定期检查,使组织有效地、灵活地运转。因此,它必须随着战略阶段的推进和战略目标的修正而转移和调整。所以,组织职能不应是静止不变的,而应是动态与相对稳定结合的有机体,是不断随着企业战略的转变而转变的。

(2)房地产市场营销组织结构的基本要求

①房地产市场营销组织结构必须满足房地产企业营销的正常运转。房地产市场

营销组织结构是房地产企业组织的分支结构,它必须满足房地产企业营销的正常运转,这是房地产市场营销组织结构最基本的要求。如果一个房地产企业建立起来的营销组织结构不能使房地产企业的各营销部门有效、正常地运转,企业连正常的销售都成问题,就更谈不上战略上的扩大与追求了。

②房地产市场营销组织结构应符合房地产企业目标实现的需要。房地产市场营销组织结构建设的主要目的是为了保证实现房地产企业的战略目标,这是房地产企业生存的基础。房地产企业为了生存和发展,根据市场发展的需求和自己的人、财、物等方面的综合能力,制订出一套完整的企业战略,但要实现这个战略必须有多方面的保证,其中最重要的就是组织保证。

③房地产市场营销组织结构应符合人的发展需要。房地产市场是一个充满风险和高收益机会的经营空间。市场机会瞬息万变,如何寻找市场机会,把握市场机会,适应房地产市场发展,提高房地产企业的经济效益,是房地产市场营销组织结构的本质要求。而房地产企业的一切生存和发展壮大根本因素是依靠人,如果组织结构不适宜于人员的发挥,那企业要想在市场上生存和发展是不可能的,其组织结构就不是一个好的结构,也就不可能完成企业发展的战略目标。

2)房地产市场营销组织的管理职能

营销组织的管理职能,是由部门划分、管理层次和管理幅度的确定以及职权关系的确立3个方面的基本内容所构成的。这3个方面的内容是相互联系的,它们既构成组织职能的基本要素,又是组织工作的一般程序。

部门划分是指在确定房地产组织总体职能的基础上,先将营销组织职能或任务进行分解,然后再把类似的职能或任务进行归类合并。部门划分所要解决的是用什么方式把组织中各种相关的任务或工作结合在一起,形成组织中的工作群体或部门的问题,而不是解决一个房地产市场营销组织中应设立多少个层次的管理部门以及每个部门应管辖多少人员的问题。因此,在部门划分的基础上,应进一步确定组织的管理层次和管理幅度。在部门划分、管理层次和管理幅度确定下来以后,还必须对营销管理人员进行授权,在组织内建立起适当的职权关系。只有在组织内建立起适当的职权关系,组织才能正常进行。

(1)房地产市场营销组织部门划分

实现计划拟定的目标,是组织的总任务。必须把房地产企业销售的总任务分解为若干个具体任务,使营销组织中的成员承担其中的一部分。把营销组织的总任务划分成若干个具体任务的过程,就是营销组织职能分解。如我们分成房地产市场调研部、房地产市场营销策划部、房地产销售网络管理部、物业管理部等。

(2)管理层次与管理幅度的确定

管理层次是一个组织中纵向设立的管理部门的层数或级数。管理幅度也是管理宽度或管理跨度,是指一个管理人员直接管理的人员数量。一个组织管理层次的多少,直接取决于管理幅度。管理幅度越宽,管理层次就越少;反之,管理幅度越窄,管理层次就越多。房地产公司应压缩其不合理的组织机构,特别是营销组织,它是直接面向市场的,层次结构冗长的管理模式,会使房地产企业远离市场。房地产市场营销组织的管理层次应尽量减少,这样不仅能缩短与消费者之间的距离,也使处于高层的领导者们能及时而迅速地了解消费者行为的变化。管理幅度过宽,容易造成管理上的疏漏。在企业规模一定的条件下管理层次的多少取决于管理幅度。有效的管理幅度取决于以下几个方面:

①房地产市场营销工作的复杂程度。工作越复杂,管理幅度就越窄;反之就越宽。

②房地产市场营销管理者与被管理者的素质。管理者和被管理者的素质越高,管理幅度就越宽;反之越窄。

③房地产市场营销管理者必须承担的非管理性工作的多少。非管理性工作越多,管理幅度就越窄;反之就越宽。

④新问题的发生率。在一个房地产市场营销组织中,新问题的发生率越高,管理幅度就越窄;反之就越宽。

⑤下属营销部门的分散程度。下属营销部门或公司的分散程度越大,管理幅度就应该越窄;反之营销部门或公司相对集中,物业的性质相对相同,其管理幅度就应宽一些。

⑥房地产市场营销活动的相同性。房地产市场营销管理活动的相同性越大,管理幅度就越宽;反之就越窄。

⑦房地产市场营销管理活动的健全程度。房地产市场营销组织机构的责任和权力越是明确,规章制度越是健全,管理幅度就越宽;反之就越窄。

(3)房地产市场营销组织中的职权关系确定

①房地产市场营销组织纵向职权关系的确定。确定营销组织纵向职权关系的核心问题是授权,即上级管理者把一定的权力授予他的下级。授权应遵循如下基本原则:

根据房地产市场营销组织目标授权的原则,即按照实现组织目标或预期成果的需要确定职务,然后根据规定的职务授予管理人员必要的权力。

职能界限原则。一个职务或部门被授予的职权规定得越清楚,就越有助于组织目标的实现,否则会导致多头领导、重叠领导和部门冲突,也可能导致表面上人人负责但实际无人负责的局面。

职权与职责对等原则。职责有完成任务的义务,职权是完成任务的手段。只有具有完成任务的充分职权才能履行好职责。但若职权大于其应负的职责,又会造成滥用权力、瞎指挥的现象。

职权层次原则。房地产市场营销组织中的各级管理者都应按所授予的职权作出与他所负责的那一管理层次应该作的决策。

统一指挥原则。除了不可避免的职权分割,在一般情况下,具体处理问题的自决权应只由一个上级授予其下属,以避免出现多头领导,导致职权与职责的相互矛盾。

②房地产营销组织横向职权关系的确定。在一个组织中,任何一个管理者都必须知道自己是以直线人员还是以参谋人员的身份在从事活动。应该知道,直线职权是一种等级式的职权。参谋职权是一种顾问性质的职权。如果是以参谋人员的身份进行活动,他们的任务就是提建议而不是指挥,尽管他的建议是正确的,也必须由他们的直线上司做出决定,然后通过上级发布命令和指示。否则,就会破坏统一指挥的原则。同样,如果管理者是以直线人员的身份进行活动的,他就应该认真听取参谋人员的建议,并果断地做出决策,大胆地指挥下属的活动。因此,确定横向职权关系的最重要原则也应是统一指挥的原则。

8.2.2 房地产市场营销组织的类型及其特征

市场营销组织多种多样,但所有的营销组织都应适应 4 种意义的基本营销活动,即职能的、地区的、产品的和市场的营销活动。相应地,房地产企业也有 4 种基本的营销组织:职能式营销组织、地区式营销组织、产品式营销组织和市场式营销组织。

1)职能式营销组织

这是最常见的营销机构组织形式。这种营销机构由各种营销职能专家组成,他们分别对市场营销副总经理负责,营销副总负责协调他们的活动。如图 8.1 所示。

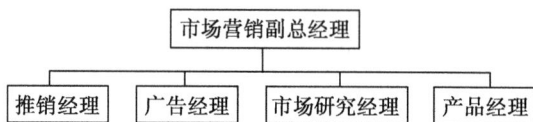

图 8.1 职能式营销组织

这种组织形式的优点是管理层次少,组织协调方便,比较适合房地产产品品种少或房地产开发、销售地区集中的企业。当房地产品种或开发、销售地区较多时,这种组织形式可能会造成某些房地产产品或地区被忽视,或各职能部门都强调本部门的功能作用而使组织协调工作复杂化。

2)产品式营销组织

当企业经营的房地产品种较多时,常常建立一个产品式营销组织。也就是在职能式组织的基础上,增设产品经理,负责各种产品策略的制订与修正,搜集与产品销售有关的包括目标客户在内的各种市场信息,使企业不断地改进产品设计与定位,以适应市场需要。如图 8.2 所示。

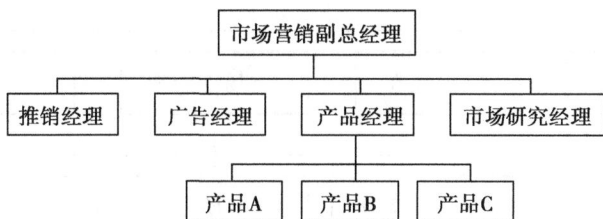

图 8.2 产品式营销组织

产品式组织的优点是:能对各类产品的市场问题作出灵敏的反映,能统一协调各种营销职能,并能对各种产品进行集中管理。它的缺点是:各类产品组织的负责人容易陷入日常事务中,而忽略产品的规划工作;当产品品种不断增多时,可能会引起管理人员和管理费用的相应增加;生产部门和职能部门之间的职权不容易划清,有争议时也难以协调。

3) 地区式营销组织

如果房地产企业的开发经营范围不局限于本地区,由于房地产产品本身具有明显的地域特征,因此可按地区组织其市场销售力量。这时,企业除了设置职能部门经理外,还应按照地区范围大小,分层次地设置地区性经理,层层负责。许多房地产企业也会选择在当地聘请营销专家来负责研究有关市场消费需求情况和竞争状况,拟定长期和短期的产品销售推广计划,为房地产销售与企业发展服务。如图 8.3 所示。

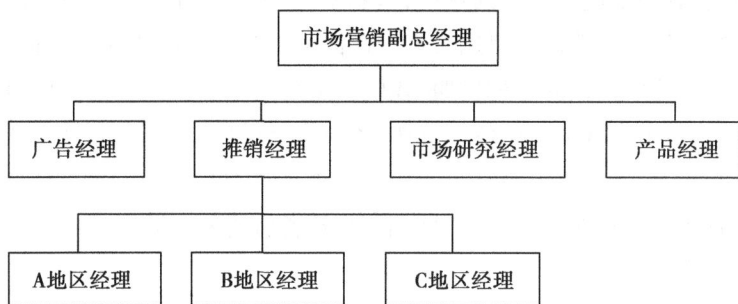

图 8.3 地区式营销组织

4) 市场式营销组织

市场式组织也称顾客式组织,是指由专人负责管理不同市场的营销业务,企业按照产品的不同销售市场设置市场营销组织机构。该组织形式适合于销售市场种类较多且差异较大的企业。如图 8.4 所示。

```
                    ┌─────────────────────┐
                    │   市场营销副总经理    │
                    └──────────┬──────────┘
        ┌──────────────┬───────┴───────┬──────────────┐
   ┌─────────┐   ┌─────────┐    ┌─────────┐     ┌───────────┐
   │ 推销经理 │   │ 广告经理 │    │ 市场部经理│     │ 市场研究经理│
   └─────────┘   └─────────┘    └────┬────┘     └───────────┘
                        ┌────────────┼────────────┐
                   ┌─────────┐  ┌─────────┐   ┌─────────┐
                   │ A市场经理│  │ B市场经理│   │ C市场经理│
                   └─────────┘  └─────────┘   └─────────┘
```

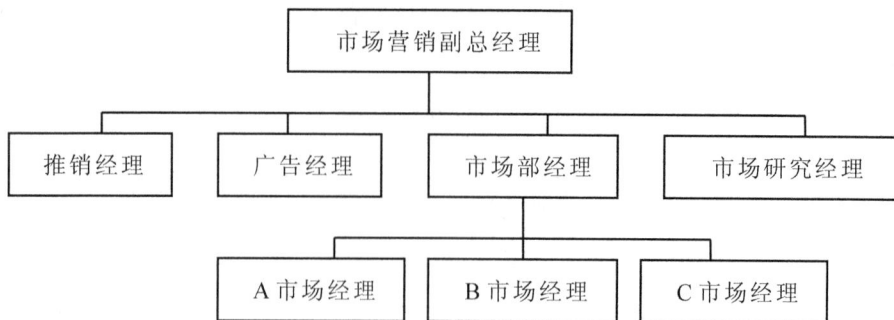

图 8.4　市场式营销组织

市场式组织的优点是,便于全面了解用户的需要,及时组织目标市场所需的生产和销售,同时,也扩大了市场机遇。缺点与产品式组织一样,管理费用较高。

8.2.3　房地产市场营销组织的影响因素

房地产市场营销组织作为一个系统,它与外部的客观环境是相互作用、相互影响的。环境可以影响营销组织,营销组织也可以影响环境。因此,一个房地产市场营销组织能否生存和发展,组织的目标能否实现,以及为此而进行的计划、组织、领导和控制等管理活动能否顺利进行,在很大程度上都取决于房地产市场营销组织能否适应、利用和引导客观环境。

营销组织对环境的适应包含 2 层含义:一是根据客观环境的变化进行营销组织变革;二是对客观环境进行正确的选择,包括对地理位置的选择、房地产市场结构的分析选择和合作伙伴的选择。房地产市场营销组织对于环境的利用是指营销组织应善于利用客观环境所提供的各种机遇,环境越是复杂多变,可供营销组织利用的机遇就越多,而只有善于发现和捕捉各种机遇,才谈得上对环境的有效利用。所谓营销组织对环境的引导,是指营销组织通过自身努力去影响和改变客观环境。如房地产企业通过广告宣传和新物业的开发去引导消费,开展公共关系活动,取得公众和政府对房地产企业的支持等。

1)房地产市场营销组织的外部环境因素

(1)市场状况

市场状况首先是指房地产市场的稳定程度、房地产市场供需变化的趋势。房地产物业的空间固定性,使得房地产市场的范围区域化。在不同的区域背景条件下,房地产市场千变万化。同时由于房地产行业正面临着体制的变革,福利分房等措施的取消,货币分房制度的相继出台,房地产的置换、典当、按揭、拆迁等市场的逐步成熟,房地产市场营销组织也就越发需要改变,它必须随着房地产市场变化及时调整内部结构和资源配置方式。

从房地产产品寿命周期来看,在产品生命周期的不同阶段,企业的营销战略和营销组织相应地随之改变。

另外,购买行为类型也是房地产市场状况的一个方面。不同类型的购买者对房地产企业提供的物业产品及服务有着不同的要求和侧重点。工厂物业的购买者和居民住宅物业购买者相比,前者侧重于满足产品生产的技术性能和连续的供应关系,而后者则强调服务和安全保障。侧重点不同影响到企业的推销方式,从而要求其有相适应的组织类型以满足顾客需求。

(2)竞争者状况

营销组织必须从 2 个方面来对付竞争者:一是竞争者是谁,他们在干些什么;二是如何对竞争者行为作出反应。为此,房地产企业就要使其营销组织结构不断地加以改变和调整。企业搜集竞争对手情报的方式多种多样,既可以设立专门的机构(市场研究部),也可通过其他部门获得(如借助于销售人员);既可依靠外部机构(咨询公司),也可要求企业全体职员为搜集情报而努力。不同的选择将直接影响营销组织的构成。而究竟该选择哪种方式则取决于企业是否需要直接、快速地根据竞争者的行为调整其营销战略。此外,企业在搜集到有关情报后,还必须制订相应的措施,并经由营销组织贯彻实施。如果经调查发现,加强售后服务是提高企业竞争能力的主要方面,那么,房地产企业就可能把会把销售部门和服务部门合并在一起。

2) 房地产市场营销组织的内部影响因素

(1)房地产企业经营的发展目标

高层管理者的经营思想对企业营销组织的设计影响较大。有的管理者强调稳定,有的则试图成为行业领导者。经营思想的不同势必造成营销组织的差异。同时,企业发展与产品相似,也有一个周期过程。企业处于不同的发展阶段,具有不同的经营战略目标,就相应有不同的组织形态。

(2)房地产公司经营权的集权与分权的问题

房地产是高投入、高风险、高回报的行业,正确处理好营销组织的集权与分权关系,无疑对企业目标的完成至关重要,也就是说决定着决策的权力是集中在上级管理者手中或是下放给下级管理者行使。对一个组织来说,不可能绝对地集权,也不会绝对地分权。企业在处理集权与分权的关系时,主要应考虑以下几个因素:

①决策问题的重要程度。决策问题越是重要,就应越是倾向于集权。

②组织内部政策的一致化程度。组织越是重要,就应越是倾向于集权。

③组织的规模。组织规模越小,就越是倾向于集权。

④组织的发展史。对于通过自身内部由小到大发展越来的组织,则比较倾向于

集权。

⑤组织管理者的指导思想。上级管理者如果不想更多地发挥下级人员的积极性,则比较倾向于集权。

⑥控制的手段。上级如果能对下级运用权力的过程进行有效的控制,则会比较有利于集权。

⑦外部环境的影响。组织的集权与分权必须考虑各种外部环境的影响。

(3)房地产市场营销组织的内部活动

营销组织内部的活动主要有2种类型:一是职能性活动,它涉及营销组织的各个部门,范围相当宽泛,房地产企业在制订战略时会确立各个职能在营销组织中的地位,以便开展有效的竞争;二是管理性活动,涉及管理任务中的计划、协调和控制等方面。

房地产企业通常是在分析市场机会的基础上,制订营销战略,然后再确定相应的营销活动和组织的类型。假定一个房地产企业满足下述条件:企业年轻且易于控制成本,企业的几种产品都在相对稳定的市场上销售,竞争战略依赖于广告或人员推销等技巧性活动,那么,该企业就可能设计职能型组织。同样,如果房地产企业的物业产品分布区域很广,并且每个区域的购买者行为与需求存在很大差异,那么,它就应该建立地区型组织。不过,以上是一般原则,一切都得从实际出发,因时因地制宜。因为房地产企业的营销战略可能被现有的组织机构所制约。比如,一家公司通过对房地产市场和竞争者状况的分析,决定实行系统销售战略。然而,由于该公司的原有组织机构是为不断开发新物业类型而设计,所以,采用这一新战略就会显得困难重重。

(4)房地产市场营销组织人员的素质

房地产企业战略追求的最高目标,始终是企业整体效益的最优。从一个战略的制订与执行到修改直至新战略的形成,其根本目的都是为提高企业效益,很少或较少考虑个人利益,这是企业战略的本质所决定的。但原有战略造成的组织结构一旦形成,必须有很多管理者走上一定的管理岗位,造成一定的个人权力、地位及经济利益;而新战略的构成,必然要求对旧有组织结构的否定,必然要对旧有组织结构进行调整与改革。其结果,首先是对既定利益者的利益造成威胁,当他们感到调整会严重危及个人利益,以及感到心理上的安全感严重丧失时,便会采取抵制的态度,往往会动用手中的权力,以各种各样合法的、非法的、习惯的或刁难式的工作态度进行行政管理,以"正常"的或"正当"的方式去抵制变革,人为地造成组织结构调整的困难,影响战略目标的实现。因此,营销组织中人员的政治素质、技术素质、文化素质、管理经验等都将会影响房地产营销组织的正常运行。

8.3　房地产市场营销执行与控制

【案例8.2】　万科:留住客户一辈子[1]

从刚走上工作岗位的大学毕业生居住的小户型公寓,到这个客户成家之后的3居室,再到客户事业有成时能负担的独立别墅,甚至最后到客户退休养老入迁的老年住宅,万科都会做,这就是万科的终身锁定战略。"我的理解是我们会有一个产品序列,这个产品序列并不是某一家公司研究出来,而是万科规划了一些不同产品的类型,适用了一些业务人群,比如以5类人群为定位:经济务实、青年之家、健康养老还有小太阳(3口之家)和富贵。"我们的产品线基本上是这5类,不同公司在不同阶段根据其项目类型的差异开发不同产品来满足这一类客户的需求。"北京万科销售中心经理赵彤说。万科之所以可以采取对客户终身锁定的战略定位,最基本的是由于万科已经拥有一批稳定的客户群,万科拥有超过10万的客户资源。以"蚂蚁工房"为例,从第一家"城市花园"做起,万科在上海已经积累了相当数量的满意客户和忠诚客户,总价上限不过50万元的"蚂蚁工房",是万科存量客户资源完全可以覆盖的一种产品。针对万科业主的DM广告是蚂蚁工房的主要营销利器,而客户推荐是蚂蚁工房成功销售的主要途径,DM广告和原有客户推荐成为蚂蚁工房成功的关键所在。"蚂蚁工房"如果是通用的"赛欧",那上海万科的"兰桥胜菲"就是通用的"凯迪拉克":独幢的南加州风格别墅,虽说面积最小的只有380 m^2,但是每一幢的售价都在千万元人民币以上。"兰桥胜菲"的客户定位在富足的成熟家庭,最早购买万科"城市花园"的客户经过10年来的发展,他们在不断地走向生命周期的新阶段,其支付能力和生活品位也在逐渐提高,他们的需求是富足成熟家庭的需求。据"兰桥胜菲"的销售人员讲,有一些"城市花园"早期的客户,当时他们是最早富裕起来的人,其中很多是从台湾来上海发展的客户,现在他们又成为了"兰桥胜菲"最早的客户。"兰桥胜菲"的客户圈子其实并不很大,很多客户是为了相互之间做邻居而选择一起购房的。因此,对客户的忠诚度,万科是通过客户的满意度和推荐率这2个维度来衡量的。现在的房地产市场是一个开放的市场,同行业者之间经常会争夺同一类的目标客户,如果客户与房地产公司是零距离的话,那就跟别的房地产企业成了"无限远",如果客户与你是"无限远",那就跟别人成了"零距离",所以关注客户体验变得尤为重要。万科营销中心的一位负责人说:"当客户进入一个楼盘的时候,他会从园林景观、样板房、配套设施、邻居的素养以及从销售人员的描述中去搜寻、去品味、去想象这种生活

---

〔1〕　注:摘自马薪婷.万科:留住客户一辈子.销售与管理,2006.12(68)

的感受。现场包装要特别善于营造这种理想生活的氛围,使客户在现场亲身感受得到效用。"除此之外,要想培养忠诚客户,对于房地产企业来说可以打造俱乐部效应,让客户沉浸在一种会员情绪中,体验到一种归属感,即使没有金钱和实物的酬谢,客户也会感动。万科早在1996年就成立了俱乐部式的"万客会",并且现在的俱乐部活动正在不断的升级;其次,万科提供与客户价值观相符的活动作为对客户的回报,通过客户活动来强化与客户的情感交流,增强客户对万科的认同感。另外,万科除了物业、管理、工程设计和销售以外还专门建立了一个客户关系中心,这是也万科着力打造客户忠诚度的一个重要层面。

由于在市场营销计划的执行中会出现许多意外情况,市场营销的成功也离不开对市场营销计划执行情况的监测、检查,即有效的市场营销控制。所以必须连续不断地控制各项市场营销活动,根据市场营销控制的结论及时调整市场营销战略战术。

8.3.1 房地产市场营销执行

市场营销执行是将营销计划转化为行动和任务的部署过程,并保证这种任务的完成,以实现营销计划所制订的目标。分析市场营销环境、制订市场营销战略和市场营销计划是解决企业市场营销活动应该"做什么"和"为什么要这样做"的问题;而市场营销执行则是要解决"由谁去做"、"在什么时候做"和"怎样做"的问题。

市场营销执行是一个艰巨而复杂的过程。美国的一项研究表明,90%的被调查计划人员认为,他们制订的战略和战术之所以没有成功,是因为没有得以有效的执行。管理人员常常难以诊断市场营销工作执行中的问题,市场营销失败的原因是由于战略战术本身有问题;也可能是由于正确的战略战术没有得到有效的执行。

1) 房地产市场营销执行过程

房地产市场营销执行过程包括的主要步骤如下:

(1) 制订行动方案

为了有效地实施市场营销战略,必须制订详细的行动方案。这个方案应该明确市场营销战略实施的关键性决策和任务,并将执行这些决策和任务的责任落实到个人或小组。另外,还应包括具体的时间表,定出行动的确切时间。

(2) 建立组织结构

企业的正式组织在市场营销执行过程中起着决定性的作用,组织将市场营销战略实施的任务分配给具体的部门和人员,规定明确的职权界限和信息沟通渠道,协调企业内部的各项决策和行动。如前所述,组织结构必须同企业战略相一致,必须同企业本身的特点和环境相适应。

(3) 设计决策和报酬制度

为实施市场营销战略,还必须设计相应的决策和报酬制度。这些制度直接关系到战略实施的成败。就企业对管理人员工作的评估和报酬制度而言,如果以短期的经营利润为标准,则管理人员的行为必定趋于短期化,他们就不会有为实现长期战略目标而努力的积极性。

(4)开发人力资源

市场营销战略最终是由企业内部的工作人员来执行的,所以人力资源的开发至关重要。这涉及人员的考核、选拔、安置、培训和激励等问题。在考核、选拔管理人员时,要注意将适当的工作分配给适当的人,做到人尽其才;为了激励员工的积极性,必须建立完善的工资、福利和奖惩制度。此外,企业还必须决定行政管理人员、业务管理人员和一线工人之间的比例。目前我国不少企业已经开始消减公司一级的行政管理人员,目的是减少管理费用和提高工作效率。

(5)建设企业文化和管理风格

企业文化是指一个企业内部全体人员共同持有和遵循的价值标准、基本信念和行为准则。企业文化对企业经营思想和领导风格、对职工的工作态度和作风均起着决定性的作用。企业文化包括企业环境、价值观念、模范人物、仪式、文化网 5 个要素。由于企业文化体现了集体责任感和集体荣誉感,它甚至关系到职工的人生观和他们所追求的最高目标,它能够起到把全体人员团结在一起的"黏合剂"作用,因此,塑造和强化企业文化是执行企业战略中不容忽视的一环。

与企业文化相关联的,是企业的管理风格。有些管理者的管理风格属于集权型,他们发号施令,独揽大权,严格控制,坚持采用正式的信息沟通,不容忍非正式的组织和活动;另一些管理者的管理风格属于分权型,他们主张授权给下属,协调各部门的工作,鼓励下属的主动精神和非正式的交流与沟通。这 2 种对立的管理风格各有利弊。不同的战略要求不同的管理风格,这主要取决于企业的战略任务、组织结构、人员和环境。

企业文化和管理风格一旦形成,就具有相对稳定性和连续性,不易改变。因此,企业战略通常是为适应企业文化和管理风格的要求来制订的,企业原有的文化和风格不宜轻易改变。

(6)市场营销战略实施系统各要素间的关系

为了有效地实施市场营销战略,企业的行动方案、组织结构、决策和报酬制度、人力资源、企业文化和管理风格这 5 大要素必须协调一致、相互配合,才能使营销战略得以成功地执行。

2)市场营销执行技能

市场营销执行问题常常出现于企业的 3 个层次:一是市场营销职能,即基本的市场营销职能能否顺利实施,如企业怎样才能从某广告公司获得更有创意的广告;二是市场营销方案,即把所有的市场营销职能协调地组合在一起,构成整体行动;三是市场营销政策,例如,企业需要所有雇员对待所有的顾客都用最好的态度和最好的服务。为了有效地执行市场营销方案,企业的每一层次(即职能、方案、政策等)都必须善于运用以下4种技能。

(1)配置技能

指市场营销经理在职能、政策和方案3个层次上配置时间、资金和人员的能力。例如确定究竟花多少钱用于展销会等。

(2)调控技能

包括建立和管理一个对市场营销活动效果进行追踪的控制系统,控制有4种类型:年度计划控制、利润控制、效率控制和战略控制。

(3)组织技能

常用于发展有效工作的组织中,理解正式和非正式的市场营销组织对于开展有效的市场营销执行活动是非常重要的。

(4)互动技能

指影响他人把事情办好的能力。市场营销人员不仅必须有能力推动本企业的人员有效地执行理想的战略,还必须推动企业外的人或企业(如市场调查公司、营销顾问公司、广告公司、公关公司、经销商、代理商等)来实施理想的战略,即使他们的目标与本企业的目标有所不同。

8.3.2 房地产市场营销控制

所谓市场营销控制,是指市场营销管理者经常检查市场营销计划的执行情况,比较计划与实绩是否一致,如果不一致或没有完成计划,就要找出原因所在,并采取适当措施和正确行动,以保证市场营销计划的完成。

因为在营销计划实施过程中将发生许多意外情况,营销部门必须连续不断地监督和控制各项营销活动。营销控制是营销计划有效实施的基本保证。营销控制有助于企业及早发现营销过程中存在的问题,以便及时采取措施,防患于未然;营销控制还对营销人员起着监督和激励的作用。营销控制是营销管理的一个重要环节。

1)房地产营销控制的基本程序

在房地产企业的营销组织中,有效的营销控制是由科学、严格的工作步骤来保证的。其控制步骤见图8.5。

第一步,确定应对哪些市场营销活动进行控制。固然,控制的内容多、范围广,可获得较多信息,但任何控制活动本身都会引起费用支出。因此,在确定控制内容、范围、额度时,管理者应当使控制成本小于控制活动所能带来的效益或可避免的损失。

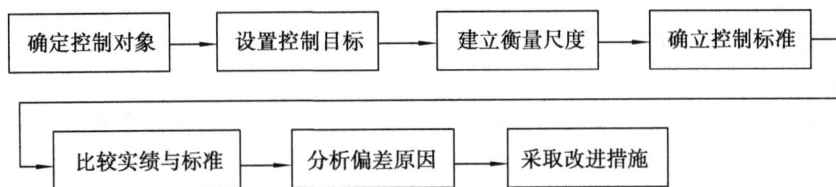

图 8.5　营销控制步骤

最常见的控制内容是销售收入、销售成本和销售利润,但对市场调查、推销人员工作、消费者服务、广告等营销活动,也应通过控制加以评价。

第二步,设置控制目标。这是将控制与计划联结起来的主要环节。如果在计划中已经认真地设立了目标,那么,这里只要借用过来就可以了。

第三步,建立一套能测定营销结果的衡量尺度。在大多数情况下,企业的营销目标决定了它的控制衡量尺度,如目标销售收入、利润率、市场占有率、销售增长率等。但还有一些问题则比较复杂,如销售人员的工作效率可用一个规定周期内新增加的客户数目及平均访问频率来衡量,广告效果可用记住广告内容的读者(观众)占全部读者(观众)的百分比数来衡量。由于大多数企业都有若干管理目标,所以,在大多数情况下,营销控制的衡量尺度也会有多种。

第四步,确立控制标准。控制标准是指以某种衡量尺度来表示控制对象的预期活动范围或可接受的活动范围,即对衡量尺度加以定量化。如规定每个销售员项目热销期应每周增加 5 个新客户;市场调查访问每个用户费用每次不得超过 10 元,等等。控制标准一般允许有一个浮动范围。

确立标准可参考外部其他企业的标准,并尽可能吸收企业内多方面的管理者和被管理者的意见,以使其更切合实际,受到各方面认可。为使标准具有激励作用,可采用 2 种标准:一种是按现在可接受的水平设立;另一种用以激励营销人员的工作达到更高水平。确立标准还须考虑项目、地区、销售阶段、竞争情况不同造成的差别,使标准有所不同,并且考虑到广告强度、商品房的具体情况等因素,不可能要求每人都创造同样的销售额或利润。

第五步,比较实绩与标准。在将控制标准与实际执行结果进行比较时,需要决定比较的频率。如果比较的结果是实绩与控制标准一致,则控制过程到此结束;如果不一致,则需进行下一步。

第六步,分析偏差原因。产生偏差可能有 2 种情况:一是实施过程中的问题,这种偏差比较容易分析;二是计划本身的问题,确认这种偏差比较困难。况且 2 种情况往往交织在一起,使分析偏差的工作成为控制过程中的一大难点。

第七步,采取改进措施。如果在制订计划时,同时也制订了应急计划,改进就能更快。但在多数情况下并没有这类预定措施,这就必须根据实际情况,迅速制订补救措施,或适时调整营销计划目标。

2）房地产营销控制方法

房地产营销控制的内容随着企业房地产营销业务的发展而日益深化,根据营销业务发展程度的不同而不同。一般而言,年度计划控制是房地产企业所采用的主要控制方法,此外还有调节性控制、盈利能力控制、效率控制、战略控制及营销审计等方法。

（1）年度计划控制

其目的是确保企业达到年度计划规定的销售额、利润指标及其他指标,它是一种短期的即时控制,中心是目标管理。年度计划控制的实质是随时检查年度计划的执行情况,其主要内容有以下4个方面:

①销售额分析。销售额分析是统计分析与年度销售目标有关的销售额,有总量与个别之分。

•总量差额分析　例如:假定年度计划要求第一季度按1万元/m²的价格销售某种商品房4 000 m²,目标销售额为4 000万元。但到季度末仅按0.8万元/m²的价格销售出3 000 m²,总销售额为2 400万元,比目标销售额减少了1 600万元。这1 600万元的减少额有多少是由于销售量下降造成的,有多少是由于价格降低造成的? 分析计算方法如下:

降价影响 =（1.00 − 0.80）×3 000 万元 =600 万元

（占1 600 万元的37.5%）

销售量下降影响 =1.00 ×（4 000 − 3 000）万元 =1 000 万元

（占1 600 万元的62.5%）

结论是,销售额下降的主要原因是由于销售未达到目标而致,该企业应密切注意它未达到预期销售量目标的原因。

•个别销售分析　这是着眼于个别产品或地区销售额未能达到预期份额的分析。

例如:假定某企业分别在3个地区销售某种商品房,期望的销售目标分别是100套、150套和200套。实际销量分别达到120套、145套和150套。则:

地区Ⅰ:较期望销量高20%;

地区Ⅱ:较期望销量低3.3%;

地区Ⅲ:较期望销量高25%。

显然,地区Ⅲ是造成问题的主要原因。市场营销经理应检查该地区情况,找出原因,是销售力量不够,还是竞争对手太强大,或是原来的预期目标定得不妥?

②市场占有率分析。销售额的绝对值并不能说明企业与竞争对手相比的市场地位怎样。有时一家企业销售额上升并不说明它的经营就成功,因为这是可能是一个正在迅速成长的市场,企业的销售额上升但市场占有率却反而下降。只有当企业的

市场占有率上升时,才说明它的竞争地位在上升。

③费用/销售额比分析。年度计划控制要确保企业的利润水平,关键是要对市场营销费用/销售额的比率进行分析。

例如:假定某房地产企业的费用/销售额比为 3% ,即年销售 100 万元房屋,支出营销费用 3 万元;又假定费用由 5 部分构成:推销人员费用 1.2 万元,广告费用 0.8 万元,其他促销费用 0.6 万元,市场调查费用 0.1 万元,营销管理费用 0.3 万元;它们与销售额的比率分别为 1.2% ,0.8% ,0.6% ,0.1% ,0.3% 。

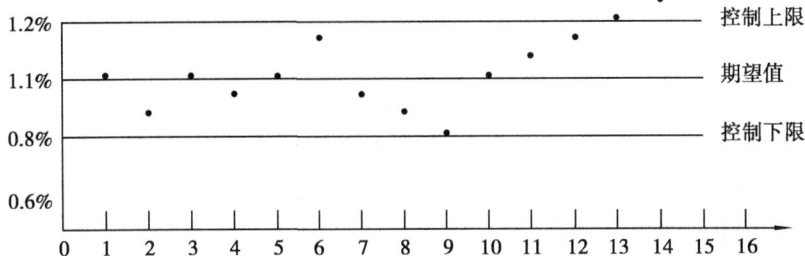

图 8.6　广告费用/销售额比率控制图模型

这些目标比率因各种随机因素的影响,经常会有可以忽略的小波动,通常也允许存在一个正常的偏差值。但当波动超过正常范围时,就应引起关注。用于跟踪波动情况的控制图,如图 8.6 所示。图中显示的广告费用/销售额额比的正常波动范围在 0.8% ~1.2% 。图中数据有 2 个地方应引起重视:一是从第 9 期起,比值呈持续上升状态。在独立事件影响下,遇到 6 次连续上升的概率只有 $(1/2)^6 = 1/64$,故这种不寻常的情况应尽早引起注意,二是连续上升最终在第 13 期导致波动值超出允许范围,必须立即进行解释,并采取措施。

还有一种费用/销售额偏差分析图,可用来评价不同地区达到销售额目标与费用目标的比较,方法如图 8.7 所示。横坐标是销售额目标实现情况(百分率);纵坐标是费用目标实施情况,也用百分率表达,斜线是等比例线。按图所示:地区 I 达到销售额目标与费用目标几乎等比;地区 B 超额完成了销售指标,但费用水平也以同等比例增加;最糟的是 J 地区,销售额目标只完成 80% ,而费用却不成比例地增长到定额值的 120% 。

④广告费用/来访量比分析。有时候,通过营销费用/销售额还不足以说明营销费用的分配是否合理,或者说是否能达到最优,因此我们引入广告费用/来访量比作为参考。由于实现销售的影响因素非常多,并不单纯是依赖于广告创意的优劣和费用投入量,所以,在实际工作中,用广告费用/来访量作为控制营销费用的办法更有效。

如果客户不能来访,销售人员就不能与客户进行深入的沟通,自然也就无法成交,因此,客户来访量是一个非常重要的指标。而引导客户来访的最重要手段就是广

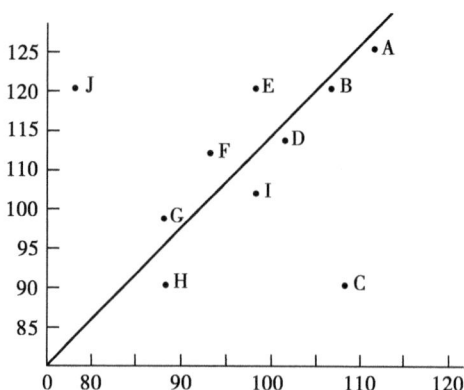

图 8.7　费用销售额偏差图

告,这其中包括平面广告、电台广告、电视广告、户外广告、DM 直投广告等多种方式。通过对以上各种方式的合理组合,使广告费用/来访量比逐渐降低,这是控制营销成本的一个非常重要的手段。

比如:通过某次报纸广告的来访客户为 100 批,广告费用 5 万元,则广告费用/来访量比的结果为 500 元/批;一个月内通过某户外广告来访客户也是 100 批,广告费用当月摊销 4 万元(一年广告发布费用 48 万元,每月费用 48/12 = 4 万元),则广告费用/来访量比为 400 元/批。则户外广告的成交成本就低于平面广告的成交成本。如果这种情况持续时间较长且较稳定,则开发商应考虑加大对户外广告的投入,同时适度减少对平面广告的投入。依据"帕累托最优"原理,当 2 个数值趋于相等时,总成本最低。

当然,不同项目、不同的区域位置甚至同一个项目的不同销售阶段,所采取的广告投放比例都不同,应该首先通过已有经验进行初步分配,再通过计划实施中的信息反馈不断进行调整。

【案例 8.3】　著名房地产公司万科企业有限公司,早在 1998 年就成立了万科购房者俱乐部,简称"万客会"。万科通过给予会员购房优惠折扣、邮寄刊物、组织各种娱乐或公益活动、拓展网络商家等方式,来吸引会员加入。目前,在全国 16 大城市已发展会员 8 万余人。万客会会员成为万科开发房地产项目的义务宣传员,主动向他们的朋友推荐万科,成为万科项目销售的重要力量。而且,通过万客会来访客户的成本远远低于平面广告或户外广告等方式,使万科成为主要靠口碑卖房的优秀房地产公司,万科的投入取得了超值回报。

⑤成交率和成交成本分析。成交率是单位时间(一般以月计算)成交数量与来访数量的比率。在客户来访量基本稳定的情况下,成交率成为影响销售业绩的至关重要的因素。

价格、房屋质量、销售人员素质以及样板房装修档次、楼书印刷水准等因素都会影响项目的成交率,其中许多因素需要投入营销费用来满足。因此,我们应关注单位时间(一般以月计算)内的相关营销费用与销售量的比率,以考察营销费用投入是否合理。

比如,组织一次公关活动,需投入各种费用 10 万元,由此促进成交住房 10 套,则成交成本为 1 万元/套;而通过向成交客户赠送 5 000 元机票的促销活动,成交也为 10 套,则成交成本为 5 000 元/套,很明显,第二个活动成本更低,应更多使用。

⑥顾客满意度分析。前述方法主要以财务和数量分析为特征,为了尽早察觉市场销售可能发生的变化,具有远见和高度警惕感的企业还应建立顾客满意度跟踪系统。这个系统包括用户投诉和建议制度、典型户调查和用户定期随机调查 3 部分。一般而言,房地产企业的用户数量不会很多,用户定期随机调查系统的建立具备可能性。建立完善的顾客满意度控制系统,能够提高企业在用户心目中的形象,促进企业新房的销售,并为企业开发新项目提供有益的建议。

(2)其他控制方法

除了年度计划控制以外,房地产企业经常采用的营销控制方法还有很多,如预先控制、盈利能力控制、效率控制和战略控制等,如表 8.2 所示:

表 8.2　房地产营销控制的类型及其有关内容

控制类型	主要职责部门	控制目的	研究方法
预先控制	中高层管理部门 市场调研部门	了解并控制外部环境	市场调研 市场预测
盈利能力控制	市场营销主管	检查公司的盈亏状况	公司盈利分析 房地产购买群体分析
效率控制	市场营销主管	提高市场营销效果及效率	物业销售效率分析 促销与分销
战略控制	营销高层管理部门 市场营销审计部门	房地产市场的发展 进入市场的最佳机会	市场营销效果 市场营销审计

①预先控制。具有营销能力的企业通过对外部环境施加影响,控制事态向有利于自己的方向发展,这就是预先控制。预先控制需要用科学的方法处理大量的市场信息。通讯技术的迅速发展和企业信息系统的逐步完善,为企业预先控制工作创造了良好的条件。

②盈利能力控制。盈利能力是指企业利用现有资源或资产获取利润的能力。它表明企业获利水平的高低,以及获利的稳定性和持久性。企业运用盈利能力控制来测定不同房地产、不同营销区域、不同渠道,以及不同促销规模的盈利能力。盈利能力控制所获取的信息,有助于管理人员对各种房地产市场营销活动采取或扩展,或压缩,或取消的决策。

盈利能力主要用以下指标来反映:

A. 销售利润率,即利润总额与销售收入净额的比值。计算公式为:

$$销售利润率 = \frac{利润总额}{销售收入净额}$$

该比值揭示了企业销售的获利水平,销售利润率越高,表明企业的获利水平越高。

B. 总资产报酬率,即息税前利润总额与平均资产总额的比值。计算公式为:

$$总资产报酬率 = \frac{息税前利润总额}{平均资产总额}$$

公式中,息税前利润总额是指税前利润总额加上利息之和。该指标从企业各种资金来源的角度,说明资产的使用效益或资产的总获利水平。该比值越高,说明企业资产的获利水平越高;反之则获利水平越低。

C. 资本收益率。资本收益率是指利润净额与投入资本的比值。计算公式为:

$$资本收益率 = \frac{利润净额}{投入资本}$$

该指标主要揭示企业所有者投入资本的获利水平,也可以说明营销投入资本的盈利水平。这里的获利水平是税后利润净额的获利水平。该比值越高,说明所有者投入资本的获利水平越高;反之则说明所有者投入资本的获利水平越低。

D. 资产管理效率。该指标可以通过资产周转率和房地产产品周转率来进行分析。

资产周转率是指一个企业的房地产销售收入净额与资产平均占用额的比值。其计算公式如下:

$$资产周转率 = \frac{房地产销售收入净额}{资产平均占有额}$$

该指标可以衡量企业全部投资的利用效率。资产周转率高,说明投资的利用效率高。

房地产产品周转率是指房地产销售成本与平均存量占用资金余额之比。其计算公式如下:

$$房地产产品周转率 = \frac{房地产销售成本}{平均存量占用资金余额}$$

这项指标说明某一时期内房地产周转的次数,从而考核销售的流动性。平均存量占用资金余额一般取年初和年末余额的平均数。一般来说,产品周转率越高越好,说明产品存量水准较低,周转快,企业资金使用效率较高。资产管理效率与获利能力密切相关。资产管理效率高,获利能力相应也较高,这可以从资产收益率与资产周转率及销售利润率的关系表现出来。资产收益率实际上是资产周转率和销售利润率的乘积,其计算公式如下:

$$资产收益率 = \frac{房地产销售收入净额}{资产平均占用额} \times \frac{利润总额}{销售收入净额} = 资产周转率 \times 销售利润率$$

③效率控制。假如盈利能力分析显示企业关于某一产品、地区或市场所得的利润很差,那么紧接着下一个问题便是有没有高效率的方式来管理销售人员、广告、销售促进分销。

销售人员效率控制的指标有:每个销售人员每天的销售访问次数、每次会晤的平均访问时间、每次销售访问的平均收益、每次销售访问的平均成本、每次销售访问的招待成本、每百次销售访问所订购的百分比、每期间流失的顾客数、销售成本对总销售额的百分比。

广告效率控制需要做好以下统计:每一媒体类型、每一媒体工具接触每千名购买者所花费的广告成本;顾客对每一媒体工具注意、联想和阅读的百分比;顾客对广告内容和效果的变化测定;受广告刺激而引起的咨询次数。

促销效率控制,企业应注意做好如下统计:由于优惠而销售的百分比、每单位销售额的陈列成本、赠券收回的百分比、因示范而引起的咨询的次数。企业还应观察不同销售促进手段的效果,并使用最有效的促销手段。

④战略控制。由于市场营销环境变化很快,往往会使企业制订的目标、战略、方案失去作用。因此,在企业市场营销战略实施过程中必然会出现战略控制问题。战略控制是指市场营销管理者采取一系列行动,使实际市场营销工作与原计划尽可能一致,在控制中通过不断评审和信息反馈,对战略不断修正。市场营销战略的控制既重要又难以准确实施,因为企业战略的成功是总体的和全局性的,战略控制注意的是控制未来,是未发生的事件。战略控制必须根据最新的情况重新评价计划和进展,因而难度也较大。

企业在进行战略控制时,可以运用市场营销审计这一重要工具。各个企业都有财务会计审计,在一定期间客观地对审核的财务会计资料或事项进行考察、询问、检查、分析,最后根据所获得的数据按照专业标准进行判断,做出结论,并提出报告。这种财务会计的控制制度有一套标准的理论、做法。但是,市场营销审计尚未建立一套规范的控制系统,有些企业往往只是在遇到危急情况时才进行,其目的是解决一些临时性的问题。目前,我国已有一些企业开始运用市场营销审计进行战略控制。

3) 房地产营销审计

所谓房地产营销审计,是对房地产企业的市场营销环境、目标、战略、组织、方法、程序和业务等做出综合的、系统的、独立的和定期的核查,以便确定企业体制改革的困难和各项机会,并提出行动计划的建议,改进企业营销管理的效果。

审计工作开始时,通常由公司内部人员和外部审计专家共同组成审计小组,拟订关于审计目标、范围、资料来源、报告形式、所需时间和费用的协议。然后通过调查访问、收集资料、评价比较等工作,做出审计报告,进而提出公司营销工作的改进意见。访问对象不仅包括企业内部员工、顾客和代理商,其他有关团体也都应该访问。最后,最高主管应参与审计工作的主要过程,并听取汇报,协助审计专家的工作。

营销审计内容由评价企业营销工作的 6 个主要方面组成,即营销环境审计、营销战略审计、营销组织审计、营销系统审计、盈利能力审计和营销职能审计。

8.4 房地产市场营销信息系统

营销大师菲利普·科特勒曾说过:"要管理好一个企业,必须管理它的未来;而管理未来就是管理信息。"由此我们说市场经济从某种意义上说就是信息经济一点也不为过。

当前,房地产市场竞争环境不确定性的加强以及企业内部对协同性要求的提高使得信息犹如空气中的氧气,企业的生产经营及营销活动离开信息就寸步难行。房地产企业要在市场中求生存、谋发展,就必须掌握营销信息。房地产市场营销信息涉及面广、量大,选择合适的房地产市场信息加工模式,对有关房地产市场营销环境发展变化的信息,用计算机进行收集、整理分析、评估,并进而建立快速反应的营销信息系统,为房地产市场经营决策者传递有用的、适时的和准确的信息,是很重要的。

8.4.1 房地产市场营销信息

1)房地产市场营销信息概述

信息是经济信息的有机组成部分,而经济信息又属于信息的范畴。信息是指反映客观事物及其运动变化规律和状况的知识、消息、情报和资料的总称。如闪电、雷鸣、鸟语、花香等报道了大自然变化的消息;语言、通讯、文字、电波等反映了人类社会各种社会活动的信息。这里所讲的信息通常是指能够被人们所接受和使用的那部分信息。

经济信息是指社会经济运动过程中各种经济现象的特征及其发展变化、相互联系的真实反映,是与经济活动相关的各种知识、消息、情报和资料的总称。

房地产市场信息是指在一定时间和条件下,反映房地产市场及其发展变化规律和状况的知识、消息、情报和资料的总称。包括房地产市场信息、房地产市场反馈信息等主要内容。

(1)房地产市场信息的特征

①房地产市场信息具有社会性。房地产市场信息是房地产产品在市场交易过程中所形成的人与人之间传递的社会信息,是信息发出者和接受者所能共同理解的数

据、文字和符号,反映的是人类社会的房地产市场经济活动。

②房地产市场信息具有多渠道、多层次性。在市场经济条件下,房地产市场呈现出多买方、多卖方、多渠道、多功能的开放式市场形态,数以千计的房地产开发企业和经营企业在房地产市场中以买者和卖者的身份交替出现,他们既是房地产市场信息的发布者,也是房地产市场信息的接受者。当他们以买者身份出现时,要运用广告栏目、电视、报纸、广播、网络等大众媒介不断收集最新房地产市场信息;当他们以卖者身份出现时,要运用广告等作为先导进行商品供销宣传。同时房地产市场信息的触角已经渗透整个世界的生产、消费、政治、文化、社会生活等各个领域,这就决定了房地产市场信息的多渠道性。另外,无论任何国家和地区,由于购买需求的差异,总是有高级住宅市场和普通住宅市场等不同层次的房地产市场。这就决定了房地产市场信息的多层次性。

③房地产市场信息具有灵敏性、时效性、流动性。市场经济体制下,房地产业的迅速发展,市场竞争日益激烈,房地产企业要想在竞争中取胜,获得经营主动权,就必须及时获得信息,必须做到信息灵通、反应灵敏。

有用的信息会帮助从事经营活动的房地产企业制订有效的决策、实施方案和措施,从而实现经营目标。而光取得大量杂乱无章的信息是无济于事的,甚至可能还干扰决策。房地产市场信息的时效性包括 2 个方面:一是,房地产市场信息价值与它反映的信息是否及时有关。及时的信息,犹如:"雪中送炭",过时的信息,时过境迁,犹如"雨过送伞",起不到作用;二是,房地产市场信息必须准确,主要是指提供的信息要符合客观实际情况,不能受任何主观偏见的歪曲和掩盖,要做到真实可靠。如果房地产市场信息及时而不准确或准确而不及时,都会延误时机,影响市场营销信息的价值,甚至导致房地产经营决策的失误。

另外,不仅有房地产开发经营企业的供给信息和消费者购买信息不断的输入房地产市场,而且有房地产市场反馈到房地产开发经营企业和消费者的反馈信息。这种信息的双向流动性对发展房地产市场具有重要意义。

(2)房地产市场信息的内容

房地产经营者总是处于不同的经济环境中,他们应该对这一环境的趋势有基本了解,并估计这种形势对房地产经营市场有何影响。例如通过市场研究了解了居民收入水平、消费方式和政策法规的变化,以及这些变化将会给房地产销售、租赁需求带来的影响。这就可能需要对售价、租金水平和营销渠道作出相应调整。掌握了竞争物业的租金情况,就有助于制订合理的租金结构,并确定最佳的广告方法,以促进物业的租售。当然,房地产市场营销信息提供的不仅是物业的租售情况,其基本信息内容有:

①房地产企业的现状及未来的发展状况。

②取得消费者动向的资料——消费者的购买行动及需要、商圈的家庭数人口的

动向、都市开发、地区开发的动向等。

③房地产产品地理环境的动向——商店的设立及其动向、都市规划的动向、道路交通网的动向、四季气候的变化资料等。

④房地产产品的需要动向及消费倾向。

⑤房地产市场价格现状及走向。

⑥市场房地产的供应数量及供应结构状况。

（3）房地产市场营销信息的接受与传播

消费者每天要接收到各种广告信息，繁多的信息不断地进入人脑，同时又有大量溢出，留下来的常常是零星、片断的信息。那么消费者没有很多时间来分析的情况下，他是没有确切的理由非选择某产品不可的。在这种情况下，营销信息的传播应该进行整合，借助于信息库，进行整体传播和沟通。

①记录下顾客的资料。对任何询问过自己公司产品的客户，他们的姓名、地址和电话号码都应该记录并整理。此外还要向潜在顾客了解，他们是如何听说自己公司的产品的，他们还希望知道些什么情况，以及决定什么时候购买等。

②搜集销售点的数据。这方面的信息包括产品的实际销售情况，以及购物者的个人情况。

③与顾客保持联系。想办法与顾客始终保持联系，了解客户对产品所持的态度发展变化情况。采取的方式可以是电话询问、寄调查表或附有顾客意见表的公司业务通迅。了解客户喜欢（或不喜欢）哪些方面，他们有什么改进建议？

④搜集市场营销的情报。定时搜集关于市场研究和市场变化趋势的信息，经常使用计算机数据库就可以相当容易地完成上述工作。

⑤倾听顾客的抱怨。对于顾客的抱怨，不要立即为自己辩解，而要从中吸取教训，改善工作。判断到底是什么使顾客不满，是顾客没有得到直接了当地回答呢，还是对产品的设计与服务不满，或者公司没有注意产品的某些细节，等等。

2）房地产消费者信息加工模式

（1）信息的认知

信息加工是认知心理学中的一个概念，它表述的是人们如何接收、过滤、存储、提取和加工信息过程。广义的信息加工有 2 层意思：第一层是认知，包括人们选择、加工与存储信息的整个过程；第二层意思则涉及到人们如何衡量、增加以及使用已经存储的信息。

人们每时每刻都在接受周围环境对其视、听、感、历（经历）进行的冲击，也每时每刻地对这些信息做出选择。选择出来的信息经过存储、分类检索和强化以及后来被提取，整个过程被称为认知。消费者由于各方面的原因，有意无意之间，只接触一部分信息刺激，只会把认为重要的信息选出来，因而限制了自己的认知范围。

广告信息也同样,只有当我们感兴趣的信息出现(如我们所关心的特定产品或情节),令我们眼睛一亮,才可能加以注意。一般消费者接收任何广告信息时(其他也同样),喜欢以自己的观念去解释,并在有意无意之间将它扭曲成与自己想法接近。

每个消费者对特定事物有一种先入为主的看法、偏见或成见,有时很难改变,在心理学中被称为光环效应。人们在接收信息时,往往是自己想看的、想听的,有时候还加入原来没有的观点,而忽视原有的重点。这种曲解信息并非信息原来的意思,因此,经过选择扭曲之后,解码出来的东西常会与消费者的期望有很大的差距,甚至背道而驰。这就是整合营销的强调信息传播要简单、清楚、一致的原因。

(2)房地产市场营销信息库的构建

信息具有各种各样的形式,并且对于营销者来说,富于挑战意义的是确定哪些信息对于有效的市场沟通是至关重要的,并在未来紧紧抓住它。

当需要进行研究的问题确定下来以后,就会自然地将注意力转向资料收集上来。这时需要就使用第一手资料还是第二手资料做出决策。第一手资料是专门为要研究的问题而特地收集的统计资料,而第二手资料则是利用其他项目已经拥有的资料。一般地,在已有第二手资料的情况下,不会再花费更高代价获取第一手资料。但第二手资料有一个弱点,也是研究人员最感头疼的问题,那就是大多数第二手资料并不是以人们所需要的形式出现。第二手资料的计量单位与研究人员的目的常常不一致,资料的分类也常常不合研究需要,另外,资料具有时效性。第二手资料有时可能被发现没什么用处,也许资料已经过时、荒谬、分类不恰当,或者缺乏有用的数据。但更为常见的情况是,第二手资料本身是有用的,但数量不够充分。在这种情况下,房地产市场分析人员有必要转向寻求第一手资料。

第一手资料通常使用"交流法"或"观察法"来获得,这要看研究的需求来决定。交流法最常见的一种是向被试者作问卷调查。问卷中的问题可以是口头的,也可以是书面的,同样回答的方式也分为口头及书面 2 种。我们可以直截了当地向被试者提出问题,也可将问题融合在深入的面谈中。观察法是指对某些相关事实和行为的监测和记录。例如,研究人员可以通过检查消费者的执照来调查他们来自何方,以此确定某个房地产产品的市场范围。

(3)房地产市场营销信息的加工

由于全球的经济和技术变化,信息也许将成为第一生产要素,它将影响企业营销理念的树立、营销组合的策划、营销策略的制订、营销实务的操作、营销过程的控制以及营销结果的反馈等营销过程。信息必须在载体存在的情况下才能被表达,那就是说,传播媒介是无法避开的;其次,信息如果要奏效,需要经过人们的加工处理模式,并做出反应才能被认知。

①消费者的信息加工。整合营销传播是以消费者为中心的现代营销理论,大多数消费者是以水平的方式接收、加工和存储营销传播信息的。他们通过各种各样的

媒体接收各种形式、不同来源、种类各异的信息,但是,无论信息来自广告、促销、推销员、或报刊杂志,消费者都以同样的方式加工。因此,你提供的产品、服务的信息,不管动用什么通道,都必须经过相同的判断过程,并且与消费者已存在的概念、类别相比较。可见,只有征服这种模式和机制,你的信息才会发生作用。

现在的房地产商已经能够在相当程度上控制消费者对其产品信息的接触,借助付费或免费的媒体搭配,控制信息的流动。随着信息的急剧增多,其获得也应越来越容易。消费者获得房地产产品信息的机会和途径非常之多。越来越多的消费者出于自身的需求而主动去接触信息,而不是由房地产商单方面主导和控制信息交流系统。顾客不在是单纯的产品或服务的接受者、受惠者,而是越来越成为营销的一部分,而且是核心部分。

②传播媒介的多样化及运用。新兴媒体的不断涌现,如网络、多媒体看板、录像光盘、电话、传真媒体等,使得房地产商的媒体选择范围越来越多。同时,在市场转化加快、消费者个性意识更加突出的形势下,单靠传统媒体已经远远不能满足信息传播的需求,新兴媒体已经逐渐从以前弱小地位,占据了大量的市场份额。企业必须根据自身的情况和需要选择最适合自己、效果最好的媒体。

8.4.2 房地产市场营销信息系统

1) 房地产市场营销信息系统的组成

房地产市场营销信息系统是由人、计算机和程序组成的有机整体,它为房地产市场经营决策者收集、整理、分析、评价并传递有用的、适时的和准确的信息。其目的是帮助营销人员和决策者实现营销决策、营销规划,执行营销活动,提高其理解、适应乃至控制营销环境的能力。因此作为一个完整的具有快速反应能力的营销信息系统必须包括内部报告系统、营销情报系统、营销调研系统和营销分析系统这4个方面。

①内部报告系统主要提供的是企业内部信息及销售信息。其作用就在于报告订货、库存、销售费用、现金流量、应收款、应付款等方面的数据资料。通过这些信息的分析,便于营销经理发现重要的机会和问题。

②营销情报系统的主要作用则是向营销部门及时提供外部环境发展变化的有关情报。情报的来源显然是十分广泛的,如政府机构、竞争者、顾客、大众传播媒介及其他机构等。如搜集的商业资料、招标信息、代理商信息、竞争产品信息等都属于这一系统的内容。首先要明确企业营销到底需要什么信息,有哪些信息源,然后将收集的有效信息加以整理和分析,最后将经过处理的情报在最短的时间内上报给公司。

③营销调研系统是系统地设计、收集、分析和提出数据资料以及提出跟公司所面临的特定状况有关的调查研究结果。营销研究系统是营销信息系统中最重要的部

分,其所需要的信息正确与否,关系到企业经营决策的正确与否,关系到企业的兴衰成败。

④营销分析系统是由统计步骤和统计模型所构成的,主要采用一些先进的技术或技巧来分析市场营销信息,以更好地进行经营决策。它包括统计工具库和模型库。统计工具由相关分析、因果分析、趋势分析等分析方法组成。这些方法是分析和预测未来经营状况和销售趋势的有效工具。这一步骤是建立在正确的营销研究系统之上的。在这里,我们需要的不仅仅是枯燥的数字和图表,我们更需要这些数据和图表能为公司高层决策时提供支持和依据。

另外,从技术体系上看,营销信息系统应包括数据存储、商业应用和客户界面 3 部分:

①数据存储:建立营销数据库和运行数据库,集中、统一管理企业所有销售线索、销售机会、客户和与客户联系的记录。

②商业应用:分为前台应用和后台应用。后台应用即大家熟悉的 ERP 系统。包括了财务系统、人事系统、订单管理、采购管理、开票系统和制造系统等,它在响应前台应用的请求的同时,为前台应用提供了可靠的数据;前台系统包括了数据库营销、数据挖掘、促销活动管理、内容管理、客户的交互管理和市场分析;销售机会管理、建议书生成、销售手册、产品配置和价格管理、电话销售;产品支持、个案管理、产品递送日程等。企业可按照行业的特点和企业本身的实际情况裁减这些应用。

③客户界面:与客户的联系方式包括了面对面、邮件、电话和客户自助服务。新的技术使联系方式更具效率。其中包括了手提电脑(Palm、CE 等)、互联网、呼叫中心等。客户通过不同的渠道所得到的信息应该是一致的。营销信息系统是一个庞大的系统,企业可按照行业的特点和企业本身的实际情况裁减,建立过程也是循序渐进的。但不管怎样,首先得分析企业的现状和系统实施的成熟度,也就是从流程、组织、文化、人员、技术、内容、环境、数据、已有系统等方面进行分析,在对未来做出合理展望后,进行整体系统设计,必要时要对现有的组织和流程进行重组,并规划近期所要实现的应用系统。

各个应用系统是存在依赖关系的,在实施的步骤上也可分阶段实施。通常先实施数据采集系统(包括与已有系统的集成),接着是数据清理、建立在线分析系统,进行数据挖掘和数据分析,与业务进行整合建立各种应用系统,完成信息提供和决策支持。市面上成熟的技术和软件包可被用来加快系统建设的进程。

2) 企业在掌握营销信息和建立营销信息系统过程中应注意的问题

(1)谨慎选择软件功能与系统工具

软件功能应以满足企业当前和今后的发展需求为准。在房地产企业进行初步信息化规划时,多余的功能只会令系统的使用和维护更加复杂。如果有些功能要在软件版本升级后才能实现,企业必须认清升级的可能性、时间及条件等能否满足企业的实施进度。房地产企业业务流程的个性比较强,统一规范的信息化系统支撑个性化的业务流程,因此,任何商品软件都或多或少会有用户化和二次开发的工作。随着应用范围的扩大,对软件系统的使用,企业必然需增补一些功能,因此,企业对软件开发商的系统开发工具需认真学习,做到拿来已用,而且选择的软件开发商必须具备二次开发的能力和相关的服务意识。

(2)选择有实力、有经验、有信誉的软件开发商

房地产企业选择的软件商应当有长期经营战略,选用软件时应考虑软件产品的寿命、周期、先进性、适用性与可扩展性,如果能同软件商建立一种长期合作的关系,则有利于房地产企业管理信息系统的长远发展。因此必须选择一家信得过的软件开发企业。可以从以下几个方面来考察:

软件开发商为软件所准备的文档是否齐备。一个规范化的商品,文档应该齐备,方便企业的学习使用。不论国产或进口软件,都要注意文档内容同软件产品的一致性。

软件开发商提供的售后服务与支持的水平。售后服务包括各种培训、项目管理、实施指导、二次开发及用户化等项工作,它直接关系到项目的成败。由熟悉企业管理、有实施经验的专家顾问做售后支持,对保证项目正常进行、及早取得效益是非常必要的。

(3)注意对自己企业原有资源的保护

这里所说的资源,主要指的是房地产企业已在原有系统上运行的数据及原有的硬件。是否有必要对这些数据资源进行保护,首先应在服从新系统长远需求的前提下谈保护,不可削足适履。如原有数据不规范、不符合新系统原则要求或原有系统信息集成度不能满足要求时,从企业的长远利益着想,只能推倒重来,不要迁就落后。

复习思考题

一、名词解释

房地产市场营销计划　市场营销控制　房地产市场信息

二、简答题

1. 房地产营销计划的内容主要有哪些?
2. 如何制订房地产营销计划?
3. 房地产营销组织有哪些类型,各有什么特点?
4. 房地产营销组织设计取决于哪些因素?

5.房地产市场营销控制的基本程序与方法是怎样的?

6.房地产市场信息的特点是什么?

7.如何构建房地产市场信息库,其组成怎样?

三、思考与讨论

结合实际谈谈房地产营销控制的意义是什么?

【阅读材料】　中原地产信息系统解决方案[1]

一、客户需求

广东中原地产为香港中原集团成员,创办于 1994 年 9 月,目前分行网点超过 130 间、聘用员工超过 2 000 人,遍布全市各区重要的地产成交活跃地段,是广东最具影响力的地产代理公司,荣获“十大最受欢迎地产中介公司、十大诚信经营地产中介公司”等荣誉称号。随着公司的发展,分店越来越多,需要面临的问题也随之而来:如何更好地实时了解各营业店的情况,以便于公司管理业务和财务数据;如何使总部和各营业店以及营业店与营业店之间更好的沟通和协作,共享公司所拥有的楼盘信息和客户资料;竞争越来越激烈,如何保证公司的客户资料和楼盘资料的安全;以及如何节省这么多营业店的 IT 维护成本,提高公司 IT 部门的工作效率。为了要解决这些难题,要求公司必须要根据公司的实际运作情况进行公司的信息化建设,来提高公司的运作效率,而且可以提升公司的竞争力。

五舟服务器在了解了客户的实际应用和运作后,对该地产公司的信息化建设需求做了具体的分析和规划,确定了该公司信息系统建设的具体需求如下:

1.信息系统要求能够在分布式环境下使用。房地产代理公司一般会将总部设在城市中心写字楼中,在城市各地(城郊、各住宅小区、商业区)开发多个楼盘,有几个甚至几十个远程的营业点。适应连锁化的特点,系统必须能够分布在各个门店中。而这些门店距离远近不同,甚至分布在全国各地。

2.能够实现各营业店数据实时共享。各门店采集的楼盘信息和客户信息,能够供其他营业店查询使用。这些信息实时性要求较高,否则可能导致某营业店销售后才发现,由于信息的滞后,没法成交。而且总部能够随时获得销售人员、各门店的销售业绩、楼盘销售统计等资料。

3.数据和客户资料安全性。由于房产中介市场混乱,竞争异常激烈,客户资料、楼盘资料是其中重要的商业机密,已有不少报道关于地产代理营业店内的电脑硬盘被盗的新闻,而且因为执业资格的中介师稀缺,导致行业中人才流动频繁。因此,企业希望客户资料、楼盘资料不能外泄,并且不能由门店员工自行带走,也不存储在各

---

[1]　注:资料来源,五舟服务器网 http://www.chinaserver.cn

营业店的电脑中,希望存储在总公司的服务器里,集中管理,有助于数据安全。

4.易维护。因为营业店人员电脑知识普遍不高,而营业店分布分散,采用常规的电脑作为日常办公,其维护成本非常昂贵,必须由公司总部派出多名系统维护人员奔波于各门店之间进行系统维护,所以新的信息系统设计要考虑到是否容易维护。

二、解决方案

五舟服务器根据该地产代理行业的实际应用需求,提供了一套完整的专门针对房地产业信息化而设计的解决方案。方案的核心,是利用网络电脑,通过因特网,实现远程数据处理,达到实时、共享、安全的目的。

系统结构如五舟房地产代理行业信息系统解决方案图。

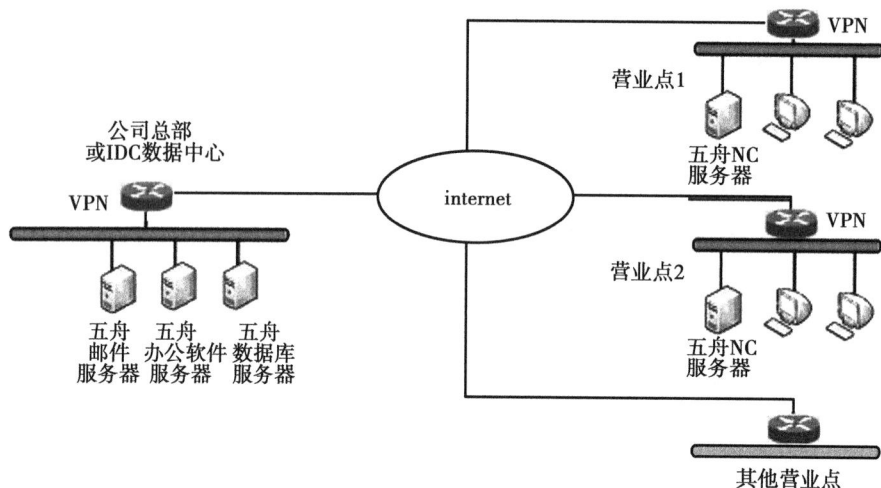

五舟房地产代理行业信息系统解决方案

由该图的网络架构可以看出,五舟这套解决方案是基于VPN(虚拟专用网)和NC(网络电脑)来完成的,公司总部和各营业店之间通过ADSL拨号上网,然后通过路由器的VPN功能连接,即可做到远程"网上邻居"互相访问。所有应用都通过了Internet隧道的加密,确保数据传输以及远程用户接入的安全,可以像在局域网内一样使用公司的软件平台,各营业店只安装软件客户端,数据不保存在本地电脑里,而是直接存储在公司的软件服务器或数据库服务器里。

在各个营业店内,使用一台五舟NC服务器搭建的内部工作电脑可以支持30~40个终端输入输出设备,网络电脑具有接近于PC的本地数据处理能力,具有PC机方便易用的图形界面,而数据存贮则放在服务器上。只需在NC服务器内安装公司软件平台的客户端,营业店内的每一个员工只要输入自己的账号和密码就可以访问属于自己的工作环境和文档,从而可以使用公司的软件平台来完成自己的日常工作,通过软件平台的输入和输出数据都是存放在公司的软件服务器或数据库服务器里,不会保存在NC服务器中。

三、方案 5 大优点

1. 高可靠　因为用户的文档和资料都存储在服务器端,所以不会因为突然断电而丢失重要的资料。用户可以像使用电器一样随意开关机。服务器为每个用户生成各自的硬盘空间,为每个用户内建账号和私有密码,分配资源,设定权限,使得各用户相互独立而互不干扰。

2. 易管理　网络计算机用户只要输入自己的账号和密码就可以访问属于自己的工作环境和文档,而管理员可以在服务器上管理所有用户,提供了一种崭新的办公方式。

3. 强安全　因为 NC 没有硬盘、软驱和光驱等外部存储设备,所以用户不必担心病毒的危害和信息的流失。

4. 便操作　NC 操作简单易使用,省去了 PC 安装各种设备驱动程序等繁琐步骤,用户只需使用服务器上安装的软件即可。

5. 免升级　NC 由于终端客户机根本不需要升级,不管是硬件升级,还是软件升级都只需在服务器上进行,维护方便。

【讨论】　结合本材料,谈一下建立房地产市场信息系统的作用与意义。

第9章
房地产网络营销

【本章导读】

网络是将各自独立的电脑处理节点通过线路互相连接，节点之间能够彼此通信的系统。互联网则是将全球各国的电脑网络群连接起来，成为不属于任何一个国家或企业所拥有的信息传递系统，使全人类共享信息资源。网络营销是借助互联网将产品与服务类的信息有针对性地提供给顾客，顾客根据自己的需求可在网上寻找需求信息以便交易的实现。本章着重就房地产网络营销的优势及劣势、网络营销的业务流程、网络营销的安全技巧展开讲述。

21 世纪的经济是数字化的经济、信息化的经济、网络化的经济。许多专家和媒体认为，中国房地产营销将拥抱新营销时代的到来，传统的营销体系将面临着重大改变，国内知名地产巨头诸如万科、顺驰、SOHO、21 世纪投资公司等，纷纷在网上推出宣传策略，打造网上营销平台。种种迹象表明，一场网络营销大战已打响，地产界正面临着一场营销改革风暴。在这种形势下，如何关注网络，突破传统营销，建立非传统的营销体系，使房地产营销在营销手段和方法上取得突破性、飞跃性的发展，从而建立起一套适应网络经济发展的房地产营销体系策略，成了房地产商必须高度关注的问题，也成为学术界的重要研究课题。

9.1　房地产网络营销概述

【案例 9.1】 "×××市商品房销售管理系统"用户申请须知

各房地产开发公司、房地产中介服务机构：

现将如何申请使用"×××市商品房销售管理系统"的要求说明如下：在使用本

系统前,请先到×××省电子商务认证有限公司申领其签发的数字证书,该电子证书是第三方认证、受国家电子签名法保护。同时下载"×××市商品房管理系统权限申请表",填写本公司使用系统的相关人员信息,公司盖章后送×××市国土资源和房屋管理局信息中心进行建立系统用户及权限设置。具体操作是⋯⋯

【案例9.2】　二手房网上交易操作更规范

从2006年12月开始,上海、浙江等地二手房交易实行网上交易备案,通过网上操作系统为交易双方提供签订房地产交易合同服务,目前主要限于房屋买卖(置换)交易。事实上,继实行新建商品房交易合同网上备案制度后,杭州二手房网上备案酝酿已久。某不动产核证部负责人介绍说,自2006年9月份以来,杭州城各方中介权证部主管曾齐聚市房管局,参与讨论二手房交易网上备案的操作。并安排有一大批房产中介人员接受房管局组织的网上备案操作培训,这些都是在为网上交易备案做准备。实行二手房交易网上备案的,交易合同经买卖双方确认后,中介公司可通过该网络查询该房屋产权情况。输入房产证号、产权人姓名、房屋具体地址等相关信息,该房屋相应信息立即会显示在网上,房屋产权是否明晰,甚至是否被查封、冻结都能反映出来。然后由房产中介公司通过网上操作系统,将合同文本传送至市房地产交易中心备案即可。不过,这个网络系统不是对社会公开的,必须有房管局给中介公司设置的用户名和密码才能进入。办证时间,按照现在网上交易系统,一旦网上提交,房管局立马审核,能加快办证速度,从原先的自受理之日起的11个工作日,可提前2~3个工作日。

房地产二手房实行网上交易备案,规范了房地产市场的发展,之前在很多中小房产中介,时常会发生随意修改合同的情况,如今网上交易备案的出现,完全杜绝了这类情况的发生。据了解,对于已经网上备案的交易合同的修改,需要有买卖双方以及房产中介3方的密码,才能进入这一单合同的交易平台,最终完成合同修改。并不能随意修改,从源头杜绝此类纠纷的发生。

从以上案例可看出房地产网络营销已是大势所趋。

9.1.1　房地产网络营销的概念及特征

1)网络营销的产生

网络营销是以互联网络为媒体,以新的方式、方法和理念实施营销活动,更有效促成个人和组织交易活动的实现。网络营销在国外有许多翻译,目前,比较习惯和采用翻译方法是E-Marketing,E-表示电子化、信息化、网络化,既简洁又直观明了,而且与电子商务(E-Business)、电子虚拟市场(E-Market)有共通之处。

(1)网络营销产生的技术背景

20世纪90年代,互联网的飞速发展在全球范围内掀起了应用热潮,世界各大公司纷纷利用互联网提供信息服务和拓展公司的业务范围,并且按照网络经济的特点积极改组企业内部结构和探索新的管理营销方法,网络营销应运而生。网络营销以新的方式、方法和理念,通过降低生产及货物和服务的交易成本,提高管理职能的效率,使网络空间的虚拟市场为企业开展网上经营,进行网络营销开辟广阔的前景。

（2）网络营销发展的环境条件

①网络营销市场体系的逐渐形成。网络营销是在网络时空里进行的活动。网络营销必须有明确的交易主体,完善的交易规则,发展的群体市场,充足的信息资源,规模的信息集中交换,相应的法制建设、外在信用环境和安全环境。也就是说,网络市场必须体系化。只有体系化了的网络市场,才是一个完善、健康和功能齐全的网上市场。

②营销主体地位的确定和成长。网络营销的开展,必须有明确的营销主体。他们是信息的需求者、信息的拥有者、信息的使用者,又是信息的创造者。只有当这样一批营销主体成长起来,成为一个庞大的网上消费群体,又是商务信息的制造群体的时候,网上的信息流才能顺畅、有序地流动起来,网络的信息资源才会成为资源性的信息流,网上信息的含金量和价值量才能得到进一步的提升,网络营销的商业价值才能得到进一步的体现。

③网络安全环境明显改善。互联网之所以能够发展成为全球性的网络,主要是因为它的开放性。但是这种开放式信息交换方式也带来了极大的脆弱性。因此,网络安全问题一度成为影响电子商务和网络营销发展的"瓶颈"。近年来,随着加密技术、电子认证技术、反病毒技术、黑客防范技术、防火墙技术、入侵检测技术的发展和网上综合治理的加强,网络的安全环境有了明显的改善和进步。

④网上法制环境的形成和改善。缺乏完善的法制体系,是制约网络营销发展的一个重要因素,因此,加快网络营销的立法已刻不容缓。从法律文件来看,《中华人民共和国合同法》新增加的"数据电文"条款,就是专门为适应电子商务活动设立的。它承认了数据电文这种新交易形式的法律效力,对网络营销活动的全面开展具有极其重要的意义。

⑤网上资信环境的发展。一个商务体系缺乏诚信是不会发展的。在诚信这一方面,我国网络营销的环境发生了重大的变化,主要表现在:群体性诚信意识加强;大量网站致力于建设网上诚信环境,并开始了大规模的行动;局部诚信小环境也有了突破。

（3）消费者价值观的变革要求企业个性化经营

随着市场经济的发展,消费品市场已从卖方市场向买方市场演变。在买方市场上,消费者面对更为纷繁复杂的商品品牌,完全能够以个人的心理愿望为基础挑选、购买商品和服务。同时,由于网络时代商品信息获取的方便性,消费者会通过各种途径获取与商品有关的信息并进行分析比较,还可以在网络上通过定制服务参与设计生产过程。这些都使网络营销成为一种以消费者为导向,强调个性化的营销方式。

(4)激烈的市场竞争要求新的营销手段

随着经济全球化的扩展,市场竞争日趋激烈。传统的营销手段已不能够满足企业经营组织形式上的竞争,促使经营者进行变革,以尽可能地降低商品在从生产到销售的整个供应链上所占有的成本和费用比例,缩短运作周期。而开展网络营销,可以节约大量昂贵的店面租金,减少库存,使经营规模不受场地限制,便于采集客户信息等。这些都使得企业经营成本和费用降低,运作周期变短,从根本上增强了企业的竞争优势。

2) 房地产网络营销的概念

房地产网络营销主要指利用互联网进行房地产销售,是为实现每一个具体项目的销售目标所进行的,或最终实现销售,或以这个项目为基础打造公司品牌形象的以互联网为基本手段营造网上销售环境的各种活动。

近几年,随着互联网的迅猛发展,网民数量在急剧扩大,鉴于网民的整体素质较高,收入水平较高,越来越多的房地产开发商、营销代理机构已将网络营销视为重要的营销手段。

3) 我国房地产网络营销的特征

(1)我国房地产网络营销发展的现状

网络正在改变我们的生活,也正在改变传统的房地产。因为有了网络,消费者可以从网上快捷地获取大量的房地产信息,开发商可以通过网站直观地将项目、企业介绍给网民;因为网络,传统的房地产营销模式也正在发生变化,网上销售、网上拍卖及网上展会等形式陆续出现。网络和房地产两个专业领域,正在互相渗透、互相结合。

目前提供房地产销售服务的主要有 2 大类网站:

其一,房地产行业的综合类专业网:如房产之窗,北京的房地产交易中心等,大量房产销售中介公司加盟到这类房产网站中,由这类房产网站同意向外发布房源信息和提供交易平台。

其二,除了这些专业房产网站外,还有很多房产开发商、销售商或者是房产中介建立了自己的房产销售网站。

以全球最大的房产连锁品牌"21 世纪不动产"为例,它在全球拥有近 7 000 家加盟店,平均每 1 分钟有一个房地产交易发生于其系统上。

目前,网上的房产销售基本上以网上和网下结合的方式进行。网上房产销售更主要的是提供一个信息沟通的平台,从发展来看,购房合同和资金流也逐步会在网上完成。

通过这些网站可以实现如下 3 个方面的功能。

①通过门户网站、专业网站及自建网站在网上对开发项目进行广告宣传。网上广告是网络营销的最基本形式。Internet 作为一种新的信息传播媒体,得到越来越多房地产企业的重视和运用。

Internet 让企业拥有一个属于自己、而又面向广大网民的媒体,并且这一媒体是高效率、低成本的,这是超越传统媒体的一个特点。企业网站信息由企业制订,不受传统媒体的时间、版面等限制,也可伴随企业的发展适时更新;企业网站可应用虚拟现实等媒体手段吸引大众注意并与访问者双向交流,及时、有效地传递并获得有关信息。

②可对客户进行项目产品的网上调研,接受意见反馈。网上市场调研可以承担的主要工作包括:市场分析、产品和服务的研究、市场营销策略研究等。在 Internet 上房地产企业可以开展低成本、高效、范围广泛的市场研究,为正确预测市场需求,做出市场决策打下扎实的基础。

③可通过网上的一些营销方式给项目造势,提升项目人气。例如:网上拍卖是时兴的房地产销售方式,其通过市场需求来确定房地产的价格,具有公平的特性;同时又能为开发企业赢得尽可能多的利润。此外,由于网上拍卖形式的新颖性,可聚集足够的人气,更多地对项目进行宣传,从而在直接追求物业利润最大化的同时,间接起到广告促销的效果,可谓一举两得。

(2)我国房地产网络营销的特征

网络时代的到来将必然给房地产业带来革命性的改变,带来更多的机会和挑战,对开发商而言,需要相当的策略和技术、市场敏感接触能力,但可以肯定的是,宽带网将给房地产业带来一套新的房地产销售的运营方式。房地产网络营销适应了目前的大盘时代的营销特点,在北京、广州、深圳、上海有多个楼盘的万科地产已经着手重建他们的房产营销管理系统,以适应集团化运作的需求。买方不仅可以透过网络寻找中意的楼盘,而且可以在网上看到物业实景、图片等资料,甚至还可以进行物业比较,从而使房地产交易信息的展示变得有声有色。网络技术的推广,给房地产信息的沟通、传播、展示带来全新的理念。

目前我国房地产网络营销的特征有 5 个方面:

①房地产网络营销以互联网技术为依托,是一种跨时空、交互式的营销;

②房地产网上营销,虽然可以很方便地实现资金交易的网络化,但由于房地产价值额巨大,消费者对网上的资金交易的安全性和信用还存在疑虑,所以资金一般在网下完成。这在一定程度上成为房地产网上营销发展的一个障碍。

③房地产网上营销不需要一般网上营销的物流配送环节。房地产作为一种不动产,其物理位置相对固定,不会因为房屋的所有权或使用权的变换而产生标的物的流

动,从而可以省去困扰大多数网上营销的物流配送的问题。

④房地产网上营销中涉及的每一件具体的房地产商品都是唯一的,并且商品内容复杂,质量不可简单确定。这就需要房地产网上营销不仅要为消费者提供网上看房服务,还要提供现场看房服务。

⑤房地产网络营销与传统营销理论密切相关,是传统营销理论在网络经济中的应用和发展。

9.1.2　房地产网络营销的优势及劣势

房地产网络营销是房地产整体营销的一个组成部分,而并非像有人所说的网络营销将会取代传统营销。有了网络营销,将会更好地促进房地产市场的营销。网络营销与传统的房地产营销相比有其明显的优势,但也存在不足。

1) 房地产网络营销的优势

(1)可以通过低成本的市场调研,增加产品的市场认知度

房地产企业通过网络可进行低成本的市场调研。现阶段企业在项目开发之前,一般是自己或委托广告策划公司进行市场调查,这种调查不仅浪费大量的人力物力,而且取得的信息面也比较狭窄。企业往往不能深层次获取信息,对市场的了解也不够细致,这就很难与消费者建立良好的沟通关系,也就不了解客户的真实需求,容易生产适销不对路的产品,造成产品的积压。网络调研的成本低廉,信息量大,数据取得点多,会大大缩小房地产企业和消费者之间的距离,使双方的信息对称,信息沟通渠道畅通。通过信息的反馈,企业能提炼出有价值的数据,并将这些信息卓有成效地应用到产品制作的全过程中,这种经过市场沟通和检验的产品,必然会增加产品在市场中的认知度。

(2)提高开发商的运作效率,降低企业营销成本

房地产网络营销对买卖双方来讲,是一种新型的营销渠道。企业在产品还不具备预售条件、不能够在传统媒体上做广告的情况下,在网络上不断地发布项目开发进度,而消费者在网上能不断地获得自己所需要的房地产建设信息,从中挑选满意的产品。一旦房地产开发商取得预售许可证后,房地产企业即可通过自己的网站,或在其他网站上做销售广告,这可大大降低广告成本,而且网络信息的发布具有时间长、传播速度快、信息不容易丢失的特点。

(3)提高消费者的购买效率,避免漫无目的地无效奔波

现阶段房地产销售中经常出现这样的情况,消费者即使四处奔波也买不到称心如意的商品房,因此很多人对房地产市场产生了一种厌倦感进而影响到消费者的实际购买行为。消费者如果通过网络找房则主动性极强,对感兴趣的房地产商品可有

的放矢地对价格、方位、开发商的品牌形象等进行查询。只要按动鼠标,不同企业的产品、同一企业的不同产品,在网络上非常直观、详细,再不用东奔西跑,也不需在售楼小姐那儿挤牙膏般地去获取不完整的信息,这便大大提高了消费者的购买效率,也节省了大量时间。

(4)加强多向交流,促进房地产商品质量和服务的提升

网络营销使房地产企业的信息完全公开,消费者对企业制作的产品可以"指手画脚",可透过房地产企业的包装看到产品的实质。在网络这一优秀的沟通渠道上,企业和消费者、消费者和消费者之间可以进行多向交流,通过对户型、外观设计、景观规划等体现品质的细节进行详尽讨论;通过对经济形势、楼市走势的研究,使消费者的知识越来越丰富,消费行为也越来越理性。这在一定程度上对房地产企业的品牌营销,高效服务及科学管理具有强烈促进作用,在这种作用下,使企业能不断生产出极具强烈个性特点的好产品。

(5)能提供 24 小时不间断房地产营销服务

以网络为媒体的专事营销服务计算机系统能实现 24 小时服务。只要不受黑客和病毒攻击,3W(World Wide Web)站点能够全天 24 小时,全年 365 天不知疲倦地持续工作,随时响应来自全国各地甚至全球的消费者的要求,这给平时白日工作繁忙的消费者带来了极大的便利。他们可以下班以后在家里连接互联网络,浏览房地产营销网页,了解房地产信息,选择自己需要的房地产,而不一定要在上班时间去拜访房地产营销商。

(6)网络消费者可以互动地参与营销活动

在精心设计的网络站点上,消费者可以方便地把自己的意见及时反馈给营销者,可以在网页上留言,可以填写网页上的市场调查表格,进行购买要求登记。每一个消费者都可以在网页上得到他所需要的详细资料,同时,网上营销的管理者也可以收到各个消费者的反馈信息,并相应地调整网上的营销行为,使网上的营销活动更有效。这种沟通是交互式双向的,在给予消费者有关营销者和房地产商品信息的同时,也回收了消费者的反馈信息。

(7)提升房地产营销者的形象

目前在互联网上"安营扎寨"的房地产营销者并不太多,捷足先登的先锋者可以抢占先机,树立自己意识领先、服务全面、信息完备、讲求效率的良好形象,而好的形象本身就是提高自己竞争力的无形资产。通过网络多媒体的特征对自己的房地产项目进行立体的全方位的展示,树立自己的品牌形象,取得品牌效应,摆脱一味单纯削价的价格策略竞争的不良影响。因此,在互联网上开展的营销活动,能为以后在网上的营销竞争打下坚实的基础,并有助于在今后树立自己品牌,能为营销者在未来的信息社会抢占"一席之地"。

(8)网络营销拓宽房地产营销的活动空间

由于房地产为不动产,具有地域的固定性,因此传统的房地产营销活动一般在房屋所在的当地进行,而现在和今后的商品房的出售,特别是高档别墅的出售,往往打破了地区的界限,随着商品经济的发展,商品房销售对象不再局限于某些地区和某些部门。因此,作为房地产营销企业要想把自己建造的各类商品房让全国各地、甚至境外的购房消费者都知道,完全可以通过借助互联网这种远程信息传递形式,详细地介绍商品房设计方案、装饰材料、设施功能、交通环境、价格、付款、购买方式等信息,从而达到营销房地产的目的,及时连通国际市场,让原本地区性极强的房地产营销活动的空间拓展到全球范围,突破房地产营销活动的地域特征,使房地产的营销活动在更广阔的舞台开展。这一点尤其有利于开发档次高、目光远大、营销定位目标高的房地产企业。

2）房地产网络营销的劣势

在目前房地产网络营销中,互联网还只能充当为买卖双方提供交互式服务的信息中介。这体现了互联网的优越性,但由于我国网络尚处于起步和发展阶段,基础设施稍差、技术软件还不是很先进、缺乏网络安全保护措施和高水平的网络营销人员,网络立法、结算系统、房地产税收等配套措施跟不上,都制约着网络营销的发展。离真正实现互联网交易还相差甚远。房地产网络营销在市场营销中作为一种营销方式或手段还存在有一定的劣势,主要表现在以下5个方面:

（1）网络安全技术问题

网络安全是制约着房地产网络营销发展的最大障碍。由于房地产商品价值量大的特点,网上交易一旦成立,就会产生大额资金的流转,但由于我国现阶段网上银行的支付体系并不完善,还没有建立网上支付工具的自动化监控和管理体系,不能进行严格的监督和协调。用于网上支付的信用卡、电子支票等工具的信息很容易遭到黑客的袭击,不能保证支付的安全性。安全的网上交易系统必须具有一个安全可靠的通信网络,以保证交易信息安全、迅速地传递,同时必须保证交易数据库服务器的绝对安全,防止网络黑客闯入盗取信息。只有确保营销环境的安全性、交易信息的真实性、数据的有效性、身份的确认性等问题,才能保证网络营销的安全进行。

（2）法律保护问题

房产交易实际上就是有关权属关系的流动转移。因此,购房者对于所购买的房产的权利归属问题是相当看重的。但由于网上交易本身的不可见性和交易双方相隔较远而产生的交易双方身份的不确定性,使得大多数消费者对网上交易产生有关权利的合法性的质疑。而且到目前为止,我国还没有正式出台有关网上交易规则的法律、法规,虽然合同法中规定电子合同与书面合同具有同等的法律效力,但其中的许多枝节问题还有待进一步明确。由此看来,网上购房并不能真正达到消费者购买放心的要求。

（3）信用问题

开发商的信用往往让想在网上购房的人放心不下。如果信用问题没有得到改善，即使当前的网络技术以及支付体系再健全，网上购房也很难真正实现。网络营销的存在暗含着这样一个前提，即交易双方相互信任，信守承诺。买方假设卖方的商品服务质量合格，没有缺陷，卖方假设买方有支付能力，双方都会履行交易时达成的承诺。这只有在一个信用程度较高的社会才会出现。或者交易双方也可以不必相互信任，他们通过一个中间信用认证机构来保证此对承诺的履行。在目前实际的网络营销中，各国也大多是这么做的。

（4）观念问题

消费者的观念是另一个限制房地产互联网营销大规模展开的因素，当前的消费者还不能接受通过互联网进行大金额商品的购买。据调查显示，消费者愿意通过网络进行购买的主要是书籍、音像产品、计算机产品等标准化、小金额的产品。对于房地产，消费者往往是在互联网上进行信息收集，最多绕道银行进行"小订"，这让互联网在房地产营销中的作用大打折扣。

（5）基础设施保障的滞后性问题

目前基础设施保障的滞后性问题较为突出。网络营销基础设施包括大规模的企业网络平台、商业网络平台、完善的社会信用体系及电子金融体系等。就目前设立网上银行的金融机构而言，由于社会信用体系还不够完善，使用者的数量相当少。诚信的环境是发展网络营销的重要基础，我国目前尚未建立起完善的个人、企业信用体系，个人信用及企业信用难以评估，而且由于网络本身的虚拟性，难免使客户对网络交易产生疑问。基础设施的发展规模直接影响着网络营销发展的进程，要推动网络营销快速发展，就必须大力建设网络营销基础设施。

网络营销作为一种全新的营销方式，为企业架起了一座通向国际市场的绿色通道。在网上，任何企业都不受自身规模的绝对限制，都能平等地获取世界各地的信息及平等地展示自己，这为中小企业创造了一个良好的发展空间。但目前存在的局限性需要我们不断地去完善并改进它，从而让网络营销越走越好。

9.1.3 房地产网络营销的业务流程

目前对于一些大中城市而言，房地产网上交易，已不再是一个"新事物"，房地产开发商或房地产中介机构在网上进行交易业务操作流程包括以下几个方面（见商品房网络营销业务操作流程图9.1）：

（1）网上发布房源信息

房地产开发商或房地产中介机构在网上发布房源信息。作为网上购房消费者，可通过相关网站寻找房产项目，可以了解项目房屋的当前状态。当前状态为可售时，表明该房可以签约。

（2）协商、达成交易并签订合同

房地产商品的销售方与购买方可以在网上进行协商谈判。双方通过协商敲定各项条款，销售人员在网上逐条填写房地产预售合同或销售合同的文本条款，如果签订定金合同，则还需要填写定金合同条款，并提交给销售主管审核合同文本内容；销售主管确认合同内容后，还需完成的项目包括：①取得唯一合同号和房屋代码；②合同双方主体分别设置密码；③打印合同文本和房地产登记申请书；④系统自动标注楼盘表，使房屋处于已售状态。在线签订合同，正式打印后，双方必须签字。业主本人针对所认购的房屋可设置私有的购房密码，密码必须牢记。密码主要用于查询合同的乙方姓名是否对应。

图 9.1　房地产网络营销业务操作流程

（3）缴纳购房款

购房者凭缴款通知书到银行缴款，款项必须存入或转账到缴款通知书指定的监控账号，购房者凭银行缴款回执向开发商索要相关票据。

（4）购房合同备案

以广州为例，合同经买卖双方确认后，由开发商通过"广州市房屋管理系统"将合同文本传送至房地产交易登记机构，办理网上备案和进行房地产登记申请。按规定，开发商须在商品房买卖合同网上备案之日起 10 日内，向房地产交易登记机构申请办理商品房买卖合同备案确认手续。

（5）办理过户手续

购买新建商品房屋，开发经营企业已按规定确认产权的，权利人应当自房屋交付使用之日起的规定时间内，凭打印的合同文本和登记申请书及其他要件在规定的时间内到相应的地方房地产交易登记部门办理申领登记业务。

（6）领取房地产权证

权利人（或合法代理人）应当按约定的时间到申请受理的交易登记机构领证。

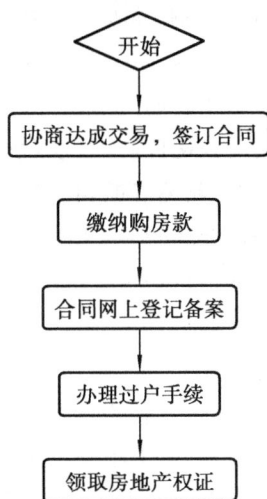

9.2　房地产网络营销安全和技巧

【案例 9.3】　杭州房地产交易网上备案系统曾遭遇技术瓶颈

2004 年 10 月 12 日到 13 日，杭州市房产信息网上曾经出现过一个醒目的"房产超市"按钮，"房产超市"主页包含"商品房天地"和"二手房天地"2 项内容，页面左上角写着"杭州市房产管理局全力打造",右下角是"杭州市房产信息中心设计制作"等字样。业内人士透露,这就是传闻已久的"杭州市房产交易网上备案系统"。

在上网的112个楼盘中,20 826套房源标记为"可售",面积达到2 341 802 m²,这些数字经网民在"住在杭州"等网站公布,"房产超市"的访问量顿时激增。但就在13日上午,相关页面相继无法打开,杭州市房产信息网上的按钮也同时消失,只有专为人居展开通的"网上人居"专栏,继续成为此次透明售房试点的"缩微版"。

网上数据是否准确?什么原因导致网页被撤销?记者在第一时间连线了杭州市的房产部门。"网上传的数据仅供测试用,由于技术原因,房地产交易网上备案系统暂时无法开通。"杭州市房地产局办公室陈主任在接受采访时表示,"按照目前的情况,技术部门和软件开发商可能无法支持原先整个备案系统的设计方案,即使近期再次试运行,也不排除暂缓二手房交易网上公示的可能。"

所谓的技术原因,据负责网上备案系统开发的杭州市房产交易中心的工程师透露,主要是由于内外网的发布系统在进行数据转换时产生了大量乱码。一方面部分开发商信息填写不当,另一方面房产交易中心早期收集的数据在转换系统过程中也出了意外,导致大量数据被挤压,阻塞了通路。同时,由于网页刚刚挂出,同一时间点击量过大,也加速了网络瘫痪。

按照负责开发的相关人士的说法,由于网上备案系统是7月份才上马的,开发测试时间较短,虽然此前也曾进行了多次内部测试,还是缺乏对问题的预判,原本在人居展前发布试运行的计划因此被搁置。只有解决了数据交换这一"技术瓶颈",才能保证业务的正常运作。陈主任表示,关于网上备案系统的开发他们曾准备了多套方案,目前技术人员正在就各方案可行性进行逐一测试,以保证将来出现在公众面前的是一个稳定的系统。

根据上述案例可知,目前随着房地产网络营销的发展,网络营销拉近了人们之间的空间距离,极大的方便了交易各方,但这种分离却带来了极大的安全隐患。例如,交易各方的通信是否有安全保障?交易各方的身份是否真实?交易的结果是否真实有效?交易的结果是否受法律所保护?交易中技术支持是否可靠?诸如此类的问题在现实的网络交易技术安全条件下,交易各方不得不进行冷静的思考。

9.2.1 房地产网络营销安全

1)网络营销中的安全威胁

由于网络的全球性、开放性、无缝连通性、共享性和动态性的发展,任何人都可以自由地进入网络的天地,这其中有善者,也有恶者,恶者会采用各种手段进行破坏活动,造成对网络营销安全方面的威胁。目前常见的安全威胁方面问题有:

（1）系统穿透

未授权人通过一定手段对认证性进行攻击，假冒合法人接入系统，或篡改文件，或盗取机密信息，或非法使用资源等。系统穿透一般采用伪装或利用系统的薄弱环节（如绕过检测控制）以及收集情报（如口令）等方式来实现。

（2）违反授权原则

一个受权进入系统做某件事的用户，在系统中进行未经授权的其他事情，表面看来这是系统内部的误用或滥用问题，但这种威胁与外部穿透有关联。一个攻击者可以通过猜测口令接入一个非特许用户账号，进而可揭示系统的薄弱环节，取得特许接入系统权限，从而严重危及系统安全。

（3）植入

一般在系统穿透或违反授权攻击后，入侵者常要在系统中植入一种能力，为以后攻击提供方便条件，如向系统中注入病毒、蛀虫、特洛伊木马等来破坏系统正常工作。

（4）通信监视

这是一种在通信过程中从信道进行搭线窃听的方式，通过搭线和电磁泄露等对机密性信息进行攻击，造成泄密，或对业务流量进行分析，获取有用情报。

（5）通信干扰

攻击者对通信数据或通信过程进行干预，对完整性进行攻击，篡改系统中数据的内容；修改消息次序、时间，注入伪造信息。

（6）中断

对可用性进行攻击，破坏系统中的硬件，包括硬盘、线路、文件系统等，使系统不能正常工作，破坏信息和网络资源。高能量电磁脉冲发射设备可以摧毁附近建筑物中的电子器件，正在研究中的电子生物可以吞噬电子器件。

（7）拒绝服务

拒绝服务指合法接入信息、业务或其他资源受阻。例如一个业务口被滥用而使其他用户不能正常接入，又如 Internet 的一个地址被大量信息垃圾阻塞等。

（8）否认

一个实体进行某种通信或交易活动，稍后否认曾进行过这一活动，不管这种行为是有意的还是无意的，一旦出现再要解决双方的争执就不太容易了。

2）网络营销的安全性策略

网络营销安全问题有技术性问题，但归根到底又是一个人的问题，是人而非计算机负责实施安全过程。当安全出现问题时，也是由人负责的。因此，除非人们知道自己的责任，否则，网络安全性就是空谈。明确地阐明要求达到什么目的和要求谁来执行是很重要的，一个网络安全性策略文件应包括以下 4 个方面的内容：

（1）网络用户的安全责任

该策略可以要求用户每隔一段时间改变其口令;使用符合一定准则的口令;执行某些检查,以了解其账户是否被别人访问过等。重要的是,凡是要求用户做到的,都应明确地定义。

（2）系统管理员的安全责任

该策略可以要求在每台主机上使用专门的安全措施、登录标题报文、监测和记账过程等,还可以列出在连接网络的任何主机中不能运行的应用程序。

（3）正确利用网络资源

定义谁可以使用网络资源,他们可以做什么,他们不应该做什么等。如果认为电子函件文件和计算机活动的历史记录都应受到安全监视,就应该非常明确地告诉用户,这是其安全政策。

（4）检测到安全问题时的对策

当检测到安全问题时应该做什么? 应该通知谁? 这些都是在紧急的情况下容易忽视的事情,因而应该把检测到安全遭受破坏时,系统管理员或用户应该把采取的具体措施按步骤详细地列出来。这可以简单到只需告诉用户"不要动任何东西并立即通知网络安全管理员"。即使是这样一项简单的对策,也应该列在策略中,以备立即可以采用。

3) 确保网上支付系统的安全策略

网络营销安全一直是人们关注的问题,要发展网络营销,首要问题是应为网上的营销提供一种安全的保障,特别是网上支付安全方面的保障,一个安全、有效的支付系统是实现房地产网络营销的重要前提。为确保网上支付系统的安全,其策略主要体现在以下 5 个方面:

①通过数字签名和数字证书实现对相应主体的认证,以证实身份的合法性。

②使用加密算法对业务进行加密,以防止未被授权的非法第三者获取消息的真正含义。

③使用消息摘要算法以确认业务的完整性。

④保证对业务的不可否认性。当交易双方出现异议、纠纷时,支付系统必须在交易过程中生成或提供足够充分的证据来迅速辨别纠纷中的是非。例如,可以采用仲裁签名、不可否认签名等技术来实现。

⑤处理多方贸易业务的多边支付问题,这种多边支付的关系可以通过双联签字等技术来实现。

当然这些方面的安全保障策略或技巧,一方面需要依赖于政府的网络立法,只有好的健全的网络立法,才能为房地产网络营销提供法律的依据和保障;另一方面需要依赖于房地产网络营销策划人员和网络营销技术人员之间的通力合作,这样以确保网络信息发布的及时准确,与客户沟通的畅通无阻、及时快捷;注意保护消费者的个人信息和房地产企业的商业机密不被恶意窃取。

9.2.2 房地产网络营销技巧

房地产网络营销与传统房地产营销并非处于一个并列的位置,房地产网络营销是传统房地产营销方式的一种有效补充,网络营销适应了当今社会科技化、信息化发展的趋势,促进了房地产业的信息化,网络营销的发展促进了房地产业的发展。但如何做好房地产网络营销?网络营销的技巧可从以下7个方面进行:

(1)应注重提升房地产网络营销的诚信度

房地产网络营销还不能实现网上直接交易,具体交易还需在传统的房地产市场营销环境下来完成。在目前我国房地产商与消费者的互信度较差的前提下,网络营销要求房地产营销主体要切实诚心经营,忠实地履行各项承诺,不断提升客户对自身产品的信任程度。增加人们对这种营销方式的信任并接受房地产网络营销,从而更快地促进房地产行业的健康完善发展。

(2)网站服务信息内容的不断更新和改进

网站是信息的载体,是网络营销的基础,现在房地产网站很多,并且日益呈现扩张趋势。但不少房地产企业在设立网站时,没有充分的计划准备,而是为了赶"时髦",因而,网站服务信息内容单调陈旧,宣传图片如小区效果图是从别处粘贴的,缺乏真实和生动性,信息更新不及时,发布信息的数量和质量都没有超过传统媒体,因而使得网络营销缺乏足够的吸引力。作为房地产网络营销主体来讲,要想推进房地产网络营销的发展,就应丰富网络服务内容,根据企业具体情况及其产品的特征优势,分经营与技术层面对网站的形象、内容、功能等进行规划设计,最终建设成为企业在网上进行品牌与业务传播沟通的平台。比如有些房地产企业在网站上开辟一些购房常识之类的知识栏目和相关内容的咨询服务项目,告诉消费者什么样的楼盘更适合居住等,这样一来虽然并未直接推销自己的楼盘,但是让消费者增加了有关购房的知识,这样有助于树立企业的形象。

(3)增强网络的吸引力

网上的信息消费者可以选择看或不看,房地产营销主体不能掌握主动权,如果网络没有吸引力,一些在网络上的宣传资料实质上是被浪费了。另外,虽然网络媒体具有多媒体的效果,但由于网页上可选择的广告位以及计算机屏幕等限制,其效果有很大的局限性。为弥补这一方面的不足,以增强网络的吸引力的技巧,可以考虑配合企业整体营销战略,发挥网络互动性、及时性、多媒体、跨时空等特征优势,策划吸引客户参与的网络广告形式,选择适当网络媒体进行网络广告投放。例如现在有的公司推出网上家庭装修三维浏览技术、浮动广告技术等,达到吸引消费者的注意力;也有的通过高度集中性及共享性的论坛,让消费者发表言论,营销主体适当加以引导,也是一种特别的网络营销,可以起到增强吸引力的效果。

(4)通过网上竞拍给项目造势,提升项目人气

网上拍卖是时兴的房地产销售方式,其通过市场需求来确定物业价格,具有公平的特性;同时又能为开发企业赢得尽可能多的利润。此外,由于网上拍卖形式的新颖性,可聚集足够人气,更多地对项目进行宣传,从而在直接追求物业利润最大化基础上,间接起到广告促销的效果,可谓一举两得。

(5)对客户进行项目产品的网上调研,接受意见反馈,促进与客户的交流

网上市场调研可以承担的主要工作包括:市场分析、产品和服务研究、市场营销策略研究等。在 Internet 上房地产企业可以开展低成本、高效、范围广泛的市场研究,为正确预测市场需求、做出市场决策打下扎实的基础。调研市场信息,从中发现消费者需求动向,从而为企业细分市场提供依据,是企业开展市场营销的重要内容。网络为企业开展网上市场调研提供了便利场所。

(6)加强网络客户关系的管理

在网络环境下,企业都通过网络来展示自己,其规模大小、资金实力等从某种意义上讲,已经不是企业成功的关键因素。在目前的市场中,消费者拥有很大的主动权,可以自由地选择企业及其产品。网络营销能否成功的重要因素是如何跨越时空的距离,再造客户关系,发掘网络顾客,并吸引和留住顾客。房地产网络营销应重视发展潜在的消费者,了解他们的消费愿望,利用网络维持与消费者的联系。具体做法有:提供免费信息服务和组建会员俱乐部。提供免费信息服务是吸引客户的最直接有效的手段,而俱乐部成员可以有现有客户和关心本企业或本企业的房地产的潜在客户所构成。通过会员之间在网络上的信息交流,房地产企业可以较准确地把握房地产市场动态,房地产消费时尚的发展趋势。有利于及时调整产品开发和营销策略更好地满足消费者的需求。

(7)建立有效的评估网络营销活动的方式

企业应建立网络营销监控机制和相应工具,评估网络营销计划的进展和成果。不能简单用浏览人数作为评估指标,还应该查询得益于网络营销的实际成交人数,注意用户对网页的反应,把收集到的意见进行分析,必要时做出修改。通过建立有效的评估机制,不断调整网上营销策略是网络营销成功的关键。

9.3 房地产网上交易实务

【案例9.4】 上海市房地产交易中心房地产网上交易备案系统成功实施

上海房地产业不仅是上海市 GDP 的重头,也是引起社会广泛关注的经济热点。上海市房地产交易中心继成功实施房地产数据集中以后,为了进一步规范房地产二、

三级市场,提高房地产交易的透明度和安全性,并通过房地产市场调控平抑房价上涨过快,防止房地产市场大起大落,于 2003 年 11 月建设开发"上海市房地产交易中心房地产网上交易备案系统"。作为上海市政府信息化一号工程,该项目引起社会各方的高度重视。

2004 年 4 月,上海市房地产交易中心房地产网上交易备案系统正式向社会开通服务。该系统与《上海市商品房销售合同网上备案和登记办法》互相配合,有效扭转了购房者和房产商之间"信息严重不对称"的局面。通过登陆上海市房地产交易中心房地产网上交易备案系统,购房者不仅可以轻松得知开发商资质、规划设计、预售证、产权证等宏观信息,还能得知欲购买的房屋是否已售、是否抵押给银行、是否被法院冻结、是否出租等重要信息,从而能够更加从容、更加放心地购房。

从上述案例可知,地方政府房地产交易中心房地产网上交易备案系统的成功建设及实施,极大地提高了房地产市场信息的透明度,解决购房者与房产商之间的信息不对称,规范了房产商的交易行为,杜绝内部关系订房、炒房套利、一房多卖等房地产业内的不良行为,并且在一定程度上能有效的限制房价上涨过快可能引发的一系列恶性后果。网上交易(备案)增强了房地产信息的透明度,但对房地产网上交易的具体操作,还存在较多消费者及业内人士不熟悉之处,为有效地促进房地产网上交易的健康运行和发展,在这一节中不妨就房地产网上交易实务做一简单介绍。

9.3.1 房地产网上交易简介

目前我国许多大型房地产开发公司都有了自己的网站,例如在上海,房地产业越来越看好网络,目前该市已有 20 来家房地产专业网站,访问量越来越大,网上业务初露端倪,一定程度上提升了房地产信息化程度和服务效率。地方房地产交易行政主管部门纷纷建立起房地产网上交易管理系统,通过房地产交易网上备案来规范行业的发展,促进房地产业的良性循环,例如广州阳光家缘网、上海的网上房地产网、北京房地产网上交易管理网等。这些网站从总体上来讲大体分成 3 类:第一类是政府网站,第二类是专业网站,第三类是企业网站。政府网站的目的在与规范房地产行业的发展,增强信息的透明度,改变传统房地产销售中购房者和开发商或中介机构等信息的不等性。而专业网站或企业网站主要在于房源信息的提供,作为消费者通常不会直接在这一类网站上就房地产商品进行成交。如何进行房地产商品的网上交易? 房地产网上交易信息管理的内容主要有哪些? 怎样才能使得网上交易合法化? 这一直是消费者关心的问题。

1) 房地产网上信息查询

网上房地产信息的查询主要是查询地区楼盘、楼盘开发商、楼盘售价、楼盘价格及面积等信息,下面不妨以上海的“网上房地产”为例。

(1)查找房源

登陆“网上房地产”网,通过房源查询相应的链接。见图9.2。

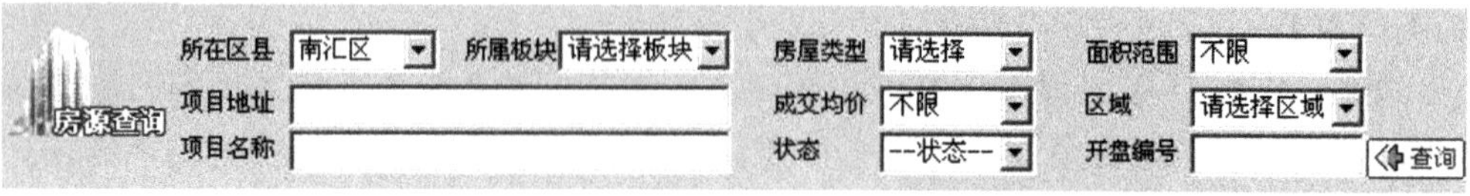

图9.2

(2)通过单击右下角“查询”按钮,进行更详细的资料查询。见图9.3。

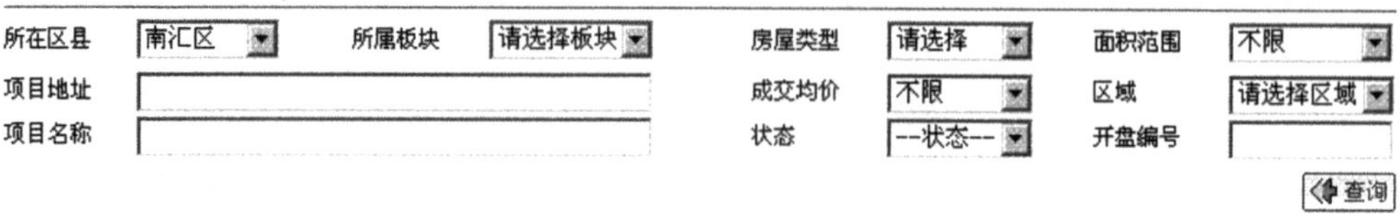

状态	项目名称	项目地址	可售套数	总套数	所在区县	位置
在售	千汇苑	千汇路581弄	3952	3952	南汇区	
在售	康桥镇基地4号地块	康弘路508弄	2367	2367	南汇区	
在售	秀康新城昱龙家园	康桥镇康达路688弄	2291	2291	南汇区	
在售	云锦苑	泥城镇泥城路88弄等	2245	2245	南汇区	

图9.3

(3)单击相应楼盘项目名称,查找楼盘的面积、销售及价格情况等。见图9.4、9.5及9.6。

销售信息 | 价格信息 | 散销情况 | 历史走势

住宅套数	1194	住宅面积	136,498m²	总套数	1194	总面积	136,498m²
可售住宅套数	1194	可售住宅面积	136,498m²	可售总套数	1194	可售总面积	136,498m²
预定住宅套数	0	预定住宅面积	0m²	预定总套数	0	预定总面积	0m²
已售住宅套数	0	已售住宅面积	0m²	已售总套数	0	已售总面积	0m²
已登记住宅套数	0	已登记住宅面积	0m²	已登记总套数	0	已登记总面积	0m²

图9.4

销售速度

年份/月份	签约次数	合同撤次数(含预定)
2004/5	4	0
2004/6	7	0
2004/7	4	2
2004/8	4	2
2004/9	1	0
2004/10	2	2

图9.5

销售表			售楼地址:东川路811弄(交大留园对面)　售楼电话:54713088		
闵房境(2003)预字第238号		☐房型图　☐售楼许可　☐合同示范文本　☐规划平面图　☐保证书			
楼栋名称	参考价	可浮动幅度	调价历史	可售套数	预定套数	总套数
东川路811弄57号东川路811弄57号幢	5200		查看	0	0	9
东川路811弄54号东川路811弄54号幢	5800		查看	0	0	6
东川路811弄55号东川路811弄55号幢	5800		查看	0	0	9
东川路811弄56号东川路811弄56号幢	5050		查看	0	0	5
东川路811弄59号东川路811弄59号幢	5278		查看	0	0	7
东川路811弄60号东川路811弄60号幢	5200		查看	0	0	4
东川路811弄61号东川路811弄61号幢	5050		查看	0	0	5

图 9.6

2) 房地产网上交易的合法化

房地产网上交易的合法化主要是商品房买卖合同通过网上备案登记。目前主要是由地方政府国土资源和房屋管理局负责商品房销售合同网上备案和登记的行政管理工作。

(1) 什么是商品房买卖合同网上备案

合同网上备案是指房地产开发企业在取得商品房预售许可证或房地产权属证明后进行预售或销售房屋签订合同时,通过登陆地方政府房地产交易行政主管部门主管的相应房地产网站,在网上进行合同确认和打印的行为。

商品房买卖合同网上备案的具体操作如图 9.7 所示。

合同网上备案经双方确认后,一般是不能再对合同进行修改。但交易双方可将已打印的合同,到地方房地产交易管理中心申请合同注销,地方房地产交易管理中心确认双方的合同及设定的密码,由房地产交易管理中心撤销原合同,重新签订合同。所以,对约定的合同内容,在双方签字确认前应该慎重,以减少不必要的麻烦。

(2) 网上备案应注意的问题

购房人通过合同网上备案购房时应注意:

①购房人通过备案系统查阅需购房屋权属情况。

②购房人应详细阅读备案系统上显示的示范合同。

③购房人应与开发商详细商洽合同内容。

④合同确认后,购房人要设置密码并妥善保护,防止他人获取。

登录网上备案系统

↓

查询房屋权属情况

↓

双方填写合同条款

↓

打印合同文本、登记申请书、双方签署盖章

↓

凭备案合同文本、登记申请书及其他要件到房地产交易管理中心办理登记

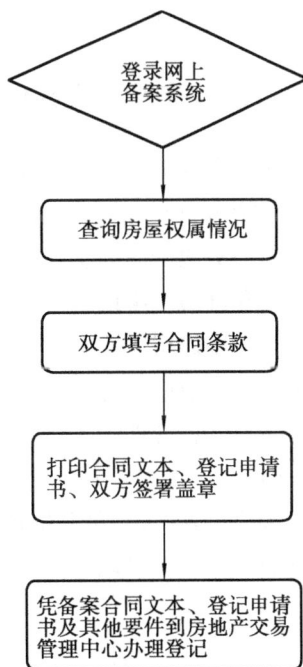

图 9.7　商品房买卖合同网上备案流程

（3）商品房买卖合同网上备案的作用

①有利于掌握地方房地产行业的房产总量情况，特别是改变过去未将房地产开发企业已经出售但未办理房屋权属登记的商品房纳入监控范围的状况。

②有利于加大力度监管房地产开发企业房屋销售行为，有效制止个别开发企业随意更换房屋买受人制造虚假销售情况、一房多卖欺骗消费者以及假买假卖恶意骗贷等行为。

③有利于掌握地方房地产开发企业房屋销售进程与房价情况，及时向广大购房百姓公示，透明房源和销售信息，有效抑制恶意炒作、盲目购房、房价起落无序、影响社会心理失衡和社会稳定的问题。

④有利于及时发现市场中存在的问题，准确判断市场发展趋势，有针对性地提出调控措施，确保房地产市场健康、有序发展。

⑤有利于房地产开发企业在统一的平台上集中展示房源信息，拓展售房渠道，宣传了开发建设的产品。

⑥有利于引导房地产开发企业理性投资，降低开发企业的经营风险，推进房地产市场良性竞争环境的建立，从而进一步规范地方房地产市场秩序。

3）房地产网上交易信息管理

房地产网上交易信息管理是政府部门的行政职能之一。房地产市场交易管理的对象包括房地产市场活动的主体、客体和内容。房地产市场活动的主体是指直接或间接参与房地产商品交易的各方，包括房地产开发经营企业，房地产消费者和各种房地产中介机构。房地产市场交易的客体主要是作为房地产交易的标的物，包括进入房地产市场的房屋所有权、使用权以及一定年限的土地使用权。房地产市场交易活动包含了房地产交易过程中的所有环节，如商品房预售审批、登记、过户等。房地产市场交易信息管理主要包括以下 5 个方面的内容：

（1）入市资格审查

包括 2 方面：一是对房地产开发公司、中介公司的资质审查和批准；二是对入市进行交易的具体房地产商品的审查，其核心工作是对商品权属的审查，如商品房预售审批。

（2）房地产交易合同管理

房地产交易实质上是房地产使用权和所有权具体权利的交易，因此对交易合同的管理是市场管理的重要内容。具体包括交易双方资格的审查和认定，房地产交易价格核定，交易合同的汇总整理和保管等内容。

（3）办理房地产权属转移登记

权属的转移登记是与合同管理同时进行的。

（4）征收交易税费

主要的税费有向交易双方收取的契税及交易费等。

（5）房地产市场交易资料的统计分析

按时间段（月份、季度或年份）、物业类型、不同的区位条件等情况对市场交易数据资料进行汇总、分析。

9.3.2　网上备案系统内部管理业务流程

为了提高商品房交易信息的透明度，规范商品房销售行为，维护房地产市场的交易安全，提高房地产市场的管理水平，根据相应的法规、条例及管理办法等，目前各省市房屋与土地资源管理局中心纷纷建立了新型的政府房地产网上交易与备案系统，充分发挥政府在市场交易管理上的作用，作为相应主体单位对网上备案系统内部管理流程的操作非常有必要掌握。入网资质申请内部管理业务流程在各个地方房地产政府主管部门之间存在有一定的差异，这里以上海市为例。

房地产开发企业向上海市房地产交易中心申请办理入网资质认证手续。市房地产交易中心受理后应开具《房地产开发企业网上备案认证收件收据》（以下简称《收件收据》），并打印用户名和密码。具体操作流程如下：

（1）提出申请

房地产开发企业持企业法人营业执照、入网申请书等材料到市房管局办理入网申请手续。

（2）收件

检查申请人填写的表格资料是否符合要求。

（3）对符合要求的打印收件回执

（4）资质录入

交易中心工作人员根据用户提供的资料填写"上海市网上房地产合同备案入网资质录入草表"，并进行资质录入，资质录入要录入 3 个方面的内容：企业基本情况表，企业项目表，企业操作人员表，表格式样如表 9.1、表 9.2、表 9.3。

表 9.1　上海市网上房地产申报资格认证审核表

○房地产开发企业　　　　　　○房地产经济组织　　　　　　○个体房地产经纪人

企业全国唯一编码				
企业名称		法人代码		
所在省市		所在区县		邮政编码
办公地址（注册地址）		经营地址		
联系电话		传真		电子邮箱
法人营业执照注册号		登记注册类型		

续表

营业执照到期日		工商注册日	
资质等级		资质证书发证编码	
资质证书发证日期	资质证书有效起始日期		资质证书有效中止日期
法人代表		联系电话	
身份证件名称		身份证件号码	
联系地址		邮政编码	
净资产	总资产		注册资本
总经理	职称专业人员数		高级职称人数
在册人员数	中级职称人数		初级职称人数
批准从事房地产开发经营日期			
经营范围			
初审意见			

表 9.2　企业项目表

增加一个新项目

项目名称			
项目地址			
土地面积		建筑面积	
预售证/房地产编号		类型	
发证机关			
土地使用权出让合同编号			
请查询楼幢并为项目添加楼幢			
——请添加——			

续表

查询楼幢:	路	弄	支弄	号	区县	查询
坐落全称:						

注:先按上表填写项目名称等信息,再按下表通过查询楼幢后,为该项目添加楼幢

表 9.3　企业人员情况

基本信息	姓名:	
	证件名称:	
	证件号码:	
	身份证号码:	
权限列表	□预售合同填写　□预售合同签订　□出售合同填写 □出售合同签订　□买卖合同填写　□买卖合同签订 □租赁合同填写　□租赁合同签订　□转租合同填写 □转租合同签订　□合同查看　　　□余额查询 □明细账查询　　□查询房屋　　　□合同模板制作		
有权签约的楼幢列表		
公司开发的项目和楼幢		

9.3.3　网上备案系统外网操作流程

以广州市房屋管理系统为例,"阳光家缘"是广州市国土资源和房屋管理局于 2005 年 7 月开通的房地产信息网站。作为新建商品房联网销售和市场信息实时发布的窗口,它的建立为规范广州市房地产交易行为、消除房地产市场信息不对称、保障购房者利益、规范广州市房地产市场,提供了一条阳光通道。

1) 系统登录

①打开 IE 浏览器,在地址栏中输入系统网址,然后敲回车;
②在显示的登录界面(见图 9.8),输入用户名、密码,点"登录"按钮,登录系统;

图9.8

③如果第一次登录入网,自动进入修改密码界面,用户必须修改密码。

2) 系统界面介绍

系统界面由3个区域组成如图9.9所示:

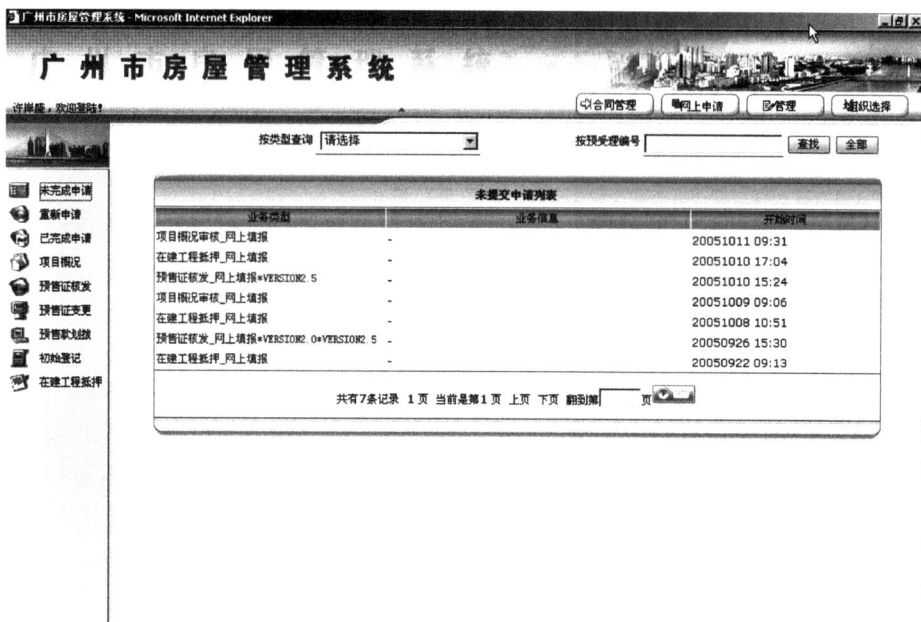

图9.9

上方区域——系统功能菜单区。系统功能菜单区有 4 个功能菜单项：合同管理、网上申请、管理、组织选择。点击不同的功能菜单项，打开不同的业务菜单列表。

左边区域——系统业务菜单区。系统业务菜单区依据所选的功能菜单项的不同，显示不同的业务菜单列表。

右边区域——业务操作区。业务操作区是查询、显示、录入的主要工作区。

3) 系统功能概述

主要针对上方区域——系统功能菜单区的 4 个功能菜单项：合同管理、网上申请、管理、和组织选择进行介绍。

（1）合同管理

点击系统功能菜单区的"合同管理"，系统业务菜单区显示的业务菜单项包括：

①"预售合同签订"菜单：开始一个新的预售合同签订业务。

②"重新打印合同"菜单：将已经正式打印过的合同再重新打印一遍。

③"修改合同"菜单：修改还没有正式打印过的合同。

④"定制合同模板"菜单：预先定制合同模板。

（2）网上申请

点击界面上方的系统功能菜单区的"网上申请"，左边的系统业务菜单区显示的业务菜单项主要包括：

①"未完成申请"菜单：查询以往已经填写、但尚未提交的业务申请，查询结果以列表显示。

②"重新申请"菜单：查询未通过房管局预审、被要求重新修改的业务申请，结果以列表显示。

③"已完成申请"菜单：查询已经提交房管局审批的业务申请的当前的办理情况，结果以列表显示。

④"项目概况"菜单：开始一个新的项目概况审核申请。

⑤"预售证核发"菜单：开始一个新的预售证核发申请业务。

⑥"预售证变更"菜单：开始一个新的预售证变更申请业务。

⑦"预售款划拨"菜单：开始一个新的预售款划拨申请业务。

⑧"初始登记"菜单：开始一个新的初始登记申请业务。

⑨"在建工程抵押"菜单：开始一个新的在建工程抵押申请业务（包括在建工程抵押变更、在建工程涂销抵押再抵押等）。

（3）管理

点击系统功能菜单区的"管理"，系统业务菜单区显示的业务菜单项包括：

①"开发商信息"菜单：修改开发企业信息（例如通讯地址、联系电话、开户银行、资质证书等）。

②"密码修改"菜单:修改当前使用的系统账号的登录密码。

(4)组织选择

当同一个开发商具有多个身份时可通过点击"组织选择"按钮进行切换,相当于"注销"按钮。

4)系统操作说明

(1)项目概况申请

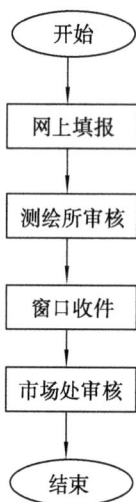

登录系统后,在系统功能菜单区中点击选取"网上申请"菜单;在左边的系统业务菜单区中,点击"项目概况";系统将自动打开一个新的项目概况申请界面。在界面录入项目概况基本信息。

项目概况基本信息包括:楼盘表(包括楼栋,房屋明细信息)、国有土地使用权证、土地出让合同(含土地出让金缴交情况)、建筑工程规划许可证(含建筑功能指标明细表)、建设工程施工许可证、项目资质及项目与开发商对应关系(适用于多个开发商合作开发一个项目情况)。项目概况审核业务流程如图9.10。

图 9.10　项目概况审核流程图

(2)预售证核发申请

商品房达到预售条件时,开发商进行预售申请,只有预售申请通过市国土房管局审核,发给商品房预售证,才能进行预售。

开发商必须在"项目概况"已经通过房管局审核后才能进行预售证核发申请;

开发商必须在对应的项目范围内,以栋为单位申请预售,可一次申请多栋。

同一栋楼,如果正在申请做在建工程抵押,则不能申请做预售证,反之亦然。

由国土房管局相关人员逐级审核后进行楼盘表标注,标注申请预售楼栋范围内的可售部位。

由国土房管局相关人员在审核过程中录入预售款监控帐号信息。

审核通过的,发给商品房预售许可证。

其具体操作流程如下:

①选择项目

登录系统后,在系统功能菜单区中点击选取"网上申请"菜单;在左边的系统业务菜单区中,点击"预售证核发"申请,系统将打开一个"选择项目"的界面,当前开发商所开发的所有项目将被显示在列表当中。

②选择楼栋

在项目选择的列表中,找到想申请预售证的项目,点击最左边的"办理"链接。系统将显示一个新的列表:预售楼幢选择。该项目下的所有楼栋被显示在列表当中。

在"预售楼幢选择"列表中,点击勾选需要申请新的预售证的楼栋,然后点击列表下面的"确定"按钮。系统将打开预售证申请基本信息录入的表单。

如果想将该项目下的所有楼栋全部选择进来,可以直接点击列表下面的"全选"按钮,系统将自动实现全部楼栋的勾选。然后再点击"确定"按钮即可。

③录入预售证申请基本信息

预售证申请基本信息录入的表单输入本期期数、报建栋号及屋数、已建栋号及层数、本期报建总面积、地上面积、地下面积、本期预售楼宇配套面积情况、预售房屋占用土地是否抵押、预售联系人、预售联系电话及其他信息等。

④前期预售房屋信息

点击"前期预售房屋"TAB 页,列出与土地出让合同对应的所有预售房屋信息。开发商只能查看不能修改。

⑤开发商信息

点击"开发商信息"TAB 页,列出本项目的开发商信息,点击"企业名称"可打开详细信息的查看页面,在列表前面的方框内打勾,选择开发商信息,点击确定。

⑥录入预售房屋分布信息

必须先录入并保存了预售证申请基本信息,才能录入预售房屋分布信息。

⑦房屋标注

必须先录入并保存了预售证申请基本信息和预售房屋分布信息,才能进行房屋标注。

⑧国有土地使用证

在进行预售证核发申请的过程需要决定预售证与国土证的对应关系,即每个预售证仅能使用一个国土证,如果开发商在报项目概况时录入了多个国土证,可以在国地证列表中选择对应的一个国土证。

⑨提交申请

必须先录入并保存了预售证申请基本信息和预售房屋分布信息,才能提交预售许可证核发申请。

系统弹出提交申请的确认对话框,点击"确定"确认提交申请;点击"取消"按钮取消提交申请。

(3)预售合同签订

预售合同签订以预售许可证为基础。购房者(乙方)购买的房屋必须从预售许可证中的房屋中选取。所以,预售合同的签订必须以查询相应的预售许可证开始。

登录系统后,在系统功能菜单区中点击选取"合同管理"菜单;在左边的系统业务菜单区中,点击"预售合同签订";系统将打开一个"预售证查询"的界面,包括:预售许可证查询条件输入部分,和"楼栋信息"列表。

预售合同签订其具体操作流程如下:

①选择预售许可证,点击"项目信息"列表中最左边一列的"进入"链接,系统打开该项目的"房屋分户表"。

②选择房屋

在"房屋分户表"上方两行是图例,以不同的颜色,不同的符号表示不同的房屋状态,在分户表中仅可以选择"预售可售"和"已确权可售"类型的房屋来签订预售合同。

③输入甲方(卖方)信息

进入合同签订界面,输入甲方信息。输入的信息主要有:甲方的详细名称、地址、营业执照号码、资质证书编号、法定代表人、联系电话、通讯地址及邮政编码等信息。

④输入乙方(买方)信息

输入的信息主要有:名称/姓名、证件类型、证件号码、国籍、通讯地址、邮政编码、电话等。界面通常如图9.11所示。

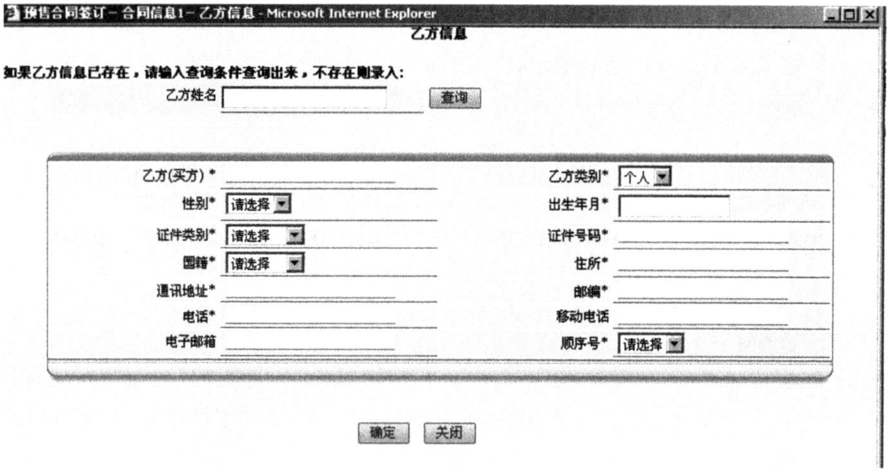

图9.11

⑤合同签订

必须输入完并保存成功乙方信息,才能输入合同的其他信息。

在合同签订界面,逐一选择代表合同各个部分条款的 TAB 页,系统将打开相应的合同条款的输入界面。

注意,合同中有些数据项是系统自动生成的,用户不能修改。

合同录入完毕,选择"附件五"TAB 页。点击最下面的"保存"按钮,系统显示出 3 个按钮:"打印合同"、"打印草稿"和"返回修改"。

⑥合同草签(打印草稿)

点击"打印草稿"按钮,系统打开合同草签界面。打印草稿不需要输入乙方购房密码,草签不会改变房屋的状态。

草签的合同,如果在 24 小时之内没有正式进行签订,系统会自动使本次草签合同失效,下次必须重新进行合同签订。

点击左上方的"打印"按钮,系统弹出打印设置对话框;

点击对话框的"确定"按钮,系统将合同草稿打印出来。

(注意,"草签"的合同,只有草签合同号,是没有正式合同号的)

⑦输入购房密码

选择"打印合同",在打印正式合同之前,必须由乙方输入购房密码(如果乙方有多个,每个都要输入密码),乙方密码输入成功后,该房屋状态既变为"已售",不能再次对该房屋进行合同签订。

具体操作方法:

首先乙方在输入密码栏输入购房密码;

然后乙方在确认密码栏再次输入购房密码,以确认没有输入错误;

最后点击下面的"确定"按钮,保存购房密码。

⑧合同预览

确认合同的各个条款无误后,在打印正式合同之前,可以先预览合同,界面如下图所示,合同上访右上角有条形码。预览合同才能知道合同的总页数。在打印合同之前必须输入合同页数。

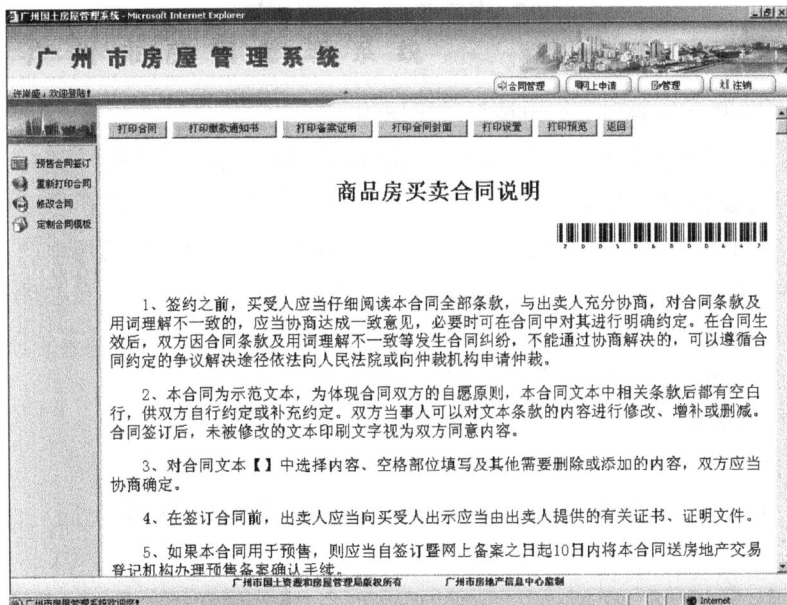

图 9.12

⑨打印合同、打印缴款通知书、录入订金

点击"打印合同"输入乙方购房密码后,点击确定,系统进入合同正式打印界面,双方应在打印合同上签字。

先通过打印预览查看合同的页数,必有输入合同的页数,才能进行打印。

正式合同打印完毕,系统自动打开缴款通知书打印界面。打印缴款通知书时可以录入订金。

⑩打印备案证明、打印合同封面

缴款通知书打印完毕,系统自动打开备案证明打印界面。

备案证明打印完毕,系统自动打开合同封面打印界面。

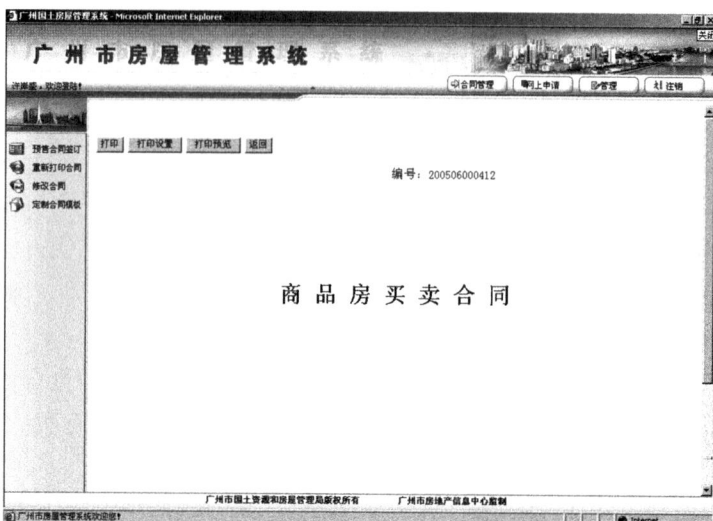

图 9.13

(4)合同网上备案和登记申请系统操作流程

网上商品房预售合同及其他相关合同签订后,系统自动对其做"网上备案"。但是,房地产开发企业应当在商品房买卖合同网上备案之日起 10 日内,可以持商品房买卖合同、预售款首期款入账凭证及其身份证明文件等其他材料,向房地产交易登记机构申请办理商品房买卖合同备案确认手续。商品房现售的购房人在办理合同网上备案和登记申请之日起 10 日内,可以持房地产登记申请书、商品房买卖合同、和其他规定的登记材料,向房地产登记机构申领房地产权证。

(5)其他功能

①修改合同

没有点击"打印合同"按钮正式打印过的预售合同(即草签合同),才能进行修改。

②查询预售合同

在"预售合同编号"中输入预售合同正式编号,点击"查询"按钮。系统自动查询,如果该预售合同存在,则显示在查询结果界面中;如果不存在,则系统在原界面显示提示信息。

在合同查询结果界面,由购房者输入购房密码,系统检查密码输入是否正确。如果正确,则进入合同打印界面;否则,系统弹出对话框提示密码输入错误。

复习思考题

一、名词解释

房地产网络营销　商品房买卖合同网上备案

二、简答题

1. 我国房地产网络营销的特征。
2. 请简述房地产网络营销的优势和劣势。
3. 房地产网络营销的业务流程包括有哪些?
4. 请简要谈谈房地产网络营销的技巧?
5. 商品房买卖合同网上备案有何作用?

三、思考与讨论

请结合当地实际情况,谈谈房地产网上交易的必要性和作用。

【阅读材料】 北京市房地产交易管理网外网操作

请在课后登录北京市房地产交易管理网(www.bjfdc.gov.cn),仔细浏览并尝试熟悉北京市房地产交易管理网外网操作,然后组织大家讨论。

【讨论】 结合本材料,谈谈你对房地产网络营销网上备案系统外网操作流程的认识。

第 10 章
房地产售楼实务

【本章导读】

目前我国的房地产行业呈现不断增长的趋势,房地产公司的销售收入绝大多数是由售楼人员来完成的,同时房地产开发商也要对拟销售的楼盘进行必要的形象包装,对售楼处及样板间进行设计以及具体售楼书的制作等,这些已经成为房地产营销推广中不可忽视的构件,在房地产营销促销组合中具有不可替代的地位。本章充分阐述了房地产售楼礼仪的规范及售楼员的基本素质,着重分析了楼盘(小区)的命名,以及如何进行楼盘形象包装等,来达到有效的全过程房地产市场营销。

房地产销售人员作为房地产开发企业与购房者之间信息沟通的桥梁,承担着满足购房者的购买需求和为公司创造利润的双重责任。房地产售楼人员应具备哪些礼仪规范? 哪些基本素质? 在实际的楼盘推介过程中应如何运用相应的售楼礼仪技巧?

10.1 房地产售楼礼仪

研究房地产售楼礼仪,首先要了解房地产售楼礼仪的含义,其次要熟悉房地产售楼礼仪的规范及房地产售楼人员的素质要求,然后要掌握具体的房地产售楼礼仪技巧。

10.1.1 房地产售楼礼仪的含义

1)礼仪的定义

礼仪是人类在社会交往活动中形成的行为规范与准则,具体表现为礼貌、礼节、仪表、仪式、礼仪器物等。公共关系礼仪是礼仪在公共关系领域的运用与发展,是社会组织同公众交往是应该遵守的行为准则,是构成组织形象的重要因素。

2)房地产售楼礼仪的含义

房地产售楼礼仪是指房地产销售人员在房地产销售过程中形成的行为规范与准则,具体表现为销售人员礼貌、礼节、仪表、仪式。众所周知,树立良好形象,第一印象只是一个开始,由于与购房者的交往是一个长期的过程,房地产商品推介过程中时时处处体现的礼仪礼节和点点滴滴中透露的君子风度才能真正留住购房者的心,最终使房地产的潜在需求者能迅速转为房地产的现实需求者。房地产售楼礼仪大致可以分为:

(1)着装和仪容

着装的 TOP 原则:TOP 是三个英语单词的缩写,它们分别代表时间(Time)、场合(Occasion)和地点(Place),即着装应该与当时的时间、所处的环境和地点相协调。

着装的基本要求是干净整洁,既要能符合时尚美感,又要能恰当地体现个性的风采。

(2)言谈举止礼仪

与顾客交谈,态度要谦逊有礼,让顾客觉得你很有教养。彬彬有礼的人才会受到人们的欢迎。第一,礼貌用语不离口;第二,尽量使用令顾客舒适的语言;第三,多用通俗的语言;第四,说话把握分寸。

(3)社交礼仪中的提示

在与顾客交往的过程中,打电话、介绍、握手、递名片……需要注意的细节可真不少,而这些细节在不知不觉中会给对方一些暗示,并传递出不同的信息和情感,同时也直接影响着你的形象。为了提醒大家注意某些方面的细节,在此,我们给大家一些小小的提示:

提示一:拨打电话,考虑时机;

提示二:面带微笑,声音愉悦;

提示三:会见顾客,先约时间;

提示四:自然握手,力度适中。

10.1.2　房地产售楼礼仪规范

(1)仪容仪表

因售楼人直接与客户打交道,代表开发商和楼盘形象,所以仪容仪表显得十分重要,要求每一位从事售楼工作的员工都要自觉地使自己的外表保持整洁和悦目。

工作前应做好以下几点:身体整洁、容光焕发、适量化妆、头发整洁、口腔清洁、双手整洁、制服整齐。

（2）姿势仪态

姿势是人的无声语言，也叫肢体语言，能反映出一个人的精神风貌，因而售楼人员必须注意姿势仪态。站立时，双脚要平衡，肩膀要平直，挺胸收腹。站立或走路时，手应自然垂直，不应把手放进口袋、叉在腰间或双手交叉放在胸前。对一些不良习惯小动作应加以克服。

（3）言谈举止

行为举止——客户心理障碍的突破口，因此，售楼人员的站姿、坐姿和走动应讲求自然、大方、得体，接待客户应用文明语言、礼貌语言。

（4）仪容、装扮

应讲求服式整洁，仪容自然大方，女员工要做必要的装扮，但只宜淡妆，切不可过度装扮。

10.1.3 房地产售楼人员及其素质要求

房地产销售人员作为房地产开发企业与购房者之间信息沟通的桥梁，承担着满足购房者的购买需求和为公司创造利润的双重责任。如何招聘与培养优秀的销售人员，将直接影响房地产企业的营销业绩。美国 500 多家房地产企业，52% 以上销售额为人员销售完成，所以销售人才的选择就显得十分重要。销售人员的个人素质与能力，不仅直接影响楼盘的销售量和销售速度，还直接关系到房地产公司这只"木桶"的装水量——盈利水平，同时也将给楼盘的市场形象带来长久的影响。

1）房地产销售人员的基本要求

（1）房地产销售人员应具备基本的专业知识

房地产是一个涉及很多专业知识的领域。随着市场经济的发展，房地产业务本身也越来越专门化，这就要求房地产销售人员具有较高的知识水平和业务素质。销售人员不仅仅熟练掌握房地产销售的业务和运作知识，还必须对相关的行业知识有所了解。

①房地产市场营销的行业知识。销售人员应了解房地产营销的各个宏观环境，特别是经济环境，同时还应对国内外房地产行业发展的现状及趋势有所了解。

②房地产的产品知识。销售人员应熟悉房地产商品的基本性能、用途、规格等相关的基本知识。只有熟练掌握房地产商品的基本知识后，销售人员才能够非常有把握地向消费者介绍产品；相反，如果销售人员不了解自己所销售的产品，那么在对消费者进行销售的时候就会缺乏自信。

③房地产交易过程中应具备的知识。即交易过程中的服务项目、环节、条件、交

割程序以及行业术语等。销售人员能否得到客户的认可与信赖,都取决于销售人员对房地产交易知识与技巧的掌握和熟练程度。

④房地产相关学科的知识。房地产业是一个与其他行业如建筑、保险、金融、法律、管理、营销等关系密切的行业,因此销售人员也应该对这些行业的相关知识有所了解。

一个成功的房地产销售人员对自己所销售的楼盘会热情高涨。不仅对所销售楼盘本身的特点(品位、文化、规划、景观、设计、风格、结构、户型、面积、结构、功能、朝向、便利、价格、公共设施、设备、社区管理、社区文化等)有根本了解,而且对所销售的楼盘地段、周边环境、城市规划、基础设施、发展趋势、开发商实力等有足够的了解。更重要的是对竞争楼盘的优劣有清醒的认识,能够与竞争楼盘进行使人信服、恰如其分的比较。在比较中,无原则的贬低竞争楼盘的做法极易导致购房者的逆反心理。因此,既要实事求是,又要扬长避短。同时为顾客提供置业意见,使顾客对楼盘产生信任感。

(2)销售人员应具备较强的心理承受能力

随着房地产行业竞争的加剧,房地产销售人员在向消费者进行销售中可能会遇到千百次的拒绝,在交易的过程中也会遇到很多无法预料的挫折,因此销售人员应具备较强的心理承受能力,这样才能在销售中达到目标。

①建立坚韧的意志力。培养较强的心理承受能力首先要建立坚忍的意志力,只有建立了坚忍的意志力,销售人员在面对挫折的时候才能够有充分的心理准备,正视挫折。房地产商品是价高值大的商品,在销售过程中,销售人员难免会遇到许多不顺心的事情,比如顾客的抱怨、拒之门外等,销售客户如果没有一个坚定的信念,经受不起挫折和困难,将很难在业务上取得进展。获取客户信任是销售活动中极为关键的一个因素,但获取客户信任却并非一朝一夕能办到的事情,这就要求销售代表有坚定的信念,作为自己的精神支柱,坚定地往前走,才能取得成功。

②保持积极乐观的心态。积极乐观的态度可以调节销售人员低落的情绪,从而保持旺盛的斗志,战胜挫折。销售工作是一项需要付出大量脑力和体力的艰辛工作,并且有一定的风险。销售人员要时刻保持旺盛的热情,要在销售中以旺盛的热情去迎接客户,为客户分忧解难。通过自己的热情感染客户,从而化解客户的陌生感和不信任感,获得客户的合作和支持,拉近与客户的心理距离。

③敢于接受挑战。挑战就是把不可能变为可能,把可能变为现实。房地产销售人员的工作十分富有挑战性,房地产销售人员在销售过程中会接触到各种各样的客户,总会遇到这样或者那样的挫折;另外,同行业之间的激烈竞争是销售工作更加具有挑战性。销售人员必须要有足够的耐心和毅力,敢于面对各种挑战。

④善于控制自己的情绪。情绪是无所不在的思维,保持良好的情绪有利于提高工作效率。销售人员在与客户打交道的时候,必须善于控制自己的情绪,不让自己易

怒烦躁,将心态控制在平稳状态,避免起伏过大,做到"不以物喜,不以己悲"。要向客户展示积极的一面,而不能将自己的不良情绪带到工作中来,更不能将它带到与客户的商谈中,这样,势必会破坏商谈的气氛,不利于销售工作的展开。

(3)房地产销售人员应具备的意识

①信息意识。现代社会是信息社会,在房地产销售过程中,信息的收集与传播一般是通过实物渠道、人际渠道和大众媒介进行的。所谓知己知彼,就是信息的传递与分析。销售人员在平时的销售活动中,要牢固树立信息意识,注意收集点滴信息,积少成多,并充分挖掘信息的潜在价值。成功的销售人员还应该能够向顾客传达出所销售的楼盘能更有效地满足他们需求的信息。比如能够告诉顾客:为什么买我们的楼盘比买别的楼盘更有利,我们的楼盘能够给客户带来什么样的利益与效益。

②公共形象意识。公共意识是一种综合性的职业素质,公共意识的中心就是形象意识。一个好的销售人员也是一名好的公关专家。一个销售人员在社会公众心中形象的好坏,对其销售目标的实现有重要影响,有时甚至起着决定性的作用。如果形象对一名普通人来说是一笔无形资产的话,那么对于销售人员来说,良好的自我形象就是立足之本。

公关和形象的塑造有2个基本方面:一是知名度,即被公众和客户了解得程度;二是美誉度,即被公众和客户赞誉和认可的程度。公关的成功和良好形象的树立,说到底就是知名度和美誉度的完美结合。销售人员在客户服务的过程中,通过良好的业务能力和高质量的服务,可以增加美誉度。同时,销售人员也应善于推销、宣传自己,不断增加自己的知名度。

③服务意识。销售人员必须具有真正为客户服务的意识。在市场经济中,有一句口号:客户是上帝。销售人员如果想取得成功,首先必须明白,客户就是衣食父母。一个客户满意了,可能意味着同时赢得了几个甚至几十个潜在客户。成功的销售人员,要全心全意地为客户的利益着想,通过自己的全面、周到的高水平服务,赢得客户的信赖。

2)房地产销售人员应具备的综合能力

(1)善于察言观色

察言观色是指在与人交谈时,通常观察谈话对象的一举一动、一言一行、分析谈话对象的性格、特点、习惯、意图等,然后及时修正和改变与其后续谈话的内容与方式。房地产营销过程是一个巧妙的自我推销过程,在这个过程中,应采取主动态度与客户沟通,在交谈的过程中应具有察言观色的能力,从而在下一步的行动中做到有的放矢,提高成交率。要提高观察能力,必须从提高观察的质量入手。观察主要包括知识、方式和目的这几个因素。

①观察和理解客户是以知识为基础的。要想深入和准确地观察客户,销售人员

必须掌握丰富精深的知识。例如,销售人员通过学习心理知识,就能较快地通过客户的言行、情绪,了解客户的意图和需求。

②观察方式应该科学,只有科学的观察方式才能提高观察的质量。要掌握科学的观察方式,要求观察路线正确:先上后下,先表后里,先局部后全部,先个别后整体等。注意力的分布要合理,视觉和听觉要密切配合,观察和判断也要有机地结合起来。

③通过观察,可以发现对方的目的。通过细致的观察,就可能从对方的言谈、举止中发现对方的思想状况和内在意图。

(2)擅长交际

一个销售人员应该擅长交际,具备一定的社交能力,包括与人交流沟通的能力,与人交往使人感到愉快的能力,处理异议的能力以及控制交往氛围的能力等。一个八面玲珑、善于应酬的销售人员在任何场合都能应付自如,相应行事。社交能力是衡量一个销售人员能否适应现代开放社会和做好本职工作的一条重要标准。销售人员要善于与各界人士建立密切的交往关系,而且还必须懂得社交礼仪,比如各种日常生活礼仪、外事交往礼仪、各种宴会聚会礼仪、公共场所礼仪等。

销售人员在进行人际交往时,要掌握以下基本原则:①待人热情、主动、礼貌,举止优美,行为自然大方;②宽容待人,能设身处地地为客户着想,体谅客户的难处;③有自制能力,能控制自己的情感,沉着冷静地处理问题;④既有主见,又不刚愎自用;⑤适时恭维客户,为对方营造好心情。

销售人员在语言运用上应做到以下几点:①态度要好,有诚意;②要突出要点和重点;③表达要恰当,要语言委婉;④语调要柔和;⑤要通俗易懂,要配合气氛;⑥不夸大其词,要留有余地。

日本的一项调查表明:销售人员表现出高专业性低亲和力时,53%的顾客会购买这种产品;销售人员表现出低专业性高亲和力时,30%的顾客会购买这种产品;销售人员表现出低专业性低亲和力时,13%的顾客会购买这种产品;销售人员表现出高专业性高亲和力时,80%的顾客会购买这种产品。

(3)具备基本的调研技能

充分的调查是销售人员获取市场信息、科技信息和房地产商品信息的主要方式。销售人员在进行房地产交易活动时,要认真分析自己的房地产商品的质量、价格、售后服务、信誉保证和需方的需求特点,并把这些情况同具有可比性的同类业务进行比较,才能获得较好的营销效果。

(4)能够随机应变

随机应变就是要求思维灵活、敏捷。在房地产营销活动中,销售人员所接触的客户很复杂,他们有着不同的籍贯、性别、年龄、文化程度、社会背景和生活习惯。销售人员要认真观察客户的特点,掌握客户的个人爱好及具体要求。以适应不同客户的具体要求。在日常工作中要机警灵敏,随时应付可能发生的顾客异议和突发事件。对于突发事件的处理,直接关系到销售活动能否顺利走出僵局,摆脱低谷。

（5）能够沉着的应对危机

在房地产营销的过程中,随时都会有危机出现,当销售人员遇到危机时,不应该逃避和推托,而是应该沉着冷静的从实际出发、着眼于实际,采取有效的措施安抚客户的情绪,使客户重新对项目恢复信心。

10.1.4　房地产售楼礼仪技巧

与顾客商谈或会晤时,如果你的回答模糊不清或不能准确表达自己的意思,很容易引出误会或麻烦来,顾客也会对你的信心产生怀疑,这种情况当然十分糟糕。为避免此类情况发生,房地产售楼员要学会选用适当的言辞来表达自己的意思。说话措辞要小心,切勿使用过分严厉的语言。人与人的交往是很微妙的,只是一两句不当的话便可能破坏顾客与你之间的感情,待客态度方面最要紧的是,用恭敬有礼的说话方式与顾客交谈,不要使对方产生不愉快的感觉。自己想讲的话,用有礼貌的言辞清楚利落地说出来。

学习说话的技巧,无论是政治家、喜剧演员,还是普通人,都不能缺少这方面的练习。多些自我启发,说话时多加思考,加上平时多练习说话的技巧,说出话来自然会富有情理,语言精练,容易被接受。

1）招式 A:从心开始

（1）态度热情,礼貌待客

为顾客服务时,你的答话过于公式化或敷衍了事,会令顾客觉得你的态度冷淡,没有礼待他们,造成顾客不满。所以要注意以下几点:

①看着对方说话。无论你使用多么礼貌恭敬的语言,如果只是你一个人说个不停,而忽略你的顾客,他会觉得很不开心,所以说话时要望着对方。你不看着对方说话,会令对方产生不安;如果你一直瞪着对方,对方会觉得有压迫感。你要以柔和的眼光望着顾客,并诚意地回答对方的问题。

②经常面带笑容。当别人向你说话,或你向别人说话时,如果你面无表情,很容易引起误会。在交谈时,多向对方示以微笑,你将会明白笑容的力量有多大,不但顾客,你周围的人,甚至你自己也会觉得很快乐。但是如果你的微笑运用不当,或你的笑容与谈话无关,又会令对方感到莫名其妙。

③用心聆听对方说话。交谈时,你需要用心聆听对方说话,了解对方要表达的信息。若一个人长时间述说,说的人很累,听的人也容易疲倦,因此,在交谈时,适度地互相对答较好。

④说话时要有变化。你要随着所说的内容,在说话的速度、声调及声音的高低方面做适度的改变。如果像机械人说话那样,没有抑扬顿挫是没趣味的。因此,应多留意自己说话时的语调、内容,并逐步去改善。

（2）擒客先擒心

每天早上,你应该准备结交多些朋友。你不应向朋友推销什么,你应替他寻找想买的。卖一套房给顾客,和替顾客买一套房是有很大的分别的。顾客喜欢选购而不喜欢被推销。集中注意力去了解顾客的需求,帮助顾客选购最佳的住宅,务求使顾客感到满意。顾客不是单想买一个物业,他是希望买到一份安心、一份满足感、一个好的投资和一份自豪的拥有权。最高的推销境界是协助顾客获得更轻松、更愉快的生活,可能短暂时间内不能获取更多收益(这可能性不大),但你的感受应该十分良好,当你习惯了这个做法之后,你的收益将会突飞猛进。

（3）眼脑并用

①眼观四路,脑用一方。这是售楼员与客户沟通时应能达到的境界。密切关注客户口头语、身体语言等信号的传递,留意他的思考方式,并准确作出判断,将销售顺利进行到底。顾客在决定"落定"之前,通常都会找一些借口来推搪,销售员一定要通过观察去判断真与假,不要相信客人推搪的说话,要抓住客户的心理反应,抓住客户的眼神,要用眼去看,去留意,多用耳去听。

②留意人类的思考方式。人类的思考方式是通过眼去看而反映到脑的思维,因此我们可利用这一点来加强客人的视觉反应,增强其感觉,加深印象。

③口头语信号的传递。当顾客产生购买意思后,通常会发出如下的口头语信号:顾客的问题转向有关商品的细节,如费用、价格、付款方式等;详细了解售后服务;对推销员的介绍表示积极的肯定与赞扬;询问优惠程度;对目前正在使用的商品表示不满;向推销员打探交楼时间及可否提前;接过推销员的介绍提出反问;对商品提出某些异议。

④身体语言的观察及运用。通过表情语信号与姿态语信号反映顾客在购买过程中意愿的转换。

⑤表情语信号。顾客的面部表情从冷漠、怀疑、深沉变为自然大方、随和、亲切;眼睛转动由慢变快、眼神发亮而有神采,从若有所思转向明朗轻松;嘴唇开始抿紧,似乎在品味、权衡什么。

⑥姿态语信号。顾客姿态由前倾转为后仰,身体和语言都显得轻松;出现放松姿态,身体后仰,擦脸拢发,或者做其他放松舒展等动作;拿起订购书之类细看;开始仔细地观察商品;转身靠近推销员,掏出香烟让对方抽表示友好,进入闲聊;突然用手轻声敲桌子或身体某部分,以帮助自己集中思路,最后定夺。

⑦引发购买动机。每个顾客都有潜在的购买动机,可能连他自己都不知道,销售员的责任就是"发掘"这个潜藏的动机,不要被顾客的外貌及衣着所欺骗,即使他只是

买菜经过的也可取得这样的机会。销售员切忌认为客人无心买楼而采取冷漠或对立的态度,并不要等顾客询问,而是主动招呼,主动引导客人。

另外,与客户沟通时要注意以下事项:第一,勿悲观消极,应乐观看世界;第二,知己知彼,配合客人说话的节奏;第三,多称呼客人的姓名;第四,语言简练,表达清晰;第五,多些微笑,从宽容人的角度考虑问题;第六,产生共鸣感;第七,别插嘴打断客人的说话;第八,批评与称赞;第九,勿滥用专业化术语;第十,学会使用成语。

2)招式 B:按部就班

(1)初步接触

初步接触是要找寻合适的机会,吸引顾客的注意,并用与朋友倾谈的亲切语气和顾客接近,创造销售机会。在这个阶段,售楼员应达成 3 个目的:获得顾客的满意、激发他(她)的兴趣、赢取他的参与。所以售楼员须切记,你最初所留下的强烈印象是在你本身的控制范围之内的。有 3 点应特别留意:

一是,即使是老客户,也不能因交情深厚而掉以轻心;

二是,你不可能将客户的生意全包了;

三是,你虽有出售的东西给客户,但客户拥有买与不买的权利。

(2)揣摩顾客需要

不同的顾客有不同的需要和购买动机,在这一时刻,销售员必须尽快了解顾客的需要,明确顾客的喜好,才能向顾客推荐最合适的单位。

售楼员切记:

第一,要求:用明朗的语调交谈;注意观察顾客的动作和表情,是否对楼盘感兴趣;询问顾客的需要,引导顾客回答,在必要时,提出须特别回答的问题;精神集中,专心倾听顾客意见;对顾客的问话作出积极的回答。

第二,提问:你对本楼盘感觉如何? 你是度假还是养老? 你喜欢哪种户型? 你要求多大面积?

第三,备注:切忌以貌取人;不要只顾介绍,而不认真倾听顾客谈话;不要打断顾客的谈话;不要给顾客有强迫感而让对方知道你的想法。

(3)引导顾客成交

清楚地向顾客介绍了情况,到现场参观了楼盘,并解答了顾客的疑虑,这一刻销售员必须进一步进行说服工作,尽快促使顾客下决心购买。

第一,成交时机:顾客不再提问、进行思考时;当客户靠在椅子上,左右相顾突然双眼直视你,那表明,一直犹豫不决的人下了决心;一位专心聆听、寡言少问的客户,询问有关付款及细节问题,那表明该客户有购买意向;话题集中在某单位时;顾客不断点头对销售员的话表示同意时;顾客开始关心售后服务时;顾客与朋友商议时。

第二,成交技巧:不要再介绍其他单位;让顾客的注意力集中在目标单位上;强调购买会得到的好处,如折扣、抽奖、送礼物等;强调优惠期,不买的话,过几天会涨价;强调单位不多,加上销售好,今天不买,就会没有了;观察顾客对楼盘的关注情况,确定顾客的购买目标;进一步强调该单位的优点及对顾客带来的好处;帮助顾客作出明智的选择;让顾客相信此次购买行为是非常正确的决定。

第三,备注:切忌强迫顾客购买;切忌表示不耐烦:你到底买不买? 必须大胆提出成交要求;注意成交信号;进行交易,干脆快捷,切勿拖延。

(4)售后服务

顾客咨询有关售后服务的问题或质量时,促销员应耐心听取顾客意见,帮助顾客解决问题,并根据问题解决情况,给顾客留下认真细致的服务印象。

第一,要求:保持微笑,态度认真;身体稍稍前倾,表示兴趣与关注;细心聆听顾客问题;表示乐意提供帮助;提供解决的方法。

第二,备注:必须熟悉业务知识;切忌对顾客不理不睬;切忌表现漫不经心的态度。

(5)结束

终结成交是销售过程中的自然结果,在对客户进行销售介绍时,客户一旦暗示他希望获得你的产品或服务,销售员就应该立即准备终结成交。或者如售楼员发现双方的让步都已经达到极限,无法再取得新的进展时,那么就该作出最好的决定——终结成交。成交结束,或结束整个过程,在这个时刻,应向顾客表示道谢,并欢迎随时到来。

第一,要求:保持微笑,保持目光接触;对于未能即时解决的问题,确定答复时间;提醒顾客是否有遗留的物品;让客人先起身提出走的要求,才跟着起身;目送或亲自送顾客至门口;说道别语。

第二,备注:切忌匆忙送客;切忌冷落顾客;做好最后一步,以期带来更多生意。

第三,终结成交后的要点:销售成功了,成交了,是不是就万事大吉了呢? 其实,这只是下一次销售的开始。如果售楼员不能总结本次销售成功的原因和经验,可能这只是一次偶然或孤立的成功。

售楼员应以明白事理的心态知道,销售是一个系统工程,从你入行之日起,你的一言一行都影响着你的工作,为了给下一次销售也带来成功,你不妨在终结成交之日自问:在销售过程中,我是否留意了对价格的保护? 在销售过程中,我是否得到了竞争的情报? 在销售过程中,我是否设法使客户增加了对自己产品的认识? 在销售过程中,我是否明白知道客户不需要的是什么? 在销售过程中,我是否过分注重与客户的私交?

3)招式 C:循序渐进

(1)销售员应有的心态

任何一个推销专家都必须经历一个从无知到有知、从生疏到熟练的过程,只要敢正视暂时的失败和挫折,并善于从中吸取经验教训,那么成功终会向你招手。

第一,信心的建立

强记楼盘资料;熟练掌握楼盘资料,自然可以对答如流,增强顾客对销售员的信任,同时销售员的自我信心亦相应增强。具体的方法为:a. 假定每位顾客都会成交。销售员要对每一个到来的顾客假定都会购买,使自己形成一种条件反射,积极地去销售,从而增大成功率,使销售员具有成功感而信心倍增。b. 配合专业形象。人靠衣装,好的形象能拉近人与人之间的距离,便于双方的沟通。自我感觉良好,自然信心亦会增加,自我发挥亦会良好。

第二,正确的态度

a. 衡量得失。销售员通常都会遇到被人拒绝或面子上不好过的事情,例如,派发宣传单时,遇上拒接的情况。销售员应正确对待该行业的工作,在遭受拒绝时认为自己本身并没有任何损失,反而增长了见识,学会在逆境中调整心态。

b. 正确对待被人拒绝。被拒绝是很普遍的,但销售员不要让这表面的拒绝所蒙蔽,当顾客只借口拒绝,并不是没有回旋的余地,那就表明还有机会,销售员不要轻易放弃,过一段时间可以再跟进。

第三,面对客户的心态及态度

a. 从客户的立场出发。"为什么这位顾客要听我的推销演说?"所有的推销是针对客户的需要而不是你的喜好。销售员要先了解客人的目的,明确自己的销售目的,令客人落定,清楚自己的出发点,并对症下药。结合顾客的情况,介绍他所需,迎合客人的心态,拉近双方的距离。b. 大部分人对夸大的说法均会反感。世界上没有十全十美的东西,销售员过分的夸张,会引起顾客的不相信和不满,若对不关痛痒的不足作及时的补充和说明,做到自圆其说,并帮助客人作对比,让客人有真实感,加深对销售员的信任感。

第四,讨价还价的心态技巧

主动提供折扣是否是好的促销方法? 其实,这是一个不太好的促销方法,因为作为一手的楼盘,都是明码实价的,销售员如一律放松折扣,则客人就会"吃住上",不放松反而会促进成交。

(2)寻找客户的方法

大千世界,人海茫茫,各有所需。应如何寻找顾客,才能做到有针对性,才能事半功倍呢?

第一,宣传广告法:广而告之,然后坐等上门,展开推销。

第二,展销会:集中展示模型、样板。介绍情况、联络双方感情、抓住重点,根据顾客意向,有针对性地追踪、推销。

第三,组织关系网络:善于利用各种关系,争取他们利用自身优势和有效渠道,协助寻找顾客。

第四,权威介绍法:充分利用人们对各行各业权威的崇拜心理,有针对性地邀请权威人士向相应的人员介绍商品,吸引顾客。

第五,交叉合作法:不同行业的推销员都具有人面广、市场信息灵的优势,售楼员可利用这一点加强相互间的信息、情报的交换,互相推荐和介绍顾客。

第六,重点访问法:对手头上的顾客,有重点地适当选择一部分直接上门拜访或约谈,开展推销"攻势"。

第七,滚雪球法:利用老客户及其关系,让他现身说法,不断寻找和争取新的顾客,层层扩展,像滚雪球一样,使顾客队伍不断发生扩大。

(3)销售五部曲

建立和谐、引起兴趣、完成交易、引发动机、提供解答。这 5 个步骤相当合理,而且都有心理学的知识做基础,因此相当有效。

为了使顾客乐于接受你的服务,你必须给予他们良好的第一印象,并与之建立和谐的关系。为了让顾客持续保持注意力,你必须引发他们的兴趣。假如他们相信你的服务会带给他们许多益处,他们就会感兴趣,就会一直注意听你交谈。之后,要让顾客相信:接受你的服务,的确是聪明的抉择,因为他们的确会从你的服务中找到满足需求的解答。顾客也许对该楼盘感兴趣,也相信你的服务对他们有好处,但还是不会购买。因此,在你引发对方兴趣之后,也在你说服他相信楼盘的种种卖点之后,你还得使顾客产生购买欲望。如此,你才能把楼盘销售出去,总而言之,你要引起对方购买的动机。

虽然对方相信该楼的确如你所说的那么好,也想拥有,但这仍不保证你已取得订单。人们在做决定前通常会拖延或迟疑,因此,你得协助他们做决定,如此才能使他们付诸行动,达成交易。

5 个步骤并非每次都要按照次序进行。比如,有警觉性的业务人员很可能在提供解答阶段就成交了。

(4)促销成交

第一,钓鱼促销法。利用人类需求心理,通过让顾客得到些好处,来吸引他们采取购买行动。

第二,感情联络法。通过投顾客之所好,帮顾客实现所需,使双方有了亲合需求的满足感而促发认同感,建立心理相容的关系,使买与卖双方矛盾的心理距离缩小或消除,从而达到销售目的。

第三,动之以利法。通过提问、答疑、算账等方式,向顾客提示购买商品所给他们带来的好处,从而打动顾客的心,刺激他们增强购买的欲望。

第四,以攻为守法。当估计到顾客有可能提出反对意见,抢在他提出之前有针对性地提出阐述,发动攻势,有效地排除成交的潜在障碍。

第五,从众关联法。利用人们从众的心理,制造人气或大量成交的气氛,令顾客有紧迫感,来促进顾客购买。

第六,引而不发法。在正面推销不起作用的情况下,可找顾客感兴趣的话题展开广泛的交流,并作出适当的引导和暗示,让顾客领悟到购买的好处,从而达成交易。

第七,动之以诚法。抱着真心实意、诚心诚意、没有办不成的心态,让顾客感受到你真诚的服务,从心理上接受。

第八,助客权衡法。积极介入,帮助顾客将某些比较明显的利弊加以分析比较,让顾客充分权衡了利大于弊而作出购买决定。

第九,失利心理法。利用顾客既害怕物非所值,花费了无谓代价,又担心如不当机立断,就会"过了这个村就没有这个店"的心理,来提醒顾客下定决心购买。

第十,期限抑制法。推销员可以利用或制造一些借口或某些客观原因,临时设置一个有效期,让对方降低期望值,只能在我方的方案范围内和所设定的期限内作出抉择。

第十一,欲擒故纵法。针对买卖双方经常出现的戒备心理和对持现象,在热情的服务中不应向对方表示"志在必得"的成交欲望,而是抓住对方的需求心理,先摆出相应的事实条件,表现出"条件不够,不强求成交"的宽松心态。使对方反而产生不能成交的惜失心理,从而主动迎合我方条件成交。

第十二,激将促销法。当顾客已出现欲购买信号,但又犹豫不决的时候,推销员不是直接从正面鼓励他购买,而是从反面用某种语言和语气暗示对方缺乏某种成交的主观或客观条件,让对方为了维护自尊而立即下决心拍板成交.

10.2　楼盘形象包装

【案例10.1】　为购房者"度身定做"不仅仅是一种楼盘"包装"手段

如今的开发商都很重视房型的设计,好的房型能给楼盘带来较高的附加值,这种观点已成为共识。为了精益求精,在设计中几易其稿的现象并不鲜见。这方面,上海"金鸿苑"则做得更为精到,他们请购房者参与设计,使"度身定做"不仅仅留于一个简单的概念和一种"包装"的手段。

当"金鸿苑"的第一根桩基打响之时,就引来了几十位购房者上门打探,了解小区规划、开发商背景和房型设计情况。由此,金鸿苑的地段优势即已显现。欲购房者们认为,与上海外国语大学、财经大学、海军上海基地、上海青少年体育运动学校等为邻的金鸿苑小区,周边环境幽雅、人文气息浓厚。附近的鲁迅公园、虹口体育场又是休闲的好去处。有环线高架、轻轨和多条公交线路等交通布线,有周围的许多商业设施,使出门、购物减少了后顾之忧。在了解到投资商是曾经成功建造了金穗大厦、金玉兰广场的金穗集团,具有经济实力和良好信誉后,这些购房者纷纷要求预订金鸿苑住宅,唯恐错失良机。于是便有了金鸿苑购房者参与设计这回事。

购房者主意打定后,开始对房型"指手画脚"。正值为房型修改选定方案之时,开发商干脆敞开大门,请这些欲购房者谈他们心目中的住宅,谈他们理想的房型,共同设计既符合建筑结构要求,又使未来住户放心满意的房型。开发商认为:建住宅就是为了居住,住户不满意又何谈安居呢。在条件允许的情况下,让房型更贴近住户的口味,能给销售和物业管理带来益处。

在购房者的建议下,"金鸿苑"降低了容积率,将原来拟建的 3 栋小高层减为 1 栋,使原来的 10 栋多层增加到 12 栋。在由小高层改成多层的住宅的 7 层,设计了带有宽敞南北阳台的一室一厅,较低的价格加上奉送的阳台,深受"单身贵族"和小家庭的青睐。在全部是一梯两户的金鸿苑中,厨房带厅的住宅问津者颇多。购房者们认为,在厨房间放置餐桌,即使厅和房间保持干净,又给生活带来便捷。因为在部分预售的住宅中厨房带厅的房型供不应求,开发商即对尚未预售的房型进行大"手术",改变内部分割,增加厨房带厅的套数,以此扩大卖点。

在建筑设计上,金鸿苑小区的所有多层住宅均打桩、楼板现浇,防止不均匀沉降和渗水漏水等质量问题的出现。采用变频泵引水,可使楼上居民用水免受水箱污染之苦。

尽管购房者的一个合理化建议对开发商来说就是增加一笔投资,增设一些麻烦,但对于金鸿苑的发展商上海金天房地产有限公司来说,量体裁衣,让未来住户舒心居住是他们最大的欣慰。

通过上述案例,我们能够看出,对于楼盘来说"度身定做"不仅仅是一种楼盘包装手段。

10.2.1　楼盘(小区)的命名

近年来,新的楼盘不断出现在广大市民的身边,它不仅仅美化了人们的生活环境,更提高了人们的居住水平。如今,房地产越来越被百姓所关注,人们在关心价格、坐落位置的同时,茶余饭后对各个楼盘的命名也在品头论足。

在楼盘的营销推介过程中,楼盘命名已成为楼盘必备的策划手段之一,特别是营销中介机构介入市场后,楼盘命名是市场发展的一个重要的并颇具创意性的营销手段。目前楼市流行的楼盘名称各具特色,有不少楼盘由于名字的巧妙构思,强烈地吸引了人们的注意力,从而引发了对楼盘的关注。一些楼盘的名称或蕴含较高的文化品位、或反映地域特征、或强调了人们的美好心愿,这些无疑为楼盘的销售带来一定的影响或不俗的成绩。

1）给楼盘取一个好名

好的命名给楼盘带来好的效果，切忌随意想当然或跟风命名，取一个貌似时髦的楼盘名称。撇开以"花园"、"中心"、"广场"等常见的命名类型，当前楼盘命名大致可划分为如下几种：

帝王式：楼盘名称中出现"帝"、"皇"、"王"、"御"、"龙"、"雍"等字眼，如"帝景苑"。

传统式：楼盘名称以"福"、"富"、"禄"、"华"、"金"等字词为中心的楼盘，如"金碧华府"、"金桂园"、"锦绣香江"。

古典式：以"庭"、"峰"、"轩"、"阁"、"山庄"、"台"、"居"为后缀的楼盘命名。如"盈翠华庭"、"兰亭颖园"、"颐和山庄"。

港台式：以香港或台湾物业名称为参照，移植或原样照搬的楼盘名称，克隆痕迹较为明显。

欧美式：以欧美著名风景、度假区或街道命名的楼盘，如"香榭里"、"地中海"等。

时尚式：以英语译音为中心或以时代特征为主题进行楼盘命名，如"苏豪"（SO-HO）、"万德福"（Wonderful）；以"2000年"、"世纪"、"时代"、"潮流"、"时尚"、"地带"等命名，如"世纪花园"。

创意式：符合项目定位，富有创意的楼盘名称，如"碧云天"、"天赐良缘"、"依山居"、"明翠谷"、"四季花城"、"招商海月"、"美之国"等。

那么，一个叫得响的楼盘名称应具有哪些特征，亦或要考虑哪些因素呢？如何进行界定？

好的楼盘名称可以促进销售的效果以及获得买家的喜爱和认同，甚至可以成为品牌，恒久不衰。特别是针对大规模分期开发的楼盘意义颇大。

好的楼盘名称应具备如下几个特征：

第一，楼盘命名时不拘泥于"花园"、"广场"、"中心"等一统天下的楼盘命名惯例，不应落入俗套，不应过分雷同，富有时代气息。

第二，楼盘名称作为一个标识性强、个性浓烈的自我标记，应与地块的地理、环境、布局、楼盘产品的定位、客户的定位相吻合，体现楼盘的与众不同。

第三，要考虑项目的大小、定位、品味、暗寓楼盘的风格和档次，最好具有一定的含义，尤其是文化含量要大。

第四，还应考虑楼盘名称是否具有较强的人情亲和力，更具地方特色，更个性化，体现楼盘的特色。

最后，还有从盘名的音、形、义上进行多方面审视，发音响亮、书写美观（放大或缩小都不影响字形的美观和清晰，利于传播推广）、寓意美好、朗朗上口、令人遐想。

总之，界定一个楼盘名称是否出彩，最简单的一个标准就是既要切合项目情况和定位，又要富有创意、不落俗套。

2) 案名注册

每个发展商都希望给自己的楼盘取一个好名。取名时要注意不要和别的楼盘同名,取名后更要及时向有关部门申报并注册下来,以免给楼盘销售造成被动。在此方面广州就有一个事例。

【案例10.2】 1998 年,"广州城建总公司"在同德围地区开发一住宅小区,命名"同德苑",由于工作疏忽,小区地名一直没有申报落实。期间小区 11 栋住宅基本竣工,其中 5 栋已成现楼。期间以"同德苑"为名的销售广告活动已投入不少费用,促销活动全面展开,此时广州城建总公司才去补办地名申报手续,然而却意外地发现:"同德苑"这个名字已经被某家地产公司在同德围地区的一个楼盘所采用。

地名遭抢注,再三交涉未果。"同德苑"的广告宣传不得不停顿,销售延迟,优秀小区考评也受影响,发展商一下子陷入困境。

在仔细研究有关情况下,发展商毅然决定将"同德苑"改为"金德苑"。六月初,改名后的"金德苑"重装登上广州楼市,三天内售出数 10 套,销售成绩喜人。该月中旬,"金德苑"小区还通过了市级优秀物业管理小区的评选,开始向省、部级优秀物业小区的目标前进。

该事例说明:一方面楼盘命名与及时注册是很重要的,另一方面也说明楼盘质素和发展商实力更是重要(广州城建总公司为广州市房地产开发企业综合经济实力第四名),在今天竞争激烈的房地产市场环境下,只有名副其实的楼盘才能立于不败之地。

10.2.2 楼盘形象包装

在当今竞争日趋激烈的房地产市场中,要想在众多的楼盘中脱颖而出,应从楼盘的各个方面入手。楼盘的形象包装即是一个重要方面,它不应再是简单印刷的文字,而应是营销实践的利器。楼盘作为特殊产品,需要加以包装,这也是房地产市场进入竞争日趋激烈与成熟化的高度发展阶段的一个重要体现,更是在这一阶段中的一个重要竞争手段。

1) 楼盘包装的必要性

楼盘包装是广告的有益补充,是营销策划中不可缺少的一环,它能起到强化及深化广告宣传效果的作用。楼盘包装不仅有利于提升楼盘档次品位,表现楼盘内涵,获取买家认可,促进销售,而且有利于加强公司形象,树立公司品牌,包装得好的楼盘是公司实力的最佳展示。

我国房地产市场的发展不过十多年历史,在楼盘包装方面存在不少的问题,具体而言:

第一,技术水平不高。例如大多数楼盘的销控表还采取贴小红纸的方式,而香港已经开始使用电子屏幕。

第二,从业人员素质、水平及实力参差不齐,难以形成规模经营。

第三,地产商楼盘包装意识不强。某些实力较强的地产商,总认为自己的楼盘地段好,公司信誉也佳,包不包装无所谓,而实力弱小的地产商,觉得自己的项目本来就不大,不愿增加成本。

第四,包装缺乏整体优化组合设计。楼盘的包装从里到外,应该围绕着一个具体的定位、一个精神内容、一个良好楼盘的形象展开,这样才能反复加深客户印象,树立起楼盘特有的形象,反映出楼盘特色。

第五,市场信息透明度不够。有些楼盘包装带有欺骗性,消费者容易产生不信任感,使楼盘销售难以达到预期效果。

2)楼盘包装的内容

楼盘包装主要应包括以下 3 个方面:

(1)楼盘外在形象

第一,楼盘的文化品位。楼盘作为硬邦邦、冷冰冰的建筑物,要想使其拥有生命,就需要注入一定的文化含量,使其具有较高的文化品位。事实上,楼盘中每一个组合要素都可以体现文化因素,比如楼的形状、布局、花草、房间布局等。

第二,楼盘与品牌。不论是写字楼还是住宅,品牌都显得十分重要,例如一说出您在哪地方办公或居住,就能立即知道你是什么品位或什么职业圈内的人。

(2)楼盘的内在形象

第一,楼盘的自身环境。楼盘自身环境应与楼盘周围的社区环境相符。

第二,楼盘区域布局。无论楼盘所占面积大小、位置怎样,建筑物、公共设施以及绿化等都应有一个科学合理的布局,并且能够增加艺术性和文化品位。同时,小区设计如何更人性化,如何接受更多阳光,如何使车道、人行道更合理更安全,如何更有效防盗等,都需要一个整体科学的布局。

第三,楼盘配套设施的功能。楼盘配套设施分为公共设施和特有设施。公共设施包括卫星电视、电话、空调等,特有设施是一般楼盘所没有的,比如游泳池、广场、网球场、图书室、商场、健身房、会所、幼儿园、小学等。如何利用公共空间,在不影响交通的情况下,尽可能增加一些供人们使用的设施,也是人们购房时所关注的。

(3)销售场的整体形象

第一,销售现场形象。楼盘都是通过销售而卖出去的,其中现场销售占很大的成分,所以,对现场销售的形象要求应特别规范,以保持应有的形象。

第二,从业人员的形象。目前,很多销售部的销售人员以女性居多,而且外形都较好,但就是缺乏专业知识与销售技巧,回答不了顾客所提出的问题。作为销售人员,应该具备这些素质:①端正的相貌和身材,优雅的气质和仪表;②思维敏捷、口齿伶俐、心理承受能力强;③专业知识要多,专业技巧要高;④自信心强,热情开朗;⑤服饰恰当,举止大方;⑥要有耐心,不怕麻烦。

第三,销售部的布置。详细内容见 10.2.4 节。

第四,样板房的布置。详细内容见 10.2.4 节。

3)楼盘包装具体任务

(1)楼盘视觉形象

第一,目标。使楼盘概念具体化、专业化,建立楼盘的良好形象,以便于其在今后推广中,给买家留下深刻、明确的印象。

第二,内容。具体包括项目标志、标识系统和导示系统。

(2)工地形象诱导

第一,目标。工地作为买家最为切身关注的地方,是最经济和有效的宣传场所,工地形象如何,不仅直接与物业和公司形象有关,而且还能够营造销售气氛。

第二,手段。工地路牌:表明物业的名称和位置,直接与工程形象相关联;工地围板:明确发展商和地产建造的专业性;工地气氛:利用彩旗、气球等宣传物品,吸引人们的注意力,营造人气旺、整洁、有序的施工现场气氛。

(3)工地环境包装设计

第一,目的。将整个工地现场,根据建筑施工的进程和环境特色进行包装。包装强调项目的特色,对项目有一个整休良好的视觉形象。

第二,手段。一部分内容为工地围墙包装、工地立柱广告牌制作、工地公共标牌制作、挂旗制作、路灯安装等;另一部分内容为绿化和其他配套工程的完善,优先搞好工地围墙沿线、样板房参观路线以及绿化工程施工。

第三,要求。严格按照 VI 设计内容制作完成,应按工程进度按时完成。

4)楼盘包装策略

楼盘的包装按时间划分可分为 4 部分:

(1)入住工地前期阶段楼盘包装策略

第一,外墙广告——最大的户外看板

①常规模式。楼盘的外墙一般有 2 种包装方法:一种是将外墙用墙柱分隔成多面,每面的内容图案颜色相同,主要是楼盘名、楼盘标识、电话等,以达到统一形象,加深买家印象的目的;另一种是用墙柱分隔为多面,粉刷上投资商、发展商、代理商、承

接单位、设计单位的名称及标志。

②创新模式。外墙及搭建的围墙其实是最佳的广告包装位置,因为它面积大、范围广,称得上是最大的户外看板,地产商应该在这方面多动些脑筋,认真研究一下如何利用。例如,金地翠园以"翠"为主题,以草皮墙切合这一主题,令看楼者耳目一新。金海湾花园以"海文化"为主题,由此开发商想到利用贝壳装饰外墙。

第二,户外广告看板

①常规模式。立在售楼处顶部或两侧、外墙以及主要入口处的大型看板,内容一般是楼盘透视效果图、楼盘名称、广告语、售租电话、楼盘标识、交通图等。

②创新模式。由于户外广告看板比较醒目,我国台湾的流行做法是加上指示箭头,指出楼盘所在方位或者售楼处所在位置,而在深圳这种做法极少。其文字图案必须与楼盘的格调及内涵相关,并且要具有吸引作用。在相同位置不同楼盘的看板中,画面简洁的看板往往更加吸引人。广告看板摆放的位置,也必须能吸引人们的注意力。

第三,LOGO

LOGO 即楼盘标识,楼盘独有的标志,多见于广告幅、旗、板、牌以及外墙、售楼处。一般表现为图案、美术字、字母等。楼盘标识体现楼盘的品位档次及精神内涵,是楼盘包装不可缺少的内容和手段。如发展商为有多个项目的大型开发公司,为强化公司的品牌,在各楼盘中均应用同一 LOGO,用以增强买家对发展商实力的信心。越来越多的实例证明,开发商的实力是买家购买欲的源泉。

(2)施工阶段楼盘包装策略

第一,先入为主的致歉公告

例如有一广州楼盘,在推盘之际,在楼宇的外墙挂了几幅大型的条幅,写着:万分抱歉,售价太低,造成对楼市的冲击,在此深表歉意。此举一出,就引起买家的注意,因为买家的心中就会产生疑惑,难道真的那么便宜吗? 从而起到很好的宣传效果。

第二,入口牌楼

入口牌楼即在楼盘入口或主要道路入口处搭建的大型牌楼,通常是灯光铁架拱门,也有些是具有艺术特色的水泥建筑。深圳有些高档豪华住宅的入口牌楼搞得比较漂亮,像万科城市花园、都市花园等,这些入口牌楼一般都作为小区建筑的一部分保留下来。

第三,施工进度板

让人看到楼在长高! 现在大部分的期楼都会在棚架外设置一些明显的标志,让人看得到楼房的建设速度,让无论是已买的或将买的人都有信心。

第四,广告布幅

广告布幅是最显眼的包装,深圳的楼盘应用得很广泛,它能使人一目了然。

第五,指示牌

指示牌的形状灵活多样,有箭头形指示牌、指示板、三角指示牌、平面指示牌、多面指示牌等等。指示牌与路旗一样,起引导作用。设置指示牌,方便消费者参观看楼,提醒他们注意某些事项,展示发展商的细心与诚意。因为消费者最后之所以购买,有可能就取决于一些极细微的行为,正如俗语所说:"于细微处见精神"。指示牌的设计风格也要和整个楼盘的主体风格相匹配。

第六,充气拱门

充气橡胶做成的弧形拱门,商铺物业、写字楼物业的包装中应用较多,一些大型庆典活动及表演也常用,有时也用数个充气拱门及幕布做成充气蓬房,起到防雨防晒作用。

第七,精神堡垒

这是台湾流行的说法。精神堡垒,实际上指的是实物化的楼盘标识(LOGO),具体讲就是带有楼盘名称的建筑小品。去过锦绣中华的人,大概都会记得门口那块雕刻着"锦绣中华"字样的漂亮石头,那便是精神堡垒。精神堡垒应切合楼盘的主题与定位。

第八,温柔的警告牌

在漂亮的草地上,设块警告牌,在上面以温柔的语气写着:以后我们还要一起生活的,让我健康的生长吧! 也可在工地中一些相对可能不够安全的地方,设置一些警示标志,用一些婉转温柔的语气提醒客人要小心注意,以示对客人无微不至的关切。

(3)预售阶段楼盘包装策略

第一,路旗

在楼盘旁边的主要道路两旁设置的宣传旗帜,内容主要为楼盘名称及楼盘标志。严格来讲,设置在围墙上及售楼处顶部周边的旗帜也属于路旗。路旗对于一些地处偏僻位置,或者有一定纵深的楼盘起着重要的引导作用。

第二,小彩旗

可以是三角小彩旗或者是旋转风轮小彩旗,利用小彩旗可以装点现场,营造气氛。

第三,景观庭园

有条件的楼盘,可以在售楼处前面的空间布置一些庭园式小景观,如假山、雕塑、喷泉、小瀑布、微型小花园等。有些已入住的现楼,把售楼处设在小区内,利用小区内的景观环境,亦可达到同样的效果。景观庭园可以为死板生硬的售楼环境注入活力生气,增加亲和力和温馨感,特别适宜于住宅楼盘的包装。

第四,售楼处

售楼处的建筑外观风格应与楼盘的类型、档次相吻合,颜色、造型尽量与楼盘配合,格调一致;售楼处室内摆设大致有接待台、展板(包括广告版、效果图、说明图)、灯箱广告、楼盘模型、户型设计模型、随楼附送的设备的样品、销售进度表、售楼书、说明页、椅、台、屏风、饮水机等。

(4)收尾阶段楼盘包装策略

第一,树立入住率广告板

把销控表做大,胜于任何一种宣传促销方式。

第二,逐步回撤各种包装工具

有步骤地撤回路旗、彩旗、充气拱门、广告板等,注意清洁。

第三,告谢板

公开感谢市民的大力支持,树立公司品牌形象。地盘包装还包括其他一些内容如标志旗、大彩旗、区域旗(标示楼盘所规划的各个分区域)、楼栋旗(标示不同漏洞、朝向)、警示牌(如禁烟牌、草坪保护牌等)、欢迎牌、气球(上面标出楼盘名称、标识等,一般气球下面都挂有条幅)、灯光照明设备、小区总体平面图(指出小区主要道路,建筑物分布等,有时绘制在指示板上)等。

10.2.3　售楼书与售楼模型的制作

1)售楼书的制作

目前在售楼盘非常多,令人眼花缭乱。而样板房、模型、售楼书则是买房者了解某一房屋的最基本、最直接的材料。这"三大法宝"之中,唯有售楼书可以让人随身带走。

(1)售楼书的内容构成

售楼书应包括项目照片和相应的文字说明。文字说明和图片资料一般包括:

①项目位置的描述;

②项目具体情况介绍,包括面积、高度、层高、层数、设计特色、小区概况,发展商的业绩;

③项目的装修标准和所具备的主要设备,电梯、空调、煤气供热、电力、通信、有线电视、对讲系统等;

④小区的物业管理、保安等;

⑤产权性质;

⑥每平方米或总的销售价格、租金价格,按揭比例、年限及首期交款额、每年交款额,一次交款优惠比例、优惠条件等;

⑦地产商、物业代理机构、按揭银行、律师事务所的名称、地址、电话及联系人姓名,销售许可证及编号;

⑧图片资料包括物业的位置图、平面图,交通、商业网点、学校、幼儿园、娱乐体育设施,与机场、车站的位置关系等。

售楼书通常印成精美考究的小册子,对于易变动的资料如售价、功能用房的形式及位置、面积等可印成活页附在里面。售楼书的制作通常由地产商、物业代理机构和有关顾问人士联合完成。售楼书的封面很重要,因为它反映了所介绍的物业的质量,或者说至少会就物业质量给顾客留下较深刻的印象。所以对售楼书的设计要保证图文并茂,富有吸引力。

(2)现在售楼书存在的问题

目前商品房的楼书中存在诸多问题:

其一,一些售楼书,如同散文画册,整个售楼书或是青山绿野,或是浩渺海景,再配以系列极致抒情散文。但是房在何处?是什么样的房?买家看过后皆摇头不知。

其二,描绘"扬长避短",很少看到售楼书能客观评述自己的物业。不在宣传册上"自揭其短",本无可厚非,但是对于楼盘的基本资料如建设面积、占地面积的描述却是最起码的要求。可一些售楼书翻过后,却不知其占地面积、建筑面积,也许有为避免暴露建筑密度过大、容积率过高之嫌。更离谱的是一些售楼书还会捏造数据。

其三,提供的图表不清。一些售楼书在地图中标注楼盘地理位置时,极其夸张大胆,如某楼盘离市中心足以 3 公里的直线距离,却在售楼书中描述为"紧临城市中心"。

在众多售楼书中,能够做到小区平面布局图、楼栋单元各户布局图、户型结构图均齐全的售楼书相当少,且各图之间关联性不强。于是看房者看过售楼书后常常不知某房在什么楼层、在小区的什么方位。

其四,价格表"残缺"。对于绝大多数客户来说,价格是非常重要的资料,但一些楼盘的价格表,往往不予以派送,理由是数量不多,仅限自有。但发展商又为何不想想,买主极少能当机立断购买那套房,不给他带包括价格表在内的楼书资料回去细细研究的机会,他又如何会选中、购买房屋的机会呢?而且当今许多楼书价格表中常常仅有总价无单价,又玩了趟数字游戏,大大增加了消费者的麻烦。

其五,楼书移花接木现象很多。打开不少楼书,就会发现其中颇多雷同之处:一样的背景,一样的中心区模型,一样的执勤保安头像。更匪夷所思的是一些楼盘却把从公园处捕捉的美景标榜为自己的小区中心庭园景观。

其六,楼书愈作愈精美。不管其里面的内容如何,楼书由最初的单页到如今的多页,由软封皮到硬皮精装,制作成本是越来越高,以至于一些售楼处都不肯轻易派发其昂贵的售楼书。制作这种过分昂贵的售楼书是否必要很是值得发展商深思。

2) 售楼模型制作

(1)销售模型与地盘形象

地产的销售大多是在工程开始不久,而实际的现楼形象要经过一段较长的时间才能完成。那么此时的模型就成了此工程唯一完整的立体形象,同时也成为与客户沟通的重要手段。无论是工程的设计风格、色彩形象还是花园环境或配套设施，都是通过模型反映给客户的，而且模型区别于一般效果图的地方是它的立体性和真实性。

在国内，随着地产业的发展，模型业也如雨后春笋，各种类型和规模的模型公司数量猛增，模型价格也相差很多。所以，选择最好的模型公司是最重要的(有时最适合的，不一定是最贵的)。那么，各类模型公司间的差别在哪儿呢？

一个优秀的模型公司制作的作品，从整体的形象上可以突如其来地吸引客户，首先是它的颜色，它整体的色彩关系，它的颜色不仅要真实，而且能给人视觉上带来舒适的感受；再就是环境的配置、树木绿化的"种植"，都要有合理性和艺术性。至于它是否夸张了原设计的哪个部分，你是无法知道的。你只会感到它是一个漂亮的模型、完整的模型、与客户共鸣的模型。相反，有些模型公司制作出来的作品与市场的距离较远，那就是完全按照图纸制作，什么也不缺，也没有什么错误。但就是会让您感到有什么地方不对。当然，颜色与配景部分都是属于一个模型的软部分，它与图纸无关，只与制作者的艺术素质有关。

(2)销售模型必须"因楼而异"

现在市场上层出不穷的就要算是花园小区楼盘。目前这样的小区楼盘在销售时常有3种形式的模型：一是表现区域的，即表现楼盘所处的大的地理位置及与它邻近的社区服务设施；二是楼盘自身的较大尺度的形象模型；再就是户型的空间展示模型。这3种模型一般能使一个楼盘的基本信息包括其中。而这3个模型中，分别都有需要我们特别注意的地方：

①区域模型。它是表现楼盘大的地理环境的。而我们的所有楼盘并不都具有理想的地理位置，那么就有这样的选择：我们知道，模型都是按比例制作的，如果我们的楼盘远离大的服务社区，这就要我们选择比例尺度较大的模型，(选择比例尺度，并非无止境的将模型做大)正常的1:50、1:100即可表现区域环境，这时你可选择1:2 000甚至更小的比例，而模型的盘面大小是同样的。那么，这时在你的模型上原来没有的就都有了，并且一切仍然是真实的。当然，也有十分夸张的做法，即把你需要的陪衬内容不按比例，强拉入你的楼盘范围，甚至把周边不是花园的地方做成花园景地。这种做法可能会有效果，但也有可能带来销售后的麻烦，因为我们知道现在人们的法律意识越来越强了。除此之外，区域模型可以通过色彩以及表现手法来突出你的楼盘，这是绝对必需的，甚至可以将你的楼盘高度适当加高，这都是合理的有效的表现手段。再就是用文字在模型中标出对你有利的社区服务设施、道路名称，以增强客户对模型形象的识别能力。

②楼盘形象模型。这类模型除了要求要做工细致、该表现的建筑细部都要表现出来以外，色彩和规模配置是它最重要的部分。千万不要过分要求模型与你的材料样板一模一样，而要让模型师为你做适当的能够使模型具有整体色彩关系的艺术调整，使之具有艺术性和视觉效果。我们知道尽管不是所有人都是艺术鉴赏家，但好看

的东西大家一看就都知道,只要你选择到一家好的模型公司,相信它可以给你一个理想的形象模型。模型制作不同于装修,它基本上没有太多材料问题,就是说你不用把心思放在他们将用什么材料在你的制作上,而可以更多地与他们探讨如何达到最好的效果,除非你也是色彩或模型方面的专家。

③室内空间表现问题。这类模型同样不是室内装修模型,所以大可不必面面俱到,甚至要与样板房一样。因为它的比例尺度较小,一般在1:30左右,你尽可以要求这类模型清楚淡雅,但不必要求什么都与实际的一样。特别是在颜色上,颜色越淡,则空间显得越大。再有一个较重要的问题就是反映空间功能的家私、厨具、洁具等,切不可大于正常的尺度。因为选用适当尺度的家私,更有利于房间产生空间宽阔感。当然,大空间的室内就没有对尺度进行适当调整的必要。

10.2.4　售楼处与样板房的设计

1)售楼处布置

售楼处是发展商的脸面,是能否让买房者"一见钟情"的关键所在。所以,许多发展商十分重视售楼处的建设,不惜花费巨资建起最后要被拆除的售楼用房,并且常常修得美轮美奂,连室外的小环境也进行了精心的雕饰,俨然一个小花园,使人一见倾心。

(1)位置的选择

售楼处要么设在楼盘厅堂内,要么建在户外。户外售楼处又有2种:一种是紧靠楼盘厅堂搭建,与厅堂内部连为一体,空间上更为宽敞;另一种是在主要道路旁建造的独立接待中心,一般不会离楼盘很远。广州很多楼盘的售楼部设在小区会所里面,这样,一方面能让客人看到实实在在的配套设施,另一方面又让客人感觉到发展商的诚意与务实。

(2)形式的确定

①二合一型。这种布置方式是多层建筑用其首层的一种较为典型的户型作为样板房,同时利用样板房的各个房间充当各功能分区,实现售楼处的基本功能。这种布局方式可以加强客户对户型空间的直观感受,而且没有路线组织上的混乱,增强亲切感,但缺乏豪气。由于缺少家私的摆放,其家居的温馨气氛较弱。

②联体型。这种布置方式是将售楼接待区单独设置,而样板房又紧邻其侧布置,二者既独立又相连,从而形成一个整体。能令客户不知不觉地完成看楼的全过程,完整紧凑,既可保持独立接待区的气势,又可体验家居的温馨气氛。

③分散独立型。这种布置方式多体现在具有多种户型的小区内,为展示某一种户型,而选取与接待中心稍有一段距离的实例作样板房。二者相对独立但较分散。

④立体式。立体式售楼处一般是指售楼接待区与样板房不在同一平面上的布置方式。这种布置方式多用于高层建筑中(因高层建筑下部多为综合性的裙房,5层或6层以上才是标准住宅层)。

(3)售楼处的形象与构成

包括室内和室外2大部分,两者均不可偏废。室外部分是一个整体的楼盘视觉引导系统,结合楼盘本身的包装,旨在营造出醒目、浓重的楼宇销售氛围。我们现在主要介绍一下室内部分:

售楼部的功能分区:接待区、洽谈区、模型展示区、音像区(兼作休息区)等。售楼处室内形象的构成包括:整个接待和展示大厅的设计风格、家具的摆设、售楼资料的准备、模型配备、展板、样板房设计及展示等,全面展示公司的经营形象和楼盘形象。

①售楼资料的准备。一个楼盘要进行销售必须备齐相应的资料,如售楼书、认购协议书、付款方式、价目表和办证程序等,全面介绍楼盘的情况和购楼者必须知道的相关注意事项,让购房者首先自己阅读了解,以免售楼员事无巨细地讲解。

②模型。制作精美的模型一下子就会打动看房者,加上售楼员导游似介绍,未来的美好生活的画面便一幕幕地展现在看房者的眼前,从而激发起其购买欲望。

③展板。把发展商的背景、楼盘的综合情况(如相关技术指标、配套设施、装修标准、物业管理等内容)、购房需要履行的手续等一块块制作成展板挂于墙上(也有用支架立于地面的),供看楼人士参观阅览,同时也起到烘托售楼现场气氛的效果。

④电视录像。楼盘的电视广告,对楼盘进行精心讲解,突出重点,简化售楼程序。

⑤摆设随楼附送的设备样品,并设置装饰材料展示厅。客人能仔细挑选其所喜好的设备与材料。让客人感到他们的权利能充分得到实现。

2)样板房的设计

(1)样板房的作用

第一,修饰户型。样板房的作用不仅在于多一种实物展品,更在于通过设计师的匠心使原本单调甚至有缺陷的空间变成一个充满生机、实在而又温馨的"家"。

第二,提高顾客的购买欲。样板房设计得体,能得到顾客的喜爱进而使其产生购买欲。现在的买家对期楼的信心不足,把样品房设在楼里,能加强买家的信心,提高其购买欲。

第三,展现发展商的实力。在样板房的设计和建造中,体现了发展商的开发概念和居住设计的观点,这些都在展示着发展商的实力,表达出各发展商之间不同而富有特色的经营理念。

(2)样板房的分类

样板房作为一种销售道具,最终会随着销售的完结而有自己的归属,或是被毁掉或是被卖掉。而按他们最后的不同的归属,可分为3类:

第一,能完整卖掉的样板房。这种样板房应该说是最成功的,因为它们最终被某些业主看中,说明它们不仅在大面上满足了展示功能,而且在细节上也是考虑周全的。反过来讲,发展商对样板房的用心,提高了他们在业主心目中的经营形象。这种形象实际上很可能就是准业主们信心的保障。

第二,半拆样板房。这种装修可能在布局上是合理的,在大面上也是成熟的,但为了营造视觉效果,灯具布置得光辉灿烂,家私尺寸大有缩水。接手的业主要做适当的修改才能入住,或者入住后才发现问题,憋一肚子气,再敲敲打打。这种装修开始能蒙住一部分客人,后来业主在自家实施装修时会很棘手,很可能传出不良的口碑,影响后期销售。

第三,全拆样板房。不考虑实际接受程度,滥用材料,全方位地"做秀",也是很多地产商刻意追求的样板房形象。比如说大量地利用地毯,营造好看的画面效果,到处使用镜面材料,扰乱正常视觉,这种装修严重缺乏家居氛围。舞台式的样板房最终的结果可想而知。

(3)样板房的设计与制作

第一,通过观念塑造样板房。样板房绝不是个体理念的体现,它应该具有共性,也就是说,它要能在很大程度上概括相当群体的审美意识。所以,无论是什么形式的样板房,它必须代表一种观念,一种生活态度。

用观念塑造样板房重点体现在以下几个方面:

①加强对样板房作用的理解。通过专业室内装修设计对样板房的制作,可弥补户型的不足,改善房屋的视觉效果,另外,样板房的制作费用可以让买家了解房屋装修价格。对于准业主来说,由于样板房是成形装修,一步到位的演示房,是一个非常真实的实物展示,没有尚在图纸上的那种朦胧轮廓。

②装修 = 室内设计 + 装饰。通常而言,样板房由装修和陈设构成。装修实际上是"室内建筑",也就是说,应用建筑的手法调整了室内空间比例。

③引导生活品质的提升。在装修时,注重功能的开发设置也是样板房的重要内在因素。如何通过现代化的安装,导入一种更加人性化、更加超前的生活理念,从而反映发展商的经营眼界和水准,也是极其必要的。

例如,在一套 200 m² 的复式房里,设置中央热水、垃圾处理系统、指纹中央锁系统、吸顶空调、擦鞋器、衣柜紫光灯、洗手间、洁身器等等,这种既先进又经济的功能设施,实现了真正意义上的高档,从而可能"捕获"一大群新贵客户。实际上,价值观念和审美取向变得越来越实际是不可阻挠的趋势。发展商如何在超前或同步状态下与目标消费层取得心理共鸣,显得至关重要。

④用"文化"包装样板房

"文化"在商业上发挥的作用越来越大,是因为技术的相近使得同类商品的质量差异不大,而包装则会由于"文化"参与力度的不同而使商品产生重大的层次差别。

样板房的包装——装修,也是这个道理。

装修所涉及的文化因素极多,不同的组合便有不同的风格,不同的风格迎合着不同的客户群体。想获得信念坚定的消费者,一定要有一个明确的文化概念,通过样板房来渲染概念,便是极其重要的途径。

其次,设计样板房的关键主要有以下几点:

①包装切合主题。

例如万科俊园的样板房设计,各处以墙色、艺术画、雕像、浮雕、吊灯、壁灯、雕栏等,营造艺术品位,突出楼宇的古典欧式风格,体现万科品牌、俊园的豪雅气派。其从外到内,大到厅堂,小到每一个建筑局部,都力图包装出高雅非凡的效果。

②注重细节,充分利用每一个空间、角落。

可广泛使用指示牌、说明书,将它们布置在走道、通道、门口两侧、转角处、栏杆上、家具上,以说明方向、用途、材料、面积以及注意事项等等。例如在电梯间,电梯按钮旁嵌有可到达何处参观的指示牌,内壁上挂有交楼时电梯品牌及电梯效果图。

③样板房应给人真正"家"的感觉。

样板房不仅是展示单位,而且要营造一个真实的居家环境。各个房间的布置、摆设,各局部的细节处理,都应给人一种马上就能舒舒服服住下来的感觉。万科的样板房就包装得十分细致周到,厨房里冰箱、厨具、水果蔬菜、调味品、碗盆碟杯等一应俱全。这样,消费者一边考察参观,一边又不自觉把自己融入居家的角色,很容易产生认同感。豪宅的样板房的核心是主人间。一般来说,主人房是套房中最私密、最安静的,因而,其位置所在、房门朝向、床位摆放都值得慎重考虑。

④色调应强化促销氛围。

目前,内地的样板房装修用色较为鲜艳,五彩缤纷,这样容易使客户注意力分散。在此方面,香港的做法值得学习,其样板房多用素淡的色调,如乳白色、火黄色等,用料亦较为考究。

⑤样板房的数量控制。

户型较多的住宅楼盘不用每种户型都搞一个样板房,从成本上考虑,做几个主力户型的样板房就可以了。特别要注意的是:不要把不同户型的样板房,例如大面积户型与小户型的样板房放在一起,这样会显得楼盘档次定位不明。

⑥电梯与通道、楼梯的包装。

电梯要直通样板房的所在楼房。通往样板房的通道应整洁明亮,注意布置一些灯光及小展板、镜画、文字标识等,把通道也变成广告看板。样板房所处的楼梯,应注意清洁和照明。

复习思考题

一、名词解释

房地产售楼礼仪　楼盘形象包装　案名

二、简答题

1. 请简要阐述房地产售楼礼仪的技巧。
2. 简述楼盘包装的必要性与策略。
3. 结合某一具体楼盘,请设计其售楼处及样板房。

三、思考与讨论

请根据你或你所熟悉的人的售楼经历,简要描述一下你们在售楼过程中常用哪些售楼礼仪技巧,效果如何?

【阅读材料】　创意无限营销:房地产销售单如何运用全攻略[1]

在一个强势广告的时代,消费者每日接触到的广告信息如山倒海。任何的广告载体只有在理念与形式上进行创新,才能保证在信息的海洋中一枝独秀。

每逢到周五,翻开广州发行量最大的《广州日报》,厚厚一叠的房地产广告令人眼花缭乱,每一期至少几十个楼盘同时登场亮相,每一个楼盘的广告都淹没在其他楼盘广告信息海洋之中。尽管如此,发展商之间为争得好的广告版位、更多的宣传频次,互相不惜加大资金投入,而博弈的结果就是彼此广告支出的不断增加,而每个楼盘的有效关注率与信息到达率却日趋下降。楼盘信息广告突围路在何方? 许多发展商在销售单策略上的运用不当,经常达不到期望的效果,原因有几点:要么印制质量粗劣,客户连扫一眼的兴趣都没有;要么通篇大吹大擂,既缺乏可信性,也让人感到厌烦。所以销售传单策略的运用也须高超的技巧,语言运用恰到好处、形式设计独具匠心才能吸引客户的注意。否则运用不当,则可能花钱不讨好,不仅起不到信息有效传递的目的,还可能给楼盘形象造成一定的负面影响。

一份好的销售单应该是消费者愿意阅读、愿意保存,通过单张内容了解到楼盘的准确信息,对该楼盘产生好感、有进一步了解的欲望。

如何才能让传单既显得别具一格,又可以准确传达我们的信息呢? 作为一名营销策划人,我从营销创意的角度探讨房地产销售单策略运用的几种方式:

---

〔1〕　注:摘自中国管理传播网

顺势借力：与节日相辅相成。众所周知，房地产的销售向来与节日密切相关，什么样的节日就有什么样的人潮。所以，如果销售单能够与节日的特点巧妙结合，利用人们的心理接受需求，就能顺势借力，把销售传单的信息传达出去。

高档楼盘雅兰苑在市场推广时，因为母亲节即将到来，项目策划者考虑到人们普遍的求福祝愿心理，于是将整张销售传单剪切做成一张流光溢彩的"福字"，而"福"字中间又隐含着雅兰苑的 LOGO 及名字。在福字上面，印上一句话"是母亲庇护我们成长，让幸福庇护母亲一生平安，雅兰苑祝福天下所有母亲"。传单上方设计了一条可以悬挂着的小红绳，可以让人挂在墙上或者其他地方。

在传单的背后，印着几幅雅兰苑园林、小区及室内设计的精美图片。在传单的最下方，贴着一张印制精美的名片大小的卡片，上面写着"幸福的母亲最希望住哪里"这样一句悬念式的话，而卡片一翻过来就是雅兰苑的地址及电话。

此张销售单设计精美，而且切合节日的气氛，所以消费者很愿意接到此销售单。

眼球注意力：抓住新闻热点。某一年，谭咏麟曾到广州举行大型演唱会。谭咏麟是具有很高知名度的国际巨星，在广州拥有众多歌迷和很强号召力。由于谭咏麟是广州某楼盘的形象代言人，而演唱会举行前半个月，恰逢该楼盘三期隆重推出。发展商预计谭咏麟的演唱会将会吸引很多眼球，媒体也将不断报道关于演唱会的各种内容，而是花尽心思将楼盘的销售单张与谭咏麟的演唱会紧密结合起来。

该销售单张采取了折叠式翻页，首页是谭咏麟个人大幅海报照片，而翻开内页，则是谭咏麟演唱会的一些情况及其作为该楼盘形象代言人的介绍。楼盘的信息巧妙地与谭咏麟结合在一起，大大提升了楼盘的知名度与品牌形象。

在谭咏麟演唱会举行当晚，销售单张也随之出街。许多消费一开始还误以为是演唱会相关的海报与介绍，纷纷索取，销售单张的阅读率非常之高，楼盘信息有效地传达出去。

而另一吸引眼球注意的经典案例，是借助了申奥成功后民族感情的升华。北京申奥成功之后，某大报准备出版一期申奥增刊。发展商与该报通过协商之后，以夹报的形式随增刊派送。

发展商将销售传单设计成喜庆的红色，并采取与增刊相同的版式设计。单张大标题打上"××花园庆贺北京申奥成功"字样，内容则从申奥成功的社会意义延伸到××花园如何提升人民生活居住水平，从大谈民族感情开始切入再谈到楼盘的相关介绍。由于文案撰写非常巧妙，广告文案读起来与新闻一样顺畅，很多人并不反感。且版式设计与整体相同，销售单张看起来就成了增刊的一部分。

由于该期是增刊，该期全部是新闻报道，而此楼盘的夹报则成了该期的唯一广告。发展商购买了数万份的报纸，免费赠阅给市民，巧妙借助申奥关注热点与民族感情，将楼盘的品牌与美誉度打响。

形式新颖：突破心理接受第一关。消费者随着销售单张本身制造的悬念步步深入了解,最后才发现自己陷入精心策划者的圈套之中。大家在一笑了之同时,也对该楼盘的卖点印象深刻。

善出奇者,不竭如江河,无穷如天地。创新就是生命力,此话在市场竞争中乃不变的至理名言。销售单张如何创新主要考虑与楼盘的特性相结合,在追求新奇效果的同时,能够最大程度准确地将楼盘信息传达出去。如果消费者有兴趣接受我们想传达的信息,愿意将我们的信息继续传递给其他人,销售单张策略的目的就算达到了。

【讨论】 针对房地产售楼形象包装的具体知识,谈一谈不同的房地产项目适应采用何种房地产售楼礼仪和包装形式。

附 录 FU LU

房地产营销策划实战全案

济南××商住项目营销推广全案[1]

目录

前言说明

1. 本方案为整体推广思路,具体的工作开展以次方案为理论依据。分阶段、分内容具体细节安排详见各阶段具体工作计划与方案,如具体的推广策略详见每月推广投放计划,具体的活动策划详见每月活动计划与方案。

2. 推广策划阶段必须与项目工程进度紧密结合,工程进度以及准备配合工作将直接影响营销推广节奏。

3. 多层整体价格策略与价格走势详见转向方案,力争在多层的后期营销中通过推广、造势与现

---

〔1〕　注:摘自莫宏伟编著.房地产全程策划实战教程.北京:中国电力出版社,2005.4

场销售技巧弥补前期内部认购期间造成的损失。

4. 本方案主要为项目多层部分的营销推广修订方案,对于其中的一些计划安排,在经过讨论的基础上进行了修改。未尽事宜在以后工作开展中不断完善。

5. 本方案多层营销推广计划为理想状态下(宏观经济面、政策面及市场格局没有质变、工程开发进度如期完成、资金流通状态良好,没有不可预见因素影响项目整体运作节奏)拟定的计划,如果上述先决条件发生变化,则营销推广计划相应进行调整;本计划的执行将秉承保证计划、但不拘泥于计划的原则,在客观条件许可时,尽量在此计划基础上提高目标,以缩短营销周期。

6. 本方案小高层营销推广计划是在缺乏具体开发进度依据的条件下据甲方要求虚拟的销售计划,不具备实际操作层面的意义、仅供甲方参考;实际性操作型计划将在开发前期准备工作有一定头绪、未定因素、节点式确定开发进度的情况下,对象有计划予以修正,经双方讨论通过后执行;具体方案将在明年开春进行新一轮市场调查、观察宏观市场变化且在项目卖点部分兑现后再行制订,实事求是、务求实现其最佳效果。

7. 由于本市居民对小高层有一定抗拒性,且目前片区有大量多层与准现楼小高层陆续入市、今年已基本进入销售淡季,因此小高层与商铺的营销推广不宜太早进行。建议此2部分的实质性营销推广活动在本项目的多层销售到一定程度时开始实施。

8. 本方案由于缺乏准确的开发进度计划依据,是按照常规理论开发进度制订的模拟营销计划,仅供参考;具体操作性计划需要再有明确的开发进度计划后加以调整,并随市场变化而修正。

第一部分　项目基本情况解析

一、齐鲁花园市场形象定位

1. 项目市场形象定位

◆本项目是天桥区在新的城市规划定位与发展态势下,新一代标志性人居社区,配套完善、生活康乐,代表未来北部生活的新典范。

◆本项目是领先市场的先进产品,比目前市场上同类产品物有所值。

◆本项目是面向普通工薪阶层的,寻常百姓完全可以负担的小康、后小康时代康乐型社区。

2. 项目市场形象定位依据

◆目前天桥区大多同类型产品设计风格与开发推广理念仍停留在较为落伍的建筑风格和低层次的产品功能诉求上,本项目提出上述市场形象在境界上高出一筹,同样产品便显得品质感较高,便于项目价格定位于较高水平、实现投资回报;

◆好的项目市场形象有利于树立公司品牌形象,扩大项目市场知名度,项目销售与公司发展二者相辅相成,可相互促进,有利于公司战略发展;

◆天桥区固有的负面形象使得居住在其中的市民对自身社会地位与居住环境的改善有强烈的向往,树立良好的市场形象可迎合目标客户的心理需求,引起其强烈共鸣。

二、齐鲁花园目标客户定位

根据区域消费市场的调查,按客户特征划分,本项目目标客户主要可划分为如下几类:

（1）普通工薪阶层（包括企事业单位白领、蓝领）

购买用途：居家、休闲

客户特征：这部分人消费能力强，消费意识较为超前，容易接受新生事物。年龄一般在25～45之间，有一定学历或专业技能，有足够的经济能力满足基本的小康生活，对生活素质有一定美好憧憬与追求，但又较为精明、谨慎、注重实际，不愿意或不足以追求华而不实、超越自身负担能力的豪宅。因为平时工作节奏快，他们追求时尚、简单、轻松、随意的生活，关注个人与家庭成员身体健康，部分可能热爱运动，他们上班一般在市区中心，但他们有强烈的现代生活理念。喜欢在周末和节假日休闲，过着"5＋2"的生活。同时，他们爱热闹，喜欢和朋友置业在一起，他们一般对面积较适中的住房较感兴趣，其主要目的是为了改善原有居住条件。选择的住房一般为2房或面积较小的3房。

客户关注：自然生态的环境、运动设施、良好的物业管理、较实惠的价格。

（2）济南本地的私营业主（以天桥区为主）

购买用途：居家、投资

客户特征：这些私营企业主主要集中在天桥区，他们正处于事业的黄金时期，平时工作节奏快，追求现代时尚、简单随意的生活。有着强烈的投资观念和现代生活理念。作为长期在北部区域工作生活的经商人士，对北部楼市自然十分关注，价格经济实惠而楼盘品质不错的楼盘是他们考虑的重点，他们购买的目的是居家，有时也会考虑投资，交通、楼盘品质、物业管理、车位是他们选择的重点。

客户关注：地段、环境、景观、车位、委托性特约服务和经营性多种服务是他们购买的重要因素。

（3）离退休人士

购买用途：居家、休闲

客户特征：这部分客户大多为天桥区老济南人，对该区域有浓厚的感情，已经形成了自己固定的生活圈子，同时有一定的积蓄，生活自主自立。现在已经离退休，有着充足的闲暇时间，他们需要一个生活便利、环境幽静、康乐的居所来安享暮年。他们会选择面积偏小的2房或1房，楼层较多考虑1、2层。

客户关注：便利的生活配套、幽静康乐的社区环境、较实惠的价格。

（4）团购（胜邦企业、胜利股份、政府机关、有实力的企业团体）

购买用途：居家、休闲

客户特征：胜邦企业、胜利股份这些关联公司效益较好，应存在一定的购房潜在需求。另外，一些政府机关单位再加上本区域有实力的企业团体，构成了较大的团购消费群体。这些单位的职工普遍存在改善居住条件的强烈愿望，较热衷环境优美、配套设施齐全、交通方便、有特色的小区。这部分人选择的住宅面积多在80～160 m² 之间，户型为2房2厅或3房2厅，购房大多为居住用途，购房注重私密性。

客户关注：私密性、地段、自然环境、交通状况、建筑规划、楼盘品质、物业管理、配套设施、较实惠的价格等

（5）外地人士（在济南北部区域有办公机构和贸易往来）

购买用途：居家

客户特征：在济南或生意较成功的外地人或外地驻济南机构的外地人士，他们属于人在济南，

但思想、生活方式并不能完全融于济南的,然而不想再回到他们原来生活地方,希望找一处相对理想的居所安定下来。

客户关注:他们会选择在价格适中、配套齐全的地方安家,价格、教育、物业管理是他们关注的焦点。

按所在区域划分,本项目目标客户基本可划分为如下2类:

A.天桥区本区域客户:主力目标客户

B.市中区及其他辐射区域:取决于城市开发、建设进度等宏观政策引导与经济发展速度,但在纬六路高架桥启动后将对项目有较大利益。

综合各种因素,做出以下目标客户定位建议:

客户区域占有量按百分比计算:天桥区70%,市中区20%,其他区10%。

客户购房动机按百分比计算:首次购买占60%,二次置业35%,投资及其他占5%。

客户年龄按百分比计算:30~50岁之间75%,50~60岁15%,30岁以下10%。

三、齐鲁花园产品定位

1.齐鲁花园的产品综合素质(户型、外立面风格、各种功能配套、环境设计、装修标准)建议至少保持在本片区中等偏上水准,否则在公司预期销售价格上难以与同类产品竞争。

2.为使项目有一定特别优势,建议项目在保持产品综合素质水准的同时在个别分项上制造突出亮点。通过对市场的详细调查和对项目本身的综合分析,建议将这个亮点表达为儿童益智会所、健康主题园林。儿童益智会所即在满足社区成人运动、休闲、保健等基本需求的条件下,特别侧重于儿童启智、益智、娱乐、保育方面的项目(详情可参见《齐鲁花园会所方案建议》);健康主题园林即把整个小区园林划分为几个康乐区域,如中心康乐广场、亲子乐园、老年中心等。

3.设置儿童益智会所的目的并非单纯地考虑会所功能满足社区业主需求或是简单地追求会所效益平衡,而是借助于这个载体充分演绎项目推广主题、丰满项目形象,最终达到实现销售,获得利益回报的目的。

4.项目单位总价款按百分比计算:30万~40万元之间55%,20万~30万元之间35%,10万~20万元之间10%。

第二部分　项目推广主题解析

一、齐鲁花园推广主题

1.推广主题

通过前期讨论,项目推广主题建议确定为"新世纪山水城市、新世代康乐人家"。

2.主题内涵

"新世纪山水城市"是对城市北部的一种崭新定位、符合政府对城市规划与房地产开发的导向,可改变天桥区在济南市民心目中传统的负面形象;"新世纪山水城市"是本项目开发的一个宏观背景(城市的、世代的),是我们开发本项目的前提条件(既非本项目欲以天下为己任、刻意营造"山水城市",亦非项目推广过程中的重点诉求),暗示对目标客户而言这是明智的发展商采取的理性选择,可引申到选择本项目的客户是明智的有识之士。

"新时代康乐人家"是对项目的直接定位,推广"康乐"概念,这个"康"含义有社区为绿色生态、环保产品;业主在此生活可保持心身健康;业主在此可过着欢乐、喜乐、安乐的美好生活等多种层面的含义。

3. 推广主题依据

◆目前济南市政府已公布新的城市规划,提出恢复济南历史名城风范、建设山水城市的发展原则,其中北部与西部新城建设是本阶段城市开发建设的重点,必将会在基础设施等各方面体现出来;本项目在这种背景下提出上述推广主题符合政府政策导向与发展趋势,可因势利导城市格局随时代变化产生的巨大变化表达出来。给项目一个良好的形象定位。

◆基于城市居民目前普遍存在的对城市市政建设的不满、亟于改善城市人居环境(城市)与个人居住环境(天桥区片区负面形象、项目——目标客户现居环境)的心态,给目标客户一种美好环境的期许与承诺。

◆"山水城市"以富于诗意的形象,表达历史传承源远流长,延续地方、历史文脉,迎合泉城居民对"泉林文化"、"齐鲁文化"骄傲自豪、情有独钟的潜在心理情结。

◆业主在此居住身体方面健康的保障——对应优美环境绿化、环境直接引致的空气、噪音指数的良好、绿色环境建材的使用(生态、环保概念)、户型设计的先进合理(通风、采光、功能分区等)、小区泛会所(健康设施配套如健身器材、室外运动场所如缓跑径、老人运动场所、儿童游戏场所等)、小区物业管理特别服务、社区文化(社区诊所、老人儿童特别护理服务、义务体检、社区趣味运动会等)。

◆业主在此居住心理方面健康的保障——对应户型设计的先进合理(两代同住分居不分离,注重亲情、家庭伦理关系,保持中华民族传统美德)、小区环境、休闲空间的处理、泛会所功能(密切邻里关系,解除老人寂寞,提供独生子女儿童安全游乐和交往的机会以便今后适应社会,提供成年人健康有益的休闲、健身活动,应付社会与职场压力等,总之老少皆宜)。

◆"新世纪"强调项目开发理念的时代性(领先、进步),"新世纪"再次强调目标客户的时代性(随时代变迁改变居住与生活观念)与年龄分别(以时代强调人与人的年代差别),随着纬六路高架桥的建设、开通,可能吸引部分市中区年轻白领客户。

◆本项目以超越片区负面形象与超前、领先的产品与姿势(推广主题)进入市场,可表达一种与时俱进,生活品质(暗寓社会地位)上升的形象,迎合目标客户追求体面的自尊心与虚荣心。

提示:本项目从推广主题至产品筑造及宣传推广资料设计各方面都应充分表达出强烈的变化感、现代感、时尚感;包括时代进步、城市发展、客户观念与生活状态改变等。落实到目标客户即:一居住条件改善;二改变生活观念:不再满足于日常的温饱更加注重健康(心身两方面的)、环保、生态(可与工程材料、小区环境结合)、家庭、邻里关系(可与户型结构、会所、室外环境、空间尺度的设计等结合)、休闲方式(可与社区文化、物业管理、会所配套等结合)。

二、齐鲁花园主广告语

1. 主广告语:缤纷生活动起来

说明:"缤纷生活"与齐鲁花园的项目命名及推广主题一脉相承。缤纷本来就是可以形容鲜花美丽、色彩丰富并富于动感等,此处用于界定生活,和推广主题"康乐人家"中"康"(健康、活力、运动)、"乐"(快乐、欢乐、安乐、喜乐)的概念高度一致,全部都隐含动态的、轻松的、愉悦的调子,形容

"花园"及其中的生活方式、形态都十分妥贴。

"动起来"明白、直接地表达出"动"的概念,可延展到如下3个层面:

城市建设的"动"(城市在新时代建设、变革、进步——新的规划,片区新的城市定位);

项目开发的"动"(项目即将启动,待开始推广时已经随城市建设步伐而实施——与时俱进、明智、领先于市场);

业主生活的"动"(运动——健康、积极、活力;生动——丰富多彩、亮丽、引人入胜、缤纷)。

2. 辅助广告语

缤纷人生,花样生活:"缤纷"与"花园"与推广主题一致,"花样"由家喻户晓的"花样年华"引申而来,与"花园"一致。

我选择,我需要:以目标客户口吻代入,直白、简捷、有力,个性十足符合较为年轻的客户心理状态,可配合小高层、小户型产品的推广,配合主广告语阶段性使用。

我的时代,我的家园:大气、直白、简捷,鲜明突出时代感与归属感,可配合主广告语阶段性使用。

第三部分　项目营销推广策略

一、项目总体推广思路

根据工程进度和楼市规律将本项目营销推广大致划分为以下几个阶段:

预热期(2002年10月上旬~2003年3月中旬)

开盘期(2003年3月下旬~2003年4月下旬)

第一次强销期(2003年5月上旬~2003年7月上旬)

调整期(2003年7月中旬~2003年8月下旬)

续销期(2003年9月上旬~2003年12月下旬)

调整期(2004年元月上旬~2004年4月上旬)

第二次强销期(2004年4月中下旬~2004年7月上旬)

巩固期(2004年7月中下旬~2004年9月下旬)

扫尾期(2004年10月上旬~2004年年底)

项目的营销推广策略将根据这几个阶段分步骤进行,必要时可作局部微调;具体实施将跟工作进度、形象进度紧密结合,需要其他开发环节密切配合。

因项目周边同类竞争楼盘较多,市场供应量较大,为了取得一定的市场先机,同时将本项目价值得到最大的提升从而实现利润目标达到最大化,则应在前3个阶段(预热期、开盘期和第一次强销期)集中优势强力推广,通过小众传播和媒体炒作成为楼市热点,引发社会舆论,开创热销场面。一旦前期打开销售局面,后期的营销推广就不会有太大的压力,投入则相应减少。但成功与否关键在于政府、规划设计、建筑设计、开发商、市场、营销代理公司及其他服务商是否形成高效的营销平台。

特别提示:

1. 原本就自然季节、气候、销售季节与工程进度而言,将开盘期时机选择在4月下旬较为适宜;

现据甲方要求将开盘期提前至3月为宜。如果开盘期时间太早因春节、气候、开发进度等综合原因，可能破坏整体营销推广节奏，开盘期之后将会难以为继、整体营销不利。

2. 如果2003年2月份可以完成各种法律手续，出于及早回笼资金的目的的考虑，可考虑开始低调销售，但建议不要即时开盘，为蓄积人气，正式开盘期与强势推广还是定于3月下旬进行为宜。

3. 正式开盘时要求现场销售中心应当完成。现场销售中心可考虑设于会所中，则除会所装修、装饰完成、室外有一定环境外，还应在现场形成自堤路口至会所的销售通道与导视系统以保证项目形象、引导客户安全、便捷地进入销售中心。若会所在正式开盘前不能使用，则应考虑在项目临近堤口路中间段搭建临时销售中心。

4. 销售价格、数量的阶段性调整需要来自宏观政策、经济形势、市场竞争、工程进度方方面面地支撑。目前此营销推广方案因缺乏完整地工程开发进度计划作为制订依据，时间的划分基本以常规工程施工需要时间再留有一定余裕为准则；如果整体开发进度有所调整，则销售计划相应予以调整。

附表1　多层部分总销售进度计划表（最终均价为3 029.1 元/m²）

序号	时　间	销售阶段	销售目标(%)	销售面积	阶段性均价/(元/m²)
1	2002 年报 10 月—次年 3 月中旬	内部认购期	19	10 450	2 630
2	2003 年 3 月下旬—4 月下旬	开盘期	8	4 400	2 900
3	2003 年 5 月—7 月上旬	第一次强销期	16	8 800	3 000
4	2003 年 7 月中旬—8 月	调整期	3	1 650	3 100
5	2003 年 9 月—12 月	续销期	24	13 200	3 160
6	2004 年 1 月—4 月上旬	调整期	5	2 750	3 200
7	2004 年 4 月中旬—7 月上旬	第二次强销期	10	5 500	3 220
8	2004 年 8 月—10 月	巩固期	5	2 750	3 280
9	2004 年 11 月—年底	扫尾期	10	5 500	3 200
合计			100	55 000	3 029.1

特别提示：

1. 本计划所定价格走势与均价指数中不包含阁楼与地下室部分。

2. 多层分两期开发，但目前除4、5号楼面积确定外其他多层单体建筑规划均未确定，特别是2期多层，因此无法为其单独制订销售计划。

3. 本计划所定价格均包含约300 元/m²的精装修，其精装修方案必须在正式开盘前制订通过。

4. 甲方要求明年2月份开盘，可能届时难以达到必要条件，且因2月份本地天气仍然寒冷、是传统营销淡季，其中又包含了春节特别因素，难以聚集必要人气，仓促开盘市场反应可能难以为继、会对后续实质性营销节奏把握造成严重地负面影响，我司郑重建议对此时机选择予以高度重视，审慎决策；甲方急于开盘、及时销售、及时回笼资金地心情我司十分理解，为配合主观、客观方面地综合因素,我司建议开盘时机制订于 2003 年 3 月下旬较为适宜;本计划以 2003 年 3 月下旬开盘为控制节点。

5. 内部认购期时间已过去一半,后半段时间中包含了多个节假日,并且处于寒冷的季节,对市场预热相当不利,建议甲方对早期应当投入的长期广告(户外广告、车体广告、站牌广告、电视广告、电台广告等)予以高度重视,及早决策,以便后续筹备工作及时展开(参见齐鲁花园 12 月推广计划)。

6. 由于内部认购期第一阶段所认购的 82 套均价仅为 2 574 元/m²,故内部认购期第二阶段均价达到 2 886 元/m² 才能将整个内部认购期均价拉升到 2 630 元/m²。

附表 2　小高层部分总销售进度计划表(最终均价为 3 000 元/m²)

序号	时　间	销售阶段	销售目标(%)	销售面积	阶段性均价/(元/m²)
1	2003 年 5 月—7 月	内部认购期	8	1 520	2 750
2	2003 年 7 月—8 月下旬	开盘期(低调)	5	950	2 830
3	2003 年 9 月—11 月上旬	第一次强销期	15	2 850	2 890
4	2003 年 11 月下旬—12 月	调整期	4	760	2 920
5	2004 年 1 月—3 月下旬	调整期	4	760	2 960
6	2004 年 4 月上旬—7 月上旬	第二次强销期	25	4 750	3 030
7	2004 年 7 月中旬—8 月下旬	调整期	7	1 330	3 080
8	2004 年 9 月—10 月	续销期	22	4 180	3 130
9	2004 年 11 月—年底	扫尾期	10	1 900	3 080
合计			100	1.9 万	3 000

特别提示:

1. 本计划所定价格走势与均价指数中不包含阁楼与地下室部分。

2. 由于目前天桥区小高层销售还存在较大抗性,且周边小高层楼盘均价都未突破 3 000 元/m²。为了与项目中的多层销售价格有一定的区分(微略偏高),建议小高层不必采用精装修,只需粗装修(厨卫精装修)。可参考周边竞争楼盘(小高层)的情况:

楼盘名称	均价/(元·m⁻²)	交楼标准
天旺浅水湾	2 980	菜单式精装修(另行收费)
长城五环花苑	3 000	厨卫精装修
舜景花园	2 800	厨卫精装修
富华居	2 900	厨卫精装修

3. 本计划需要工程进度的密切配合,此计划的基本要求是 2003 年 4 月份小高层已经确定所有

设计方案并开始施工,9月进入第1次强销期时小高层接近封顶,第2次强销期(2004年4月)前小高层外立面脚手架落下1~2层。

4.由于内部认购期紧接一个较为漫长的销售淡季、且工程形象进度尚未彰显,因此开盘期不宜强势推广,故采取较为低调的入市策略逐步升温、为后续推广蓄势,实质性推广安排在秋季销售旺季。

5.本计划是理想状态下计划目标,待小高层开发进度计划明确后据之进行修订。

附表3 商业部分总销售进度计划表(最终均价为4 505元/m²)

序号	时间	销售阶段	销售目标/%	销售面积/m²	阶段性均价/(元·m⁻²)
1	2003年6月上旬~8月下旬	认购期(自然客户、低调推广)	40	3 000	4 400
2	2003年9月上旬~9月下旬	第一次推广期(阶段强势推广)	15	1 125	4 500
3	2003年10月上旬~12月下旬	第二次推广期(重点强势推广)	45	3 375	4 600
合计			100	7 500	4 505

说明:

1.通常商业部分炒作与住宅操作采用不同思路与手法,因为二者物业性质与诉求重点由本质性差别:前者追求物业居住功能合理、环境安静、安全、优美、配套完全等居住素质,后者则追求客流量、周边居民消费能力、商业液态格局、所在商圈辐射半径等商业价值与投资、升值空间。因此二者操作应分别推广,否则容易扰乱二者截然不同的市场形象、诉求不清,无法充分挖掘、展示各自价值;有鉴于此,特对商铺部分营销推广设计两种不同推广方案,其推广时间、节奏与居住物业推广时间、节奏有所差别。

2.由于商业推广与居住物业的本质性差异,建议商业物业采用阶段式推广为宜。

上述商铺营销计划只是现有条件理想状态的计划,实际执行需要开发进度与市场供求2方面的支撑,如果支撑条件届时不能达成,需要对计划进行相应调整。

特别提示:

1.如果希望尽早回笼资金,建议可在小高层底层商铺完成,标准层主体建设过程中先期将底层商铺装修、包装完成,尽早在建设期即投入使用,以期凸现商业价值,及早实现销售。

2.如果决定在建设期即将底层商铺投入使用,则需要与政府有关部门及早协调,并存在外围环境、道路先期建设、使用与施工协调的问题,需要予以高度重视,及早展开相关工作。

3.商铺正式开盘时间建议不必太早:早期可以通过低调销售及时回笼资金,在适宜的时机重点进行阶段式推广的方式造势,提升项目价值。

二、项目分阶段推广策略

(一)预热期(2002年10月上旬~2003年3月中旬)

1. 预热期推广策略

预热期因时间持续较长、且缺乏项目基本进度形象与相关手续,不便亦不必强势推广,应保持较低调子,基本以节点式推广为主,推广重点为多层(第1期)。现根据前期工作进度估算将预热期初步划分为以下2个阶段:

(1)第1阶段(2002年10月上旬~2003年2月下旬)

本阶段主要是接受客户登记,累计客户资源,进行项目的内部认购活动。本阶段宣传力度不宜太大,推广重点主要为:

A. 形象推广——围绕项目推广主题进行概念炒作,突出项目五彩缤纷、康乐社区生活形象;

B. 节点式活动推广——借助住博会、秋交会等节点活动,对项目进行广泛的宣传推广,迅速提高项目知名度。

(2)第2阶段(2003年2月下旬~3月中旬)

由于第1阶段基本确立了项目的市场形象,各项前期准备工作在不断推进,浮于表面的形象宣传已不再是客户关注的焦点,他们最关心的是楼盘的内在品质。同时作为开盘期的过度,应适当加大投入,主推卖点为:

A. 形象推广——新世纪山水城市规划构想下的康乐社区;

B. 地段——天桥区绝佳区位;

C. 交通——交通路网发达,长途汽车站、火车站近在咫尺;

D. 配套——周边生活配套成熟,社区内配套完善;

E. 城市新规划下巨大的升值潜力。

2. 期间媒体组合

(1)报纸广告

第1阶段报纸广告主要配合节点式推广活动不定期发布新闻、市场分析与营销理念的文章,同时宣传齐鲁置业公司、齐鲁置业会与齐鲁花园,此阶段以软广告为主、硬广告为辅;第2阶段则应加大投入,以硬广告为主、软广告为辅。

媒体选择两种:《齐鲁晚报》和《济南时报》,每次报广发布后,由销售现场及时反馈效果,如效果不佳,经分析属于媒体原因,则应及时予以调整。

(2)户外广告

立柱广告:在火车站附近设置大型形象广告,为期1年。

车体广告:与其他户外广告相比具备流动性,影响力较好,效果较好,费用较省。建议选择经过堤口路的K90路、K96路、K97路、12路、15路、7路等公交车中的一路,至少喷绘6辆车,为期1年。

除在车身外体喷绘形象广告,另可考虑与公交公司达成协议,一方面在车内张贴项目形象广告纸,另一方面制作发行车票广告。

站牌广告:因本项目主要目标客户群体为工薪阶层,公交车是他们最主要的交通工具,采用站牌广告会收到一定的效果。建议在堤口路、无影山中路、北圆大街3条交通干道上的候车亭刊登项目形象广告,为期1年。

(3)杂志:充分利用《城市蜗牛》做软性文字宣传与形象广告。

(4)电视:作为大众传媒,影响力很大,它可以多次重复同一信息,通过灵动的画面、真实的情景、从而使人印象深刻。同济南电视台《济南房产报道》签订长期合作合同,进行形象宣传。

（5）电台：可选择济南广播电台，签订长期合作合同，利用某一个强势栏目或整点报时或半点报时，对项目进行形象宣传。

（6）网络：配合节点式推广活动在搜房网上不定期发布新闻、市场分析与营销理念的文章，宣传置业公司、齐鲁置业会与齐鲁花园。

3. 期间工作内容

（1）总体价格策略

（2）预热期价格体系制订与执行

（3）预热期节点式活动推广

A. 住博会

B. 秋交会

（4）销售物料准备

A. 楼书：1万份

B. 折页：1万份

C. 沙盘：2个（其一为楼盘模型，其二为区位模型）

D. 展板：16块（其中城市规划与基础设施2块，项目基本资料为2块，多层户型6块，多层外立面1块，多层装修标准1块，小高层外立面1块，园林1块，项目智能化配套1块，物业管理1块），另多层精装修方案6块、小高层户型6块、商铺2块可留待后期推广时增加。

E. 精装修方案与预算

（5）开盘期价格体系制订与审批

（6）开盘期广告设计

4. 期间工作要求

（1）销售物料完成、到位；

（2）营销中心装修完毕，包括室外环境；

主格调：中高档、大气、明快、敞亮、亲切；

外立面色彩绚丽，可用项目的标准色。

位置选择：若会所工程进展较快能在4月底前完工的话，则安排在会所；若会所不能在4月底前完工，则必须在项目临堤口路中段处搭建临时售楼部。

布局：按功能划分为接待区、展示区（模型、展板、电子演示系统）、洽谈区、签约区，另配洗手间、财务室、经理室（应较为隐蔽）等；另开辟一角布置一些儿童游乐设施（如滑梯、跷跷板、电动木马等，有专人照料），作为室内儿童乐园；面积不低于300 m^2。

（3）精装修方案与预算确定；

（4）五证齐全；

（5）销售通道与样板房完成（如果工程进度不能达到要求，可推迟至第一次强销期）；

（6）工程进度计划、建筑单体设计、园林规划设计、物业管理公司的确定落实。

5. 期间营销目标

（1）初步树立市场形象为：质优价平、供不应求、后小康时代人居代表的美丽花园。

（2）达到认购面积：约104 500 m^2，占总量19%（以多层5.5万计）；认购均价：2 630元/m^2。

特别提示：

1. 本阶段目前时间已过去一半,其余时间中包括了较为漫长的冬季销售淡季及春节,且工程进度也会受到气候及其他因素制约,对于项目的推广是不利的。因此本阶段推广应相对低调,在大众传播媒体上重点应着眼于对项目有长期影响力的媒体如电视、电台,并及早展开相关工作。

2. 大型户外立柱广告、公交车及站牌广告是与项目定位、目标客户定位十分吻合的广告媒介,而且也属于一次性长期投入型,投入时机十分重要。建议及早展开工作,愈早投入,对项目愈加有利(参见12月推广计划)。

3. 目前齐鲁花园处于封盘阶段,多层已经预订了16%的楼盘,为合理拉升价格并促进4、5号楼存盘的销售,建议在春节前务必进行一次节点式推盘活动,以持续吸引市场关注;推盘数量可控制在3 000 m²,认购数量可控制在2 000 m²之内,通过价格销控与现场销控达成目的。

4. 正式开盘前为预热市场、拉升价格可在3月上旬再次进行节点式推盘,但此次活动只是一种操作手法和项目姿态,真正签约统一在正式开盘后,应将此业绩、均价均计入开盘期。

(二)开盘期(2003年3月下旬~2003年4月下旬)

1. 推广重点

经过了大约半年的预热期,累计了一定量的客户,已经初步树立起项目的市场形象,同时前期准备工作基本就绪,此阶段应趁热打铁,进一步加大推广力度,在开盘前后这一个月集中优势,对目标市场进行第一轮扫荡。推广重点为多层(第一期),主推卖点为:

A. 城市新规划下巨大的升值潜力

B. 户型

C. 物业管理

D. 健康主题园林

E. 儿童益智会所

2. 期间媒体组合

(1)报纸广告:此阶段项目正式公开发售,前期蓄势将得到第一次释放,为达到预定的效果,形成市场轰动效应,报广将作为最重要的武器之一,投入量迅速加大,进行集结轰炸。

媒体选择面则相应扩大,形成以《齐鲁晚报》《济南时报》为主,其他媒体为辅的统一战线。

(2)户外广告:绝大部分户外广告(长期的)应在预热期第一阶段完成,如因特殊原因未发布的则应在此阶段务必完成。同时开盘前在项目所在地制作条幅广告(短期),进行开盘信息发布。

(3)杂志:充分利用《城市蜗牛》做软性文字宣传。

(4)电视:在济南电视台《济南房产报道》进行形象宣传、活动宣传及开盘信息发布。

(5)电台:在济南广播电台××频道利用整点报时或半点报时,对项目进行形象宣传和信息发布(包括活动信息和开盘信息)。

(6)网络:配合开盘在搜房网上发布软性广告,并对整个开盘期项目动态作全过程跟踪报道;列入济南搜房网的"明星楼盘"栏目,同时可免费在《城市信报》上定期发布。

3. 期间工作内容

(1)开盘期价格体系执行

(2)开盘期活动推广

A. 济南城市新规划论坛

形式:邀请市规划局领导,业内专家就济南市新城市规划发表自己的见解,论坛重点:西、北部新城市规划以及新世纪山水城市构想。

依据:一方面为项目推广主题寻求理论依据,提升项目市场形象;另一方面可塑造项目的时代感,超前性;最后不断扩大项目的影响力,炒热市场。

B.开盘活动

形式:待定,方案届时另行提交。

依据:扩大项目知名度及声势,吸引市民的关注,形成轰动效应,达到引爆市场,提升价格和增加市场销量的目的。

(3)销售物料准备

A.楼书:1万份(若预热期未完成的则务必在开盘前准备完毕,若已完成则省去该项)。

B.单张:4万份(可用于夹报)

C.折页:1万份(若预热期未完成的则务必在开盘前准备完毕,若已完成则省去该项)。

D.沙盘:2个(其一为楼盘模型,其二为区位模型,若预热期未完成的则务必在开盘前准备完毕,若已完成则省去该项)。

E.展板16块,另多层精装修方案6块,小高层户型6块,商铺2块可留待后期推广时增加。(若预热期未完成的则务必在开盘前准备完毕,若已完成则省去该项)。

F.精装修方案与预算(若预热期未完成的则务必在第一次强销期前准备完毕,若已完成则省去该项)。

(4)第一次强销期价格体系制订与审批

(5)第一次强销期广告设计

4.期间工作要求

(1)销售物料完成,到位;

(2)销售中心装修完毕,包括室外环境(若预热期未完成的则务必在开盘前准备完毕,若已完成则省去该项);

(3)精装修方案与预算确定;

(4)五证齐全;

(5)销售通道(包括彩旗)与样板房完成;

(6)销售导示系统完成,到位;

(7)工程进度计划,建筑单位设计,园林规划设计,物业管理公司的确定落实。(若预热期未完成的则务必在开盘前准备完毕,若已完成则省去该项)。

5.期间销售目标

(1)迅速炒热市场,初步确立在北部同类楼盘的市场领跑者形象。

(2)达到销售面积:约4 400 m²,占总量的8%;销售均价:2 900 元/m²。

(三)第一次强销期(2003年5月上旬~2003年7月上旬)

1.推广重点

此阶段为销售旺季,应承接开盘期强势营销态势继续升温市场以消化主力户型,同时尽量在价格配合的情况下采取限量发售,及时封盘,及时调价,小步攀升的策略,灵活操作,以期维持良好市场形象与价格走势。推广重点为多层(第一期),同时小高层与商业开始预热并进行内部认购,主推卖点为:

A. 精装修交房——后小康完整生活主张

(强势宣传,作为价格提升的依据,支撑)

B. 户型——美满人生"3 + 2"(两代人分居不分离)

C. 特色儿童益智会所

D. 健康主题园林

(应要求无障碍设计,对此加以重点宣传,同时配备有益健康的特殊植物,推出主题园林中部分小型组团主题)

E. 样板房

(利用装修风格突出"康乐人家"概念,另可重点宣传儿童房安全无伤害设计,表达领先市场,时代的开发理念与姿态)

F. 物业管理

G. 费用减免政策(主要针对万盛园)

H. 地段——天桥区绝佳区位

I. 交通——交通路网发达,长途汽车站,火车站近在咫尺

J. 配套——周边生活配套成熟,社区内配套完善

2. 期间媒体组合

(1)报广

项目正式开盘,前期广告投入较大,有较好的市场基础,同时逐渐步入传统销售旺季,随着项目工程的不断进展,被关注的程度会越来越高。此阶段广告宣传继续保持一定的力(软硬结合,平均每周2次)

媒体选择以《齐鲁晚报》《济南时报》为主,《山东日报》《都市女报》为辅。每次报广发布后,由销售现场及时反馈效果,如效果不佳,经分析属于媒体原因,则应及时予以调整。

(2)杂志:充分利用《城市蜗牛》做软性文字宣传。

(3)电视:在济南电视台《济南房产报告》进行卖点宣传。

(4)电台:在济南广播电台＊＊频道利用整点报时或半点报时,对项目进行形象宣传和信息发布。

(5)网络:在搜房网上发布软性新闻,列入济南搜房网的"明星楼盘"栏目,同时可免费在《城市信报》上定期发布。

3. 期间工作内容

(1)第一次强销期价格体系执行

(2)开盘活动推广

A. 第六届春交会

利用此次房产会,以推出特价房(销售抗性较大的单位)的形式进行第一轮的促销。

B. 依托齐鲁置业会举办春游野餐与趣味活动内容,宣传项目的"康乐"主题

C. 齐鲁花园第一期(多层)封顶仪式

形式:邀请客户参加封顶仪式。

依据:通过工程进展展示开发实力,树立客户信心,同时表示对客户的尊重,让其做真正的主人。

D. 特色会所开放日与"缤纷生活杯"儿童技能大赛(可持续整个6月)

E. 样板房开放日(可考虑以健康住宅,无污染绿色建材及装修,室内空气质量监测等为重点,并可配合其他与项目定位一致的产品联合推广,举行惠而不费的活动)

(3)销售物料准备

制作精美单张4万份,主要用于3方面:房交会,夹报,直销。

(4)调整期价格体系制订与审批

(5)调整期广告设计

4. 期间工作要求

(1)销售物料完成,到位;

(2)精装修方案的市场反馈及迅速调整;

(3)工程进度要求:一期多层主体封顶,二期小高层建筑单位设计完成并动工。

(4)力争6月1日前会所主体施工完毕,装修完成,并配备部分重要儿童游乐、益智设施、对外开放。

(5)部分样本房装修完毕。

5. 期间营销目标

(1)进一步炒热市场,巩固市场领跑者形象,初步实现项目的价值提升。

(2)多层达到销售面积:约8 800 m²,占总量的16%;销售均价3 000 元/m²。

小高层和商业部分内部认购面积和认购均价见各自的销售进度计划表。

(四)调整期(2003年7月上旬~2003年8月下旬)

1. 推广重点

此阶段进入传统的销售淡季,同时经过前3个阶段的强势推广,已经打下了坚实的市场基础。推广节奏应适当缓接,推广力度相应减小,并对前段营销推广工作进行认真总结,并适当做出调整,为第二次强销期同时也是为商业和小高层正式入市蓄势。推广重点为:

A. 精装修交房

B. 户型——美满人生3+2

C. 物业管理

D. 北部商圈黄金地段,升值潜力无限(主要为二期小高层及商业部分入市造势,增加项目的附加值)

2. 期间媒体组合

(1)报广

到了7月份,一方面由于进入酷夏,销售进入淡季;另一方面在达到一定的高峰之后,需要进行调整,为下阶段冲刺养精蓄锐;此外由于前期各阶段的大力推广宣传,项目已具有相当的市场知名度与热销形象,此阶段已不必要做大量推广。但在对前期工作进行分析总结的同时,广告应保持一定的延续,其间主要针对节点活动进行宣传。

媒体选择:《齐鲁晚报》和《济南时报》。

(2)杂志:充分利用《城市蜗牛》做软件性文字宣传。

(3)电视:在济南电视台《济南房产报道》进行卖点宣传。

(4)电台:在济南广播电台＊＊频道利用整点报时或半点报时,对项目进行形象宣传和信息发布。

(5)网络:在搜房网上发布软性新闻;此时项目已拥有一定数量的客户与目标客户,可考虑开始在搜房网开设业主论坛,由公司委派专人负责在论坛上及时发布项目消息,挑起讨论、吸引客户关注,为后续小高层的推广做铺垫;已拥有一定的客户资源与社会资源,开始筹备齐鲁置业会网页制作工作。

3.期间工作内容

(1)调整期价格体系执行

(2)销售物料准备

制作精美单张 1 万份,主要用于直销。

(3)第二次强销期价格体系制订与审批,包括二期小高层及商业裙楼价格体系制订与审批。

(4)第二次强销期广告设计,包括二期小高层及商业裙楼的广告包装。

(5)采用直销战术

直销针对性非常强,费用十分节省,传播效果也较明显。可派专业销售人员在天桥区及附近区域各商务写字楼、单位办公楼、商场、超市、主要街道口大量散发楼盘资料,以达到促销的目的。

4.期间工作要求

(1)销售物料完成、到位;

(2)为二期小高层及商业部分入市做好充分的前期准备工作;

(3)工程进度要求:一期外立面基本完成,小区园林开始施工;二期完成主体施工低于四层。

5.期间营销目标

(1)销售状况趋向平稳但不脱节,作为第二次销售高峰的蓄势过渡。

(2)多层达到销售面积:在此阶段维持一定成交量以拉升价格、总体销售量3%,面积 1 650 m^2;销售均价:3 100 元/m^2。

小高层和商业部分内部销售面积和销售均价见各自的销售进度计划表。

(五)续销期(2003 年 9 月上旬~2003 年 12 月下旬)

1.推广重点

此时多层项目基本已成为现房、外立面、园林景观施工完毕,入住在即,且已进入本年度第二次销售旺季,对期房有明显抗性、持币观望的消费者来说,购买时机已成熟;但在此同时,期房的想象空间也已消失、物业本身的弱点也一一凸显出来,所以本期仍需要一定力度的报广推广推波助澜,催化市场。同时此阶段为二期(小高层)和商业部分的开盘期、与多层推广重点有所差别,需要营造新的市场热点,可借助这个机会点推陈出新,做第二次的强势推广,力争达到第二次销售高峰,完成既定的目标。推广重点为:

A.北部商圈黄金地段,升值潜力无限

B.精装修交房——后小康完整生活主张

C.户型——美满人生 3 + 2

D.特色儿童益智会所

E.健康主题益智会所

(可针对主题园林一些具体特色进行形象推广与塑造,如在中心园林设置风雨游廊等,进一步突出推广主题)

F. 个性生活新干线/城市进程与时代进程(小高层)——切入点可从城市规划、纬六路高架桥等基础设施的建设等城市配套入手。

G. 物业管理

H. 费用减免政策(主要针对万盛园)

(1)报广

此阶段广告重点之一是小高层市场形象的塑造;此外应结合具体活动的开展,深度挖掘项目的卖点,努力提升项目的品质,吸引更广泛、更深入的关注,从而取得教好的成果、为价格提升做出充分支撑。

媒体选择以《齐鲁晚报》、《济南时报》为主,《山东商报》、《都市女报》为辅。每次报广发布后,由销售现场及时反馈效果,如效果不佳,经分析属于媒体原因,则应及时予以调整。

(2)杂志:充分利用《城市蜗牛》做软性文字宣传。

(3)电视:在济南电视台《济南房产报道》进行卖点宣传和二期开盘信息发布。

(4)电台:对项目进行形象宣传和二期开盘信息发布。

(5)网络:在搜房网上发布软性新闻,列入济南搜房网的"明星楼盘"栏目,同时可免费在《城市信报》上定期发布;及时与客户在搜房网的业主论坛上进行互动沟通、信息发布、消弭项目的负面因素,如果此时齐鲁置业会网页已建设完毕,则应充分利用此网页发布项目动态、项目卖点与客户(可包括竣园的物业管理、客户投诉处理、小高层形象塑造与推广主题的软性诉求)。

(6)户外广告:在项目所在地制作条幅广告(短期),进行二期开盘信息发布。

3. 期间工作内容

(1)续销期价格体系执行,包括二期开盘及商业裙楼价格体系执行。

(2)续强销期活动推广:

A. 二期开盘活动(大型文艺汇演,演绎,丰满项目的推广主题)。

B. 第二届住博会。

C. 第六届秋交会。

D. 金秋时节"缤纷节"(组织业主、准业主种花、赏花活动,承接住博会或秋交会,具体时间待定,可考虑与其他活动整和举行)。

E. 齐鲁花园一期(多层)入住仪式。

F. 业主友谊赛(羽毛球比赛、篮球比赛、拔河比赛等)。

G. 可考虑在临街商铺中先期引入小型品牌商家与银行等,为商铺炒作营造氛围。

H. 济南市商圈发展与商业业态研讨会(可考虑聘请济南市零售业协会会长或相关权威专业人士等列席发言),旨在塑造本项目商铺的区位优势与投资、升值潜力,力争将商铺抄热,超过原定 4 500 元/m² 的均价,以弥补内部认购前期多层销售失控造成的经济损失。

(3)销售物料准备。

A. 二期宣传 4 万份(可用于夹报)

B. 二期宣传折页 5 000 份

(4)第二次强销期价格体系制订与审批(包括二期)。

(5)第二次强销期广告设计(包括二期)。

(6)小高层市场导入期,引导目标客户关注项目小高层部分,逐步塑造小高层有别于多层的生活方式,凸显其优势所在,淡化市民对小高层的抗性。

(7)通过直销等途径发觉二期团购客户(因北部小高层市场抗性较大,通过团购可加快销售进度,减轻销售压力)。

4.期间工作要求

(1)销售物料完成、到位;

(2)多层精装修方案执行并进入实际施工;

(3)工程进度要求:一期竣工并交付使用,二期业主封顶;

(4)会所正式投入使用;

(5)物管公司全面进驻;

(6)搜房网业主论坛的设立与跟踪互动,齐鲁置业会网页(可同时在此网页上发布《城市蜗牛》电子版)的筹备、建设。

5.期间营销目标

(1)二次出击,彻底赢得市场,完成项目的主要销售任务。

(2)多层达到销售面积:约 13 200 m²,占总量的 24%;销售均价:3 160 元/m²。

小高层和商业部分内部认购面积和认购均价见各自的销售进度计划表。

(六)调整期(2004 年元月上旬~2004 年 4 月上旬)与第二次强销期(2004 年 4 月中下旬~2004 年 7 月上旬)

1.推广重点

此时项目一期已入住,二期基本完工,园林景观已出效果,项目整体效果凸显。以巩固市场和扩大市场占有率为原则,充分利用已购客户口碑式传播的巨大宣传效应,进一步挖掘潜在市场,积累更多的客户资源。同时本阶段第一阶段为传统的销售淡季,推广和宣传的力度可以适度减少,但应有一定的持续性;第二阶段为第二次强销期、应加大推广力度,但因已有客户入住,应以活动推广为宜,通过小众传播强化市场效应。推广重点为:

A.精装修交房——后小康生活主张

B.户型——美满人生 3+2

C.特色儿童益智会所(以小户型活动为依托进行推广)

D.健康主题园林(实景宣传)

E.新世纪金融中心圈/天桥区的齐鲁花园、济南市的齐鲁花园/中国的城市化进程/新世代白领族、BoBo 族生存方式——针对小高层与天桥区外目标客户,塑造项目超越天桥区片区的时代、超前、发展空间等形象,吸引天桥区外年轻客户的关注,促进小高层的销售。

F.物业管理——人性化生活方式、后小康生活方式——依托齐鲁置业会与会刊、网页等宣传物业管理、社区文化——动感生活与生活动感——丰满"康乐人家"的推广主题并加以延展。

G.费用减免政策(主要针对万盛园)

2.期间媒体组合

(1)报广

由于项目经过一年多营销推广,基本市场形象已经树立,此阶段多层广告投入相应减少、主要配合促销活动;同时小高层与商铺应利用销售旺季制造热点,消化一定数量,为小高层与商铺后续市场炒作、价格提升奠定基础。以软广告为主(城市化进程、市场分析、社区文化、服务理念等),硬广告为辅。

媒体选择:《齐鲁晚报》和《济南时报》

(2)杂志:充分利用《城市蜗牛》做软性文字宣传,可重点突出社区文化与白领族、BoBo族生活品位、价值取向等以吸引天桥区外年轻白领的兴趣与认同。

(3)网络:在搜房网上发布软性新闻;及时与客户在搜房网的业主论坛上进行互动沟通、信息发布、消弭与客户的矛盾冲突及项目的负面因素,如果此时齐鲁置业会网页已建设完毕,则应充分利用此网页发布项目动态、项目卖点与客户互动。

3. 期间工作内容

(1)第二次强销期价格体系执行

(2)第二次强销期活动推广

A. 第七届春交会

利用此次房交会,以推广特价房(销售抗性较大的单位)与商场现场拍卖的形式进行促销。

B. 利用六一儿童节在儿童益智会所举办齐鲁花园"新世代康乐宝宝"趣味大赛(5岁以下婴幼儿,可设最佳"健康宝宝"、最佳"快乐宝宝"、最佳"可爱宝宝"、最佳"搞笑宝宝"等多个奖项,并在其中评选出1名优胜者作为花园形象代言人、获得其家长同意后在今后宣传推广中亮相,对其进行一定程度的奖励及赞助)。

(3)销售物料准备

制作精美单张1万份,主要用于房交会和直销。

(4)第二次强销期价格体系制订与审批

(5)第二次强销期广告设计

(6)进一步加强直销工作

(7)巩固期销售价格体系制订

4. 期间工作要求

(1)销售物料完成、到位;

(2)工程进度要求:整个项目竣工,园林施工全部完毕。

5. 期间营销目标

(1)调整期完成项目70%以上的销售,突破项目销售风险的临界点,并有一定的盈利空间。

多层达到销售面积:约2 750 m²,占总量的5%;销售均价:3 200元/m²。

小高层部分销售面积和销售均价见各自的销售进度计划表(略)。

(2)第二次强销期

多层达到认购面积:约5 500 m²,占总量的10%;认购均价:3 220元/m²。

小高层部分销售面积和销售均价见各自的销售进度计划表。

(七)巩固期(2004年8月上旬~2004年10月下旬)

1. 推广重点

此阶段项目完全成为现楼、全部入住,剩余楼盘面积有限;同时项目成功热销楼盘的市场形象已无可置疑、且已度过销售风险点,可适当降低销售推广力度,依托前期推广余势巩固战果,消化存量楼盘。

A. 个性化小户型空间——针对多层阁楼、小高层小户型进行个性化装修设计以引导年轻的目标客户,以期提升次两部分的单价。

　　B.物业管理——人性化生活方式、后小康生活方式——依托齐鲁置业与会刊、网业等宣传物业管理、社区文化——动感生活与生活感动——丰满"康乐人家"的推广主题并加以延展。

　　2.期间媒体组合

　　(1)报广

　　由于项目经过一年多销售推广,基本市场形象已经树立、项目基本陆续入住,客户对项目现楼显示的弱点也已基本可以接受,此阶段广告投入相应减少,主要配合促销活动;同时小高层与商铺应利用销售旺季制造热点,为小高层与商铺后续市场炒作、价格提升奠定基础。以软广告为主(城市化进程、市场分析、社区文化、服务理念等),硬广告为辅。

　　(2)杂志:充分利用《城市蜗牛》做软性文字宣传,可重点突出社区文化与白领族、BoBo族生活品位、价值取向等以吸引天桥区外年轻白领的兴趣与认同。

　　(3)网络:在搜房网上发布软性新闻;及时与客户在搜房网的业主论坛上进行互动沟通、信息发布、消弭与客户的矛盾冲突及项目的负面因素,此时齐鲁置业会网页已建设完毕,充分利此网页发布项目动态、项目卖点与客户互动。

　　3.期间工作内容

　　(1)巩固期价格体系执行与调整;

　　(2)巩固期广告设计与软性文章炒作;

　　(3)秋交会筹备参展(视销售状况与后续其他开发项目状况决定是否参加秋交会);

　　(4)秋季性促销活动(视乎销售状况届时确定是否必要);

　　(5)扫尾期价格体系制订与审批;

　　(6)活动安排为:齐鲁花园业主答谢会。

　　4.期间工作要求

　　(1)全部入住。

　　(2)园林景观配套全部完成。

　　5.期间营销目标

　　(1)力争完成项目95%以上的销售,突破项目预期销售目标,以期可对前期的低价售出部分有一定弥补。

　　(2)多层达到销售面积:约2 750 m^2,占总量的5%;销售均价:3 280 元/m^2。

　　小高层部分销售面积和销售均价见各自的销售进度计划表。

　　(八)扫尾期(2004 年 11 月上旬~2004 年年底)

　　此阶段为销售最后的冲刺,广告微乎其微,配合具体的促销活动,在严格执行扫尾期价格体系的基础上实现该阶段既定的营销目标(认购面积约2 750 m^2,占总量的5%,认购均价:3 280 元/m^2),完成最后的销售。

　　在尽量保障项目投资回报的前提下,以较低价格拍卖尾盘滞销单位,迅速回笼资金,并可为齐鲁置业后续开发的其他项目蓄势。

第四部分　项目营销推广费用制订原则

一、常规营销推广费内容

常规营销推广费用包括:

1. 媒介广告制作、发布费用;如报纸、电视、户外、杂志等。

2. 销售文件、物品印刷制作费用;如楼书、折页、单张等。

3. 销售环境包装费用;如营销中心的包装(配合节日或活动)、工地形象包装、导示系统制作等。

4. 活动费用;如展览、促销、讲座、公益活动赞助等活动。

5. 其他不可预见费用。

按业界常规,营销中心的建造、装修费用和样板房的装修费用不应纳入项目的销售推广费用,是属于项目销售的必备硬件。

二、齐鲁花园营销推广费用制订原则

1. 参照济南市市场行情和业界常规,从项目实际情况出发;

2. 充分征求多方意见,虚心采纳良好建议;

3. 在保证该项目正常推进的前提下,充分考虑齐鲁物业公司的战略发展规则;

4. 涉及面较广,有一定的灵活性,尽量避免因考虑不周而超出预算。

三、齐鲁花园营销推广费用初步确定

齐鲁花园整体定位为中档楼盘,规模不是太大,整体推广费用有限,但同时在齐鲁置业公司战略发展规划中扮演十分重要的角色,根据双方合同约定齐鲁花园营销推广费用为销售收入的1.2%~1.5%(不包含营销中心和样板房费用)。

参考文献

［1］ 李亚雄主编.物业营销.北京:高等教育出版社,2003.7.

［2］ 楼江编著.房地产市场营销理论与实务.上海:同济大学出版社,2003.9.

［3］ 楼江编著.房地产市场营销理论与实务.上海:同济大学出版社,2005.1.

［4］ 祖立厂主编.房地产营销策划.北京:机械工业出版社,2004.8.

［5］ 余凯编著.房地产市场营销实务.北京:中国建材工业出版社,2004.6.

［6］ 周帆编著.售楼经理手册.长沙:湖南科学技术出版社,2003.8.

［7］ 尹军,尹丽主编.房地产市场营销.北京:化学工业出版社,2005.9.

［8］ 李伟编著.物业营销.上海:上海财经大学出版社,2001.10.

［9］ 叶雉鸠、尉焕、李伟主编.房地产经营销售与购房实务全书.北京:中华工商联合出版社,2002.9.

［10］ 劳动和社会保障部教材办公室编.房地产营销.北京:中国劳动社会保障出版社,2002.12.

［11］ 张永岳主编.房地产市场营销.北京:高等教育出版社,2001.6.

［12］ 李华主编.房地产市场营销.上海:复旦大学出版社,1999.5.

［13］ 贝思德教育机构编著.房产营销培训教程.西安:西北大学出版社,2003.2.

［14］ 姚玲珍编著.房地产市场营销.上海:上海财经大学出版社,2004.11.

［15］ 叶剑平编著.房地产市场营销.北京:中国人民大学出版社,2000.4.

［16］ 潘蜀健、陈琳主编.房地产市场营销.北京:中国建筑工业出版社,2004.6.

［17］ 姚迎伟编著.房地产营销全攻略.北京:经济管理出版社,2004.8.

［18］ 贾士军编著.房地产项目全程策划.广州:广东经济出版社,2002.4.

［19］ 贾士军编著.房地产项目策划.北京:高等教育出版社,2004.7.

［20］ 余源鹏编著.房地产包装推广策划.北京:中国建筑工业出版社,2005.7.

［21］ 莫宏伟编著.房地产全程策划实战教程.北京:中国电力出版社,2005.4.

［22］ 张越明主编.房地产营销与策划实务全书(上).北京:工商出版社,1999.9.

［23］ 王洪卫、黄贤金主编.房地产市场营销.上海:上海财经大学出版社,1998.7.

［24］ 冯佳著.房地产业发展中的困惑与策划.住宅:跨世纪发展热点聚焦论文集.上海:上海财经大学出版社,1999.8.

［25］ 李昕著.挖掘营销合理内核促进房产健康发展.住宅:跨世纪发展热点聚焦论文集.上海:上海财经大学出版社,1999.8.

［26］ 罗永泰.房地产营销策划与推广技术.天津:天津社会科学出版社,2002.8.

［27］李昕. 对房地产营销策划的理性思考. 中国房地产,2000,(1).

［28］高炳华主编. 房地产市场营销. 武汉:华中科技大学出版社,2004.9.

［29］陈放主编. 房地产营销. 蓝天出版社,2005.5.

［30］楼江编著. 房地产市场营销理论与实务. 修订版. 北京:蓝天出版社,2005.1.

［30］韩德昌主编. 市场营销基础. 北京:中国财政经济出版社,2001.3.

［31］王爱民编著. 营销风险管理. 武汉:武汉理工大学出版社,2004.10.

［32］郑华著. 房地产市场分析方法. 北京:电子工业出版社,2003.5.

［33］兴业地产主编. 现代房地产经典营销全录. 广州:暨南大学出版社,1999.5.

［34］华梅主编. 房地产市场营销. 北京:中国建筑工业出版社,1997.7.

［35］袁野主编. 房地产营销学. 上海:复旦大学出版社,2005.9.

［36］［美］菲利普·科特勒著. 市场营销管理. 北京:科学技术文献出版社,1993.5.

［37］［美］菲利普·科特勒著. 营销管理分析、计划、执行和控制(第9版). 上海:上海人民出版社,1999.10.

［38］郭昀编著. 市场分析. 北京:经济日报出版社,2002.1.

［39］左斌. 房地产营销与风险防范. 北京:中国建筑工业出版社,2006.3.

［40］李东. 房地产市场营销. 上海:复旦大学出版社,1999.5